洞察用户体验

方法与实践（第2版）

（美） Elizabeth Goodman
　　　 Mike Kuniavsky 　　 著
　　　 Andrea Moed

刘吉昆　　　 等译

清华大学出版社

北京

内 容 简 介

这是专注于用户体验研究的经典著作，也是很容易上手的实践指南。全书 3 部分共 18 章，从实践者的角度着重介绍主流的用户研究方法和工具，借助于实例来讲解具体用法，并说明如何得出和分析用户研究结果等。

本书适合所有有志于从事用户体验设计和研究的读者阅读，也适合任何一个希望有所建树的产品和服务策划、研究与设计人员阅读和参考。

图书在版编目（CIP）数据

洞察用户体验：方法与实践/(美)古德曼(Goodman，E.)，(美)库涅夫斯基(Kuniavsky，M.)，(美)莫德(Moed，A.)著；刘吉昆等译. —2 版. —北京：清华大学出版社，2015（2023.6重印）

书名原文：Observing the User Experience: A Practitioner's Guide to User Research, 2nd Edition

ISBN 978-7-302-38504-2

Ⅰ. ①洞⋯　Ⅱ. ①古⋯　②库⋯　③莫⋯　④刘⋯　Ⅲ. ①企业管理—销售管理—研究　Ⅳ. ①F274

中国版本图书馆 CIP 数据核字(2014)第 262315 号

责任编辑：文开琪
装帧设计：杨玉兰
责任校对：周剑云
责任印制：杨　艳
出版发行：清华大学出版社
　　　　　网　　　址：http://www.tup.com.cn, http://www.wqbook.com
　　　　　地　　　址：北京清华大学学研大厦 A 座　　　　邮　　　编：100084
　　　　　社　总　机：010–83470000　　　　　　　　　邮　　　购：010-62786544
　　　　　投稿与读者服务：010-62776969, c-service@tup.tsinghua.edu.cn
　　　　　质量反馈：010-62772015, zhiliang@tup.tsinghua.edu.cn
印　装　者：三河市铭诚印务有限公司
经　　销：全国新华书店
开　　本：185mm×230mm　　　　印　张：34.75　　　字　数：608 千字
版　　次：2010 年 5 月第 1 版　 2015 年 5 月第 2 版　　印　次：2023 年 6 月 9 次印刷
定　　价：89.00 元

产品编号：048323-01

北京市版权局著作权合同登记号　图字：01-2012-8281

注　意

　　本书涉及领域的知识和实践标准在不断变化。新的研究和经验拓展我们的理解，因此须对研究方法、专业实践或医疗方法作出调整。从业者和研究人员必须始终依靠自身经验和知识来评估和使用本书中提到的所有信息、方法、化合物或本书中描述的实验。在使用这些信息或方法时，他们应注意自身和他人的安全，包括注意他们负有专业责任的当事人的安全。在法律允许的最大范围内，爱思唯尔、译文的原文作者、原文编辑及原文内容提供者均不对因产品责任、疏忽或其他人身或财产伤害及/或损失承担责任，亦不对由于使用或操作文中提到的方法、产品、说明或思想而导致的人身或财产伤害及/或损失承担责任。

译 者 序

创新是现代企业成功不可或缺的关键要素,通常来自于技术的变革,商业模式的转换和对用户的深入理解。技术创新是早期产品开发的重点,在技术突破之后市场的领导者可以远远地把竞争对手甩在后面。商业模式的创新可以令新兴企业大展宏图,后来居上。而对于用户的理解却是现代企业最为重要的环节之一。因为用户需求不仅是企业进行设计创新的出发点,也是最终必须很好满足的终结点,是任何企业必须追求的主要目标。

在企业技术和商业运营模式由于竞争的加剧而几乎处于同格儿的今天,对于用户需求与用户体验的研究和细致的把握就是企业争取竞争优势,进行产品、信息和服务设计与开发的最为有效的途径。因为从某种意义上讲,设计与开发的就是重新理解用户并重塑用户体验的过程。

本书就是现在最广为流行的有关用户体验研究的一本好书。它在第1版的基础上,增加了很多新的内容,不仅使得内容更为丰富,更重要的是,在内容的编排上更符合我们进行研究的先后顺序和流程,是从事用户研究、用户体验设计,以及产品、信息和服务设计与开发人员的必备工作手册。

本书共分三大部分,分别讲述了用户研究的重要性及其如何融入产品开发过程,各种用户体验研究方法,以及如何传达研究成果。

在第 I 部分当中,本书作者首先介绍了乐高公司的案例,详细说明了进行用户研究的重要性,以及从中得到的启示。然后,介绍了两种简易的用户测试方法:微型使用性测试(Nano-usability Test)

和小型使用性测试(Micro-usability Test)。告诉大家用户研究并没有那么难做，做总比不做好！但是我们也千万要记住，这绝不代表标准的用户研究方法。入门与专业之间有着本质的差别。

第 3 章阐明迭代式循环是现在数字产品开发的主要特征。在整个设计开发迭代过程中，不仅要重视用户价值，而且也应平衡好企业、用户和其他相关者之间的利益关系。不管是迭代式开发，还是瀑布式开发，用户研究都能很好地与设计过程相结合，发挥重要的作用。

第 II 部分主要阐述进行用户体验研究所需要的各种技术与方法。首先讨论了如何制定研究计划，如何进行竞争性研究；怎样招募用户研究的参与者，怎样对他们进行访谈，怎样进行焦点小组的组织与实施这些基于谈话和倾听的研究技术。

第 2 版专门增加了"超越语言：基于对象的技术"一章，主要讲述了如何超越主要通过语言交谈的局限，利用图片或物品来诱导参与者的对话型技术，通过拼贴和绘图引导参与者将内心想法和感觉展现出来的生成式技术，以及让参与者将对象进行分组的关联性技术。

在详细介绍了实地观察、日记研究、使用性测试等其他定性研究方法之后，作者详细讨论了何时与如何实施问卷调查，而且比较明确地阐述了样本、样本框、抽样、偏差等定量研究中的重要研究概念。此外还专门讨论了在多语言和跨文化的环境下进行用户研究所应注意的事项，如何对已出版的公开信息进行分析，如何聘请专家和顾问，如何对一般定性研究进行分析。之后还讨论了如何分析和利用使用数据和客户反馈这些可以自动进行收集的数据，并将其纳入到你的整体用户研究项目当中。

第 III 部分专注于讨论如何传达用户研究结果，比较详细地讨论了如何构建与使用人物角色、情景故事、过程地图和体验模型，明确地阐释了如何准备、撰写和呈现研究报告，如何准备演示文件，如何组织工作坊。最后还探讨了建立以用户为中心的企业文化所需注意的一些问题。

本书包含的研究方法众多，涉及到学科和知识深广。所以在整个翻译、修改和校对的过程中，我们不仅力求简洁和通俗易懂，而且尽量忠实原文，注重内容表述的准确性，专业性的词汇经过了反复斟酌才得以确定。有些专有名词不只是要考虑其实质性的含义，更要考虑在各种方法之间将其区分开来。比如，在各种访谈和焦点小组，乃至问卷调查中要强调所谓的非引导性的谈话方式和非引导性问题的出现，我们就不得不将 photo elicitation 翻译成"图片诱导"而不是更为通俗的"图片引导"，以免读者引起混淆。另外，对于工具和方法类的词汇我们也尽可能使用更为专业的词汇来表述，以表示其特殊的地位，或更为确切地说更像是一种方法。

对于通用的词汇，我们一般尽量按照现在比较流行的译法。但对于有些我们认为并不合适的译法，也进行了相应的调整。比如，usability 一词，通用的译法为"可用性"，但对于一个产品、信息或服务来说，其可用还是不可用主要是由其功能决定的，直译虽然比较流行，但并没有反映原词的实际含义，为此我们改译为"使用性"。

本书的翻译是集体智慧的结果。参与本书翻译的人员和主要分工如下：前言、作者简介、第 1 章、第 2 章、第 3 章和第 4 章由我本人翻译，第 5 章、第 7 章和第 19 章由赵辰羽翻译，第 6 章和第 11 章由刘青翻译，第 8 章、第 9 章和第 10 章由封莎翻译，第 12 章由邵颖翻译，第 13 章、第 14 章和第 15 章由彭露翻译，第 16 章和第 17 章由白俊红翻译，第 18 章由田姣翻译，最后由我本人进行统一修改、矫正和定稿。在此，我对大家认真务实一丝不苟的态度和认真努力的工作表示衷心的谢意。

当然，虽然本书的翻译经过了多次打磨和历经近两年的修改和矫正的过程，但仍有可能出现翻译不当，生涩，甚至翻译错误的地方。在此恳请读者和同行在阅读的过程中给予批评指正。我的联系方式为 ljk@tsinghua.edu.cn。

刘吉昆
2015 年 5 月于清华园

前　　言

为什么要写这本书

很多开发数字产品和服务的人从来不做用户研究。我们经常听到有人这样说："把产品摆到消费者面前，成本太高了，而且我们这个产品下个月就要上市发售！"也有人说："使用性研究对设计创新能力是一种制约。"甚至还有人说："用户研究完全没有必要，因为开发者本身也是用户，所以肯定也了解其他用户能看出来的有用或好用的地方。"说不定有人最后还会说："再说啦，水果公司就从来不做这件事儿。"

当然，你肯定不是这么想的。你认为，了解哪些人在使用自己眼下正在做的产品非常重要，而且，你知道自己的看法肯定是对的。只有锁定消费者，了解他们的想法和需要，才能够明白如何为他们提供合意的产品或服务。消费者毕竟不是你自己，外表看上去不像，思维方式不像，行为做事的方式不像，他们的期望、设想和愿望和你更像。如果他们的所作所为都和你一样，就说明他们不是你的消费者，而是你的竞争对手！

本书的设计初衷是帮助你缩小假想用户与实际用户之间的差距，搞清楚如何从用户的角度来考虑他们的实际需求。本书不是学术专著，而是一个"多用途工具箱"，旨在帮助你理解人们是如何体验产品和服务的。这些来源于人机交互、市场营销和很多社科领域的技术或工具，可以帮助你进一步理解用户并从他们的视角观察世界和发现问题。

此外，本书还要讨论如何打造易用性产品。它承认同时也认为产品开发是复杂的，充满着种种商业风险，现实世界中的"推"和

"拉"制约着我们,由不得我们花时间去打磨理想的解决方案。用户研究有时也是"费力不讨好"的事,复杂、不确定而且可能还涉及一些政治因素。本书可以帮助您厘清混沌,帮助您设计出更周全、贴心、合意的产品和服务,从而使得世界变得更加美好。

目标读者

本书是为负责产品用户体验的人而写的。在目前的数字产品和服务开发领域中,他们可以是任何一个一线员工。实际上,这一职责可以随着一个项目的进展从一个人移交给另一个人。从根本上说,如果发现自己的职责是搞清楚最终用户对产品的看法及其交互方式(甚至于产品的用途),那么本书就是为您而写的。这意味着您可能是以下人员之一:

- 项目经理(想知道如何为团队的工作确定优先级)
- 设计师(需要创建一种新的方式和优化现有方式进行信息的交互)
- 市场营销经理(想了解人们如何看待一个产品的价值)
- 信息架构师(需要选取一个信息组织方案)
- 程序员(试图解读模棱两可的需求规范并创建用户界面)
- 咨询师(努力使客户产品做得更好)
- 发明者(想做深受人们喜爱的产品)

不管是什么职位,只要想知道使用自己产品的人对这些产品的认知、期望、需要以及他们是否能用这些产品,都可以从本书中找到答案。

本书的内容

本书分为三部分。第 I 部分(第 1~4 章)描述最终用户研究的重要性、商业竞争压力是如何拉动用户体验的,同时还要介绍一种理念:创造有用的、合意的、易用的和成功的产品。此外,这部分中的有一章篇幅很短，运用这一章描述的技术，15 分钟之内就能掌握马上动手做使用性研究的基础知识。

第 II 部分（第 5～16 章）描述的十几种技术，用于理解人们的需要、欲求和能力。在第 2 版中，我们全面"翻新"了这部分的内容，增加了新的章节，原有的章节也进行了修改，使其能够体现当下的最佳实践。一些章节是完全独立的，例如问卷调查和使用性测试的相关章节。其他章节描述的一些补充活动（如拼贴与绘图）可以与其他技术结合使用。我们不指望你坐下来一口气按顺序读完这几章内容。千万不要那么做！我们假定您会在需要的时候拿起书，阅读能够帮助你回答特定问题的章节。是的，放在手边，随时参考！

第 III 部分（第 17～19 章）描述如何取得研究结果，如何使用这些结果改变公司的工作方式。这一部分会提供一些建议，阐明如何推销公司，UCD（以用户为中心的设计）如何推动公司进一步发展，利润率更高。

用户研究最佳实践变得很快，我们偏好的工具也不例外。因此，我们把第 1 版中的大部分参考资料都移到本书配套网站，网址为 *www.mkp.com/observing-the-user-experience*，大家可以在此了解这些工具和技巧的最新信息，此外还有知情同意书、检核表、报告和其他文档模板等。

本书不包含哪些内容

本书的要义是定义问题，因此本书介绍的所有技术都侧重于如何才能更好地理解用户和他们的问题，不讲如何解决这些问题。虽然良好的问题定义有时的确能够得出良好的解决方案，但本书的首要目标不在于此。

我们深信，在进行用户体验设计的时候，没有绝对的对错之分。每个产品都存在于不同的背景和情境，所谓对，都只是相对而言的。比如学龄前儿童的玩具，其约束条件显然不同于股票投资组合管理应用程序的。试图对两者使用同一个规则显然很可笑。鉴于此，我们也不打算提供什么所谓的指南让你照着解决利用本书这些用户研究方法所定义的问题。这本书没有"十佳"列表，更没有放之四海而皆准的"定律"，更没有绝对靠谱的启发方法。许多优秀的书都有如何解决交互问题的良好建议并及时涵括了许多解决方案，所以本书不会涉及这些内容。

致谢

非常感谢为本书案例研究提供素材（有一些以前从未发表过）的公司：Adaptive Path，Food on the Table，Get Satisfaction，Gotomedia，Lextant，MENA，Design Research，PayPal，Portigal Consulting，User Insight 和 Users Know。尤其感谢本书的审稿人：Todd Harple，Cyd Harrell，Tikva Morowati 和 Wendy Owen。还要感谢慷慨给予我们建议和帮助的人，包括 Elizabeth Churchill 和 Steve Portigal。

当然，还要感谢我们各自的家庭，他们耐心地陪伴我们度过漫长而艰苦的写作与修订过程。

著译者简介

Elizabeth Goodman（伊丽莎白·古德曼）

对移动和普适计算的交互设计具有浓厚的写作、设计和研究兴趣。她在加州大学伯克利分校教授用户体验研究课程，在旧金山艺术学院教授网站特效艺术实践课程。此外，她还在英特尔、富士施乐和雅虎从事探索性用户体验研究。她曾在各种会议、学校和商业场所发表有关移动设计和普适计算方面的演讲。

她拥有纽约大学交互式通信工程专业交互设计硕士学位，目前正在做一个交互设计实践方面的学术研究项目，该项目荣获了美国国家科学基金研究生奖学金和英特尔博士生奖学金的支持。

Mike Kuniavsky（迈克·库涅雅夫斯基）

多年以来一直从事用户体验的设计、研究和写作。作为资深用户体验顾问，他拥有 20 年的数字产品开发经验，合伙创办的公司有 ThingM（生产普适计算和物联网产品）和知名设计咨询公司 Adaptive Path。他还是 Sketching in Hardware 年度高峰会议（着眼于未来的数字产品用户体验设计）的创办人和组织者，该会议云集了众多顶尖的技术开发人员、设计师和教育人员。

他对数字产品、服务设计和产品开发很有研究，发表过大量相关的文章和演讲。他最近一本著作是《聪明的物品：普适计算用户体验设计》（*Smart Things: Ubiquitous Computing User Experience Design*）。

Andrea Moed（安德莉亚·莫伊德）

她认为用户研究是设计过程中支持人际关系的核心要素。从事设计研究和设计战略工作有 15 年的时间，研究领域包括网站、电话和其他移动设备、博物馆、零售商店以及教育和商业软件。她现在是 Inflection 的专职用户研究员。Inflection 是一家技术公司，专门从事公共记录访问大众化的研究与实践。

拥有纽约大学交互式通信工程专业和加州大学伯克利分校信息学院硕士学位，曾任教于纽约帕森斯设计学院。她的设计与技术相关作品广泛发表于各种不同的刊物和杂志上。

刘吉昆

1983 年毕业于天津大学应用科学系应用物理专业，随后任职于中央工艺美术学院工业设计系。1996 年中央工艺美术学院工业设计专业研究生课程班结业，2007 年清华大学美术学院设计学专业博士研究生毕业，并获得文学博士学位。现任教于清华大学美术学院工业设计系，主要从事设计创新、用户研究、设计管理与服务设计等方面的教学与研究工作。

目　　录

第Ⅲ部分　传达研究成果

第 I 部分　用户研究好在哪里？
如何融入产品开发过程

第 1 章

引　言

　　用户研究指的是调研人们解释和使用产品与服务的过程。它的适用范围很广，从网站、移动电话、消费类电子产品，到医疗设备、银行的各种服务等，不一而举。访谈、使用性评价、问卷调查和设计之前及设计过程中所做的其他形式的用户研究，可以使日常使用不便且不能为企业创造利润的产品和服务变得好用、易用并取得成功。如果产品已经进入市场，用户研究更是一种极好的手段，可以帮助企业改进原有的产品、创造新产品或者"搅动市场"。

　　企业总是一厢情愿地认为自己推出的产品或服务肯定有人用，这种看法似乎很普遍。但事实上，甚至行业翘楚都可能忽略这个常识。埃森哲（Accenture）曾经对 630 个美国和英国高管进行过一次跨行业调查，结果显示，57%的高管认为新产品或新服务开发失败的主要原因是"不能满足消费者的需求"；55%的高管甚至还抱怨他们开发的新产品"缺乏新颖或独特的、消费者能够看出来的价值定位"。

参与调查的高管们花很大功夫才逐渐意识到"率先把新产品或新服务投放到市场是远远不够的"。成功的企业提供的产品需要是消费者真正想要、能够满足其需求且可以供其实际使用的产品。产品或服务遭遇失败之后，企业需要重新回到正轨，花大力气与消费者重新建立联系并把这些理解和认识整合到标准的业务流程中。这就意味着用户研究，全球知名玩具公司丹麦乐高（LEGO）所发现的这个真谛。

乐高公司的启示

上世纪八九十年代，乐高集团进行全方位的业务扩展，引入了很多产品，比如计算机游戏、动作玩偶和电视节目等。这些产品已经偏离其著名的核心业务，即非常流行的拼插塑胶颗粒。乐高当时还开办游乐园，并把其冠名权授给其他公司。此外，乐高还鼓励设计师团队无拘无束地发挥创意。最后，经典旗舰产品乐高城市（LEGO City）被重新打造为未来主义风格，新增了许多复杂的、有专门插片的产品系列。

然而到了 2000 年初，乐高集团开始举步维艰。几大主要市场的衰退影响到了公司的整体销售。与此同时，他们还无法防止竞争对手趁机使用乐高集团新近过期的专利。但是，公司最大的一个问题是孩子一点儿都不喜欢乐高的这些新设计。显然，重新设计的有些产品系列比其他的更糟。例如，虽然城市系列在 1999 年创造的收入占公司总营收的 13%；但短短几年之后，只占 3%。按照某执行副总裁对商业记者杰伊·格林（Jay Greene）的说法，这个城市系列的赢利能力"在账面上几乎为零"。与此同时，乐高的生产成本却一路飞涨。新的产品系列并没有充分利用现有的零部件，而是成倍地增加昂贵的新部件。销售额的下降和生产成本的提高，导致乐高的损失越来越惨重。乐高集团几乎每天损失一百万美元。对这家深受人们喜爱的机构而言，这已经不只是一场危机，更像是丧钟在响。

2004 年，新任首席执行官约恩·维格·克努德斯托普（Jørgen Vig Knudstorp）采取了"返朴归真"的策略。他果断放弃一些新产品，尤其是游乐园，转而回归到核心产品塑料积木。他进一步要求设计师削减专门部件的数量。此外，他还指导公司重点关注其核心用户群：儿童。克努德斯托普告诉《商业周刊》的记者："刚开始，我的真实意图是先不谈战略，让我们谈谈行动计划，解决债务，让资金流动起来。但在此之后，我们确实花了大量时间在战略上，搞清楚乐高的真正身份。比如探究乐高为什么存在？乐高的独一无二体现在哪些方面？"

为了探明乐高的与众不同，克努德斯托普求助于用户研究。在为期一年的时间里，乐高派出用户研究员（他们称之为 anthro）观察全球各地的家庭。他们主要研究文化，比如孩子们对自己心爱的物品有什么看法，他们怎么玩儿、在什么地方玩儿以及为什么想玩儿，乐高业务所跨的各个区域（亚洲、欧洲和美洲）之间父母养育子女的方式与玩耍方式有什么不同。他们走访有儿童的家庭，对他们进行访谈，然后观察他们玩游戏的过程，当然不只限于乐高的产品，而是观察所有种类的玩具。

通过开展这样的研究，乐高重新认识到玩耍之于儿童的真正含义。通过走访而获得的这些洞见清楚阐明了一点：玩具符合儿童讲故事的方式。所以，消防车用不着奇特酷才会讨孩子们喜欢，只要像儿童故事中的消防员就好。通过开展用户研究，他们还进一步认识到玩耍也是有文化差异的。例如，日本家庭倾向于严格区分教育与游戏，因此以教育产品之名来销售乐高产品会使父母搞不清楚它是玩具还是教学用具。但相比之下，美国的男孩子大部分时间都管教很严，所以对他们来说，玩乐高积木是父母赞成的极少数活动之一，在这些活动中，他们可以自由支配自己的时间。

最重要的是，乐高设计团队对难度之于乐高产品和儿童的重要性重新进行了评估。"可以说，"《商业周刊》记者布拉德·魏纳斯（Brad Wieners）如此写道，"一双破旧的运动鞋拯救了乐高。"2000 年初，乐高公司将经营失败的原因部分归咎于电子游戏的流行。但孩子们怎样看待这些游戏呢？多年以来，乐高一直认为孩子们想要的是"插上就能玩"①的体验，即能够轻松而快捷地取得成功。于是，他们简化了模型。在与孩子们共同度过一段时间之后，用户研究员讲述的却是另外一个完全不同的故事。

乐高创意实验室②主管告诉《商业周刊》记者魏纳斯："我们问一个 11 岁的德国男孩'什么东西最让您着迷？'他指了指他的鞋。不过，这双鞋的特别并不在于它的品牌。我们问他为什么这双鞋对他很重要时，他给我们看了一双鞋帮和鞋都破了的鞋，并解释说，他的朋友可以看出这双鞋是怎样破的，从而知道他已经精通了一种特别的滑板动作，甚至还知道是特定的高难度动作。"用户体验研究员所遇到的男孩子，都像这个德国滑板爱好者一样，对征服体验很感兴趣，即学习技能和展示精通技能与征服困难的过程。通过观察孩子们玩耍并听他们谈论自己的生活，乐高设计团队意识到自己误解了计算机游戏的**真正含义**。

---

① 译者注：plug and play，本意为拼接上就可以玩，重在玩，而不是强调拼接过程中产生的思维和想象活动。

② 译者注：LEGO Concept Lab，乐高最大的研发中心，位于丹麦总部。美国、日本等世界主要城市也有设立分支研发机构。研发中心每年须保证研发出 200~300 个新产品，约 10% 的员工会投入研发工作。

经过思考，设计师回到绘图板重新开始设计。在遵循强制减少不同部件数量的同时，设计师还与用户研究员合作构想和设计精通与征服方面的体验。模型使用的专门插件也许更少了，但它们仍然有令人满意的难度。不再以马上让人满足为目标，乐高设计师在计算机游戏中融入了进阶提示：赢点，提升，然后晋级。设计师还完全重新设计了乐高城市系列。未来主义风格，是的，其中的消防车看上去很像消防车。

虽然我们讲了这么多，但这还只是故事的一部分。与此同时，乐高还将注意力转向一个巨大的铁杆粉丝群，即成人。每个成人粉丝在一年时间内花在乐高产品上的时间远远超过大多数儿童终其一生所花的时间。然而，公司的利润整体上绝对来源于儿童，确切地说是 7 至 12 岁的男孩。因此，乐高的大多数执行主管看不出培育成年消费者有什么充分的理由（我们不提女孩，那是一个完全不同的故事）。事实上，乐高远离成人粉丝是出了名的。与成人粉丝交流原本可以激发新产品概念的灵感……但随后那些概念所带来的利润会惹官司。只不过对乐高管理层而言，成人粉丝的问题还不只是法律诉讼这么简单。"他们给人的印象是，"2009 年，乐高前任社区经理杰克·麦基（Jake McKee）坦率地告诉一个参会者，"这些家伙有些怪。"

"说实在的，"麦基继续说，"有些人的确非常怪。"接着他又说但他们对乐高模型的满腔热情曾经给困境中的乐高带来了很多正面的关注。在自发性的创新计划中，这些成人粉丝在大型购物中心构建大块头的乐高模型，吸引着成千上万名儿童的目光。他们努力将他们的故事带上电视和报纸。而且在网上，这些舍得大把花钱的成人粉丝还建立了一个生机勃勃的生态圈，有论坛也有集市。

最初，这些网站让乐高公司感到很困惑。乐高社区开发部总监托莫德·埃斯科森（Tormod Askildsen）告诉《爱立信商业评论》：
"我们实际上并不是很喜欢它们，而且我们还有些担心。"但后来，
麦基和乐高社区关系部门的其他成员决定转变态度。于是，麦基和
他的部门开始在这些成人粉丝觉得自在的地方与他们接触，比如线
上论坛、会议甚至酒吧。刚开始的时候，由于没有预算和承诺，所
以只是做一些"我们可以侥幸成功的、最不起眼儿的事情。"随着
时间的推移，我们开始设立一个试点计划，与少数几个乐高大使建
立长期合作关系，让他们充当成人粉丝社区的眼线。到 2005 年，
我们进一步做到了在人气高的粉丝网站贴出产品建议请求。埃斯科
森说："在 2009 年，我们团队的人差不多每天都会与这个讨论组
进行交流，讨论不同的主题、想法或做头脑风暴。"到最后，乐高
甚至雇佣成人粉丝来当设计师。

在积极倡导儿童产品必须返朴归真这个理念的同时，乐高管理
层还从成人粉丝社区学到很多的西，并为他们开发了特殊的产品。
率先推出的售价为 500 美元的星战千禧年猎鹰（Star Wars
Millennium Falcon）^①很快风靡一时。在 2006 年，公司增加超级街
景（Modular Buildings）^②，这一套产品有错综复杂的建筑细节。最
重要的是，乐高开始认真看待成人粉丝，并把他们作为产品的概念
与灵感之源。"他们意识到可以用成年人来影响儿童粉丝并用儿童
来激发成年粉丝的新鲜感。"麦基如是说。现在，乐高甚至还推出
了完全由粉丝设计的产品系列。

除了控制生产成本，这一策略还扭转了销售业绩。在 2008 年，
重新设计的乐高城市系列为公司贡献的收入占比 20%，重新回到甚

---

① 译者注：乐高游戏《星球大战》中的战车模型，也是飞船。
② 译者注：这个系列有市政厅、宠物店、迷您街景、百货商场、消防局和转角咖啡馆等。

至高于原来的水平。公司执行副总裁告诉格林："乐高重新发现了自己的身份。"在 2006 年到 2010 年之间，公司收入增加了 105%，甚至还是在衰退期逆势增长。"2008 年第 4 季度是绝大多数公司的恐怖秀，"一个行业分析师告诉《时代周刊》记者，"乐高却轻轻地安然度过，没有任何问题。"2009 年和 2010 年，乐高的收益持续增长。2011 年，乐高在美国市场的收益首次达到 10 亿美元。

随着乐高集团日益欣欣向荣，他们也加大了对用户研究的投入。不但把案头研究、实地走访和专家访谈整合到现有产品系列的创意过程，还为另一个项目派出了用户研究员，不过这一次是为长期被乐高忽略的女孩开发产品。

通过仔细观察用户并与他们建立良好的关系，乐高集团发现了很多种足以克服其最棘手问题的方法。用户研究揭示了公司应该如何重新设计产品来满足儿童这一核心用户群；如何与成人粉丝建立密切联系并在市场营销与产品开发中充分利用这些关系；如何控制生产成本（甚至在引入新产品的时候）。全球最专业的玩具制造商或管理顾问都不可能告诉乐高设计师如何做这些事，乐高必须得向自己的消费者学习。

乐高的教训

您和公司面临的问题也许不如乐高公司庞杂，但这家知名玩具制造商的故事中有关用户体验研究的一些重要经验和教训是我们必须关注的。当然，最大的教训是，了解消费者是重中之重，而且还需要做大量工作！此外，还有其他不那么明显的见解和启示。

不要对核心用户想当然

乐高在儿童市场取得成功的关键，既不是乐高集团享有儿童玩具制造商的传奇美誉，也不是他们精通儿童发展理论，而是乐高必须重新直接聚焦在儿童身上，重新调整其设计战略。

不能只关注主流用户或普通用户

乐高公司从成人粉丝的创造力和热情中获得灵感。此外，为以前忽视的用户群（即成人粉丝）之特定品味进行设计之后，他们找到了新的利润增长点。

用户研究和设计创新珠联璧合

关于用户研究，还有一些持久的迷思，比如它会扼杀创造力；它只适用于持续改进；它的真正优势只体现在技术创新驱动产品开发的过程中。在乐高的案例中，这些说法完全站不住脚。对用户研究及其扩展方法上进行投入之后，乐高一直在制造新产品，实际上，它一直在基于用户研究推出新的拼插产品系列和新的数字产品系列。这家玩具制造商正在系统化、战略性地重新定位自己的设计。

建设性的研究见解最有新意

根据商业记者布拉德·魏纳斯的报道，乐高公司的研究"打破了"乐高公司有关儿童渴望轻松成功的"许多假设"，随后还用一个新的范式"征服范式"取而代之。用户研究员没有让他们的企业客户两手空空，引入了一个新的游戏模型来代替就连他们自己也不相信的模型。

用户研究可以有系统化的结果

正像魏纳斯所写的："所以，在没有天才或长达几个月的研究时间来认识到应该返回乐高最流行产品系列（创意城市）的核心组件、警察局或消防车时，用户研究员会告诉您吊钩和梯子或摩托车巡警应该如何设计、包装和生产。"然后，为了确保与消费者一直保持联系，乐高把早期用户研究整合到自己的创新模型中，从公司层面进行一系列新产品开发指导活动。用户研究通常能推导出产品最基本、最核心的决策。但如果公司各个部门都参与，就能从用户研究中获得最大的价值，因此，它影响的不只是产品的设计，更是业务本身的设计。

用户研究需要管理层的支持

乐高管理层并没有一时兴起派出用户研究人员，而是将用户研究活动整合到公司的日常业务流程中。研究成果的命运没有掌握在用户研究人员手中，它对产品开发的影响离不开整个公司的紧密合作和管理层的支持。

结语

本书所介绍的知识可以帮助您创造和维护良好的产品与服务体验。它可以帮助您避免陷入乐高昔日的窘境，帮助您保持和激发创造力，开发出新奇的、令人兴奋的、独特的和高利润的产品和服务。本书提供了一套用户体验研究工具，可以帮助您探索产品与服务如何与人们的愿望和能力紧密结合。

我们的宗旨不是遵循严格的规程得出一个可预测的解决方案，而是定义和重新定义特定的问题和机遇，然后在此基础上做出创造性的反应。这些工具的最终目的不只是为了使人们幸福，而是想通过使人们幸福的方式来打造成功的**产品和服务**。借助于这套工具来搞清楚人们对世界的看法，您将更有可能做出好的产品或服务，通过种种方式使人们感到快乐和满足。

第 2 章
简单易行的使用性测试

　　基础性用户研究简易、快捷而且高效，有些形式还可以普遍应用于任何产品。问题在于您是不是想自己亲自做。答案只有一个，试！在本章中，您将与自己的朋友和家人进行用户测试，通过这种方式来学一种快速易行的用户研究技术。短短 15 分钟的阅读和几个小时的倾听之后，您将更容易理解用户，知道产品有哪些地方不好用。

　　使用性测试会告诉您目标用户是否可以顺利使用您做的产品。它将揭示特定用户界面的问题，揭示哪些任务不容易完成以及哪些说法让人困惑不解。一般来讲，使用性测试可以作为一个更大的研究项目的一部分，它包括大量准备和分析工作，本书第 4~16 章将详细阐述这些内容。然而，为了呈现某种迅速而高效的东西，这里将提供两个简化版本：**朋友和家庭使用性测试**。

　　这样规划的目的是想让您以最小的开销获得用户的及时反馈。如果是早上读了本章，那么晚上就可以找人进行访谈，第二天就可以重新思考这些功能了。不过，如果这是您第一次做用户研究，最好给自己留一两天时间准备准备。

微型使用性测试

　　这里介绍一种微型的游击式使用性测试。这里的简要介绍可以让您在一分钟之内开始，当然不包括您阅读这些文字所花的时间。是的，利用这个 **15 分钟模型**做一个**真正的**使用性评价。下面五个步骤可以让您开始尝试用户研究。

1. 找到**一个**确实关心您这个产品的人，具体是谁无关紧要。
2. 安排一下如何观察他使用产品，比如去他家里，约在咖啡馆，使用屏幕共享。这些都不重要，只要可以看清楚他在做什么。
3. 请他使用产品来做他想做的事，比如联系朋友，做晚饭，买东西。随便什么都可以。
4. 观察他做这些事情的过程。不要提出任何问题，不要告诉他怎么做。什么都不要说，看就好了。
5. 最后问自己："有何见解？"

　　嗯……完事，就这么简单！

　　您也许觉得奇怪："就这样？使用性测试就这么简单？那为什么咨询公司还会为此收我们那么多的钱？"非也！关于使用性，还涉及更多的科学、技巧和艺术，并不像我们刚才一分钟之内所了解的那么简单。只不过，使用性测试也不是脑外科手术，我们的重点是让您知道任何人都可以在一分钟之内开始进行基础性的用户研究。

　　利用这一技术，您需要一些可以代表界面的东西。在这个阶段，实际的产品或半功能化的原型用起来是最为容易的，但您也可以要求人们评价纸面上的草图。

　　如果手边没有这些东西，那么说明您尝试这一方法会有点儿早。您应该使用一种研究技术，如访谈或实地访问，来帮助您启动设计。这些将分别在本书的第 6 章和第 9 章进行讨论。

　　然而，如果您只想尝试这一技术，不需要立即把它应用到自己的作品中，您可以使用任何界面，只要它与您的界面类似就可以，无论是网站、信息亭或家用电器。

小型使用性测试

　　我们下面要介绍的**小型使用性测试**更接近于完全使用性评价的形式。在微型使用性测试之后，或者有更多的剩余时间，就尝试这一方法，最多花 15 分钟的时间就可以把它搞定。进行使用性测试的过程需要有四个主要步骤。

1. 定义用户及其目标。
2. 创建能完成这些目标的任务。
3. 找到恰当的参与人。
4. 观察他们如何执行任务。

定义用户及其目标

评价的原点总是归结于其存在的理由。

——华盛顿大学信息学院教授戴夫·亨德利（Dave Hendry）

凡事总是有动机的。您下定决心，要使这个世界的一些人因为您的想法而生活得更好。或许这个想法可以帮助他们以更低的价格购买某些东西；或许能够使他们获得其他地方无法获得的信息；或许可以帮助人们与其他人保持联系；或许只是供人们娱乐而已，等等。

无论怎样，此时的您都是在做事情，您觉得它对某个特定的人群是有价值的。

他们要获得这一价值，就必须做某些事情，通常是好几件事情。针对电子商务网站，可以是"找到特定的小物件，购买，订阅相关的新闻邮件。"针对交友网站，可能是"找到感兴趣的某人，给他写纸条，然后发消息。"所以，使用性测试的首要任务是弄清楚网站的服务对象。您预期的最常见用户可以用什么名词或形容词来描述？这些人与其他人群有哪些不同？年龄、兴趣、各自所遇到的问题吗？或者所有这些都有或其他更多差异。

例如，假设使用性测试针对的是用户在一个网上餐具商店浏览和购买的体验，可以快速为网站的受众创建用户定义：

> 要买餐具的人。

但这样的描述可能还不是很具体，比如虽然我的奶奶就会定期为家庭野餐购买塑料餐叉，但她肯定不会通过网站购买。所以，用户定义应该更具体一些，多一些细节。

目标用户具有以下想法和特征：
- 想买高档餐具
- 具有价值意识
- 希望有广泛的选择余地
- 网上购买
- 不是专业的餐具购买者

接下来弄清楚您在做的这个产品或服务的关键特征，写下它的大体分类。人们为什么要用它？为什么说它对用户有价值？如果身处一个喧闹的社交聚会要求您用30秒时间对一个从来没有听说过您这个网站的人描述它，您会怎么说？写下来。

forkopolis.com 能够使所有北美人从一个品类齐全、名品和明星设计师汇聚的网站购买餐具。它让卖家很容易找到特定套系的餐具，快速以低价替换掉自己有损坏的茶匙或购买供饭店使用的整套银器。

创建达成这些目标的任务

现在，写下网站的五个最重要的功能。人们还可以用到其他哪些功能？在一个电子商务网站，显然应该能够购买东西。但他们还应该能够找到商品，不管他们是否清楚自己想买什么。更进一步，他们或许还应该能够找到在打折品和特别有价值的商品。做一个清单，用简短的一两句话来描述每一个功能。

按套系或款式找到特定的商品
购买单品
购买套系
找到特价优惠的商品

> 找到退货相关信息

用短短几句话来描述某人执行那个功能的情形，从他或她的角度来写。这称为一个**任务**。如果"按套系找到特定的商品"是一个功能，那么它对应的任务就是：

> 您决定从 forkopolis.com 购买一套路易十四餐叉，从 forkopolis 的主页开始，找到一套路易十四餐叉。

最后，订购任务的顺序从最容易安排到最难。从容易的任务开始，人们会觉得产品和过程更容易接受。

找到合适的人

现在，找几个人，他们符合您在第 1 步中确立的用户概况。在做这类快速练习时，可以很快了解到真实用户可能会碰到哪些具体问题，会产生哪些误解，因为您请来的这五六个人非常接近于网站的目标用户。可以通过熟人找到这些合适的人选。如果是在一个大公司，可以找其他部门的同事，只不过他们不能与您的产品有任何关系。如果是在一个小公司，则可以找您的朋友和家人，以及您的同事的朋友和家人。可以找楼下大厅的办公人员，也可以从大街上找。只要看上去像您的目标用户，就可以找这些不熟悉产品且无任何偏见的任何人（特别偏爱您的老奶奶和最大竞争对手的 CEO 应该排除在外）。除非产品是为开发者设计的，否则就应该避开那些从事数字产品/服务设计与营销的人员，因为这方面的知识他们知道得太多了。多与这些人接触，让他们知道您希望他们帮助您从使用效果来评价您当前正在开发的产品。不要透露太多细节，把任务列表顶部的简短描述告诉他们即可。他们也不需要做任何准备，人过来就行了。提前一两天分别跟他们约定半个小时的单独访谈，在每个访谈之间留出 15 分钟的时间。

观察他们如何执行任务

首先，写一个脚本，您和受邀前来的评论者都要遵循这个脚本。把网站的简短描述放在页面顶部，他们只需要知道这一点就可以了。不要再告诉他们其他任何细节。实际上，一个简短的描述和一个链接往往就够了。在其他页面上，写下具体要执行的任务，一页一个。如果他们刚刚开始使用这项服务，就不要包含不需要他们知道的任何信息。

现在，找一个安静的地方，以免您和评论者在谈论产品时受到打扰。空间可以小一点，最好能够远离会议室。确保周围没有与产品有关的东西，以免评论者分心或产生让人困惑的信息。所以，不要有笔记、公司的宣传招贴、白板上留下的痕迹、有商业展会标记的鼠标垫等。

调好所有设置，以便参与者能够顺利执行任务。例如，如果是在使用网络浏览器，就把它设置成最常用的配置，移除自定义工具栏、自定义颜色、显示选项和书签。书签或其他标记会标注评论者写的每一个情景需要的初始页面或位置。甚至可以为测试创建一个新的用户账户，以免参与者产生混淆。如果要用纸质草图，一定要事先准备好。所有参与者都到场之后，让他或她先做好准备。等他们安定下来之后，介绍任务过程，可以像下面这样说。

- 我们邀请您前来帮助我们理解产品哪些部分好用，哪些部分不太好用。
- 虽然我们把这个活动称为使用性测试，但并不是测试您，而是测试产品。您怎么做都不会错。如果某个功能用不起来，不会是您的错。而且，如果您说出产品的不足或缺点，也不会伤害任何人的感情。
- 大声说出所有的想法，这真的很重要。把它想像为"实况报道"，描述您正在做什么以及为什么要这么做。

- 我会留在房间内，在一旁安静地做笔记，您应该忽略我存在，专心描述您所做的事情。

可以考虑写一个脚本，把所有这些要点都包含在内。但是，在和参与者交谈时不要恪守脚本一成不变，太呆板了反而让人很不自在。事先练习一下，尽量像日常谈话一样自然。参与者放松下来，您为他们做完初步介绍之后，就可以开始阅读产品描述和任务描述，请他们尽量以其最好的方式执行任务。但如果他们不能在几分钟内搞定，就要轻松转到下一个任务。再次强调，整个过程中一定要大声说出他们的想法和操作。

然后，请他们开始说话。靠在椅子上，观察，安静地做笔记。如果看到他们被卡住，不要告诉他们应该点击哪里或看什么地方。千万不要告诉他们怎么做。如果他们看似极其受挫，就告诉他们，如果某个任务似乎不可能完成，并不是他们的错，他们应该转到下一个任务。可能您还得提醒他们继续说话。

一旦完成所有任务或者半个小时已经过去，就该结束了。请参与者讲讲自己的整体印象，他们在实际生活中是否会用这个网站。然后，感谢他们的参与，赠送礼品（当地餐馆或书店的礼品券，公司自助餐厅的午餐或汽油的优惠券，只要适合，任何东西都行），然后送他们出门。您的同事也许不需要任何东西，但您可以承诺日后可以帮助他们。

最后，为下一个参与者进行重新设置。如果使用网络浏览器，务必清除所有缓存和浏览历史，将首页设成空白页。

思考与总结

使用性测试结束之后，思考下面几个问题。

- 哪些好用，哪些不好用？
- 用户是否完全搞不懂这个网站？如果是，体现在哪些方面？

- 有一致性的错误吗？如果有，是什么？
- 他们是否做了您期待他们做的事情？如果没有，他们又做了什么？
- 他们做事情的顺序是否符合您的期待？如果不，他们的顺序又是什么？
- 他们发现了哪些有趣的东西？
- 哪些您觉得有趣的东西没有被他们发现？反之，哪些您觉得他们会忽略他们却发现有意思？
- 他们是否知道网站的用途？是否看不出它的意图？
- 他们能做多少个任务？哪些为他们带来了麻烦？
- 他们在什么时候看上去挫败？迷惑？他们当时在做什么？
- 网站是否满足他们的期望？如果没有，哪些地方又让他们失望了？
- 您知道他们的期望吗？

朋友和家庭使用性测试迅速、容易而且方便，但它只是一个临时救急的技术。您的朋友和家人可以给出他们对产品问题的大体想法，但是（多半）他们并不能代表实际的用户。

无论何时，在可能的情况下都要使用更能代表用户的参与者。

这时，就差不多该了解自己的产品哪些地方有问题了。您可能会看到有几个问题反复出现。也许他们看不懂您为特定功能所取的名称。也许他们看不出任何关键的构想。也许他们对您提供的东西不感兴趣。也许他们非常喜欢它，因为它完全满足他们的需要。所有这些都必须了解，因为可以从中了解哪些地方有问题（并且同样重要的是哪里没有问题）。

知道别人对产品的看法之后，您就可以开始思考这些数据对公司内部相关人员的含义了。

- 您确信真的存在自己所怀疑的问题吗？需要采取什么行动来修复这个问题？
- 关于这个产品，您所了解的是否与您所相信的矛盾？组织中是否有人会基于那些想法来做决定？是否需要与其他人交流这些见解？您如何进一步调查人们相信的想法，需要哪些资源？

- 哪些地方让您觉得困惑？哪些人可以和您一起搞清楚真相与现状？如何做出回应？

下一步

第一个使用性测试完成之后，大概可以知道它的好处和用处了。读完第 3 章和第 4 章之后，就应该能够为产品制定一个研究计划，把简易使用性测试（朋友和家人使用性测试就是一个例子）和其他技术结合起来使用。第 5~16 章所介绍的技术将告诉您如何做一个更全面的测试。最后，第 17~19 章将帮助您以一种特定的方式来呈现研究发现，这种方式可以说服开发团队、客户和其他利益相关人做出改变，进而使产品或服务以更好的方式真正服务于受众，在未来与用户的活动、价值和愿望进一步保持一致。

第 3 章

迭代开发，平衡需求

在一个完美的世界里，产品开发过程只在乎如何使用户更幸福。所有软件（以及硬件、音乐播放器、汽车、具有人机界面的任何东西）都会专注于帮助人们过上更满意的生活。

但理想终归是理想。找到一个无所不能的完美方案几乎是不可能的。理想的用户解决方案也无法保证能打造出理想的产品。此外，产品通常也不只是纯粹出于对用户利益的考虑，对公司而言，它们是要赢利的。（当然，尽管非赢利性机构的主要目的不是赚钱，但也得维持财务的正常周转，满足它们的其他组织目标。）赢利和满足人的需求是两个非常不同的目标，它们可以结合，但总是有区别的。增加公共目标（比如支持环境可持续性、倡导政治主张或促进公共卫生），可能会为公司造成"双重底线"，从而造成额外的压力。

本书聚焦于理解用户体验，不会过多考虑公司的利润率或公益形象。但不管怎样，非常重要的一点是，坚持综合考量这方面与其他各种因素，想一想公司以前是如何处理这些关系的。

在本章稍后，我们将介绍一种可以解决这些矛盾的方法，但首先看一下从不同角度来考量产品取得成功的要素。

成功对最终用户意味着

最终用户体验是产品取得成功的基石。良好的用户体验虽然不能保证成功，但糟糕的用户体验肯定会导致产品失败。体验的品质是多样化的，并不只有非好即坏两个极端，而且很少出现完全不管用的情况。但令人吃惊的是，平庸的用户体验实际上可能比完全不管用更糟糕。如果是完全不管用，至少还能帮助我们锁定问题根源。间歇性的问题（高故障率的购物车或只有40%的时间能够找到合适的商品的搜索引擎）可能会使一个产品不好用，尽管其他部分的设计都很完美。更糟的是，平淡的用户体验可能无法引发关注，这才是整个企业最严重的问题。

好的用户体验从何而来，可能因人、产品和任务的不同而不尽相同，但最好的起点都是"使用性"。对潜在用户而言，如果某产品能执行其功能，有效率，可以满足人们的需要，就说明它有良好的使用性。

唐纳德·诺曼在《日常用品的设计》一书中有一些很好的例子来证明很多产品存在使用性问题，尽管我们或许并不总是知道使产品不好用的因素有哪些，但我们确实能够分辨出它什么时候不好用。

……功能

一个产品（或产品的一部分），如果用户觉得它有用，就说明它具有一定的功能。用户通常期望每个产品都能做一系列事情。这个概念简单但经常被人遗忘。例如，到本书出版的时候，微软 Outlook Express 仍然没有内置拼写和语法检查功能。这样的想法也不是没有道理，因为很多人认为 Outlook Express 实际上是一个字处理程序。缺少这个标准字处理功能（和对外部拼写检查器提供技术支持），可能会引起他们的不快和意外。

更普遍的情况是，界面的复杂性和不可知性会隐藏程序的关键功能。最经典的例子是屏幕界面出现之前的可编程录像机，其可编程功能几乎无法触及，因此我们根本找不到与之对应的操作。

······效率

人们在使用好用的产品时，一般都无法确定惊喜或满意都来自哪里，但毋庸置疑它们肯定都是优良产品设计的组成部分。总体而言，人们都非常珍惜自己的时间，重视操作的速度和容易程度，这些都很重要。老观点衡量的是某人在给定条件下如何快速在尽量不出错的情况下执行任务。虽然效率可能不一定总是最合适的衡量标准（想想游戏、玩具或其他娱乐方式），但总体而言，我们的工作基本上都是帮助人们在自己喜欢的东西上多花一些时间，少花时间在不喜欢的东西上。

······愿望

尽管市场营销人员、使用性专家和设计师很早就认识到，愿望（desirability）是良好用户体验中最不具体、最让人捉摸不透的，但是，愿望（想象中的产品使用过程中的愉悦与开心）是人们对诸多因素之间的交互所做出的情感回应。这些因素包括产品的"外观和感觉"、市场营销人员传播出来的消息及其相应含义下的文化脉络。在这个文化脉络中，材料的品质和市场推广信息对我们是有意义的。学会正确梳理文化脉络，这个重要的步骤可以帮助打造出符合人们愿望使其很想要的产品。

使用性与设计

归根结底，使用性离不开设计。这并不是说所有好的设计都能兼顾良好的使用性，因为有一些东西某一个方面（品牌识别、技术、价值等）设计得很好，但其使用性并不好。例如，大多数高档的名品家具非常漂亮，虽然一眼就能识别出来，但这些品牌的书架通常都放不了很多书，或者说椅子做起来也不舒服。类似的还有 Unix 操作系统，它非常优雅，功能强大，但要花好几年时间实践和记忆之后才能勉强用一用它的功能（而且还是最基本的功能）。最后，尽管该做的市场营销工作都做了，但难用的产品仍然可能没有人用——除非以物质奖励愿意为自己必备专业知识而努力的人。面对使用性差的产品,人们最大的可能是做不了自己想做的事,不能尽快做事,或者在做事的时候不开心。

当然也有例外。有时,尽管一个产品很独特(像 Unix),但人们还是会因为它的功能性而原谅其使用性方面的问题。医疗记录系统是一个很好的例子,它们超级难用,但其可靠性、安全性和稳定性都很高。而且,使用这些医疗记录系统的临床医师,都有法律义务避免粗心大意的错误。只不过这真的是极少数特例。在其他几乎所有情况下,使用性都是产品取得成功的关键。

成功对公司意味着

公司投资开发新产品的目的一般都不是想赔钱或败坏自己的名声,极个别特例除外。公司还是主要依据产品创造的利润或是否提升了公司的知名度来衡量产品的成功。另外还有第三个标准,即越来越普遍的社会公益形象。

……利润

虽然我们很有可能在头脑发热时把利润暂时抛之脑后,但它仍然是我们做产品的根本目的,不管是网站还是餐叉,肯定都希望它可以赚钱。也许不能立刻赚钱,但几乎没有什么东西是为赔钱而设计的。遗憾的是,用户的期望和我们的商业模型不一定总是吻合的。此时,通常需要用户研究来协调。在购买产品或预订服务的时候,矛盾一般都只是涉及公司和用户,比如用户可能一次性付费买下某个东西或定期付费使用某项服务。但广告业引入了另一个重要的角色:广告商。

成功对广告商意味着

许多产品和服务都不依赖广告来创收。另外,否认广告进而否认广告商对日常生活的渗透的想法无疑太天真。但是在网络出现之前,广告在我们的软件使用体验中只占很小的一部分。上世纪 80 年代的字处理程序没有商业广告。电子表格程序也没有联合赞助。在《魔域大冒险》(Zork)中杀死残忍的巨兽不会让人频繁地在联军获得飞行员积分。但这些东西在桌面和移动网络中无处不在,从大型网站上醒目的多媒体,到推特短消息中的赞助推文,再到移动应用中基于位置的广告(图 3.1)。这是 Visionaire 集团在《纽约时报》网站上为《亡命天涯》(The Fugitive)做的广告。 一系列协调的视频,有个穿橙色套装的男人在攀登,从顶部横幅广告到右下角的方形广告,充分利用着屏幕上每一个广告位。网络广告可以和电视节目一样引起人们的注意(或和文字一样醒目)。

图 3.1 一个多位置接管视频广告

阅读第 16 章进一步了解如何分析自动收集的在线用户行为数据。

不仅广告形式多样化,而且还有许多定制广告技术来适应不同的环境和用户。为此,软件一样地会收集用户信息,在人口统计、地域甚至系统中以往活动中为他们提供广告服务。这里的假设是用户是关注广告的,可能还会有相关的行为,而且还能够记住它们,对广告进行追踪的时候,广告也是用户体验的组成部分,它们可以极大地满足广告商的需要。

广告收益创造了另外一个渗透于开发过程中的业务关系。最后,广告商主要关心的是广告的投放效果。他们可能更愿意等着广告大战风生水起或者良好的最终用户体验从正面影响人们对产品和公司的认知度。但最终,广告商肯定都很想知道广告的投放量如何驱动出更多的收益。

······销售促进

钉子和花园软管这样的小五金或小商品通常都不带大量的公司品牌标识信息,但服装和专业运动器械及所有网站的公司标识都很显著,而且无时无刻不在。当在线体验扩展到桌面和网络以外,到运动装备、互联网家用电器和环境的时候,品牌推广和销售促进会跟随进入每一个新的场景,并变得越来越平常。例如,智能手机应用之前一般都不显示手机服务提供商以外的公司信息。在苹果 iPhone 中,带有品牌标识的 App 改变了这一做法;许多安卓 App 都带有自己的广告,增加更多层级进行品牌推广和销售促进。

不管什么场景,产品为了自身的生存都必须做到几点:需要与众不同;容易识别,好记;还需要能够传达出它的功能。虽然纯粹为此而设计会导致产品显得华而不实,但忽略它们也是很危险的。

个性化对产品而言非常重要。通过功能特征、布局、尺寸、色彩、整体基调或什么其他重要的特性(甚至是使用性)使某一种产品能够从竞争对手的产品中脱颖而出,是非常有意义的。例如照片分享网站 Flickr(图 3.2),它不希望有其他视觉效果对用户的照片造成干扰,所以它的设计风格不带有自己的品牌,简约,只保留

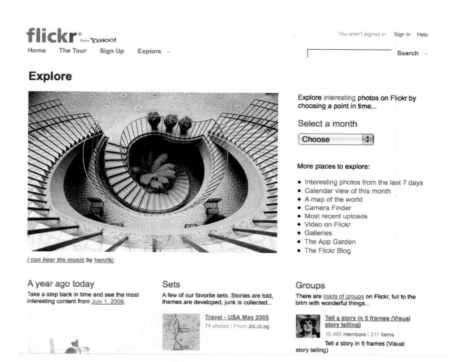

图 3.2　在 Flickr.com 上，突出显示用户上传的照片和视频，网站标识由极简设计、与众不同的标识、页眉的颜色等来传达

有标准字体、标志蓝和品红。Flip 高清摄像机可以把视频上传到电脑上，它采用的是翻盖式的 USB 连接器，而不是容易丢的线缆。TiVo（硬盘）数字录像机做得与众不同，在快进的时候采用了很合适的声音。所有这些都使这些产品容易记，好识别。

最后，有一个基调，即产品的"精神"。《纽约时报》网站看上去并不太像报纸（不大，没有墨迹，标题放在不同的位置，四角还有广告），但它明显的布局和字体等要素，足以传达出报纸的特征。类似的还有滑板运动网站，它看上去更像滑板杂志，而不是报纸。长期以来，谷歌简洁的页面一直主导着搜索引擎的首页样式，以至于用户现在基本上都能够很快认出嵌入工具栏、移动应用和其他软件界面的搜索引擎，更习惯于进行搜索，如图 3.3 所示。

图 3.3 谷歌的界面，circa 2001 和 circa 2010 三星 Nexus S（图片来源于三星）

虽然自我营销对产品和公司的即时可量化基线收益没有什么大的贡献，但它仍然是产品取得成功的关键。

开源产品开发

互联网能够使人们进行各种各样的合作，产品开发就是其中之一。Linux操作系统、维基百科和火狐网络浏览器都是很典型的应用范例，它们是一有自组织的、结构松散的开发团队做出来的，工作一般都没有报酬，产品及其底层的源代码都是开放的，供其他人使用和修改。与公司不同，这些组织做产品的主要目的通常并不是为了追求利润或促进销售。

在许多情况下，开源的开发团队做的产品都是自己想用但市面上找不到的。此时，虽然迭代开发的确可以带来很多好处，但在项目的早期，通常并没有进行过任何用户研究，因为用户就是开发者自己，而且他们可能非常清楚做出来的产品（至少是初版）要满足自己的哪些需求和期望（确实，如果他们中有人想要某种不同的东西，就可以自己动手对产品进行修改）。

不过，如果产品取得成功，很可能会吸引新的用户（不再局限于开发者自己），后者在技术专长、产品应用或者愿意为修补产品所付出的时间等方面有所不同。到了这一步，用户研究对产品的持续成长就很有必要了。有凝聚力的项目可以花钱雇佣用户研究专员（参见第11章中的维基百科案例分析）并实施相应的研究成果。

开源项目的问题在于，没有集中的组织主体来确保研究结果必须对开发过程中产生影响，因为做开发通常都是志愿者，而用户研究专员通常都不写代码，所以他们提出的建议会因为志愿者对此不感兴趣而被冷落，甚至对研究人员拉什米·辛哈（Rashmi Sinha）提出的"推动落实"（drive-by）颇有怨言："研究员做完快速研究之后就消失了，给我们开发者留下一个很长的工作清单，没有任何后期支持。"

这些挑战没有现成的答案。开源项目需要最初的投入和长期的投入。如果您不是开源开发者，就需要多了解用户研究，慢慢自己动手做。如果您是用户研究专员，并认为应该使开源项目更好，就找一个这样的项目，加入他们。

平衡系统：迭代式开发

如前所述，这些因素彼此盘根错节，复杂得令人生畏。相较于第 2 章介绍的快速而简易的使用性测试，简直好比突然从制作方形冰块儿切换到在暴风雪中捕获漫天的雪花。这时需要以一种系统化的方法把发现问题和制定解决方案的整个过程整合在一起，并在顾全大局的情况下关注个别要素。迭代式开发应运而生。

迭代式开发通过试错来持续改进工作。不是试图从一开始就做出一个完美的版本，迭代式开发专注于目标，优化焦点，持续改进产品，直至达到目标。每一次迭代的基本步骤相同，每一次迭代都有更丰富的信息。创造、检测、重做解决方案，直至循序渐进按节奏满足业务需求和用户需要。

迭代式开发是如何失效的

在迭代式开发普及之前，流行的开发模式（到现在很多公司仍然在用）是公司指令和瀑布式开发。

公司指令是某人或某一组人做产品决策之后，交给公司其他人员来具体实施。不得提出任何问题。这种开发方法让人很痛苦，是因为决策者可能也有判断失误的时候。如果总设计师（或发号施令的任何人）不懂行情、用户、业务伙伴需求和技术能力等，产品可能就会失去其独特性，有时还非常明显。

例如这个真实的例子。有一家很受欢迎的电子贺卡公司，其CEO 有一张自己最喜欢发给好友的贺卡。但在网站全新设计之后，他很难找到自己最爱的这张贺卡。联想到很多用户都可能碰到这个问题，他坚持让开发团队为此开发一个搜索引擎。公司花几个月时间为网站开发了一个全功能的搜索引擎，CEO 能够快速以各种方式找到自己最喜欢的贺卡了。但不幸的是，搜索引擎基本没有人用。

经过一番研究，他们发现很多人都不认为自己需要找到并重复使用自己最喜欢的贺卡，他们更喜欢按类别浏览，在很多类似的贺卡中进行选择。于是，他们根据人们对贺卡的预期重新调整了信息架构，最后网站的使用（和利润）有了明显的增长（相较于新开发的搜索引擎）。但与此同时，需要的资源更少，时间也少得多。在指令下进行开发，导致的后果是公司误解了自己的核心优势，进而损失了几个月的开发时间。

瀑布式开发方法（图 3.4 所示）虽然不那么专制、武断，但也有它独特的问题。在这种流水线似的工作方式下，开发者先新建一个宽泛的需求文档，其中规定了最终产品（成品）的每一个细节。也许需求会以目标用户的真实需要和能力为基础，但也有可能就只是文档作者的主观猜测和闭门讨论的结果。如果这些假设是错误的，怎么办？或者如果公司的需要有变化，怎么办？即使流程中有反馈环节，但严格的瀑布式方法几乎都不允许回溯，就像瀑布一样，水不可以往回流。一旦必须回溯——好像几乎总是这样——成本肯定也非常高，因为瀑布模型本来就很严格。

这两种方法有一个共同的致命弱点：没有内置明确的检核步骤，所以无法根据真实的环境来修正之前的假设。它们的依据是假设是正确的，数据是全面的。这样一来，如果最初的想法不对，那么最终产品就有为错误的人在错误时间提供错误解决方案的风险。

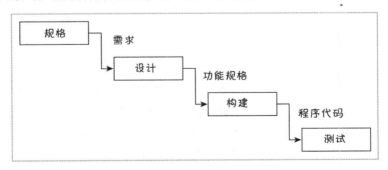

图 3.4　瀑布式开发方法

迭代螺旋

迭代式开发方法在大规模软件和制造业已经有很多年的历史。它们有很多名称：快速软件开发（rapid application development，RAD）、统一开发过程（rational unified process，RUP）、全面质量管理（total quality management，TQM）、联合应用开发（joint application development，JAD）和渐进式生命周期（evolutionary life cycle，ELC）等，不一而举。虽然这些方法的具体细节不同，但它们的基本概念都一样，即通过循环式数据驱动开发对产品进行持续改进。尽管它们可以描述成五步骤（或更多步骤）的迭代，但其核心概念可以概括为三个基本阶段（图 3.5）。

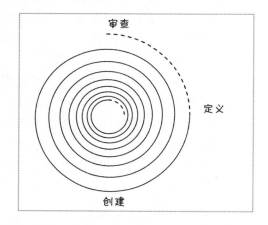

图 3.5　迭代式开发过程：最终产品在中心位置，开发过程呈螺旋状，边做边调整

1. **审查**。这个步骤主要定义问题及其受众。在这里，我们要提出问题，分析需求，收集信息，展开研究，并对可能的解决方案进行评估。列举优势与不足，并排列出优先级顺序。研究用户需要及其能力，评估现有产品或原型。例如，公司外联网也许带来了新的用户，但支持邮箱里总有邮件来问问题或者抱怨，因为很多人在网上找不到自己想找的

东西。也许是因为界面的使用性问题，但也可能是因为缺少基本服务或用户数量超过了最初的预期。

2. **定义**。这个阶段的任务是具体指定解决方案。也许外联网支持邮箱指出的是产品缺失的某个基本功能。在这个阶段，目标用户的真实需要和能力逐步"显山露水"，所以对产品所做的变更能够体现出更多、更好的细节。

3. **创建**。这个阶段是实施既定的解决方案。这个阶段成本最高，最耗时（占整个开发过程的一半时间），所以如果没有审查阶段所收集的数据为依据，也没有定义阶段的周密规划，那么创建阶段的大部分工作都会被浪费。

这几个阶段都很像瀑布式方法，但迭代式开发与流水线式开发的区别是创建阶段后紧跟着下一个循环，又开始新一轮的调查。每一次循环（在第一次审查到发布期间有许多次循环）都不指望做出完善的产品，但每次循环都能进一步理解和认识产品，丰富产品的功能特征。就这样，项目在每一次迭代中逐步调整，理顺流程并对新的信息和业务环境的变化做出响应。在理论上，这样做可以最小化不必要的开发，但同时使产品更适合人们的需要。

这些想法借鉴了巴里·鲍伊姆（Barry Boehm）当年在《计算机》杂志 1988 年 5 月刊上介绍的螺旋式开发方法。

迭代式开发的优势

灵活

项目之初，我们绝对不可能知道全部限制。用户和公司的需要，以及技术方面的能力和限制，都是在开发过程中逐步揭示出来的。指令开发和瀑布式开发非常依赖于最初的假设，所以一旦这些条件发生变化，它们就会变得脆弱，容易遭到破坏。

迭代式开发方法可以在必要时提供灵活性，在项目初期留有余地，只锁定已知合理的解决方案。最开始的时候，产品虽然很粗略，但有很多东西可以改，有很多基本问题有待解答。随着项目的进展，问题的答案有了，细节丰富了，原型开始看上去更接近成品，过程的灵活性也在逐步降低。

适应

每个设计都涉及如何取舍。或者更精确地说，任何复杂产品的设计和制造都牵涉到对诸多因素进行权衡。速度快的大车就不如马力小的小车省油。如果我们这本书采用大字体，页数肯定就会更多。有些选择可以使产品在使用性上更贴近某些特定人群的需求，有些选择可以使产品带来更多利润，有些选择可以使产品值得人们拥有。理想的选择是同时兼顾三者，但这基本上不可能。

我们很难知道如何做出正确的取舍。就像新的生物体在一个岛屿上进化一样，公司中一个孤立的想法也是暴露在特定环境条件下的。它不得不面对很多捕食者，应对特定类型的气候，适应特定种类的疾病。要想知道一个想法在外部世界中是否有效，只有一个办法，即把它暴露到它最终生活的环境中。只不过不是瀑布式方法那种"震撼出场"的方式——最后一刻推出成品，然后任其在乱世中自生自灭——迭代式开发是先试着了解环境，探测一下如何调整产品构想并逐步完善它，使其能够适应环境之后才把它放到野外。

共同的愿景

除了打造好的产品，迭代式开发还可以使整个公司都重点关注持续改善用户体验和公司的赢利能力。其焦点不再是打造一连串昙花一现的单品，而是逐步形成一套工具和技术来响应客户和公司的需要，不管这些需要是什么或者它们如何变化。本书稍后将讨论这些工具——如人物角色（persona，也称场景人物，虚构潜在用户的实际代表）和未来使用情景（scenario）——如何通过一个共同的愿景来打造有凝聚力的团队。

迭代可以轻松应用于产品的营销、识别（identity）设计、业务目标制定或为产品建立一个支持系统。为了发挥最大效果，负责产品的每一个人——工程、市场营销、信息架构、设计、业务开发、客户支持——都应该是一个迭代式开发过程的一部分。每个人都要和核心开发团队一起经历整个迭代过程，在每轮迭代中共享信息和改进产品。例如，确定最初市场之后，市场营销人员可以研究细分市本书从头至尾使用了开发团队这一术语。这里我们的意思是负责创造和维护产品的那组人。根据公司结构的不同，这组人可以包括来自许多不同专业的代表。

在开源软件开发的情况下，团队中没人可以确定管理意义上的角色。一些开发团队实际上是产品团队，负责产品的所有侧面。这样的组可能包括视觉设计师、业务战略家、市场研究专员、品质保证工程师，等等。

从我们的角度来看，这些都是开发团队，即使这些职员中的大部分人并不写代码或设计屏幕布局。

场的规模和组成，与此同时，开发团队也在研究受众的工作性质和工作习惯。这两类信息合并后得到一个可以满足受众期望的功能特征集，业务开发人员可以运用这些功能特征来物色可以提供或增强这些功能的潜在合作伙伴或对这些功能特别感兴趣的大客户。

不仅整个公司可以齐心协力开发有特色的产品，还能够综合考虑公司方方面面的需求变化，使用同样的研究方法来避免产品发布后再去变更计划。把产品视为一套与时俱进的系统化解决方案，而不是一个个零散的单品发布，这样能够从战略角度用活资源，做好业务，在应对短期开发的同时做好长期规划。

迭代式开发尤其适合互联网产品，因为原型的制作和评估都可以很快。就像雕刻时要对石膏、粘土或石蜡进行处理一样。很多变化都有立竿见影的效果，发布循环非常紧凑。为了做出快速反应，一个搜索引擎可以每周做一轮完整的迭代。不同于传统软件，互联网产品提供的即时用户体验非常关键。桌面应用在使用过程中不会面临随时被用户抛弃的威胁。用户（或公司）已经为延长其使用期限而花了钱，所以肯定会想方设法用好软件。很少有互联网产品能够享有如此这般的稳定性与忠诚度。此外，用户体验还需要从一开始就正确。

迭代式开发存在的问题

尽管好处很多，但迭代式开发也不是尽善尽美的。它在整个过程中创造了大量的不确定性，会使开发团队感到很沮丧，因为他们希望能够深入钻研功能特性应该如何开发。迭代式开发要求规范和专门的项目管理，因为它的过程比较复杂，要求每轮迭代不仅要专注于产品功能特性的一个子集，还得重视其他亟待关注的新问题。它要求回溯，检查早期所做的假设，这也可能延长开发时间。不过在大多数情况下，实施迭代式开发最大的困难是打造一种公司文化，从 CEO 到市场营销，再到客服，都要理解这个过程，并将其融入公司的日常运作之中。

用户研究切入的适当时机

迭代式开发

用户体验研究不必是迭代式开发的一部分。迭代式开发可以不做任何用户研究（例如，敏捷和极限编程过程都是高度迭代的，但都没有明确留出研究环节）。但用户研究和迭代式开发可以很好地结合在一起，研究项目的结果可以解答此前人们提出的问题并在此后指导人们进行后续工作。

用户研究提供了一种一致、快速、可控和周密的方法，可以由此了解和分析用户的看法。它可以出现在开发周期的每一个循环之中，不同技术适合于产品开发过程中不同的时间点。图 3.6 描述了具体的用户研究技术如何切入迭代式开发螺旋（具体技术在本书后面的章节中讨论）。

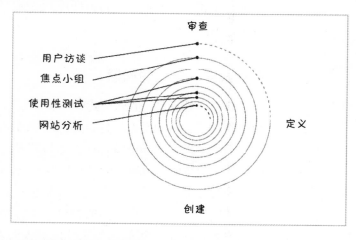

图 3.6　迭代式开发过程中的研究计划样例

瀑布式开发

显然，我们是喜欢迭代式开发过程的。然而，如果您的公司使用的是瀑布式开发过程，就没有理由不使用本书介绍的这些用户研究方法。在瀑布式开发过程中，用户研究通常发生在开始和结尾，也就是在写需求之前和写好代码之后。前几轮用户研究报告的是用户需求，最后的评测则是工作原型或者成品。

由于相当依赖于获得正确的需求，所以瀑布式开发过程应该包括更多早期研究活动（图 3.7）。要想使开发过程更多一些迭代成分，一种方式是在设计阶段中安排用户访谈或焦点小组来讨论设计情景、概念或者甚至纸制原型。由于实施过程还没有开始，所以可以让开发团队根据潜在用户的反馈做出改变。

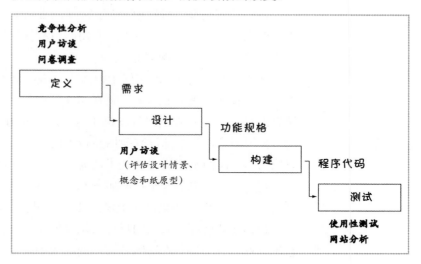

图 3.7　瀑布式开发过程的研究计划样例

实例：日程安排服务

下面有一个经过简化的理想化实例来说明某个虚构产品的迭代式开发过程。虽然大多数情况下都不可能如此顺利，但它可能帮助我们"管中窥豹"。

假设公司要做一个网上预约日程安排产品，因为有一些适应性强的后端技术已经被开发出来。

第 1 轮循环

审查

最初的假设是，目标用户是大忙人（业务繁忙的高管）和经常出差的人，他们需要一款高级、好用的日程安排工具。收入来源是广告和高级功能的订阅服务。

在第一轮研究中，您访问了很多大忙人并观察他们如何做日常的行程安排（一种观察方式，将在第 9 章中描述）。您发现他们对现有的日常工作和生活日程安排工具（Microsoft Outlook 和纸质日历等）很满意，普遍都没有换用新技术的意愿，除非它比当前这个有用得多。他们不想成为新技术的先行者，除非值得这么做而且同事们也都会用。他们似乎担心服务和互联网的可靠性，他们的说法是在忙碌的工作日如果网络无法连接，后果会非常严重。

说白了，这意味着您的目标市场对您这个产品不感兴趣，除非它远远胜过现有的。它对细分市场的吸引力有限，因而也就不可能带来丰厚的利润足以覆盖开发成本。一个选择是为该产品寻找一个更大的市场（也许学生群体），但我们假设您决定跟进最初瞄准的市场，但要选择另一种不同的方式。在交谈过程中，有几个人表示更有兴趣用它来打理自己的个人生活安排，而非工作生活（这似乎已经有现成解决方案了）。针对这样的受众，您得出的研究结果揭示出以下几点。

- 他们的个人日程安排与其工作行程安排差不多一样复杂。
- 他们需要与朋友和家人共享其个人时间安排。
- 他们不能使用自己的办公软件，因为他们的家人和朋友在防火墙外是无法访问的。
- 他们看到现有日程安排软件完全都聚焦于商务行程安排方面的任务。

定义

意识到这几点之后，您决定目标受众仍然锁定为商务人士，但要修改想法以更好地适应他们的生活方式。您把功能特性转而聚焦到共享个人行程安排上，重写产品描述，目标定位为把注意力集中于帮助人们以更好的方式共享行程安排。产品描述详细定义了该行程安排工具需要解决的问题，清楚列出其目标（或使用"范围"这一项目管理术语）之外的问题。同时，将市场营销和产品识别的努力方向重新集中这个日程安排服务的个人化上。

创建

运用这个新的问题定义来重写产品描述以反映该日程安排应用的新目标以及您对受众需求的新的认知。这个阶段的大部分时间都花在建立一个详细的清单上，其中列出产品能够提供的功能及其好处。和工程团队一起过一遍这个清单，确保提出的功能都是软件可以做到的。此外，还创建一个临时研究计划，大致写出下一轮要回答的问题、要调查的市场以及要聚焦的领域。

第 2 轮循环

审查

把产品描述带给参与焦点小组的大忙人看（将在第 7 章中阐述），您发现尽管他们很喜欢网上日程安排这个想法，但也很担心它的安全性。此外，他们认为这样的系统最重要的是输入信息快，也很容易分享。有个人说他需要用一天只花 5 分钟就能搞定所有事情的共享日程安排工具。他还提到了其他的功能，比如能把朋友和同事的日程安排与其家庭日程安排分开，自动安排特殊事件（比如体育活动）。

定义

这表明，尽管核心概念站得住脚，但还有几个关键的功能性需求需要系统好好处理。于是，您把安全性、输入速度和日程安排等加入软件目标之中并把它们传给营销小组。

创建

仔细考虑这些想法之后，您把解决方案重新定义为一个多层级的日程安排系统，人们可以对自己的日常安排进行叠加。一些层级可以来自家庭日程安排，其他层可以来自共享的业务行程安排，还有其他层可以是电视和体育的宣传节目，这样一来，行程安排的个人特性不仅可以变现，甚至还可能增加收入来源。

修改系统描述，把这些功能包含在内并解决焦点小组中用户所表达出来的担忧。

第 3 轮循环

审查

您对"每天 5 分钟"这个需求表示担心。非正式的使用性测试（参见第 11 章）表明，每天 5 分钟做完所有日程安排是很难做到的，但如果大多数人都想这样，那么满足这一需求就很重要。于是，您决定做更多研究，看人们实际上会花多少时间做个人日程安排，这方面是否有共同的趋势。观察（使用各种观察方法）五六个人做日程安排的过程，您发现他们每天平均花 20 分钟（而不是 5 分钟）来做自己的日程安排，在这方面他们最头痛的实际上是不知道整个家庭的日程安排以及不确定是否受邀参加近期的活动。您还了解到他们平均每天要查看日程安排 3 到 10 次，而且不分任何地点，由此可以得到一些参数，了解他们可能会产生多少次广告印象。通过几个用户评论，您还发现产品可能存在另外两个潜在的市场：青少年和医生。青少年的日程安排牵涉到很多人（其中大多数都可以上网），但需要严格的隐私保护。医生办公室需要花大量时间安排日程、确认和预约提醒，而且他们也涉及隐私问题。

您还做了针对主要目标受众的实地调查（参见第 12 章），从中发现他们实际的技术能力和期望，以及他们使用的相关产品和媒体。您还发现他们家中通常都有几台全家人共用的电脑（速度快、型号新），但一次只能一个家庭成员在线。您的判断是这意味着需要有一种简易的方式使所有家庭成员可以在不干扰其他人的日程的情况下使用服务（和保护隐私）。

定义与创建

和前两轮循环一样，优化产品目标。增加的新目标集中在共享日程安排、家庭日程安排问题以及日程的确认上。最后，创建一个可以满足这些目标的系统概况，写下详细的产品描述。

第 4 轮循环

审查

调查还显示，您感兴趣的家庭每人至少都有一个常用手机，他们对体育比赛很感兴趣，他们爱看电视。于是，您决定再做一轮焦点小组，调查人们是否想通过手机来使用这项服务，是否希望在日程安排中加入体育比赛和电视节目，这两者都是利润丰厚的广告业的潜在目标。

焦点小组指出，目标用户最想要的是日程共享和确认，而家庭日程安排和特殊事件确认功能虽然他们也觉得值得拥有、很酷，但不是那么重要。虽然他们觉得手机界面有意思，但绝大多数人都不会在手机上使用网页浏览器，所有事情他们都用 App，而且他们还有些担心手机上的网页浏览器笨拙，容易让人混淆，而且您也没有资源来开发 App。您发现，青少年们认为共享个人日程安排这个程序的想法很好，他们能够安排新消息提示并通过它进行聊天，而且这一切都可以在手机上完成。医生（最后一轮研究所建议且因为其购买力而深受业务开发与广告人员期待的用户）似乎对这个日程安排程序不感兴趣。尽管理论上有用，但他们指出不会有太多患者使用这个程序，而且员工培训也无法保证。

定义

使用这个新的信息，您定义了两类基础用户：大忙人（最初的目标人群）和社交活动多的青少年。这两类人的需求从产品角度看截然不同，即使其基本日程安排功能相同。尽管已经意识到不可能有资源同时满足这两类人的需要，但您可以将产品一分为二，分别为他们定义用户需求和产品目标。

创建

分别为这两类用户创建新的用户描述。虽然青少年的需要不如大忙人那样好研究，但您觉得自己相当了解他们的问题及其解决方案，因此足以开始通过纸质原型来进行表达。根据产品描述，您为网页界面和电话界面分别创建了纸质原型。与此同时，您还指导市场营销组，在下一个营销活动中针对主流市场着重强调共享日程和邀请确认特性，而针对青少年市场，则主打手机界面的易用性和电视节目可以叠加安排到日程表中这两个特性。

第 5~7 轮循环

现在，为产品确定目标用户及其需要的功能、想要的功能、这些功能的优先级以及产品的显示方式之后，开始做产品。做几轮使用性测试，用焦点小组来测试营销效果。每一轮测试都揭示出如何使日程安排程序与其他产品的识别（形象）保持一致，使其更容易理解、更有效以及显示更多赞助内容，使其容易受到用户关注但又不至于对他们造成干扰。

此外还建立了一个管理系统，以方便员工和赞助商增加和管理内容，在做消费者产品测试的同时也对他们进行产品测试。

做完第 7 轮迭代之后，发布产品。

第 8 轮循环

立即着手开始用户基础调查，在一些定期调查活动中，首先要观察用户基础是如何变化的，朝着什么方向变化。这样一来，只要有新用户出现，就可以把赞助和资金流向定位到这群拥护的特定需求上。

还可以着手做一个广泛的网站分析和客户反馈分析计划（参见第 16 章），借此来理解人们是否以您期望的方式使用这个系统，他们又遇到了哪些问题。

另外，还要继续做实地研究，调查其他的相关需要。一个常见的日程安排任务之一是缴费。手机服务超限和缴费是家庭争端的主要来源。您开始认为自己的产品不只是一个日程安排工具，还可以作为一个家庭缴费服务，而且将来还有望成为一个完整的家庭管理套件。

当然，前面所讲的只是一个高度简化的、相当理想化的产品迭代过程。它侧重于说明用户研究如何穿插到产品开发过程中，不足以说明一个持续六月的开发周期是怎样的。但它描述的情形也是真实的，所有日常项目管理任务都是这样的。资源安排好，预算确定，软件写好并测试完成。用户研究被纳入开发过程，但它并不是最花时间，也更不是主要的驱动要素。用户研究的初衷是突出说明始终坚持进行用户研究可以揭示新的市场、用户需要、需求和能力，使得产品能够不断改善人们的生活。

第 II 部分　用户体验研究技术

第 4 章

制定研究计划

任何研究都不可能是空中楼阁（绝不要在真空中做研究）。每项用户研究其实都属于持续理解用户这个项目的一部分，不管他们是公司的忠实顾客或从来没听说过公司产品的神秘陌生人。制订研究计划可以从两方面支持用研项目：阐明研究目标；设定一个有助于在最需要时提交研究成果的日程，避免不必要、冗长或草率的研究。它还有利于对研究项目展开交流，更容易让同事参与其中，并将研究结果付诸实施。它还有力地反驳了不做用户研究的一个最常用的借口：我们没有时间或预算。但是，即使不需要将这份计划提交给任何人，也仍然应该在决定做用户研究以后立马制定一份研究计划，即便只是一个很小的使用性测试或常客拜访，因为它至少能帮助您更好地明确在什么时候应该干什么。

研究计划主要包括三部分的内容：为什么要做研究（目标）？何时要做什么事情（日程）？花费多少（预算）？这些再依次细分为报告的格式和时间表等。为了最有效、最快速地从研究中获得需要的东西，应该对研究计划与产品开发计划进行整合。然而，这有时却是最难做到的。

立即动手制定研究计划

在之后的内容里，我们将会详细介绍如何提出问题并找到解决问题的方法。但是，总的来说，研究报告应该包括以下五部分。

1. 需要回答什么问题？
2. 为什么回答这些问题很重要？
3. 计划选用什么研究方法来探究每个问题？
4. 需要哪些资源，包括时间、人力、资金和设备？（如果需要的任何资源都还没有保证，还需要写一份论证说明，阐明为什么需要这些资源或者哪儿可以找到这些资源。）
5. 具体研究活动的时间、地点和执行的人员。

在本章的结尾，我们将提供一个非常详尽的研究计划样本，可以依照具体需求将它修改成最适合的形式。当然，如果您和您的客户决定只用写在一张餐巾纸上的草稿来制定研究计划，我们也没有意见。

设定研究目标

在着手写研究计划之前，需要明确两点：为什么要做这个研究？打算如何使用最终的研究结果？然后，可以通过对这两个问题的回答，总结出应该以怎样的顺序提出哪些问题才能使研究最有利于产品开发。

第一个问题涉及确定业务的优先次序和设定达到这些业务的研究目标。第二个问题涉及了解产品开发过程，进而使研究能够为最终产品带来最大的好处。

决定开展一项研究的原因有很多：或许是因为公司想进一步完善现有的产品；或许是因为他们打算开发新产品，而您想知道在投入人力物力进行建构之前测试一下这个产品概念是否吸引人；或许您正在试着搞清楚应该创造什么样的产品和服务。总之，无论处于什么样的情况，首要任务都是找到最终接收这份研究结果的人，然后明确他们对产品成功的定义。

公司里每个部门衡量产品成功的标准并不相同。开发部门衡量成功的标准是按期完成任务，或者每一千行代码中的错误数符合要求。市场营销部门可能更看重客户对产品的好评数和网站流量的上升。企业标识设计可能在乎的是目前的产品是否可以和公司整体品牌很好地融合。客服或许希望从数量上减少他们需要解决的问题。销售则希望产品能带来更大的利润。每个部门都在用自身独特的视角来看待最终产品，而且每个视角都对用户体验有着不同的要求。

研究可以向任何一个方向发展。为了使效益最大化，我们需要将研究目标指向产品最重要的功能特征，但是产品的功能特征并不仅仅是这个产品的形式要素或界面布局。产品最重要的特征是影响公司业务目标的特征。因此，我们要做的第一步是列出一份清单，说明产品的用户体验在哪些议题上以怎样的方式影响着公司。每一个议题都代表着研究项目的一个目标，这有助于明确研究计划的重点，并有助于进一步了解该产品如何改进才能使公司的效益最大化。在从公司的角度收集和组织这些议题的过程中，需要注意这些议题并不是（也不应该）只关注于用户的能力（如何让用户有效地使用产品），可能也注重广告的有效性、客服任务量、品牌认知等各方面的目标。

换句话说，既然用户体验关系到产品的方方面面，那么在进行研究的时候也应该考虑到产品的各个方面。这个过程包含三个步骤。

1. 收集议题并用目标的形式将它们表达出来。
2. 排列各个目标的优先次序。
3. 将目标改写成需要回答的问题。

收集议题并将其以目标的形式呈现

确定主要研究议题的过程本身就可以算是一项研究了。在某些情况下，委派研究项目的人会事先说明所有需要解决的问题，但是无论如何，都应该尽可能自己准备一份详细的问题清单。

首先要确定利益相关者。每一个部门都会参与每个产品但也有主次之分。项目经理应该需要进行重点沟通，他可以帮助您整理出一份对当前项目最有话语权的人员或部门的名单。其中一般包括工程、设计、市场和销售，但有时也会涉及其他部门。如果这个产品是一个重要的盈利（或亏损）项目或者它是一个全新的尝试，可能还要有一位重要的公司高层参与。

Sport-I.com 利益相关者名单

Alison（产品开发副总裁）

Erik（交互设计）

Michel（市场营销）

Sun（前端开发）

Janet（销售）

Ed（客服）

Leif（品质保证）

Joan（公司形象设计）

Maya 和 Rob（长期客户）

如果没有找到某个部门中对这个产品具体负责的人，就去找最近处理过这个产品相关事宜的人。这个人很可能就是日常负责这个产品的人，或者他可以告诉您应该找谁。一旦整理出利益相关者名单，下一步就要明确他们最看重什么。您可以找一个下午将大家聚在一起，以确定公司对产品各个方面的目标及其优先程度，也可以和每个人单独面谈（这个方式主要用于与管理高层或公事繁忙的人进行交流）。如果大家的意见存在着很大的差异，并且您想确保集思广益，那也可以考虑第二种方式。

各个代表（或部门）需要明确以下三个关键问题。

● 基于每天处理的公司相关事务，您认为这个产品的目标是什么？

● 这个产品是否有未达到目标的地方？如果有，具体表现在

- 您对这个产品有没有疑问希望得到解答？如果有，具体是什么问题？

和每个部门的代表都进行沟通之后，整理出一份关于目标和议题的列表。

如果各个利益相关者的目标之间有冲突，应该如何处理？广告销售经理可能希望通过增加额外的广告单元来提高收入，负责管理网站内容的副总裁却希望在主页增加更多新闻故事。因为界面的空间有限，所以这些目标要求相互之间必然存在冲突。但是，在现在这个阶段不要急于解决这些冲突，应该先将近期研究目标定义为"进一步调查清楚各项要求目标之间的关系"。

Sport-I.com 用户体验目标与问题

部门代表	目标和问题
Alison（产品开发副总裁）	进一步将浏览者转化成购买者（提高转化率） 更强的粘性：留住老客户
Erik（交互设计）	帮助用户更好地使用"产品推荐"，同时鼓励他们多写产品推荐。 为什么很多用户总是将现有选购商品用的购物车弃之一旁？
Miche（市场营销）	鼓励用户邀请他们同为运动迷的朋友使用我们的网站
Sun（前端开发）	"360 度产品预览"这个功能是否足以让浏览者愿意等待加载？
Janet（销售）	在本财政年度，将收入提高 30%
Ed（客服）	减少用户对过期促销活动的疑问 将更多客服从邮箱转到网站常见问题答疑

和公司各部门代表沟通完毕之后，还应该听听一些用户的意见。这可能听起来有些自相矛盾：为什么我们要在写一个具体的用户研究计划之前急着调查用户需求呢？因为将他们的意见加入研究计划的制定可以更早地确保将研究重点放在用户身上，而且这也有利于您向公司汇报研究成果。如何找到合适的用户进行沟通，请参考第 6 章。然后，将收集到的信息添加到之前的列表中。

Maya 和 Rob（老客户）	想让 Sport-I.com 记录下用户偏爱的每一个运动的品牌 想知道基于产品表现的最高价值

作为这一过程的一部分，还应该试图收集公司内部已有的其他用户体验相关信息来回答相应的研究问题，而不是去做所谓的原创性研究。这可能包括市场营销部门曾经做过的市场调查，客服部门的用户反馈总结，开发团队所做的访谈以及产品使用性顾问提交但尚未被采用的报告等。用户体验研究人员是用户相关信息的集大成者，既要收集所有相关信息，还要转达用户体验研究的重要性，同时得到利益相关者对此的信任和肯定。更多的信息来源在第 14 章中有详细介绍。

对目标进行优先级排序

基于用户访谈，您对各个目标的轻重缓急有了大概的了解。有些东西之所以重要，是因为它们被认为阻碍了用户使用核心功能。其他东西之所以重要，是因为它们是该产品区别于其他同类竞争者的关键，又或是公司计划近期主推这个特征。还有一些目标则要缓一缓，可能是因为要解决它们将动用大量的资源，或者是公司内部正在对此进行激烈的争论。

然而，在确定研究目标排序之前，需要先把收集到的问题进行排序。如果觉得各个问题之间的顺序还不够明确，可以尝试以下训练（这和第 11 章所介绍的"如何对产品功能进行选择"方法相同）。

优先级排序练习

在问题列表旁边添加一列，标注为"重要程度"。按 1 到 5 分从上至下分别对每一项打分。如果在"重要程度"这一栏某个问题被评为 5 分，则说明这个功能特征"必须有"，对产品成功非常关键；如果某个问题被评为 1 分，则说明这个功能"最好要有"，但不起决定性的作用。

然后，在问题列表旁边添加第二列，标注为"严重程度"以表明问题的严重性。同样按照 1 到 5 分进行打分。5 分说明它直接影响到产品的基本功能，1 分则说明这个问题可以暂时忽略或只是最好了解的一般性信息。

现在将这两项的得分相乘，得到每一项的优先级别，写在两项之后的第三列，并将其按优先级别从高到低排列，得到初步的产品用户体验研究顺序列表。

目标	重要程度	严重程度	优先级别
帮助用户更好更频繁地使用该搜索引擎	3	4	12
到本年末将收入提高30%	4	5	20
进一步将浏览者转化为购买者	5	3	15

拥有重要的（从整个公司角度考虑）用户体验问题的优先级排序之后，一般有六个左右的"大"问题和十二个左右很小但更具体的问题。这些加在一起，再加上日程安排、预算和一些更具体的目标，就构成研究计划的核心内容。

将目标改写成问题

手上有产品目标之后，现在开始改写成在用户访谈中要提出的具体问题或要收集的信息。将较窄的问题拓展为一般性主题以获得问题的根本原因。比如，当一个具体功能特征遭到质疑时，可能需要将关注点进行扩展，使其包括该功能存在的原因。

每个研究问题都应该尽量简单，足以直击要害。每一个在产品中出现的问题都会呈现一大堆研究问题和研究议题，其中许多是非常复杂和相互关联的。然而，这只是"简单的蒙昧期"。回答问题时，为每一个目标挑选一两个直接反映目标的问题；日后在进行研究和修改时，再梳理出更细致的问题和重要的交互事项。

议题	研究问题
进一步将浏览者转变成购买者	为什么浏览者没有转化为购买者呢？
更多粘性：人们更经常回来	用户回来的原因是什么？什么决定着他们返回的频率？ 用户人口统计构成是怎样的？他们如何使用网络？
帮助人们使用和写产品评论	为什么人们要写产品评论？他们从中得到了什么价值？ 人们如何在网站中导航，尤其是寻找具体目标的时候？
人们开始选择但最终放弃了购物车	为什么那么多人放弃购物车？哪些地方使他们受挫？
人们邀请他们的体育迷朋友访问网站	人们珍视哪些服务？什么使他们成为忠实的用户？ 他们是否知道网站有社交功能？这些功能是否吸引他们？
360 度产品预览是否有用，足以使其等待浏览器加载新内容？	人们如何评价网站上的产品？在决定购买某物品之前，他们需要哪些信息？
……	
想让 Sport-I.com 网站记住人们感兴趣运动中所偏爱的品牌	个性化有多重要？哪些东西对它最有用？
想知道基于物品性能有哪些最大的价值	人们怎么在 Sport-I.com 网站上购物？是基于运动、品牌、工具、价格，还是其他什么？

将一般性问题扩展为具体的问题

在最后一个步骤中，将较大的、抽象的问题进一步充实，使其转化为可以由研究来回答的具体问题。

一般性问题	具体问题
为什么那么多人放弃了购物车？	放弃购物车的人与完成交易的人之间的比率是多少？
	人们在哪些页面决定放弃？
	人们最常从哪些页面打开购物车？
	人们理解购物车页面上的指导语吗？
	他们知道他们正在放弃购物车吗？
	他们在什么情况下打开购物车？
	他们如何使用购物车？
	他们怎样在网上购物？

千万不要为了证明某个论点而做用户研究，也不要为了证明一个主张或强化一个观点而创建一个目标。应该将研究的整个过程瞄准揭示用户真正想要什么和他们是怎样的，而不是一个已有的观点（无论是您提出的，还是由利益相关者）是否正确。

确定要问什么问题，咒语十分简单，测试可以测试的东西即可。别问答案不可付诸实施的问题或测试现实无法改变的东西。例如，在产品功能尚未确定下来之前，一味考虑形象设计的问题就是徒劳无益的。因为产品的形象在很大程度上由其功能决定。同样，在交互设计已经确定之后再研究用户对功能的需求也是徒劳，因为确定就意味着现在的设计是大家所认同的，是用户需要的。

当然，所有这些问题并不是在一个单一的研究项目中或由一个单一的研究技术来回答，但是有这样一个大的问题列表可以帮助您在需要制定研究日程安排时选出需要问的问题。除此之外，制定这一列表的过程有助于确定较大议题的范围和边界，揭示较大议题之间的关系，并且有时还会揭示新的问题和假设。

全面、彻底地认识产品。了解软件现在如何运作之后，研究目标可以制定得更为准确。尽一切可能使自己成为一个用户：亲自读说明书；上一堂培训课；与技术支持交谈。

同时，准备好处理产品的基本问题。如果在研究的过程中出现一个要回答的问题，即使是"我们当初真的应该开展这项业务吗？"这样的问题，也应该能够应对，并且创建出相应的研究计划（或最起码把问题提交给可以进行解答的资深利益相关者）。

研究与行动相结合

前面介绍了研究过程的目的以及自己的意图。您需要的其他输入是研究结果怎么用。研究发现的结果打算用来支持产品开发吗？支持产品的市场营销？还是客户支持或客户政策？这些方案是为了打造下一次要发布的产品或是今后几年的产品发布？

正像业务的每一个部分都有其目标来引导出不同的问题一样，

它们都可以按照自己的日常安排来运行，在这个运行过程中研究项目可能需要进行协调。您从来不可能确切预测研究结果是怎样的，研究结果对谁有用，如果可以预测，也就算不上一项研究了。但另一方面，要把研究结果在利益相关者最需要的时候交给他们。例如，如果要了解在开发者开始实施新设计之前原型如何用于使用性测试，需要把测试时间安排到研究计划当中。

为了收集这些日程要求，先与直接负责产品的人进行交谈，仔细审查问题列表。对于每一个问题，找出是否有根据答案采取行动的关键节点或最后期限。可能需要跟进其他团队成员获得必要的细节。一旦了解产品路线图的关键日期，就可以从这些日期回推并确定必须用多少时间做相关的研究。基于这一信息、优先次序和可支配的预算，可以选择合适的研究技术以及各研究项目的先后次序。

不要假设。如果时间短，就应该放弃研究直到产品发布之后。如果提出的理由支持从研究中获得的见解有助于产品成功，可以为此改变时间安排。参见第 19 章，进一步了解如何将用户体验研究整合到公司文化中。

敏捷软件开发与用户研究

在 2001 年，有 17 个软件开发者发表了敏捷宣言，倡导一种新的软件开发方式。在他们的宣言中强调"个体和互动高于流程和工具；工作的软件高于详尽的文档；客户的合作高于合同谈判；响应变化高于遵循计划"（全文参见 agilemanifesto.org）。敏捷和类似的轻量级方法已经在工程师队伍中广泛流行并被大大小小的软件公司采用。当用户研究纳入工作范畴之后，研究人员还必须敏捷工作，使研究项目的计划支持短而频繁的产品发布周期。这通常在以下几个方面影响研究计划。

- 收集一般性产品需求的研究要在任何开发开始之前完成。
- 在许多短的循环当中完成原型和产品的测试，每一轮循环关注下一开发周期要构建的一个小的功能集。
- 研究报告需要简洁，经常是口头交付给开发团队而不是以文档的形式。

- 客户需求可能突然改变，所以研究计划必须经常更新。

这一思想的进一步发展是精益创业运动，软件企业家艾力克·赖斯（Eric Ries）在他的博客 startuplessonslearned.com 中第一次提出这个概念。在阐述新产品开发的相关具体案例中，他在 2009 年强调说，低成本的创新需要一个"连续与客户互动的循环"，其特点是对市场、定价和客户进行快速的假设测试伴随着不断的软件发布。这一理念在创业环境中对研究计划的制定有广泛的影响。敏捷发布周期驱动使用性周期，其中招募、测试和分析都要在两周以内完成，而不是行业中典型的三周或更长的时间。

每一项研究技术的结果不仅提供如何改进产品的信息，而且还关注后续的研究。问卷调查描述现有受众，这样您就可以了解访谈应该招募什么样的用户。实地走访和访谈，可以概括问题，从而促进功能特征的开发。接下来，由使用性测试来评价这些功能。研究得到的每一项信息都可以帮助了解用户是谁或他们想要什么。

这样一来，研究日程尽管受限于立即优先级和开发日程，但也很好安排，使每一个项目都支持和加强后来的项目。实际上，这意味着收集一般性信息的过程要先于收集具体偏好和具体行为之前进行。

从项目最初开始研究

对于新产品或者现有产品（处于重新设计早期阶段），遵从研究项目的顺序是十分有意义的。实际上，大概只能有时间做这些项目中极少数几个（确定按给定的产品发布和产品开发的常规日程）。就是在这些地方，它可以帮助研究问题的优先级顺序，您所选择的技术有赖于什么类型的问题是最关键的。

早期设计与需求的收集

- 内部发现，识别业务需求与限制。

- **问卷调查**，确定统计学市场细分以及现有技术应用或建议的用户库。（问卷调查将在第 12 章描述。）
- **使用数据分析**，如果有的话，是指用户的现在行为。（详情参见第 16 章。）
- **使用性测试**，指现有产品的使用性测试，揭示交互方面存在的问题。还有竞争性使用性测试，目的是揭示竞争者产品的优势和弱点。（使用性测试将在第 11 章描述。）
- **观察性实地访问**（第 9 章）和**日记研究**（第 10 章），将揭示现有的用户体验（帮助体现在产品或任务两个方面），并说明现在如何解决。
- 两三轮**焦点小组**（第 7 章）或**访谈**（第 6 章），确定人们是否感觉提案实际真的有帮助，哪些功能的价值最高。还有竞争性焦点小组可以确定竞争产品的用户发现什么是最有价值的，以及这些产品的哪些不足使他们觉得受挫。

开发与设计

- **原型使用性测试**，指对实现解决方案的原型进行测试，测试其有效性。**使用性实地访问**可以让用户在真实的类似产品使用的环境中对原型进行测试。

发布之后

- **问卷调查和使用数据分析**用来对比产品和过去行为之间的变化。
- **日记研究**（第 10 章）用来跟踪用户行为的长期变化。
- **观察性实地访问**（第 9 章）用来研究人们实际上如何使用产品。

从项目中间开始研究

通常，用户研究计划可能得从一个开发周期的中间开始。谁是用户，他们的问题是什么，什么解决方案，这些都已经做出了决定。至少到下一个开发循环开始之前，这些都不得更改。在这种情况下，研究计划应该开始于使发布前的产品及时受益的过程和在下一个开发循环中发生的更为基础的研究计划。对于这样的项目下面的顺序具有意义。

设计与开发

- 快速迭代**使用性测试**和**竞争性使用性测试**，直到发布。（竞争性研究技术将在第 5 章中阐述。）

发布之后

- 发布之前的**使用数据分析**可以让您了解用户行为的变化过程。
- **问卷调查**可以用来确定用户的人口构成。

需求收集

- 对现有人口的**观察性研究**可以确定下次发布想要突出的议题。在此之后，研究计划可以以第一计划的形式继续。

将研究问题组织到项目中

让我们回到实例。在研究问题列表中，显示有一些有关人们现有行为的定量问题（放弃者与交易成功者之间的比率、放弃发生的页面等），有些问题是关于他们的动机和网站理解的。第一组问题可以通过日志分析来回答，第二组问题大部分可以通过使用性测试来回答。有一个问题"他们如何在网站上购物？"大概太过抽象而无法通过使用性测试来回答。它其实是一个基础性问题，或许需要通过更长的时间段并采用不同的技术进行研究。它可以从一轮观察性研究开始。

更多研究计划方面的资源，可以访问本书配套网站：www.mkp.com/observing-the-user-experience。

选择研究技术

挑选正确的研究技术并将它们组织到一起是非常困难的。在这些方法上积累的经验越多，越能更好地知道哪些技术最适合回答哪些问题。如果在这些技术上没有任何经验，可以从本书的描述开始，挑选一种看似正确的技术，然后进行尝试。如果它没有帮助您回答问题，关注它能够收集哪些类型的信息，然后尝试不同的技术。

这里给出一个综合性的研究技术表，对各种技术提供一个基本的概览，但不很全面。

名称	开发中所处的阶段	持续时间	循环时间
人物角色 （第 17 章）	开发过程的开始	两周内 2～7 天的工作	每个重要设计一次或当新的用户市场被定义的时候
	描述：开发人员将用户研究转变为功能性角色，以便理解不同用户的需要。 优点：为产品团队创造良好交流的低成本方法，关注具体用户群的需要，而不是一个完全统一的"用户"。 缺点：人物角色的质量取决于可利用的用户研究成果的新鲜度和准确性。		
实地访问 （第 9 章）	初始问题定义阶段	2～4 周，不包括招募	每个主要功能集合一次
	描述：观察人们解决问题的过程，建立一个心智模型，定义用户现在的理解和行为。 优点：能够全面理解所涉及的问题。 缺点：劳动密集型（工作量大）。		
焦点小组 （第 7 章）	早期开发 功能定义	2～4 周，不包括招募	每次确定主要规格时一次，然后在每个功能群组确定之后一次
	描述：由 6～12 名目标受众代表参加的结构化小组访谈。 优点：揭示用户期望与优先级次序，收集奇闻轶事，调查小组成员对各种想法的反应。 缺点：受制于参与者的群体思想，心愿可能容易被误解为需要。		

名称	开发中所处的阶段	持续时间	循环时间
使用性测试 （第 11 章）	贯穿于整个设计与开发过程	1～3 周，不包括招募	频繁
	描述：尝试使用产品原型执行具体任务时，对用户所做的一对一的结构化访谈。 **优点**：低成本，但能揭示交互问题。 **缺点**：不涉及潜在性需要，只是用户执行任务的能力。		
问卷调查 （第 12 章）	开发过程的开始、上市之后和重新设计之前	2～6 周	在重要的重新设计之前一次，然后定期进行
	描述：随机选择受众代表，要求他们填写问卷；然后把回复的定量总结制成图表。 **优点**：定量描述受众，并把他们细分成亚群组市场，调查他们的看法与优先级次序。 **缺点**：没有答复人们持有这些看法的原因或他们的实际需要。受制于选择偏倚。		
日记研究 （第 10 章）	上市之后和重新设计之前	4～6 周	在重要的重新设计之前一次，然后在新的功能发布之后一次
	描述：对用户进行长期的研究，通过用户按天或按周记的日记进行研究。 **优点**：调查随时间变化的过程和活动以及用户的见解和用户模式如何随经验变化。 **缺点**：劳动密集型；需要长期参与。		
使用数据与顾客反馈 （第 16 章）	开发过程的开始、上市之后和重新设计之前	各不相同	发布之后定期进行
	描述：定量分析网站使用数据和客户点评。 **优点**：不需要额外进行数据收集；揭示实际行为和用户感知到的问题。 **缺点**：不提供任何有关行为或问题原因的信息。		

　　基于公司的优先级次序，按照技术的不同将研究问题进行分组，然后制定一个粗略的日程安排。使用数据分析可以立即开始，

然而使用性测试则要花几周时间来做准备和招募人员。网站访问差不多可以在任何时间开始。但是，在这种假设的情形中没有足够的资源来做一个完整的研究。这样便可以立即开始一个简单的循环，并假设在后面可以进行更多的工作。

技术	时间	问题
使用数据分析	立刻	放弃购物车的人与完成交易的人比率是多少？ 人们在哪些页面决定放弃？ 人们最常从哪些页面打开购物车？
使用性测试	立刻（招募现在进行，测试在两到四周之内进行）	人们理解购物车页面上的指导语吗？ 他们知道自己正在放弃购物车吗？ 他们在什么时候放弃购物车？他们意识到自己正在放弃购物车吗？ 他们在什么情况下打开购物车？ 他们如何使用购物车？
观察性研究	立刻（现在就招募，和人们面谈在一两周内进行）并继续	他们如何在网站上购物？ 他们如何购买网站之外的东西？

以优先级次序继续议题列表，以这种方式扩展所有条目。在对它们进行扩展的时候，找出问题的相似点和研究共性，以便同时说明很多问题。此外，寻找竞争性分析可以产生有趣观点的地方。还可以从技术列表开始，用来产生进一步的问题和研究思路。例如，可以从"我们从观察性研究中学到了什么？是否可以说明任何研究目标？"这样的问题开始，然后通过其他技术继续。

最终列表中的条目看上去大致像这个样子。

技术	使用性测试
时间	计划立即开始，测试在 2～4 周之内进行
问题	购物车的问题
	人们理解购物车页面上的指导语吗？
	他们知道他们正在打开购物车吗？
	他们在什么时间放弃购物车，他们意识到他们正在放弃购物车吗？
	他们在什么情况下打开购物车？
	他们怎么使用购物车？
	他们需要多长时间完成一次购物？
	导航的问题
	人们如何找到具体的产品？（他们使用什么工具？他们如何使用它们？）
	人们如何从一个主要部分转移到另一个部分？（什么工具？如何使用？）
	促销区的问题
	人们以什么顺序浏览首页上的各个产品？
	人们理解促销区的信息吗？

把这一项视为以日程安排为目的的一个独立单元，那么它就是一个可以放入一个日程或者项目管理计划的模块。测试细节之后可以改变，但一个研究技术和研究问题列表可以弄清楚何时测试什么。

提出跨多个项目的问题

大多数产品开发日程都是快节奏的，所以研究计划应该集中于短期效益。但它也不应该是缺斤短两的长期规划。它应该始终引导人们关注下一次发布的目标，并把有关产品的基础性问题及其用户纳入长期项目。但是更深入的回答是从长期来看造就产品成败的因素。不要因为这些问题看似普通或太难以回答就推迟回答。事实上，应该尽快对它们进行调查。结果产生越早，对核心产品变更进行规划、设计和实现就越快。

然而，在公司中不管是从产品的角度还是从研究者成功的角度，都不宜在临近发布时只关注深层次的问题。因此，应该对研究研究计划应该经常更新：在每一轮研究之间，产品通常都会有重大变更，每次都会增加用户体验知识，并且公司总会改变优先级次序。每一两周有一次更新是常事。每次更新时都进行版本管理有助于跟踪记录所有变化。

计划进行结构化，使其成为一组平行项目，使其长期目标能够跨好几个项目。每一个项目都涉及诸如此类需要回答的短期问题而且还要问几个关键问题，以进一步认识基础性问题。

这可以如下所示的网格来表示。每一个基础性问题一列，而每一个研究项目一行。这样就可以追踪哪些项目在问他们当前正在解决的哪些基础性目标问题。这就可以保证长期目标不会被研究过程忽略。下表显示的就是这样，有颜色的单元格代表哪个项目在收集哪个目标与调查相关的信息。第 4 个项目是第 2 个项目和第 3 个项目所研究议题的深入研究。

跨研究项目的目标信息收集跟踪

	搜索引擎结果	导航的可理解性	放弃购物车
使用性测试 1	■		
焦点小组 1	■	■	
使用数据分析			■
使用性测试 2		■	■
等等			

当然，并非所有项目都会提供每一个目标的数据，但在头脑中保持这样的结构将使您能够既维持长期的需要，也同时能够完成短期的工作目标。

研究计划的格式

到目前为止，我们有意回避了呈现一个研究计划的具体结构或样式，因为这因需求和资源的不同而不同。研究计划应该灵活，可以适应具体的环境。如果使用项目管理或日程管理软件，可以在里面表示研究项目的很多东西。如果想把它显示在日常管理为基础的日程安排中，可能应该采用一种更正规的书面形式，使其可以并入产品开发计划。如果公司文化偏爱使用维基进行交流，它就可能是一组维基页面。无论什么，都应该适合一个对您有用和舒服的式样但又可以分享和整合到一个更大的产品开发计划之中。研究计划是用来交流研究结构和把用研工作的价值传到产品开发团队和整个公司的文档。

有一些事情是每一个研究计划都应该做的。

- **设定期望**。执行研究的人员和研究结果的接受者都应该清楚要完成什么研究，应该如何进行，期望什么结果。不要指望一轮测试就能有很多收获。一轮测试不可能证实或否定整个项目，我们也不应该如此期望。研究计划还应该暗示或明示：文档的灵活性和不断改变。这可以通过版本号或甚至是失效日期（"本研究计划有效期至 2013 年 2 月 2 日"）来表达。
- **设定时间安排与职责**。谁做什么，在什么时间做？研究日程如何整合到更大的产品开发过程中？这从短期来看应该是具体的，但从长期来看可以更具一般性，除非研究直接捆绑到一个更大的日常安排上。
- **规定目标**。每一个研究项目和研究计划作为整体都应该有与之相联的具体目标。在过程开始，收集的目标要能驱动研究的具体细节。研究计划应该清楚这些到底是什么。
- **规定产出**。每一个研究项目都应该针对利益相关者的需要有具体的产出，指定最后要呈现的信息。理想情况下，计划中应该描述实际的交付成果（报告、演示、工作坊、一组人物角色等）。

研究预算

预算是以可用资源成本为基础的，主要分为四大部分。

1. 人员的时间（包括您的时间和研究团队的时间）成本。

2. 招募和酬金成本。

3. 设备成本。

4. 差旅费成本。

在我们的经验中，计算使用性测试这样定性研究项目持续期（包括项目管理和典型的无效现象）的有用时间大致如下所示。

任务	时间
为单个研究项目做准备（有关任何非重复性研究）	10 小时
招募与日程安排	每个被招募的人 2 到 3 小时
执行研究	
观察性研究	每人 5 小时
焦点小组	每组 3 小时
使用性测试	每个参与者 3 小时
分析研究结果	
观察性研究	每人 5 小时
焦点小组	每组 4 小时
使用性测试	每人 2 小时
准备在线提交研究报告	12 小时
基于研究报告准备 1 小时演讲	6 小时

定量研究，如问卷调查和日志分析，在工作量方面极为不同，这要看任务的复杂程度、所用工具和相应的专业知识。优秀统计员几小时内就可以做完的工作，其他没有受过训练的人可能得好几天时间。

酬金成本将在第 6 章中详细讨论，但对大多数研究项目来说，（旧金山 2012 年春季）每人每 90 分钟研究时间段大约为 150 美元。

同样，设备成本也极为不同，这要根据研究文档的急切程度、所需空间的大小及其所处位置而定。到本书写完为止，分析与记录使用性测试软件的成本从完全免费到 1500 美元左右。租用一个完整的实验室，包括软件，可能在每天 1200 美元和 1800 美元之间。在自己办公室中搭建一个高端的固定实验室，其成本大概为 30 000 美元。然而，也可能免费做出绝对专业的工作：只需找一个空的会议室，借一个摄像机。

实例：X 公司的研究计划

以下内容摘自用户体验研究咨询师英迪·杨（Indi Young）准备的一个研究计划，研究计划摘自她为一个消费类产品对比网站开发团队所做的演讲。展现的是一个广泛的研究项目，其目的是在重要的重新设计之前广泛理解问题与用户。由于是为演讲而设计的，所以它包括的解释比内部开发更多，使用的细节却比内部交付（包括像前面描述的所有表单）更少，但能够给出一个很好的概览，说明这样一个研究计划在充分展开时会是怎样。为了方便举例，本计划仅限定于研究范围内，但实际上，它会参考生产节点。

摘要

本研究计划概括了 X 公司为进行基于本公司和竞争者产品的快速用户研究的需求与目标。它包括五个使用性测试、四个焦点小组和一个持续的实地访问过程之开始的研究计划。列出 7 月 8 日那一周之前所有研究的日程安排并提出预估的预算。

本研究计划有效期为 2011 年 5 月 22 日至 2011 年 6 月 26 日，届时将提交更新计划。

研究的议题

基于与设计、信息架构、产品开发、市场营销和客服代表之间的交谈，我们确认研究要揭示以下五大议题。

- 当许多人使用核心产品对比服务时，只有不到 1% 的人（基于相应的 cookie 追踪分析）从网店购买了产品。.

- 内容树的顶层获得了相当数量的使用，更深层（尤其是特定产品）的部分却没有（获得使用）。

- 竞争者的设计更粗糙而混乱，却获得了两倍类似广告量的访问量。

- 不同于理解他们如何比较不同产品，几乎没有服务应用情况的相关信息。

- 人们经常抱怨不能再次找到他们曾找到过一次的具体产品。

研究的结构

研究将分成两个平行分段：交互研究和现有用户人口概况。

直接用户研究

为了及时为下一次发布提供可付诸行动的研究结果，我们将立刻开始一个测试流程，评估现有网站的界面。这将确定设计工作的哪些要素是最好的，哪些是使用性好的，哪些功能是最吸引人的，同时找出没有效果的，揭示用户如何对整个功能组进行优先级排序的。还将包括一些竞争性分析，揭示竞争产品提供的用户体验方面的优势与不足。

所使用的技术将包括四轮使用性测试和（可能的）一些焦点小组研究。

使用性测试

我们将从 X 公司的主要目标受众中每次挑选五到八名用户进行四组一对一的、结构化的、面向任务的访谈。访谈每次大约持续一小时，主要关注人们如何理解界面的要素，他们对结构和功能的期望，他们如何执行关键任务。然后，我们将分析访谈录像，寻找功能使用趋势和人们的功能偏好。从 6 月 5 日到 6 月 26 日，每周将有一轮测试。每轮测试结束后，在两到四个工作日内完成调查结果的汇总和研究报告并向 X 公司内合适的当事方做演示。每轮使用最近的原型并集中在同时由公司利益相关者和以前研究确认的最紧迫的用户体验议题上。

第五组测试将采用同样的形式和同样的任务，但使用 Y 公司和 Z 公司提供的服务进行测试。

焦点小组

如果在发布之前不需要额外的使用性测试，我们将进行一系列的焦点小组研究，每次三组，每组成员包括分别从两个主要细分市场用户库中选出的六到八名用户、研究团队成员和（从市场营销部门获得的市场细分研究中定义的）购物者。这些小组集中揭示用户所认为的服务最有价值的部分以及服务在哪些方面的表现不符合他们的需要和期望。

此外，将进行由熟悉 Y 公司产品用户组成的竞争性焦点小组，专门讨论 Y 公司的产品。

现有用户概况

另外，我们将开始一个创建现有用户库概况的计划，以进一步研究人们如何通过比较服务进行购物。（我们希望）这将揭示将服务扩展到提供一个更进一步适合人们生活，更进一步激励其使用的机会。

这里所用的技术将是一两名团队成员的现场走访。

实地访问

我们将到三五个代表主要目标受众的人的家里和办公室进行走访。走访安排成几次进行，即当他们期望通过对比购买一个具体的物品时，我们观察和记录（用录像和手写笔记）他们执行这一任务的过程。我们将在分析录像和笔记的基础上，建立一个他们使用对比购物服务的过程模型，列举他们使用的工具和技术、他们面临的问题以及他们的解决方案。

日程安排

下面的日程表展示规划好的研究项目安排情况，为了在有效时间内获得最多研究成果，大部分工作在几个不同的测试之间同时进行。所有使用性测试都投入大致相当的准备和招募工作，在执行和分析一个测试的同时，为下一个测试做准备和招募人员。

　　焦点小组包含相当数量的准备，但由于小组本身相对较短（每个两小时），所以都可以在一周内进行（尽管日程安排允许最后一个常规焦点小组有一周的延误）。还有一个竞争性焦点小组，它有自己的可交付成果。

　　网站访问并不计划在这个时间段完成，因为尽管在情境中理解产品使用情况非常重要，但理解即时使用性需要的优先级更高。因此，日程表展示的是准备工作，没有列出可交付成果。

	研究日期（浅色表示准备周；深色表示测试和分析周）										
	5/20	6/5	6/12	6/19	6/26	7/3	7/10	7/17	7/24	7/31	8/7
使用性测试 1											
使用性测试 2											
使用性测试 3											
使用性测试 4											
竞争性使用性测试											
焦点小组 1											
焦点小组 2											
焦点小组 3											
竞争性焦点小组											
网站访问											

预算

　　下面是项目预算，分为总的估算时间和总的估算成本。这些只是基于经验的大概数字，需要在将来研究计划中根据研究进展进行调整，以反映实际情况。

五个使用性测试

准备	10 小时
招募与日程安排（假设有 40 个参与者，32 个常规用户和 8 个竞争者产品用户）	80 小时
执行测试	120 小时
分析测试	80 小时
撰写报告与演示研究结果	15 小时
与开发整合（会议、演讲等）	10 小时
总时间	315 小时
招募奖酬金（25～40 人）	2500～4000 美元
供应品（食物、录像带等）	500 美元
总成本（不包括工资）	3000～4500 美元

焦点小组

准备	10 小时
招募与日程安排	40 小时
执行和分析各个焦点小组	20 小时
撰写报告和结果演示	15 小时
与开发进行集成	5 小时
总时间	90 小时
招募奖酬金	2400 美元
供应品（食物、录像带等）	400 美元
总成本	2800 美元

研究成果

　　每一个使用性测试的研究结果在完成后都以电子邮件的方式发送。每一封电子邮件都包含流程概述、参与人简介、观察到的所有行为趋势总结（当它们适用于最初研究目标时）、参与者所遇到的问题以及一系列支持性引语。为每一位相关人安排时间演示所有测试结果。演示可以使分析师有机会回答有关研究结果的各种问题并给出有关测试行动的进一步解释。

所有常规焦点小组访谈结果都收集到一个单独的报告中，报告一完成就立即以电子邮件的形式发送。除了概括所使用的流程和提供对适用研究目标的趋势总结，还要分析所观察到的不同市场细分的差异。针对最后的焦点小组访谈，有一个单独的报告，对比 Y 公司服务的用户的价值和反应与所观察的 X 公司的那些事项做出对比。

研究计划的维护

每次有新知识就修改研究计划，这是十分重要的。随着团队和公司不断理解用户体验，每一件事情都会随之改变。重新评估、细化和重写研究目标时，要重点考虑新增的信息与知识。在公司和产品快速发展的过程中，可能需要详细规划短期研究，而使长期研究计划保持更好的开放性。

由于研究的每一部分都可能影响您对许多不同目标的理解，所以用户体验的所有相关知识都应该在可能的时候得到巩固。最好建一个维基词条，包含所有研究报告和研究目标并使其中每一个目标链接到合适的信息，把所有问题输入到开发小组的错误跟踪软件。

最后，还应该有一套相互连接的文档，把它们加在一起构成一个比较完整的用户人口全貌。

第 5 章

竞争性研究

　　产品并不是真空存在的。任何特定的服务或者消费者细分市场都存在于一个完整的由竞争产品构成的生态环境中。每个产品都有各自的途径满足用户的需求和愿望。但它们之间有哪些差异？有时产品功能、表述或者识别方面的细小差异都会造成用户对产品的理解大不相同，有时则完全不同。

　　理解竞争者的优势与不足十分关键，可以帮助理解哪些策略对产品有效，因此应该把精力集中在此。

　　一般由业务开发团队或独立审计师执行传统的竞品分析。传统上，竞品分析是从财政或市场营销的角度评估产品。通过公开发布的信息和实地研究，研究人员能够了解竞争产品的价格、哪些人会购买竞争产品、这些人住在哪里以及竞争产品的广告强调的是产品的哪些方面。这些有价值的信息有助于高管做出战略决定，这些决定影响公司及其产品的发展方向。但是，竞品分析无法很好地帮助我们了解人们使用产品的哪些方面，喜欢产品的哪些方面，人们反复使用该产品的原因。这些都包含在竞争性**用户体验**研究的领域内。

这本书描述的大部分技术都可以应用于竞争对手和自己的产品；可以帮助了解竞争产品的优缺点，帮助定义机会和风险。虽然鉴定竞争对手的产品能让我们感觉良好并鼓舞士气，但竞争性用户体验研究的真正目的是发掘竞争对手和我们自有产品之间在创造性方面的区别，并不是关注其他人的错误。Mad*Pow 设计工作室的迈克尔·霍利（Michael Hawley）[①]在"竞争性审查的视觉方法"（A Visual Approach to Competitive Reviews）中写到："仅仅鉴定别人设计中的使用性问题并不能帮助我发现差异化的独特机会。"他的目的是"通过充分理解竞争产品，发现可以使我的设计脱颖而出的机会，同时尽量减少竞争者的设计对我们的影响。"

在某种意义上，竞争性研究是最纯粹的用户研究。它能够忽略需要构建其他产品时的假设和限制条件，只关注于用户的观点。这使得竞争性研究成为最有效的研究之一。

竞争性研究何时有效

[竞争性研究]是第一要务，它能定义您所处的环境，使您的生活更加轻松。

——技术战略专家约翰·西普勒（John Shiple）

可以在产品开发周期的任何时间做竞争性研究（competitive research）。无论是在循环开始的情境预览，还是将成品与竞争品

---

① 编者注：麻省理工学院媒体实验室的计算机科学家。当年曾在卢卡斯动画负责 Sound Droid 音频编辑软件，柯达公司前董事会成员，曾经为乔布斯的 NeXT 作过，同时他也是一名职业钢琴家，是 EG 大会和科技、教育及媒体和娱乐工作者年度大会的主持人。他制作的《不丹：纵贯五国的视觉历程》被吉尼斯世界纪录大全视为世界上最大的一本书。

进行比较，它都能提供有用的信息。相较于选择完美时刻进行竞争性研究，定期而充分进行竞争性研究更为重要。想要得到最好的效果，您应该自始至终的在自己产品的生命周期中反复检查竞争产品的情况。无论是否测试产品，都应该研究竞争产品。即便对自己的产品有一个完整的测试计划，也值得偶尔将计划中的工作放到一边，研究竞争产品。

不过，在开发周期中还是有一些时间点更适合进行竞争性研究。

- **有生产需要时**。研究使用竞争产品的用户，了解他们认为有用、有吸引力的以及失败的地方，帮助您选择和优化自有产品的功能特征。
- **在进行重新设计之前**。当产品正处于发展和进化过程中时，竞争性研究能够回答一些关于设计方向的问题。竞争产品可以视为自己某些想法的功能原型。
- **当竞争对手做出重大改变时**。研究竞争者为什么做出改变，这些改变如何影响人们观念和行为，这些都能够帮助您决定如何应对竞争者的改变。分析这些改变带来的结果能够防止您盲目模仿不会给产品带来任何提升的决策。

竞争性研究方法

这里概括的步骤和过程来自我们的亲身经历，参见《网站再设计 2.0》和霍利的"竞争性审查的视觉方法"。

竞争性用户体验研究关注的是人们如何使用和看待产品或服务。有别于传统的竞品分析，竞争性研究不涉及受欢迎程度、商业模式或者收入来源。商业竞品分析和品牌分析试图通过收益和其他基本原理来理解公司获得成功的原因。除了偶然的特征表单和品牌认知研究，商业竞品分析和品牌分析很少涉及消费者或用户的观点。当然，用户体验研究可以和更传统的竞品分析一起使用，但是，其关注点是自下而上的，而不是自上而下的。

除了基本原则不同，竞争性研究的过程与传统的竞品分析大致相同。在这两个过程中，分析人员都要决定竞争对手是谁，哪些方面需要比较，谁来进行比较。一般顺序及步骤类似于金融分析师进行市场前景调查，但花的时间和金钱都少得多。

- 识别并描述竞争。
- 为比较定义一组关键的维度。
- 将竞争对手相互比较（也包括自己的产品）。
- 根据比较结果提出行动建议。

识别竞争

这一步也许很明显，但在开始分析之前，需要知道谁是竞争对手。如果是为一个客户工作，在大多数情况下，客户会为您识别出所有的竞争对手。但有时需要从头做起。也或者怀疑客户遗漏了非常重要的竞争对手。不幸的是，对于已识别出来的所有主要竞争对手，其实很难确认。虽然一些竞争产品和服务似乎很明显，但对自己产品功能的偏见和假设会降低您识别其他产品和服务的能力。因此，还要超越自己和其他人对您的产品所做的假设。

开始寻找潜在竞争者最简单的方法是上网搜索。列出一个单子，写下自己公司或产品能做的三件事。例如，提供一项服务，使合适的人相遇并形成新的关系。这通常称作"网上交友""配对"甚至"认识新人"。尝试搜索所有这些词汇。您也许会发现这些不同的搜索会返回到不同的公司。记下这些公司的名称和发现他们的过程。接下来，检查一下这些公司是否使用您不知道的词汇来描述竞争者的好处和功能。例如，本书作者之一伊丽莎白刚开始搜索"网上交友"时，并不知道在印度有一个用来描述配对的词是 matrimonial（已婚的）。她通过一系列搜索发现了这个新的词汇。

坚持用刚发现的、不熟悉的词汇继续搜索。一如既往，留意哪些搜索词汇引出哪些潜在竞争者。这有助于跟踪了解竞争者的改进过程。重复搜索不再带来新的产品和服务后，就可以停止查找竞争者了。

然而，上网搜索只能展示竞争景观中最明显的部分。还有其他竞争者可能您还没有考虑到。一个骑行网站的竞争（至少是对于有些人的业余时间）并不仅仅来自于其他骑车信息网站，还包括骑车运动本身，因为浏览骑行网站的用户最终是想到户外骑车而不是单纯地浏览相关信息。同样，虽然巴诺书店（Barnes and Noble）是亚马逊较为明显的竞争者，路边书店也是亚马逊的竞争者。路边书店相较于亚马逊有哪些潜在优势？书店的用户体验是否比亚马逊好？考虑一下用户可以做替代使用您的产品。可以从上网搜索结果入手，然后邀请同事或朋友对平台和其他情形逐一进行头脑风暴。

随时根据搜索结果更新竞争者名单。有很多方法可以组织竞争者名单。将竞争者名称写在索引卡或便签上是非常简单的入门方法，但对于较长的名单，用电子表单来管理比较容易。如图 5.1 所示。

Services	Audience	Activity	Social focus	Platform
OkCupid	middling	wide	network	web
Eharmony	middling	focused	individual	web
Y! Personals	broad	focused	individual	web
Match.com	broad	focused	individual	web
Proxidating	broad	focused	individual	mobile
J Date	niche	focused	individual	web

图 5.1　为确定雅虎研究而做的网上交友服务竞品分析的电子表单

接下来，确定优先级。当然，可以以自己喜欢的任何方式排序。下面是一个我们认为比较有效的排序系统。

- **一级竞争者**是最直接的对手，是分析的首要目标。巴诺书店的 Nook 电子阅读器与亚马逊的 Kindle 终端是直接竞争关系；安卓手机与苹果 iPhone 直接竞争。一级竞争者和您尝试用相同的方法获得相同的受众,提供相同(或相似)的服务。竞争者名单里不应该包含 5 个以上的这类竞争者。当然,这类竞争者事实上可能超过 5 个(例如,市场上有很多书商)。但是,5 个竞争者应该足够为您勾画出良好的竞争全景图。如果认为自己没有一级竞争者,务必仔细再看一下。即便认为产品完全是创新的、崭新的,始终都有一些东西会分散您的用户的注意力。这些东西就是您的竞争者。汽车和四轮马车的外观和工作原理完全不同,但在 20 世纪早期,它们互为一级竞争者。在今天,图书馆可能依然是 Nook 和 Kindle 的强大的一类竞争者。

- **二级竞争者**是一级竞争者的同类产品。它们可能是不和您的产品直接竞争,也可能是和一级竞争者大致相同的竞争者。记住——不以最终的完整性为目标,而是为了勾画竞争景观而寻找有用的竞争者样本,根据它来制定做出设计决策。应该快速浏览二级竞争者,以便检查选择的一级竞争者。然而,对二级竞争者的深度分析并不那么严格。二级竞争者不应该超过 5 个或 10 个。Nook 和 Kindle 的二级竞争者可能是任何一种用来看电子书的平板电脑或 PDA。

- **细分市场竞争者**与产品的某个部分直接竞争,而不与整个产品竞争。在 19 世纪 80 年代,马和火车在长途旅行方面是竞争者,而在本地运输方面则不存在竞争关系。今天,Powell.com 和 Alibris.com 都卖电子书,就像亚马逊和巴诺书店。但它们不卖综合的阅读器。它们或许互为一级竞争者,但并不真正与 Nook 以及 Kindle 产生直接竞争关系。

概述竞争现状

要想进行竞争性研究,需要知道研究对象的一些相关信息。完整的竞争性研究并不只是命名竞争者,还包括所有一级竞争者的**竞争性描述**。这包含两方面的内容:产品描述和受众描述。

产品描述

产品介绍不应该只有功能列表。它应该是来自用户视角的一份描述产品价值的声明。产品描述的篇幅应该只限于几句话。想想一个典型用户在鸡尾酒会上如何向一个从未听说过您的产品或服务的人描述它？例如，对 Kindle 的最初描述是这样的：

Kindle 是一个可以储存上千本图书的电子阅读器。通过蜂窝无线网络，用户无论走到哪里都能很轻松地从亚马逊网上商店购买电子书和杂志。虽然 Kindle 不能很好地显示图片，但是它的黑白电子墨水能够在屏幕上显示出清晰鲜明的文本，就像直接在自然下阅读一样。它的电池待机时间很长，阅读者可以在长途旅行时带上它，不需要经常充电。

受众概况

哪些人在使用竞争者的产品？您也许无法得到详细的统计资料，因为很多公司都不会公开此类信息。但稍微调研，就能做出一些很好的猜想。首先，在报纸和行业出版物中查找这些资料（详细说明参见第 14 章）。接下来，上网搜索讨论这些信息的人。用户论坛、博客和评论网站都能提供一些竞争者用户的信息。

根据产品或服务的不同，描述用户的方法也有所不同。哪些分类对外部分析师更有用？人们在论坛和博客上如何定义自己？人口统计学因素（传统的、可测量的因素包括年龄、性别和收入等）也许与工作头衔和产品使用经验这样的信息的重要性不同。在网上约会项目中，人口统计学因素是非常重要的，因为不同的网站也许服务于宗教和语言不同的人。特定的娱乐方式也很重要（没错，《星际迷航》的粉丝有他们独享的约会服务）。但手机用户的描述也许完全不同。

接下来写描述。像产品描述一样，您所需要的就是一些单词和句子。强调一下这些人和您自己产品用户的不同。如果是直接竞争者，他们的用户描述也许和您的非常相似，但至少都有一个关键因素：他们为什么要使用竞争者（而不是您）的产品。为什么？什么使竞争者的用户和您的不同？当您觉得自己的产品服务于多个用户群时，可能需要分别为他们撰写用户描述。

为比较定义一组关键的维度

在进行竞争性研究时，最关键的步骤是定义一组维度，一个能在其中比较竞争者的框架。在定义这组维度时，最重要的是**界定竞争性研究的范围**。要界定的第一点是用户看重哪些价值，第二是界定哪些维度与研究的问题有关。您会发现似乎有无数属性可以用来比较产品。如果您只想要可付之以行动的信息，尝试把这些特性都包含进来只会浪费时间，把您搞得云里雾里。

维度是从特定类别属性中提取出来的分类。它们来自特定的功能特征（例如"无线连接"）或者更抽象的品质（例如"语音语调"）。维度还包含一系列潜在的价值。"语音语调"这个维度中也许包括一些描述性的形容词，像"随意""冷静"或者"诙谐"。另一方面，响应性维度可能包括"非常快"或者"非常慢"这样的一些价值。

维度界定应该从用户的视角出发。您的产品也许在有空调的数据中心中最先进的计算机硬件上运行，然而竞争者的产品却在一个布满灰尘的小房间里。无论哪种方式，用户可能根本不在乎。他们在意的是产品能让工作完成得更快，能找到他们要找的内容，并且从中获得快乐。

这里有两个办法来界定维度：问用户和自己找。把这两种方法结合起来用。用户所了解的属性构成也许与您不同，所以也许可以从一些简单的访谈和一系列小型的焦点小组开始。看看在人们的认知中，您的产品或服务有哪些关键品质，他们心目中又有哪些重要的功能。它们可以很复杂，如"我希望功能可以整合，好让我的电话号码能跨区使用"，也可以很简单，如"我喜欢自己选择不同颜色的电话外壳"。

另外，进行**功能审计**。坐下来制作一份产品功能列表。从用户的角度来看,您的产品能做什么?它的突出功能是什么?它的属性是什么?接下来逐一看看竞争者的产品,判断哪些有相同或相似的功能(但是,再一次强调,从用户的视角衡量它们是否相似,而不是根据您所知道的工作过程)。如果遇到竞争者有新属性,把它加入列表。也可以去看看产品评论,看它们重点评论了哪些功能以及他们是如何评论的。

搜索引擎的功能列表可能包括以下四点:

* 快速响应;
* 提供分类和与之相匹配的具体网站;
* 纠正简单的拼写错误;
* 根据相关度对结果进行分类。

接下来,把两个列表相结合并按优先级把功能排列成两组:一组具有较高的优先级,另一组优先级较低。对研究进行精选时,优先级是十分重要的。优先级排序的依据包括对产品功能、公司的成功或者用户满意度的贡献。也许还可以和管理人员讨论竞争性研究计划,因为研究也许可以回答他们的一些问题。

收集功能特征的时候,还要收集竞争产品的重要**属性**。这些属性并不一定和功能有关,但它们能使产品令人难忘、可爱或者有趣。它们是人们向朋友或同事描述产品时使用的形容词。虽然不像实际功能对使用性的贡献那么重要,但这些属性却能够描述用户体验的感觉和所处环境。产品的出现时机能够改变用户的体验和使用方式,所以不应该忽视。举例来说,产品的用户体验如果被描述为"乏味的"和"无聊的",必然会影响人们对这个产品的看法,虽然这些体验与产品是否用起来顺手并没有直接关系。形式理当追随功能,但也不能受制于功能。

竞争性研究技术

使用性测试、访谈、焦点小组、问卷调查等也能让我们深入理解产品,无论是竞争产品还是自己的产品,效果都相同。在用法上,最主要的区别在于要付出多少精力来得出一个综合性的观点。研究自己的产品时，常常把关注点放在产品的问题上，毕竟这比了解哪些部分无需改变更能立即付诸行动。但是，在竞争性研究中了解竞争者做了哪些正确的事，又在哪里犹豫不前，这非常重要。另外，还要知道竞争者的败笔，竞争产品做得到位的地方及亮点。

快速进行竞争性研究

竞争性研究可能占用您全部时间，甚至更多。根据项目的期限，竞争性研究可能花几小时到数月的时间。

如果只有不到一周的时间，以下内容对您可能没有什么用。把精力集中在大多数现有资料上：产业分析、白皮书、报纸、博客、用户论坛等。使用真实用户的评论来提取功能列表和属性列表。

如果时间多于一周，可以考虑使用这里讨论的方法。没有必要使用所有或大部分的方法。如果已经有相应的研究活动，可以添加有关竞争者的问题，快速展开研究。如果还不计划进行研究，也许需要几天时间来制作一级竞争者和二级竞争者列表并确定优先使用哪种研究方法。

招募

如果想了解人们如何看待您的产品，就需要询问真实的用户（或潜在用户）。要想研究更具有说服力，就得招募真实用户。

招募过程和第 6 章描述的一样，不过需要额外考虑目标用户对竞争者产品的体验。这些体验是否重要取决于研究的具体类别。如果要对高级功能进行使用性测试，可能需要找到对普通功能有使用经验的用户，所以没必要要求参与者熟悉基本功能。同样，对现有用户进行焦点小组访谈能告诉您什么吸引他们使用您的产品。但是，研究没有经验的用户（他们既没有使用过您的产品，也没有使用过竞争者产品）常常能获得最宝贵的竞争性信息，因为用户对产品的第一印象能在很大程度上决定将来用户和产品的关系以及用户如何理解产品。

竞争性研究的用户招募具体操作流程和第 6 章描述的一样，但如何找竞争者的用户呢？

一个方法是进行广泛的公开邀请并在筛选文档中列出一份产品清单，既包括您的产品又包括竞争者产品，但是不要表明您（或您的招募员）代表哪个产品。这个清单应该包含产品、竞争者的产品以及几个其他产品。最终邀请使用竞争产品（而不使用您的产品）的用户。

为竞争性研究招募用户时，隐匿自己公司的名称至关重要。如果人们知道这个研究的目的是对产品进行比较，一定会有不一样的反应。有些人在选择时会产生防备心理，另一些则把研究作为发泄挫败感的机会。这两种情况都会导致用户体验表达不准确和被夸大，这是我们应该避免的。

竞争产品访谈与观察

与竞争产品的用户进行一对一访谈，能使我们更好地理解产品的亮点和败笔。观察人们使用竞争产品能够为我们揭示出用户的使用模式，这些使用模式有的可以供我们借鉴，有些则是我们要避免的。

举例来说，在一个技术新闻网站的竞争性分析中，研究人员观察人们阅读网上新闻。人们通常先到 CNN 或 CNBC 阅读一两则故事，然后再跳到一个小一点的新闻网站。当被问及这一行为时，他们一致解释说他们使用主要新闻网站浏览一般性标题，再使用专业网站全面浏览最吸引他们的话题。他们能够从专业网站上更深入地了解自己喜欢的话题，而大型新闻网站更适合浏览"飓风式新闻"。这个技术新闻网站当时正计划从一个通讯社获得一般性新闻目录，看到这个现象后，他们意识到在"飓风式新闻"方面，该通讯社不足以和 CNN 竞争，所以他们决定强调具有突破性的技术新闻。

焦点小组

邀请竞争产品的用户参与焦点小组能揭示他们**为什么**使用该

产品，该产品的哪些方面吸引他们，哪些方面使他们厌恶。焦点小组还能揭示用户对品牌和产品识别的看法以及他们赋予这些品牌的品质。通过分析焦点小组收集到的奇闻轶事能够了解用户选择产品 B（领先品牌的产品）而不选择产品 A（您的产品）的最初动因。

举例来说，邀请家居销售网站的用户参与焦点小组，聊聊他们在线上和线下购买家具的体验。目的在于了解他们认为哪些信息最有价值，怎样的描述最引人注目。很快，我们就非常清楚地认识到，大多数用户只通过可靠的渠道购买特定品质的家具。对制造商品牌不熟悉，又不能实际触碰家具，导致他们十分需要有良好声誉的买家作为保证。他们抱怨网站上导航和图片的质量，但对品牌的信任能让他们把自己的不满抛之脑后。

在竞争性焦点小组中，可以讨论多个产品。介绍几个产品并分组进行比较能帮助研究者进一步揭示用户认为有价值或有趣的功能/特性。这些小组可以由对其中一件产品有使用经验的人组成，也可以由对这些产品完全没有经验的人组成（但将两组人混在一起也许不是一个好主意）。展示多个产品时，人们对产品的讨论顺序应该是多样化的，这样可以减少某样产品总是被第一个讨论或两个一样的产品以相同顺序出现所带来的偏见。

使用性测试

使用性测试是最有用的竞争性研究技术之一。观察人们使用竞争者的产品能帮助您发现竞争产品和您的产品在功能上的区别（在检查界面时有些东西不会明显表现出来），哪里做得成功，哪里失败。

您所关注的功能会引导脚本和任务的开发。所以把精力集中在竞争产品和您的产品之间区别最大的特征上，把最能描述所有功能级别的特征分离出来。举例来说，调查竞争产品的导航栏是否好用比调查人们是否理解购物车中的图标更有价值。虽然那个图标可能是一个微不足道的亮点，但导航栏可能更影响人们对网站的体验。

为竞争性使用性测试创建的任务可能不同于测试自己产品时的任务。实际上，可以使用相同的任务。这不仅减少工作量，还可以比较不同界面布局如何产生不同的使用模式。

有一个问题偶尔可能会出现：无法获得竞争者的产品。公开的网站或 App 比较容易，在一个浏览器中打开或者用一两个账户缴纳名义上的注册费即可。但是，如果要测试无法获得或者所需花费超过预算的产品，就颇有难度了。在这种情况下，只好借助于构建网站原型或获得软件的演示版本（演示版本通常可以免费下载，但必须仔细阅读演示版用户协议，确认可以利用演示版进行竞争性研究）进行测试。

可以同时测试多个产品。我们可以通过让参与者在不同界面上完成相同的任务来比较多个产品（只要这个任务在这些界面上都能完成）。同样，要想减小偏差，我们可以改变产品的测试顺序且避免招募对其中任何一个产品有使用经验的用户。

举例来说，了解竞争产品的界面中哪些元素好需要一个多用途的网站目录。很多以分类为基础的目录都以雅虎为原型，但雅虎已经被研究透彻，所以他们决定选择两个不那么有名的目录。他们选择了 Looksmart 和 snap.com，因为这两个目录既拥有与这个网站类似的用户，也能提供类似的服务（在当时）。邀请从来没有用过这两个网站的人使用这两种服务搜索类似的内容。本地化特征（通过邮政编码或区域来识别）被认为是最重要的，也是使用性测试中的首要关注点。大多数参与者认为这些特征非常有趣，而且每个人都能理解这两个网站传达此功能的不同方式（snap.com 上有"输入邮政编码"字段，Looksmart 上有"我的家乡"选项卡）。但是，这两个网站实现本地化特征的能力有所不同。Looksmart 的"我的家乡"选项卡尝试预测人们的本地化需求，但这总是不正确的；而 snap.com 上的选项则把用户带入一个不同的目录，这个目录被用户看作一个独立的服务并理解为一般的快速接口。于是网站目录决定采纳 snap.com 的模式。

测试过程中很容易出现偏见。潜意识的点头能够代表对方案的肯定，主持人的口误会扭曲参与者的观点。这些问题在所有研究中都会发生，但在主持人有很高的忠诚度时往往更容易发生。不要过于关注意见，要聚焦于用户的习惯和现在的用法，这样可以避免固执的主持人扭曲测试结果。

问卷调查

在进行专门的竞争性问卷调查之前，先阅读已有的消费者和用户研究报告。有用的竞争信息往往可以从中提取出来。可以筛选问卷调查的回复找出竞争产品的用户。将筛选出的用户信息制成表，作整个调查人群中的一个子集。虽然筛选出的用户可能和一般用户人口的关联性不强，但对这些用户进行研究能告诉您竞争的用户和您的用户之间有何区别。

编写竞争性调查问卷和编写一般性问卷的步骤相同。给调查设定一个合理的目标，问题的设置围绕优先级较高的议题展开并用中立的语言介绍产品特征。从受调查者的角度考虑，这些问题看起来应该您是由中立的第三方所编写的。

下面是一些竞争性问卷调查中比较流行的议题。

- **用户使用的其他产品**。这个问题能帮助您估计竞争产品的人气，使用第三方公开的用户数量有助于大概估计市场的规模。

- **他们使用竞争产品的频率**。如果使用软件来进行问卷调查，就调整跟进问题的权限询问参与者对竞争产品的使用情况。使用竞争产品的频率？已经使用这些产品多长时间？什么时候开始使用？是否想换竞争产品？更换的频率如何？

- **他们对竞争产品的忠诚度**。竞争产品首先在哪个方面吸引了受调查者？他们对竞争产品的满意程度如何？可以创建一个等级评价表，让用户迅速写下对产品具体功能和属性的看法（如何使用量表设计问题可以参见第 12 章）。

- **他们使用的功能特征**。这些问题可以来源于已知竞争产品功能特征的数据库，也可以使用无格式文本，让人们讨论产品好在哪里？这当中也可以包含一个功能满意度模块。

仅仅对竞争者的用户进行问卷调查是十分困难的。您甚至不必知道他们是谁。不同于调查受邀前来的用户，必须积极寻找竞争者的用户。可以在用户中进行调查，筛选出使用竞争产品的用户；也可以大范围调查（比如通过一个资助搜索广告或一个您觉得能吸引很多竞争者用户的网站）并期待能招募到足够竞争者用户，以证明您花的成本是值得的。当然，进行典型问卷调查最好的方法就是随机电话调查，但是在大多数情况下这种调查的花费都是过高的。

像其他竞争性研究技术一样，如果参与者知道调查的目的是分析竞争性，我们得到的问卷调查结果就很容易存在偏见。人们知道讨论一个产品关乎另一个人的利益时，会改变他们的回答，特别是针对满意度和优先级的问题。研究人员也许可以在调查的结尾向用户表明身份（或者在其他一些程序结束时），只要他们已经提交了问卷，但最好邀请第三方来负责整个过程。

分析竞争性研究结果

传统竞争性分析的目标是生成一个特征对特征的并列对比矩阵表单。在创建这样的矩阵时假设点对点的匹配对竞争来说是十分重要。通常，这个结论并不总是根据用户的观点得出的。一直以来，两个产品有一组相似的核心功能才被认为是竞争产品，但实际上两个功能特征广泛不同的产品依然可以处于竞争状态。例如，虽然用户体验完全不同，但很多线上公司都和实体公司直接竞争。

竞争性用户体验研究应该揭示竞争的根本优势和劣势，而不是生成一个记分牌。

比较开始于资料收集阶段的研究报告。拿起报告，列出竞争产品为用户提供的**优势**及其为用户造成的**障碍**。再次强调，这些都应该从用户的角度来考虑。虽然让人们在网站上停留更久对您更有利，但一个能让人们迅速进出的网站也许更好。类似，一个新的日常内容也许可以被视为该产品的优势，而实际上，如果这个功能要求人们反复学习导航并频繁翻页，也许会被用户视为一种障碍。

进一步审查研究结果，看看人们对公司以及公司的发展有什么看法？它在什么地方给用户提供了一致而又强烈的体验？这些体验的特点是什么？或者又是如何定期左摇右摆的？业务分析师通常把公司的优势集合称为企业的**核心能力组合**。同样的，也许为公司在体验创建的**常见弱点组合**建档也是非常有用的。

例如，CNET（科技资讯网）有一个品牌识别和设计整合就非常高明。把所有区别于竞争者的标记去掉，看过 CNET 网站的用户也能从一组网站中立即挑出不同的 CNET 网站。用户把这些作为一种优点，因为他们相信这家公司并在其产品导航中有很好的体验。但是，CNET 的导航并不像它的品牌那么统一。在本书作者迈克为《连线》数字版工作时进行的竞争性研究中，用户觉得他们知道如何使用 CNET 网站，因为它们是相类似的，但实际上他们在 CNET 的网站上遇到的导航问题超过其他竞争网站。研究若干个 CNET 网站时，不管是强大的品牌还是糟糕的导航，都出现在他们的产品中。

当然，传统的竞品分析也是很有启发性的。但它不应该是唯一的分析方法，只是提供一种捷径。举例来说，如果用户明显重视一组特定的功能，也许我们应当为这些功能制作一个比较矩阵。而这种完全对等的比较必须在**可比较的**项目间展开。因此，在**其他位置**的网站地图不应该与网站首页处于黄金位置的网站地图相比较。

确定基准

为了又快又准地进行竞品评价，有些竞争性分析技术引入数字或字母竞争评级方法。例如，能给特征矩阵中的每个特征一个 0~5 之间的分数，5 代表产品的这个特征非常优秀，0 则相反。把所有分数相加就能得到网站的竞争力总分。理论上，这能很快发现哪个竞争力较强，因为它相对于其他网站更成功。

该方法非常适用于新的竞争者不断出现而需要快速评价时。但它使一个重要因素变得模糊：产品哪一方面对最后得分的影响最大，而这可能比总值更重要。但这对我们发现哪个优点被用户重视非常重要，对发现哪些不足是我们产品的重要机会也非常有效。

实例：快速评估 Match.com

以下内容摘自本书作者之一伊丽莎白为雅虎研究（Yahoo!Research）做的网上交友研究项目的快速竞争性研究。为了节省篇幅，我们省略了研究过程以及研究结果如何生成核心能力清单这两部分的描述。

首先，团队在一个两行两列的网格里呈现各种类型的网上交友服务，如图 5.2 所示。他们选择两种维度来表示用户体验：每一个类型（例如"移动社交软件"）提升现场见面（也就是约会）的程度以及每个类型致力于仅仅支持一种活动的程度。他们着眼于一系列能够帮助人们见面的工具，而不仅仅是以浪漫配对为目标的服务。举例来说，团队了解人们在玩网游时会约见，甚至坠入爱河，所以他们把这些游戏也包含到竞争性研究当中。但是，他们没有在这个项目中涉及线下服务，例如传统的媒介和舞蹈俱乐部。

Match.com（图 5.3）适合图 5.2 中"线上交友"这个类别。它为用户提供一个个人信息页，其中包括一些结构化信息（如年龄、性别）和能填写自我描述文本的区域。它也鼓励用户上传照片。和带有一些社交属性的约会网站如 OkCupid.com 相比，Match.com 提供的结构化交互和自我表达的机会较少。与一般的网游相比，Match.com 更注重促进面对面的约会（例如进行第一次约会）。但不承诺要集合移动用户的移动配对服务。

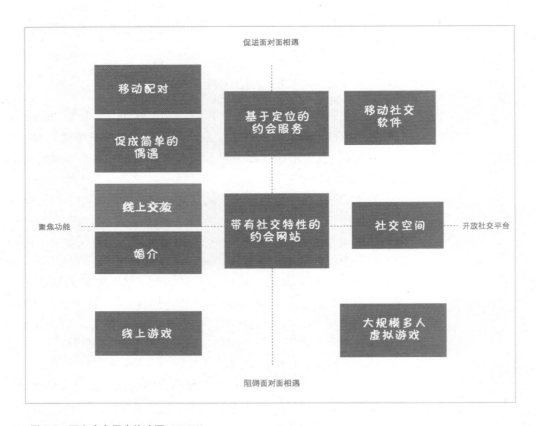

图 5.2　网上交友用户体验图（2007）

- Match.com 是公认的拥有最大用户群的网上交友网站之一。不像一些细分（利基，niche）网站（为特定宗教、爱好和种族服务），Match.com 的用户更加多样化。
- 用户可以通过性别、年龄和地点进行检索。由于用户群大，所以匹配结果是一张非常长的配对清单，有时甚至有 2000 对。用户只好自己过滤清单来查找最佳候选人。但是他们常常发现几张照片和一些简要的文件无法为他们选择候选人提供足够的信息。对于使用免费服务而又没有购买额外功能的用户来说，这使他们感觉更郁闷。

图 5.3　Match.com 首页（2010）

- 用户与网站建立的长久关系因性别而不同。男性会给很多不同的女性发信息，期望从中得到少许回复，而女性发送的信息比男性少很多。造成这种不平衡是因为很多女性对她们收到的大量信息感到厌烦，男性则因为很少得到回复而沮丧。

- 用户往往对"配对"算法很有信心。虽然在界面上并没有得到很多关于"配对"算法的信息，但他们还是常常依据它来选人。

根据竞争性研究采取行动

终于，收集资料，分析回复，完成所有的比较，此时需要根据这些比较采取行动了。为了使研究可用（用于创建**行动计划**），我们要根据需要而重新关注研究。拿出列有优点和问题的清单，把它们体现在您的目标上。解释清单上每一项内容和产品或服务的关系。竞争产品的任何优势都可以视作对自己威胁，任何问题则都可以视作自己的机会。竞争产品中任何一个胜出您的产品的地方都揭示您的产品的弱点，反之亦然。

接下来，用理论来解释竞争者所做的设计决策背后的动因，无论决策好坏。为什么产品以其自己的方式制造出来？它有哪些限制？最有可能的基本原理是什么？您同意哪个决策？您不同意哪个？哪个无法解释？把注意力集中在竞争者决策的动机而不是做什么上。

在 Yahoo!Research 的网上交友项目中，竞争性研究的实际结果表明，"网上交友服务"对约会体验的定义十分窄。在那时，所有一级竞争者都把目光集中于能够把相容的人们搭配起来。它们当中没有一个服务能帮助约会者驾驭访谈结果表明的成功配对的关键点：兴奋又紧张的"第一次约会"。研究结果要求我们在战略上重新定义"网上交友网站"的意义，包括支持约会者为第一次会面做准备。最后，这个单一洞见（即现有网上交友网站并没有很好地支持用户认为的"约会"）产生的不仅仅是可工作的原型，而且还有一个新技术的专利申请。

竞争性研究的最终结果是更深刻地理解良好的用户体验从何而来；欣赏竞争者解决问题的能力；为自己的产品感到自豪；一个利用这些知识打造自身优势的计划。这些都是非常值得学习的，无法通过其他途径习得。

虽然在广告中使用内部竞争性研究的结果非常诱人，但一般不建议这样做。人们不会非常信任广告中的内容；而且，如果竞争者认为研究结果不正确，还很有可能因此提起诉讼。

千万不要将研究结果用于广告。

例如，如果内部研究显示五分之四的用户更倾向于使用您的产品而不是竞争者的，而且您也**确信**这是一个精确的大数量人口的比例，就应该雇佣独立研究机构再做一次研究。独立研究机构在研究中可能使用更严格的标准，而且用户的（和裁判员的）想法在他们的结果中占有更大的比重。

第6章

通用工具：招募和访谈

不论什么研究，有两件事总是不可避免的：找到能给出最佳反馈的人并对他们进行提问。招募和访谈是所有成功研究项目的主要构成。尽管其他章节中也有介绍，但是完全值得单独用一章讨论。

招募

就算其他所有一切都很完美，但如果测试产品的人找错了，得到的研究结果甚至比无用还要糟糕。因为它会让您对这些非真实用户的观点和行为的结果深信不疑。从烤面包机到导弹制导系统，每个产品都有自己的目标受众。需要了解真正想用、理解并购买产品的人的体验。其他人的体验要尽量少用，因为它会误导人。因此，如果您在设计制造一个导弹制导系统，却邀请北美烤面包机爱好者来推测系统应当如何改进，肯定无法得到有用的军事方面的反馈。（如果决定认真对待他们的推测，很有可能会设计出一个有 30 秒弹出定时器的导弹。）

为研究物色和邀请适当的人，并规划日程的整个过程称为招募。它包括三个基本步骤：确定目标受众；寻找其代表性成员并说服他们参与研究。

　　根据目标受众的访问难度以及研究的地点和时长，招募需要的时间有很大差别。例如，想象这样一个研究：您要观察追求时尚的年轻人如何在他们常去的商店购买他们最喜爱的美发产品。您要在每位参与者身上花很长时间（更不要提前往各个商店所用的时间），还要为他们的时间支付不菲的金额。为了让这个研究有价值，您得变得挑剔并在确定研究参与者前对每位候选人进行筛选。表 6.1 是可以遵照执行的招募日程表。

表 6.1　为"跟踪购买"实地研究制定的典型招募日程表

时间	活动
t−3 周～t−2 周	确定目标受众
t−2 周	招募潜在候选人或在数据库中"圈定"他们
t−2 周～t−1 周	筛选最终候选人
t−2 周～t−1 周	向主要的合格候选人发送邀请
t−1 周	向次要的合格候选人发送邀请
t−3 天	为所有候选人创建日程表并为替代者创建联系表
t+1 天	跟踪访问参与者和研究人员

　　总体来说，按照这个流程，招募每位参与者需要两个小时，如果您之前从未招募过同类的参与者，需要的时间更长。

　　现在，让我们来想象一个完全不同的研究：您想了解在网上护发用品购买指南上添加图片是否能帮助用户决定购买哪种产品。如果在网上进行研究并让用户在家或工作场所远程参与，招募和测试或许能在一天之内完成（表 6.2）。

　　如果时常需要进行面对面的研究，能有人全职进行招募工作而不是在其他工作间隙进行招募会更有效。招募本身可以成为一个全职工作，事实上它的工作量通常超出预期。为了减少开支，可以让临时工或实习生在培训后全职进行招募。

表 6.2　典型的远程网页使用性研究招募日程表

时间	活动
t−2 周～t−1 周	确定目标受众
t−1 周	配置并测试招募和远程测试软件
测试	监控参与者的筛选过程；在出现合格参与者后进行测试
t+1 天	跟踪研究人员

挑选受众

通常，公司提供产品或服务的时间越长，对受众就越了解。如果公司已经销售激光打印机多年，他们对购买产品的人群就应该有详细了解，这些信息可以用于招募。另一方面，如果公司刚发明一种新的在纸杯蛋糕上打印照片图像的方法，那么可能不会有太多信息用于招募。如果是在进行发现商机的早期研究，工作的一部分可能就是了解用户是谁。在这样的情况下，应使用之前做的搞清楚团队现在如何定义受众并招募这样的人进行先期研究来确认假设。如果发现这些参与者对产品没有兴趣，您可能需要招募不同的人进行另一轮测试，因此要做出相应的计划。

怎样定义"对的人"？对大多数用户研究而言最重要的招募标准是行为。也就是说，要找就找真正会做（或想做）一些操作的人，这些操作是您的产品或服务所支持的。如果您的产品是一款新的有折叠式后视镜的自行车头盔，那么研究受众可能是那些骑自行车并使用自行车安全配件的人。也有可能是不常骑车，但如果在路上感觉更安全的情况下会骑车的人。对某些产品来说，了解人们使用（或不使用）各种计算和通信技术的频率可能尤为重要。这样的产品包括网络游戏、移动设备或数字视频。在这样的情况下，要把信息细

作为研究人员，对受众的假设提出质疑非常重要。例如，习惯于传统市场研究的公司通常希望让购买者或最终决策者（比如行政总裁）参与使用性测试。但事实是高管们通常不会花太多时间使用产品，使用产品的是他们的雇员。如果您根据客户的要求招募高管，却不顾高管并不是产品主要用户这一事实，您可能会冒险为并不存在的用户进行设计。

化为技术档案。

人口统计信息又要注意哪些方面呢？是否需要使用年龄、性别、地理位置和家庭收入这样的信息来选择参与者？对一个还没有太多用户的比较新的产品或服务而言，这会为招募工作添加不必要的困难。对有很多用户的老产品而言，让参与者接近于现有的用户细分非常重要。举个例子，假设贵公司制作网络桥牌比赛产品，而绝大多数玩家都在 60 岁以上。对用户研究来说，需要找那些玩儿桥牌，并且在网上玩儿的人，否则您不太可能得到任何有用的信息。但就算找到这样的人，如果他们都在 40 岁以下，您还是可能漏掉一些重要发现。另外，这样也很难说服利益相关者您的研究是有效的。如果您招募到的一直都是不符合用户细分的参与者，这就是一个标志，说明需要寻找新的招募渠道。总的来说，招募首先基于行为标准，其次如果大多数目标用户有共同的人口统计特征，则确保至少部分参与者满足这些特征。

将产品目标受众的描述书面化，如果它们还没有以书面形式记录下来的话。如果是在设计一个帮助人们规划夜生活的网站，您的主要受众可能是有很多约会的单身专业人士，他们用手机也用 PC 上网。

初次约会规划概要

人口统计

年龄：25 ~ 55

性别：男性或女性

单身

大专以上学历

收入：$ 60K 以上

行为

每月至少约会一次

技术使用经验

每天至少上网一小时

每周至少通过手机访问网页四次

在过去一年中曾经上网查找过关于当地餐厅、娱乐或事件的信息

现在，问问自己从整体上讲理想的研究参与者与目标受众有什么不同。就现在正在进行的研究来说，什么样的人会有最好的反馈？认真思考以下问题。

- 需要关注受众的哪个细分段？例如，是计划约会的人？还是接受邀请的人？

- 对于您的产品，他们需要有多少使用经验？如果是要测试一个新的界面，您希望参与者是习惯旧版的人，还是能看到产品新颖之处的人？

- 他们对竞争产品需要有多少使用经验？

- 目标用户是单个群体还是多个群体？例如，城市居民和郊区居民可能是两个截然不同的群体，需要区别对待。

- 什么样的特征不适合研究因而应当避免？在这个例子中，自认为对城市相当熟悉了解的人可能不会提供太有用的反馈。

探索这些问题的答案并重点据此调整档案。去掉不影响人们使用、看待产品和添加信息的因素。找出使其成为理想研究受众的因素。

修改后的约会规划研究概要

人口统计

年龄：25～55

性别：男性或女性

单身

大专以上学历

收入：$60K 以上

行为

每月至少邀请他人约会一次

> *为约会挑选地点和活动*
>
> *在规划约会的时候咨询朋友和当地媒体*
>
> **技术使用经验**
>
> *每天至少上网一小时*
>
> *每周至少通过手机访问网页四次*
>
> *在过去一年中曾经上网查找过关于当地餐厅、娱乐或事件的信息*

不是所有的研究都要面向"平均"用户。如果是在找新点子或希望为产品带来改变，就和经常使用产品的人、使用方法独特的人或者有特殊需求的人聊聊。甚至还可以访谈选择不使用产品的人。

注意，不要用过多的因素来定义目标受众。如果发现自己规定了太多条件以至于不确定能找到符合这些条件的人，或一些限制其实是互斥的，就要考虑将研究划分为几个不同的组。因此，如果正在为卡车司机设计一个移动应用，还要兼顾长途司机和短途司机的观点，不要将两个组混到一起成为一个研究，或试着找在两个方面都有经验的司机。考虑对两个组进行相同的研究。

找到受众

一旦有了研究档案，下一步就是去寻找符合这些描述的人。可以从两个群体入手：那些已经和您的公司有联系的人，以及任何其他与您的公司没有联系的人。从第一个群体进行招募永远是最快最便宜的选择。但是如果这个群体人太少，或者他们之中没有足够的人适合您的研究怎么办？如果您时间充足，可以自己做些推广来找合适的参与者。如果没有太多时间，可以使用商业招募服务。这可以是帮您招人的机构，也可以是能从网上联系到用户的软件，或是两者的组合。

自行从现有联系人中进行招募

现有联系人包括：现在的客户；在您的网站上创建了账户的人；订阅了您的简报的人或者在展销会或活动上给了您名片的人；您公司的朋友/喜好者/Facebook、Twitter 或其他社交网络服务上的粉丝；雇员的家人和朋友；甚至是新雇员。

现在很多和客户交互的渠道也可以用来招募研究参与者。例如，可以在公司网站、简报电子邮件、Facebook 粉丝页面或 Twitter 账户上发布招募参与者的消息（图 6.1），显然，要确保选择的渠道可以找到的用户符合研究档案描写。如果想找专家用户，就不要把消息发布在新用户帮助论坛上。

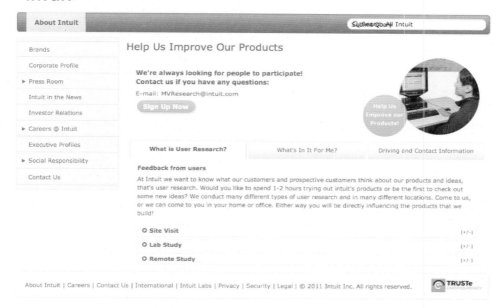

图 6.1　Intuit 网站上的招募研究参与者启事（*http://aboutintuit.com/research/*）。网站解释了 Intuit 在做什么研究、用户如何参与以及提供多少酬金

对一些研究需求来说，可能要联系现有用户中一些非常特定的人。例如最近刚刚从免费版服务升级到付费版服务的客户。在这样的情况下，您可能要发电子邮件给用户并邀请他们参与研究。这个方法的优势是您可能已经有用于预筛选用户的信息。例如，如果您想了解新用户体验，可以邀请上个月刚注册的用户。不好的是，有些用户可能觉得这种方式侵犯了他们，并讨厌这种联系。为此，

要在信息的主题行中阐明联系的目的，为他们的参与提供酬金，并提供一个方法供他们选择将来不会因为这次研究而被打扰。

自行从更广泛的人群进行招募

可能您现在还没有产品或者网页。或许您现在还只是试着进入新市场的新公司，因此还没有太多联系人。如果已经精确定义了受众，那么找其他的途径来找参与者应该不是太难。但是这确实要耗费一些时间和精力！这也是人们要雇用商业招募公司的原因，自主招募通常成本较低，但是需要创造力和格外的投入。

假设您要对城市中的养狗者进行研究。可以在养狗人网上论坛上发布消息，可以在宠物护理网站上购买广告位，或者在宠物用品点、兽医办公室和市里的宠物公园发放传单。在其他情况下，亲自做推广可能效果更好。如果您在找患有学习障碍的孩子的父母，可能需要认识几个这样的人并取得他们的信任。一旦理解了您的目标，他们可能可以把您介绍给其他人。

我们在这里介绍的很多技巧都可以打破表 6.1 中招募日程的界限。如果按照短期日程安排进行尝试而没有幸运地马上找到合适的人，请尽快准备好进行另一轮尝试。

- **社区电子邮件地址列表和在线论坛**。一些社区有自己的电子邮件地址列表。世界上有很多邮寄地址列表，收件人可以是居住在同一地区的人，可以是使用某种产品的人，可以是在同一行业中的人。确定了地址列表或论坛后，要查看它的流量。如果网站的访问量太低，就算您花了很大精力，可能还是无法联系到足够多的成员，或者他们参与研究的兴趣不大。一旦选择好地址列表，在发送邮件前要确认了解社区规则并获得组织者的许可。最好先和组织者进行沟通，然后让他代表您发送邮件。这样，社区成员会更相信您的要求是合理的。绝对不要发垃圾邮件。根据群体制作个性化的邀请函，清楚解释自己发信息的动机以及参与者有何好处。

- **邻居**。企业的邻里是个非常好的研究资源。他们可能对您的公司非常熟悉，而且也可以在午餐休息时间抽空前往您的办公室。可以发便条给友邻公司的办公室经理，让他在公共空间张贴一份邀请函。

- **"朋友和家人。"** 我们把这一项加上引号是因为这是众所周知的渠道。不要把自己的朋友和家人作为研究对象,他们和您的关系会影响他们的行为方式。但是招募您不认识的,比如朋友的朋友或朋友的家人,却是完全可行的。在满足小众招募要求上,朋友特别有帮助。如果您在找武术专家,为什么不问问熟人谁在教跆拳道?找到您觉得对方有朋友和家人符合招募标准的人并向他们发电子邮件。让他们转发。邮件要写得简短而又言之有物,不然人们不会进行转发。这个方法的一大缺点是您的朋友很可能和您非常相似。他们毕竟是您的朋友!如果您依靠他们的朋友,得到的结果很可能有偏差,找到的多半也是和您相似的人。所以要小心,但紧急时刻还是要打电话给您的朋友。

- **广告**。在线广告是个简单便捷的渠道,而且通常很便宜。它们能有效地快速面向广大的人群。您可以在自己的网站上或其他网站上放置广告(在 2012 年,Facebook 是一个普遍的选择)。然而,我们使用在线广告招募参与者时,得到的结果好坏参半。我们的经验是,如果基于爱好或者完全的个人兴趣进行招募,广告的效果更好。也就是说,用广告来招募武术专家比招募偶尔健身的人更有效。但是,这并不意味着不尝试广告这个渠道。确保广告指明研究地点和具体的酬金。广告一定要做得吸引人(作为广告,它们需要和其他所有广告竞争)。举个例子,一个动画横幅广告可以这么写"您是湾区黑带吗?想要 60 美元吗?在此点击!"点击广告将把人们引导至您的项目网站、用筛选人员所用的问卷或联系表单。

- **传统方法**。要找人前来办公室时,可以考虑使用传统广告。可以用网上或本地报纸上的分类广告,尽管刊登在寻找帮助板块的广告很可能让人误以为是在招聘员工。如果是在市区,可能有传单发放服务可以把您的邀请送到镇上的每家每户（大学校园有很多公告栏，如果您的受众包括大学生的话，这也是个非常有效的招募方法）。

如果您不了解怎样针对一个特定的群体，就先找到一个符合研究参与者档案的人。然后坐下来和他/她一起头脑风暴，看有没有其他办法可以找到其他类似的人。聊聊他们常去的地方，不管是线上还是线下的，说一说他们的爱好和兴趣。建议采用之前提到的几个方法，并询问怎样调整才能使其与他们的生活方式相适应。

使用商业招募服务

商业招募机构有包括成千上万各界人士的数据库。对他们来说，找人的任务非常简单：检索数据库找出符合基本人口统计数据要求的，然后用您制定的标准来进行筛选。我们稍后将在本章描述如何与商业招募机构合作。

可用的资源有多少在很大程度上决定了到底是使用商业招募公司还是自己来招募。招募是一个非常耗时的过程，特别是要找比较少有的人群或日程安排复杂的人。但是，如果精心组织且时间充裕，基本的招募可以是一个非常简单的过程。

跟进可以招募的人

不论怎样与潜在研究参与者联系，都应该有一个愿意让您直接联系并进行用户研究的数据库。确保记录下每个人的联系方式。应该还有一个不愿被联系的人员列表，这样就可以确保不会有人打扰他们。在理想情况下，这些应该与您使用的客户联系管理系统整合在一起。

试着让联系表上的人数至少十倍于您希望在下轮研究中邀请的人数。

其他招募窍门

与其在电子邮件里不厌其烦地解释，不如做一个解释研究项目的网页，然后发送电子邮件将人们引导至网页。这个网页同时可以包含演示或网站信息，但也可以只是一个单纯的信息页面。网页应该解释招募的目的、报酬、研究的偶然性（让人们不至于把它当成一份工作），他们如何得到更多信息。随着招募过程逐渐成熟，还可以在网站上添加常见问题。

要清楚地阐明研究地点以及您想进行招募的地理位置。您无法预料到哪些人会读到这个招募信息，如果是半个地球外（或仅仅100英里外）的人，就算他们愿意参与也是没有意义的，除非您愿意支付他们的交通费或进行远程研究。

跟踪了解人们在什么时候通过什么途径知道这个研究项目的。这会让您了解哪种招募方法最为有效，此外，还能告诉您招募方法可能怎样影响参与者的观点。曾经从您的公司购买过产品的人最了解您的产品，而且有较强的观点；然后是从邻里中招募来的人，他们也会有较强的观点；最后是通过广告招募来的人。

不要认为要招募的每个人都有一样的特征或认为要用一样的方法来招募他们。档案中的每个特征都有相应的范围值，而招募应该致力于在这个范围内找到多样化的人群。例如，当参与者的年龄定义为 25～35 岁之间时，如果找来的参与者的年龄能涵盖这个范围，而不是全都是 35 岁，效果会很好。

尽量不要让参与者重复参加。在大多数情况下，完全可以招到6 个月内未参加任何类型的使用性测试或市场研究的人。但是在某些情况下，需要放弃这个要求。例如，当时间很紧迫或者要招募的人很稀少或他们处于一个经常招募的热门市场（比如说，IT 经理本来就人少，但他们还是绝大多数市场研究的目标。）

如果有人给了您特别好的反馈，确保一定要在数据库中标明（可以有一个用于"优秀反馈"的标记栏）。如果遇到短时间内需要找几个参与者的情况，就可以找那几个擅长表达且具有独到见解的人。

如果时间允许，进行一个小型的招募测试。招募一两个人并对他们进行研究。如果他们能提供好的反馈，且他们是正确的受众，就继续用这个方法招募其他人。

筛选器

下一步任务是创建脚本,让招募者利用它从一般人群中过滤出符合特定研究标准的人。这称为筛选器(screener)。

筛选器可能是招募过程中最重要的部分。它用一个脚本将那些会提供良好反馈的人从那些只是符合基本标准的人中过滤出来。筛选器可以是发布在网上的一张表、由招募者通过电话朗读的脚本或以电子邮件发送的问卷。如果进行的是没有主持人的研究,比如网上调研,可以让人们一开始就完成筛选信息,只有通过筛选器的参与者才能继续进入真正的研究阶段。

筛选器得当,就能找到既对产品有兴趣又能条理清晰、头头是道地表达其体验的人。筛选器不当,就意味着找到的人充其量也只是对产品略有兴趣,最坏的情况是,他们既对产品没有兴趣,也无法清楚表达。

不同项目的招募者筛选器有所不同。但是有些一般性规则适用于大部分筛选器,如下所示。

- **坚持只问 20 个问题**。这样说是有理由的。可以用 20 个问题来了解一个人的方方面面。大部分目标受众可以用 10 到 15 个问题来定义,并且如果他们来自预筛选过的数据库,把问题控制在 5 个以内就可以了。
- **尽量简短**。完全可以在 5 到 10 分钟内完成整个电话筛选器。
- **清楚而明确**。回答问题的人要明白应该怎样回答问题。
- **不要用行话**。使用简单、直接、不模棱两可的语言。
- **询问确切的日期、数量和时间**。这样做可以消除一个人"偶尔"被另一个人"一直"占用的问题。
- **每个问题都要有目的**。每个问题都应有助于决定这个人是否是受众。不要问随意的问题或 "乐于了解"的问题,因为对这些问题的回答对招募不仅没有帮助还会占用每个人的时间。等真的遇见参与者的时候再问"乐于了解"

的问题。

- **首先问能够把人筛选出去的问题**。越早在筛选器中出现的问题，应该能将越多的人从潜在的参与者中筛除。这样能节省招募者和参与者的时间，因为如果发现前面的问题就不符合要求，后面的问题就不相关，也就不用再问了。例如，如果知道自己只想要 60 岁以上的人，但是想包括各种有经验和没有经验的网民，就需要把年龄问题放在上网经历问题之前。

- **问题不要有引导性**。问题中不要有价值判断和对答案的暗示。"您是否讨厌网络超长的延迟时间？"暗示这个人能感知延迟时间，而且他或她应该讨厌延迟时间。相反，要让问题更一般化（但不是更模棱两可），然后寻找特定的回答。"上网的时候是否有什么经常让您觉得不便？如果有，是什么？"这个问题和之前的问题问的是同一方面的事，但是没有偏向。

- **清楚阐明研究形式**。阐明研究目的、开始时间、持续时间、酬金以及参与者是否要提前做任何准备（或者是否应该不提前做准备）。

- **灵活性**。让招募者知道对每个问题哪些答案是可以接受的，从而避免损失那些能提供有价值反馈的人。

- **优先有帮助的参与者**。和厌恶交谈的人进行访谈，或和不照指示操作的人进行使用性测试，最让人沮丧。开放性问题有助于让招募者猜测一个人是否乐于给出反馈意见和善于表达。

电话筛选器样例

这是为一个提供在线日历的网站进行的电话筛选器。目标受众主要是现有用户，但是筛选器扩大到包括一些潜在用户和一个超级用户（为了包括多样化的用户体验）。

这个筛选器包括三个部分：对招募者进行介绍，指明理想的目标受众；对参与者进行介绍；主体的一系列问题和选择标准。这是一个比较复杂的筛选器，对初次进行的使用性测试可能过于深入。

目标受众

总共 6~9 人：4~6 个当前用户，1 个超级用户，1~2 个非用户（但可能是潜在用户）

eCalendar 当前的用户

- 经常使用 eCalendar 并且近期使用过的人
- 男人或女人
- 任何年龄，但是倾向于 35~50 岁
- 至少有一台 PC 或设备可以上网
- 每天或几乎每天上网
- 上个月创建了至少 5 个 eCalendar 事件
- 至少使用 eCalendar 两个月

eCalendar 超级用户

- 频繁使用 eCalendar 并经常使用高级功能的人
- 任何年龄，但是倾向于 40 岁以上
- 每月创建至少 20 个 eCalendar 事件
- 曾经使用过提醒和日历覆盖
- （档案的其余部分与当前用户相同）

潜在用户

- 从未使用过 eCalendar，但可能知道这个产品
- 每周至少有 5 个定期约会
- （档案的其余部分与当前用户相同）

注意，有些标准是明确的，比如上网的频率和输入的 eCalendar 事件数量，而其他（比如性别和年龄）都有一个范围。

后勤

- 在 1 月 20 号或 21 号的早上 8 点到下午 6 点有空
- 可以到旧金山市中心的办公室来
- 不直接从属于 eCalendar 或它的竞争企业（但可以知道有这个产品）
- 在过去的六个月中没有参加过任何使用性研究或市场研究

当前用户筛选器

您好，我的名字是[筛选主持人的名字]，我来自[公司名称]。我们在找一些有兴趣的人参与一个付费评估，评估一个您可能觉得很有用的产品。这不是一个推销电话，也不会进行任何推销和游说。

评估包括一个 1 月 20 或 21 号在旧金山市中心进行的面对面访谈。访谈将在工作时间进行，需要大约 1 小时。如果参与，您将收到 100 美元的现金津贴。访谈将只用于研究，您所有的评论都将进行保密。如果有兴趣参与，我要问您几个问题，看您是否有我们想要的经历。

通过这样的介绍，可以让人了解一些基本信息，同时也可以作为第一轮的问卷调查，因为人们会马上说明在指定的日期是否没空或不愿参与。也要小心，在描述研究的一般性质时，不要说得过于详细以至于可能影响人们做出反应。

或者，使用一个更通用的介绍（"我们在进行一项研究，我希望能问您几个问题"），但很有可能完成整个介绍后，您却发现这个人在指定的日期没有时间或对参加这类研究不感兴趣。

问题	回答	指导
1.您或您的家庭成员是否在以下企业或行业工作过？	市场研究 广告或媒体销售 公共关系 使用性研究或质量保证 用户界面设计或开发	只要对任何一个问题回复"是"，就终止

剔除可能存在利益冲突的人员。在广告、使用性、用户界面设计和市场研究行业工作的人一律剔除，因为他们对研究发现的那类问题过于了解，以至于很难给出无偏见的观点（就算他们很想）。

"终止"是指导招募者停止招募流程并结束访谈。在筛选器的结尾有一些相关的结束性文字说明。

2. 我们在找各个年龄段的人。您属于以下哪个年龄段？	30 岁以下 30~34 35~39 40~45 46~50 50 岁以上	终止 转到问题 3 终止
3. 您是否上网？	是 否	转到问题 4 终止
4. 您用什么计算机或设备上网？		如果回答者没有提到以下内容中的至少一种，终止： 台式计算机； 笔记本； 智能手机比如 iPhone 或 Android 手机；否则，转到问题 5
5. 平均上网频率如何？		如果一周少于 5 天，终止；否则，转到问题 6

如果参与者的名字是从数据库中抽取的，说明这些问题大部分已经被过滤，不过仍然有必要确保信息是准确的，最好再次验证信息。另外，年龄和收入问题在某些人看来可能比较侵犯隐私。在很多情况下，这些信息不会影响人们的行为，因此可以去掉这些问题；在这些信息是次要的情况下，可以把相关问题留到最后。

6. 您每周有多少预约好的会议或活动需要跟踪？		如果少于 5，终止；否则，转到问题 7
7. 您上个月有没有用线上服务跟踪过任何预约会议？	有。 没有。	转到问题 8， 终止

8. 有多少次？		如果少于 5， 终止；否则，转到问题 9
9. 您用哪种（或哪几种）线上日历 服务？		如果提到了 eCalendar，转 到问题 10；否则，终止
10. 您使用 eCalendar 有多长时间了？		如果使用两个月或以上， 转到问题 11；否则，终止
11. 以下哪种 eCalendar 功能您过去 用过？	提醒 通信录 日历覆盖 好友列表	如果回答包括覆盖和提醒， 考虑预约其作为超级用户； 转到问题 12
12. 您现在在参与任何 eCalendar.com 或 其他公司制作线上日历的项目吗？	是 否	终止 转到问题 13
13. 您是否参加过市场研究访谈或 讨论小组？	是 否	转到问题 14 预约
14. 上次参与是什么时候？		如果少于 6 个月，终止；否 则，转到问题 15

　　如果人们近期参与过用户研究，他们很可能会下意识地给出有偏见的回答，因为他们对研究的形式很熟悉而且完全可以试着预期"适当的"答案。您一直在找没有防备和偏见的回答，除非没有其他选择，否则最好先剔除这样的人。另外，有些人将报酬视为外快，因而可能试着参与任何市场或使用性研究项目。要坚决避免邀请这样的人，因为他们不会提供自然而真实的回答。

　　时间紧迫或只能访谈几个人时，筛选出以前访谈过的人有时比剔除他们更有帮助。已知能给出良好、诚实、表述清楚的反馈的人可以为您提供获得有用信息的捷径。在这样的情况下，将参与者的背景告知分析师尤为重要，因为这可能影响其阐释结果的方式。

15. 简要列出您最近喜欢的网站并简要说 明为什么喜欢。	[记下]	如果表达不清，终止；否则，预约

这类开放性问题有两个目的。首先它们能让招募者知道潜在参与者的表达能力，其次它们能收集到多项选择难以获得的信息。将它们放到最后，同时不要在任何筛选器中设置超过一道的开放性问题，因为它们很耗时而且无法过滤很多人。一些招募者喜欢在一开始就问开放性问题，因为它不那么有威胁性，而且可以在流程的早期就过滤掉表达能力差的人。

终止	以上就是所有的问题。非常感谢您的参与。尽管我们现在不预约像您这样的人群，但是我们可能会打电话邀请您参加其他研究项目。

如果用的是更为通用的介绍，可以将终止陈述替换成其他不那么特定的表达，比如"以上就是所有的问题。非常感谢您参与我们的研究。"

以上是所有问题。您是否愿意在 1 月 20 或 21 号前往旧金山市中心我们的办公室来进行一个 1 小时的付费访谈？您将收到 100 美元的报酬，同时我们的开发团队将非常感谢您的帮助，他们正在做一个您可能感兴趣的产品。

线上筛选器

线上筛选器所提的问题和电话筛选器很相似，但是线上筛选器的问题由参与者直接回答。这使其在形式上非常近似于调研问卷。实际上您可以用调研的写作风格和线上工具来创建线上筛选器。关于调研问题的写作和线上调研工具的选择请参考第 12 章。

理想的情况下，您使用的工具应该可以让您用分支逻辑来进行筛选，只要参与者的回答不合要求就可以马上终止，和电话筛选器的情况一样。首先通过一个问题来了解他们是否可以在指定的研究时间地点参与，让合格的参与者在末尾的表单中留下联系信息。

一旦将筛选器表单放在网上，就需要邀请潜在参与者来填表，总的来说电子邮件是最简单的办法。您的首要任务是说服收信人不要忽视邀请，因此，如果您会支付报酬，就在标题行里说明。但是，标题不要全部用大写字母，也不要使用感叹号，否则您的邀请信看上去会像垃圾邮件。向收件人清楚说明为什么要联系他们，如果他们合格会得到多少报酬，同时还要阐明筛选器要花多长时间完成。由于他们还不一定符合要求，因此没有必要说得太详细。

> **标题：帮助我们设计更好的线上日历，赢取 100 美元**
>
> **内容：**
>
> eCalendar 在寻找几个人来帮我们评估一个新的线上日程安排产品。参与者在 1 月 20 或 21 日参加在旧金山市中心进行的为时 1 小时的访谈，将获得一张价值 100 美元的礼品卡。
>
> 如果您对此感兴趣，请到以下网址完成一个 5 分钟的问卷：
>
> *http://www.ourcompany.com/research/screener*
>
> 如果您符合本次研究的要求，我们将联系您，并为您安排合适的时间段。
>
> 您会收到这封邮件是因为您现在是或以前是 eCalendar 用户。如果您不希望我们出于研究的目的联系您，请让我们知道，我们会将您的邮件地址从名单中删除。

预约排期

预约排期的过程在很大程度上取决于研究过程。面对面的研究应该至少提前一周预约，对企业用户来说，如果旅行是必要的，或者多个用户要一起参与，这个时间还要再提前。通过电话或视频会议进行的远程研究不需要像面对面研究那样规划。实际上，有些远程研究平台可以"实时"招募网站用户（在他们使用网站的时候）然后在快速筛选后马上进入研究阶段。不需要人来执行的研究可以在用户方便的时候进行；此期间只需要给参与者一个截止日期并按需要提醒他们完成。

不管参数如何，都应该首先定义一个日程窗口，然后在此期间进行研究。对研究者来说什么时间合适？对目标受众来说有没有不合适的时间？（举例来说，医生和网络管理员在工作日的工作时间几乎不可能预约。）有没有必须在特定时间/公司会议/节日在场的关键观察员？

现在，如果研究是基于预约的，就要着手进行规划排期。规划安排参与者的时间有很多方法，您可以任意选择适合自己的流程。《连线》网站曾用下面介绍的流程取得了很好的效果，它和其他招募者使用的步骤也很类似。

1. 写邀请函。
2. 邀请主要候选人。
3. 收到回复并为主要候选人规划排期。
4. 邀请次要候选人。
5. 收到回复并为次要候选人规划排期。
6. 确认主要候选人。
7. 确认次要候选人。
8. 向没有排期的候选人发送感谢信。
9. 在预定日期前一天向所有参与者发送电子邮件或打电话进行确认。
10. 创建并发送所有参与者的时间表。
11. 指导参与者和/或研究者前往研究地点。

对有固定日期的事件，比如焦点小组或当关键观察员只在有限的几天有空时，邀请就非常简单。

在更灵活的情况下，应该根据参与者的喜好来进行排期。向候选人要一张他们的空档期时间表通常是有效的做法，因为这样可以掌握他们的出席时间。允许参与者来驾驭时间也是直接向他们表明他们的意见是有价值的。

邀请

邀请函中重申以下内容：研究的目的，参与的重要性，将支付给参与者的酬金，研究将在哪里进行，他们要在什么时间到场（或者在实地访问的情况下，他们希望访问者在什么时间到达）。下面是一个电子邮件邀请函的示例：

感谢您对 eCalendar 研究感兴趣。我们邀请您参与我们接下来的研究。我们将于 <u>12 月 8 号周三</u>和 <u>12 月 9 号周四</u>在我们位于旧金山市中心 123 Main Street 的办公室进行 1 小时的访谈。在测试环节之后，我们将支付您 100 美元的酬金，同时在研究开始前需要您签署一份保密协议。

如果您愿意参与，<u>请务必在 12 月 2 号本周四前回复这封邮件</u>。请回答以下问题：

您什么时候有时间参与测试环节？请标明可以参加的所有时间：

[　] 12 月 8 号，周三，上午 11：00 到下午 12：00
[　] 12 月 8 号，周三，下午 12：30 到下午 1：30
[　] 12 月 8 号，周三，下午 2：00 到下午 3：00
[　] 12 月 8 号，周三，下午 3：30 到下午 4：30
[　] 12 月 8 号，周三，下午 5：00 到下午 6：00
[　] 12 月 9 号，周四，上午 11：00 到下午 12：00
[　] 12 月 9 号，周四，下午 12：30 到下午 1：30
[　] 12 月 9 号，周四，下午 2：00 到下午 3：00
[　] 12 月 9 号，周四，下午 3：30 到下午 4：30
[　] 12 月 9 号，周四，下午 5：00 到下午 6：00

我们将在 12 月 3 号周五回复您参与环节的日期和时间。

确认和再次确认

由于在规划排期的过程中大家都有不同的日期和时间，因此需要对最终的日期和时间进行确认。发送一封简短、清晰的电子邮件或消息，内容如下所示。

亲爱的[姓名]:

感谢您回复我们在下周进行的使用性研究的邀请。我们现在确认您预约的时间如下：

日期：2012 年 12 月 8 日，周一

时间：下午 5:00

为了确认这个预约时间，请回复这封邮件或致电 415-235-3468！如果您不回复，我们将认为您不会参与并将您的时间段安排给其他参与者。

所有的确认邮件都要有一行内容来说明"由于我们的安排非常紧凑，请您务必在预约时间或提前几分钟到达"，同时包括具体的交通和停车指示。

我们的地址

我们位于 Montgomery 的 Market 大街 582 号 602 室 Hobart 大厦。在大厦正前方有 BART and Muni 车站，所有的火车都停靠在那里。2 路、7 路、9 路和 14 路公交车会到达我们所在的街道。如果您自驾，最近的停车场位于 Mission and Second 的地下收费停车场，最佳行驶路线是从 Mission 大街向东开。

其他重要信息。这个环节持续约 1 小时。您将在参与后的两周内收到 100.00 美元的支票作为酬金。我们这次测试的时间表非常紧凑，因此如果您认为您会迟到，请致电（415）235-3468 通知我们。如果可能，请计划提前 10 分钟到达，您将成为我们的明星参与者！

再次感谢您，我们下周见！

另外，我们发现一个很有帮助的做法是所有回复的格式都统一，开始是对信息的一两句话总结；然后是所有信息的标准布局；最后是联系人的姓名、电子邮件地址和电话号码。鼓励参与者在发现自己无法按约定参加或有问题时马上联系这个联系人。文字要简略，但也要幽默和有个性，让人觉得不那么冷冰冰，从而也就更愿意阅读。

最后，防止参与者不出现的唯一最有效的方法是在预约日期的前一天同时发电子邮件和打电话提醒参与者。这样既有提醒效果，又能巧妙地强调他们的观点很重要，也能让您有时间在他们不能参加的情况下安排替代者。

选择奖品

奖品是对人们提供帮助的鼓励和奖励。因此，它要让人们确信他们应该分享自己的时间和经验，同时它要传达出他们对您公司的价值。绝对不要欺骗参与者。

尽管能有机会影响自己喜爱的产品本身就能激励人（因此这点也要反复强调），但对大多数人来说最好的奖品还是现金。为了提高安全性，被广泛接受的礼品卡也是可行的。2012 年都市地区酬金的起点是每分钟面对面的客户研究 1.5 美元，每分钟企业对企业的研究 2 美金。您可以降低电话访谈、视频会议或其他不需要人们留下自己家庭和办公地址或不需要您上门访问的研究的酬金。不需要人来执行的研究也可以只支付少量的酬金。

有独特观点或愿意在比较尴尬的时间来参与的人，可以向他们支付额外的酬金。要根据不同的情况来计算额外酬金的金额。如果第二天就要人家来参与，就在基本酬金的基础上增加 20 到 40 美元，这也是适当的。一个忙碌的经理人可能不会愿意在低于 200 美元的情况下打乱自己一天的安排。通常，预算在一定范围内浮动是有帮助的，可以让招募人为找到合适的候选人而适当调高酬金。

对某些人来说，再多钱也无法激励他们来参与。对于这些人，需要准备替代的奖品。管理人员可能看重与同行业其他管理人的会面，因此将研究描述成与同行交流的机会可能对他们有吸引力。像豪华餐厅或剧院门票的礼券一样，慈善捐款有时很有吸引力。对豪华游轮线路网站来说，自然有已退休的百万富翁愿意充当其游客。网站通过为他们支付前往纽约的机票费用来招募他们。网站招募每个参与者要花数千美金，但他们能获得来自全国各地的理想的目标受众。只提供等额金钱无法像这样显示出对参与者的理解和尊重，恰恰是这些让他们心动从而前来参加。

有时不用给那么多人们也愿意参与，甚至有人愿意免费参与。但是利用他们并不是个好主意。但就一个原因，愿意收取很便宜的费用参与研究的人是一个自选的群体，他们有很多时间或他们真的非常想与您交谈，又或者他们需要钱。适合以上任何一项标准的人都不太可能代表您的目标受众。

招募陷阱

招错人

有时可能会招错人。可能是因为错误表达了某个关键的筛选器问题，而每个人对这个问题的回答都与您设想的相反。可能是因为在决定目标受众时您忘记了一个关键因素。可能招募人总是选择最低标准，而您只想要几个符合描述的人。不管怎样，有时候您会错误邀请了错误的人。每个研究者几乎都有这样的故事：走进房间的那一刻才意识到里面全是些不应该出现研究现场的人。

精心准备，好的筛选器，精挑细选的目标受众，还有研究开始时间的关键问题，都可以控制出现这种情况的几率，但它还是会出现。如果发现自己处于这种情况，可以做两件事：取消这个环节重新筛选或者试着从这个群体获取尽可能多的信息，希望他们其中的一些反馈能够有用。有时候错误的群体可以带来启发，因为将他们和正确人群的回答进行比较，可以让人更全面地理解整个群体。可能您的目标受众并不那么特殊。但是，当时间紧迫而准确的结果又很重要时，取消是完全可以接受的。然后您可以将精力投入到特征正确的人身上。

在决定进行重新招募前（或开始责怪招募者前），要确定招募失败的根源。在某些情况下，这是很明显的，即您想要的是正在找工作的人而不是那些从来没有工作过的人，但是有时候为什么某个群体不符合要求却不那么明显。确定导致错误群体的因素：人口统计的因素？是由于他们对产品的体验（或缺少这些体验）？可能是您没有指明关键的标准（例如，"工厂工人"和"在车间工作的工厂工人"是不同的）。又或者您对人们行为的设想与目标受众所想的并不相符。在极少数的情况下，可能无法招募到完美的群体，因为您要的因素根本无法同时存在。

参与者没有现身

有四分之一接受邀请的人不会出现，这看似是人的本性，他们

务必向到场的参与者支付足额的酬金，即使是你招错的人，因为他们如约而至，说话算话。同样，即使招募机构安排的人员有误，或者屏幕筛选器出问题，也应该向招募机构支付全额酬金。

总有这样或那样的原因。您可以通过预约额外的人来弥补这个情况并把没有任何理由就缺席的人拉入黑名单。

如果想确保所有环节都有参与者，可以给每个时间段预约两倍的参与者。这样做会使招募和排期预约的工作量加倍，也会使酬金支出翻番（因为您要向每个到场的参与者支付酬金，不管您是否需要他们参与研究），因此一般不提倡这样做。但是在特定的情况下这样做是很有用的，比如当高级利益相关者要来观察研究时。也可以让多出来的人进行其他研究，如果有资源和一个次要研究项目的话。可以将一个使用性测试作为主要研究项目，然后一个问卷或卡片分类任务作为次级研究项目，因为这些任务不像使用性测试那样需要和研究人员频频交互。甚至可以让没有观察使用性测试的开发团队成员来访谈参与者（要为这些团队成员提供一些用户研究的经验）。

同样，可以为一个时间段（比如三个小时）安排一个"自由人"应对有人不出现的情况。但是，一天中有两三小时参与研究的符合要求的人是可遇不可求的，因此这个选择并不像第一眼看上去那么吸引人。自由人的酬金可以根据他们等待时间的长短来支付（是预约时间段的人所得的两到三倍），并且如果他们不需要作为替补，也可以参与次级研究。

如果排期和设备租赁预算允许，您也可以在最初研究后的一两天之内安排一个"补缺"时间段。没法在最初预约时间参与的人可以再次进行预约排期。

如果预计天气糟糕到要封路，提前安排另外的时间。在研究场所附近选一所学校并让人查看它是否已经停课。如果学校停课了，表明道路很有可能无法通行，人们自然也就知道研究已经改期。

记下未到场的人的名字。除非他们之前知会过您或招募者，否则不要为他们支付酬金，并将他们从您的联系人名单里去掉，或让招募者这样做。

偏差

招募方法影响着您能招到什么人。例如，如果依靠在本地企业发传单，就将潜在参与者限定于出入这些企业的人。如果研究对象是可能在您家附近长期出没的人，这样做很好。但这些人所说的可能和您的研究问题毫不相关。

完全随机抽样是不可能的，因此难免有一些偏差。问题是这些偏差是否会影响到项目。通常不影响。然而，要注意招募中的偏差如何影响研究结果。跟踪了解每个人是如何招募来的并评估频繁的来源是否对结果有潜在影响。如果参与者中有一半来自同一个地方，就要考虑那个招募方法是否会影响研究结果。

匿名

先入为主的观念也会影响前来测试的人的态度。一个如雷贯耳的名字可能很吓人，而一个默默无闻的公司或产品可能让人觉得它比实际上更无足轻重。

如果不想在招募和预约时让人们知道公司名字，用另一个身份可能会有帮助。不要骗人，但是用另一个电子邮件地址（比如，一个免费邮件服务的地址）并在描述公司和研究时不给出任何具体信息，这些办法都有用的。总的来说，如果说明自己不愿意透露公司或其产品名称，人们也不会介意。

准备和布置现场

尽管算不上招募陷阱，但安排参与者进行当面研究时有一个常见的问题：会场没有准备好迎接他们。如果他们来到办公室，他们遇见的每个人都要向他们表示欢迎。保安要知道指引他们；接待人员要知道他们的到来。您甚至可以制作标志为他们指明方向。如果在公共空间会面（比如购物中心或公园），要确保他们有参照地标可以定位。

与专业招募机构合作

专业招募机构可以解决招募要面对的很多难题。他们可以联系到各种市场中的大量人群并且可以快速安排预约。如果您时间紧迫或没有很多可以联系到的现有用户或不清楚如何招募特定的受众，专业机构会是您的好帮手。

美国市场营销协会（www.ama.org）、市场营销研究协会（www.mra-net.org）和欧洲民意和市场研究协会（www.esomar.org）有很多其他的资源。www.mkp.com/observing-the-user-experience 有很多招募人员的建议。

但是，和专业人员合作并不像拿起电话后说您要符合这样那样档案的人那么简单。招募人员不了解您的企业，也不知道您的研究要求。研究团队的细心准备和合作对招募人员来说是必须的，只有这样，他们才能在您需要的时候为您找到您想要的人。

在哪里找招募机构

招募机构通常与公司一起提供各种市场研究服务，从提供特殊的会议室，到主持焦点小组，到设计和进行整个研究项目。如果您在大都市，找招募机构应该不是太难。可以通过"市场研究"关键词找到十来个招募机构。

在选择招募公司的时候，要做一些研究。在选择服务的时候，要向不同的公司询价并向他们最近几个用户体验研究客户要参考资料。如果为使用性测试进行招募，询问他们是否为"一对一的访谈"进行招募（或者理想情况下，是否为使用性测试招募），是否为异地的设施招募。按照他们提供的参考，询问招募的准确性，招募机构对变更的接受程度，招募了多少人，招募标准的具体程度。如果您有确定的受众，比如武术专家和心脏病专家，询问招募机构对这个确定群体的专业性有多了解。不同招募机构可能有不同的经验领域。例如，有些与医疗领域有更多的联系，而有些可能在酒店业有很好的资源。

由于招募可能只是他们所有业务的一部分，所以全面的市场营销研究公司可能不愿意只承接招募工作，而要坚持出租他们的研究场地（这可能很贵）或提供其他服务。如果只对招募有兴趣，您肯定能找到一家专注于招募的公司。

对小而快的用户研究项目而言，最好的办法是找一家独立且专注于招募和预约排期的招募机构。这类公司比一般的市场研究服务公司要少，但是大部分城区都有。如果找不到，可以问一问同事或找一个使用性或人因协会询问，比如使用性专业人士协会（Usability Professionals Association，UPA）或计算机协会的人机交互特殊兴趣团体（Computer-Human Interaction Special Interest Group of the Association of Computing Machinery, ACM SIGCHI）。

招募机构可以提供哪些服务

每个专业的招募机构都应该负责寻找合适人群、安排预约、回答他们的提问以及提醒他们参加等方方面面的工作。另外，有经验的招募机构还能将目标受众的范围缩小到只包括您感兴趣的人群，以这种方式来帮您进行研究聚焦。如果不知道如何确定研究的正确市场，就咨询招募机构，让他们来帮您做一份档案。

有些招募机构会帮您写筛选器，在实际操作中，他们经常会修改您的筛选器，使其更适应他们的风格和政策。您应该参与这个流程，在招募开始前索要一份副本，确保他们强调了您觉得最重要的因素。

除了提供预约参与者的档案外，很多招募机构还愿意记录没有预约上的人的回复。尽管不能把这当成是调研，但它可能也很有意思，因为可以揭示某些目标受众的异常模式。

很多招募机构也会管理酬金支付，包括签支票、提供现金或礼品卡等。另外，大型招募公司可以为您在各个地理位置的市场进行招募。

需要向招募机构提出哪些要求

提供给招募机构的内容中最重要的是一个完整的受众描述。他们乐意根据您提供的任何描述来进行招募，但由于他们不了解您的企业，所以无法根据您对受众的不成文的假设来进行筛选。如果描述不够明确，找到的人很可能不理想。如果您只说自己想找普通的游戏玩家，却没有说明您希望他们至少在一定程度上熟悉网络游戏，招募机构很可能为您找来一些玩纸牌的人。要尽可能明确。如果要找白领，就明确定义"白领"。

提供一份名单，列出希望排除哪些人。哪些行业存在潜在的利益冲突？研究中有多少过去的参与者算太多？哪些公司生产竞争产品？

规划好充足的时间（很多商业供应商最少需要两周时间），同时不要中途改变招募的参数。变更对招募机构来说是个麻烦事，而他们很可能将由此而产生的成本算到您头上。如果您要取消，准备好至少支付部分酬金费用（如果当天取消要支付全部酬金）和全部招募费用。

提供建议招募机构在哪里寻找合格的候选人。如果已经有一份顾客名单，比如注册简报的人，您可以根据自己的地理位置进行筛选，然后将名单提供给招募机构（但要知道名单上的人很可能了解您的产品并且对产品都有积极的成见；否则，他们不会注册简报）。如果不知道去哪里找候选人，就要给招募机构尽可能多的信息，包括去哪里找目标受众以及您希望他们在总人群中的普遍程度。

提供边际候选人的处理方法。清楚注明哪些要求是有弹性的，有多大的弹性，比如"我们倾向于 25 到 35 岁，但 20 到 40 岁的人也可以接受，只要他们符合其他所有标准。"

向招募人员描述研究。这样能帮助招募人员了解如何回答问题，也能给他/她一些如何组织目标市场描述的其他想法。它是否是一个系列的群体？它是否是一系列的一对一访谈？是否要用特殊的设备来完成？是否要在参与者的家里进行？关注他们的态度、经验，还是关注他们如何使用原型？告诉招募人员这些信息中哪些适合告诉参与者。

最后，解释必要的术语，让招募人员能适当地阐释人们的反应。如果在找经常购买"支持热插拔的、容错的、低 RF 的、军规的 U 型架"的 IT 经理，就应该告诉招募人员这些词都是什么意思。招募人员可能不会在交谈中用到这些词，但是理解它们的意思有助于招募人员了解参与者提出的问题。

招募机构如何收费

在 2012 年，在美国的主要城区进行招募，每个预约参与者一般的费用为 100～150 美元，不包括您付给参与者的酬金。找消费者一般是这个价格区间的低端，而找专业人士则是顶端。对没有太多限制的一般群体，比如有孩子的日用品购买者，可能更便宜。对于其他的群体，比如人力资源副总裁，他们用企业知识管理系统来运营组织，成本可能高出很多。

至于其他的服务，比如写筛选器和答复制表，可以算入总成本中或者按小时计费，每小时价格在 75～150 美元之间。

解决招募出现的问题

不要接受失败的招募。如果很明显没有严格遵守筛选器中的优先级和问题，可以要求退款或者要求进行更好的招募。但是，首先要确定受众描述没有漏洞可以让招募人员不负责任地瞎说。大部分招募人员尽管不会兴高采烈，但还是会对不符合目标描述的参与者进行重新招募。

此外，最后出于对招募人员的尊重，把特别好或特别差的参与者告诉招募人员。这样做对他们将来的招募工作有帮助。

获取知情同意

获取知情同意是研究伦理实践的基石。研究参与者必须知道您要让他们做什么并自由选择是否参与。在研究开始前获得参与者的知情允许既保护了您，也保护了研究参与者。完全坦诚地开始一段研究关系，将尽可能避免参与者之后认为您可能会利用他们。在人们疑似大公司将从他们的参与中受益的情况下，获取知情同意尤为重要。

用参与者可以理解的形式给他们提供所有必要的信息是您的责任。通常的做法是让参与者阅读并签署一份打印好的知情同意书。知情同意书一般包括以下内容：

对研究活动和动机的简单描述

这是一个针对 *Forkopolis* 的使用性研究。*Forkopolis* 是一个专门销售餐叉的网站。研究目的是改善网站的购物体验。在这个研究中，我们将让您用网站执行特定的任务，并请您把您的想法告诉我们。

解释您想采集的数据以及您计划如何使用这些数据

我们想用视频录制这次使用性测试并在我们的团队里分享测试结果，目的是改善网站。我们不会向其他人泄露您的名字或任何其他身份信息。

如果要拍照或录制视频/音频，表单还需要参与者指明他们允许您录制的媒体形式以及他们赋予您的权利。

如果您同意，请勾选

[　] 您同意我们录制视频并在团队中分享。

[　] 您同意我们在报告中引用您在测试时做的任何口头陈述。

保证参与者可以在任何时间无任何惩罚地离开研究。

您可以在任何时间离开。如果您终止参与，我们将删除录制的所有视频以及记录的笔记。

鼓励参与者尽快提出关于研究的任何问题和疑虑。

如果您有任何问题或疑虑，请尽快让我们知道。

留出空间让参与者署名，签名，并签署日期。

我理解并同意。

姓名＿＿＿＿＿＿＿＿

签名＿＿＿＿＿＿＿＿

日期＿＿＿＿＿＿＿＿

随着时间的推移，研究人员倾向于拟定措辞和格式最适合自己的知情同意书，可以满足每个项目需要的标准模板。最好的知情同意书是简短而直接的。尽量不超过一页，并避免使用任何法律术语和不必要的正式用语。

可以将"同意"当成一个过程，而不是一个文档。如果参与者一开始同意视频录制，在访谈结束时却要求删除视频，就要认真对待这一要求。当然，您可以，也应该，问一问原因。可能参与者有具体的顾虑，而您可以帮助他打消这些顾虑。但如果参与者还是坚持，请尊重他们的要求并马上删除视频。出于同样的原因，最好在访谈结束时询问参与者是否有任何内容是他们不愿意分享的。

如果正在使用焦点小组或使用性测试专用的研究设施，现场人员可以在参与者到来之后再处理知情同意书。否则，让他们在您进行自我介绍让每个人感觉宾至如归之后，在您开始提问或开始拍照前，签署知情同意书。

有一些特殊的情况需要额外处理。

未成年人。在世界上大多数地方，18 岁以下的人不能签署具法律效力的参与研究知情同意书。他们的父母或其他法定监护人必须代表他们同意。如果您的研究涉及未成年人，知情同意的过程还要分为两步。首先，为监护人创建一份知情同意书，指明他们代表未成年人同意。第二，确保也获得来自儿童或青少年的知情同意。如果参与者可以阅读，则要确保知情同意书在适当的阅读水平。如果参与者太小不能阅读，就大声朗读知情同意书，并进行提问以确保孩子真的理解现在在做什么。就算孩子无法在法律上同意，也要确保他/她理解并同意参与。

文盲。如果怀疑参与者不识字，就不能依靠书面形式的同意书。在这种情况下，提前让一个可以阅读的人——这个人也不能和研究相关——作为见证人。然后大声朗读知情同意书，而不是将其递给参与者。时不时地暂停一下，让参与者有时间提问。让参与者标记"X"或其他的记号来指明接受，同时见证人会签名以确认参与者同意知情同意书中的条款。

有关知情同意书模板以及知情同意的更多内容，请访问 www.mkp.com/observing-the-user-experience。

访谈

本书描述的大部分研究都依靠一个技术：访谈。观察非常关键，但要想真正了解用户的体验，您必须向他或她提问，而这就是访谈。用户研究中的访谈和调查记者或未来雇主所进行的访谈不同。它更正式和规范，并且作为一种非引导性的访谈（nondirected interview），它的目的是尽量避免影响提问者的观点。

访谈结构

几乎每个用户体验访谈，不论是面向单个人的午餐闲谈或十个人的焦点小组，都有一个相似的内在结构。它是一个沙漏型的结构：从最一般的信息开始，然后慢慢深入到具体的问题，最后回归到较大的观点并以一个摘要和总结作为结束。以下是将一个标准访谈过程划分为六个阶段的方法。

1. **介绍**。所有的参与者进行自我介绍。在团队中，知道团队中其他还有多少人和您相似非常重要，这能让您放松下来，因此团队介绍强调的是参与者之间的相似性，包括访谈者。相对而言，个人访谈的介绍，是将访谈者塑造成一个中立但有同情心的个体。

2. **暖场**。任何访谈中的暖场都用来让人们从常规生活中抽离并关注于思考产品并回答问题。

3. **一般性问题**。第一轮针对产品的问题集中于产品体验及对产品的态度、期望和假设。尽早问这类问题可以避免产品开发团队的假设影响人们的看法。通常在这个阶段，产品甚至还没有命名。

4. **深度关注**。介绍产品、服务和想法，人们集中关注细节，包括：它是做什么的？它如何操作？他们是否能使用它？

他们的直接体验如何？对使用性测试来说，这是访谈的实质性阶段；但是对实地访问或探索性访谈来说，可能不会进入这个阶段。

5. **回顾**。这个阶段让人们从更广的层面对产品和概念进行评估。这个阶段的讨论可以和"一般性问题"相提并论，但是这个阶段关注的是在"深度关注"阶段介绍的概念对之前讨论的问题有何影响。

6. **总结**。这个阶段一般是访谈中最简短的。它标志着正式完成访谈，让参与者不会继续把心思放在最后一个问题上，而可以回到执行的主题上来。

非引导性访谈

对所有新的访谈脚本进行演练。让一个同事或一个样本参与者来参与演练，使用所有录制设备和原型，然后适当进行修改。

一个著名的科学家在一次调研中曾经问过以下问题：

您的雇主或他的法人代表会弄虚作假骗取您的部分收入吗？

这是一个引导性的问题。在您往下阅读之前，思考一下为什么它会成为一个引导性问题。它的哪些内容暗示了"正确"答案？作者实际上试图抽取什么信息？如果这个问题要成为非引导性问题，哪些地方要做修改？

写下这个问题的科学家是卡尔·马克思（Karl Marx），而他显然期望您的答案，那就是"不会。"

引导性问题是所有社会研究的祸根。它们将提问者的偏见加入本该由回答者来完成的。但是避免引导提问却是说起来容易做起来难。它需要提问者时刻警惕并有非常专业的非引导性访谈的相关知识。

非引导性访谈不会引导您的回答或给回答带来偏见。它将访谈者成见的影响最小化，探索的是用户的想法、感受和体验。

中立的访谈者

为非引导性访谈编写问题并进行提问，您的工作是放空您了解的所有信息并真正感受产品。忘掉所有的困难工作和创造性。对成功的期望和对失败的担心放到一边。客观地看待产品，就像它完全和您无关一样。

这看似很苛刻，但非常必要。只有这样才能理解人们给您的真实反馈，不论是正面的或负面的，并能利用这些用户信息制造人们想要和需要的产品，而不是您认为他们想要和需要的产品。否则，当您需要同时看到云朵和云朵的银边时，却只能看到其中之一。

先不讨论禅学，要想自己提出的问题不影响回答者的回答，涉及很多自我强加的距离感和对假想严格而关键的检查。当您对进行测试产品非常熟悉或有很强的情感联系的时候，这样做非常困难。首先，它会让人觉得您的问题费太多精力去遣词造句，而且听上去很做作。经验会告诉您哪个问题有引导性和如何中立地阐明问题。最终，当您在非引导性问题上获得启发后，您的问题听上去将是中立的，分析会变得更容易，而您获得的无偏见的答案将让您对结果更有信心。

保持中立

提出非引导性问题被称为一门"此地无声胜有声"的艺术。访谈者要在不告诉人们说什么的情况下鼓励他们畅所欲言。

通常，这意味着保持安静，让参与者思考。当您想干预时，试着握紧手控制好自己的言行。或者，用喝水来代替说话。

经验丰富的访谈者有一些通用的交谈提示。其中一些是，例如"啊哈"和"嗯哼"。另一些则是毫无意义的客套话，例如"这很有意思"和"哦，真的吗？"还有一些，例如"您能告诉我更多关于××的内容吗？"可以询问细节信息，但是没有指明任何正确的答案。

口头提示对电话访谈尤为重要，因为电话访谈不能用肢体语言来传达意愿。对面对面访谈来说，前倾和时常点头会很有帮助。不论是口头的还是非语言的，都要确保让人们知道您在关注他们，这非常重要。

构建非引导性问题

最重要的是，**每个问题都要关注回答问题的人**。它要关注于**体验**，而非探索性。我们对自己行为的理解很少和我们真正的行为相关。当我们设身处地去了解别人时，我们会理想化和简单化。这样做对了解人们的理想很有用，但对理解他们的行为却没有什么帮助。"这是一个有用的功能吗？"类似这样的问题很容易被误解为"在所有事物的背景中，您认为会在哪儿有人觉得这个功能有一些用处吗？"就算只是表面价值，误解的可能性也会使所有回复都是可质疑的。"这个功能对您现在做的任务有价值吗？"类似这样的问题则表明了看法。

同样，**问题要集中于直接体验**。人们现在的行为比预期更好地预测他们将来的行为。如果问"对您而言它有趣吗？"他们可能会想象在某个时候他们会觉得它有趣，然后回答"有趣。"但一些理论上看似有趣的东西真的不同于人们会记住并再次使用的东西。如果他们现在认为某物很让人信服，那他们很可能继续觉得它让人信服。因此，回答类似问题"如果它今天就能用，您会用吗？为什么？"更有帮助。

问题要避免使用判断性语言。不要让回答问题的人认为您在期待一个特定的答案或存在错误答案。您可以（并且）应该明确阐明这一点，但如果问题能强调这个观点，效果会更好。"您不认为它最好还能用在智能手机上吗？"这个问题暗示提问人会否定听到的其他答案。"如果这个功能明天就能在智能手机上使用，您会用它吗？"这个问题没有暗示任何期望的答案（但这是一个双选问题，我们之后将进行描述）。最好是这样问："您会用其他方式来使用这样的功能吗？"然后在他们阐明自己最初的想法后，再就智能手机进行提问。

将问题集中在一个话题上。用"和"或"或"将两个概念连在一起来表达是很模糊的。很难知道回答到底是针对哪个概念。"这个产品对您上学或工作有什么帮助？"这样的问题要划分为两个问题。

保持问题的开放性。如果人们被迫进行选择，就算他们觉得没有适合的选项，也还是会选择。"以下列表中的哪些功能对您而言最为重要？"这样问就假设有重要的功能并假设有一个功能比其他的都重要。更好的说法是"将以下每个功能的重要性按 1 到 5 进行评分，1 为最不重要，5 为最重要。一个功能如果完全不重要就标为 0。写下我们可能遗漏的功能。"或者不对功能进行评分，而是问，"产品对您而言是否有哪方面特别有用？如果有，是什么？是什么使它有用？"

避免双选问题。双选问题的形式为"是/否"或"真/假"或"这个/那个"，它们强制人们进行非黑即白的选择，而其实他们的态度可能并不那么笃定。"这是否是个好产品？"这样问会错过很多耐人寻味的回答。尽管能快速了解人们即兴的意见是很好的，但是了解他们认为概念的哪些方面好哪些方面不好更有价值，而不是只假设整体上的好或不好。"您喜欢这个产品的哪些方面，如果有的话？"

进行非引导性访谈

提高非引导性访谈回答质量的方法有很多。

定义术语。"那个"可以指一个按钮、一个功能或整个网站。各人对词语的定义不同于字典的定义，也不同于开发团队的定义。有人可能会将一个简单功能称为"模块"，而开发团队可能将复杂的功能集称为"模块"。在使用技术术语的时候，要先确认您对它的定义是清楚明确的。尽可能使用回答者对词语的定义（就算您不这样使用这个词），但首先要确保您理解定义（这可能意味着要求回答者对它进行定义）。这样做在团队互动中极为重要，因为这时候每个人可能都有不同的定义。

不要强制给出观点。对有些话题我们可能就是没有任何观点。我们可能从来没有思考过这些话题，或者我们没有足够的信息。在要求自己给出观点的时候，大多数人会表达一个。但是这个观点没有经过深思熟虑，也不是坚定不移的。在提出像"如果……它是否会更好或更差"这样的问题时，先衡量一下参与者是否对它有任何了解。

重述回答。用不同的词语表达将参与者的回答返回给他们，这样做可以减少问题。这样可以澄清术语并验证您和参与者都了解。在某人表达完一个想法时，您可以马上说"所以您是说……"然后用不同的表达陈述您刚刚听到的。复述回答需要格外小心，因为复述本身也会引导讨论。如果您本身就有偏见，很容易巧妙地用更符合自己假想的方式来复述。

用例子说明，但总是先等一个非引导性的回答。有时人们理解了问题，但可能不知道如何回答。如果您在用词上非常精确，这应该不会成为一个问题。但可能经常想故意问一个宽泛的问题，看人们是否理解了一个概念或他们最一般的想法。为您认为可能需要例子的问题准备一两个例子。在参与者已经给出初步答案之后，可以用一个例子让他们再次进行思考。假设您在进行一个焦点小组来头脑风暴新的功能。如果他们把功能定义得太狭隘而且看上去正要陷入僵局，您可以这样说："现在，如果只要您喜欢的物品在促销，它就会给您发送电子邮件呢？"然后看看参与者是否能在这个方向上想出其他的点子。例子不用太多，几个就好，太多会强烈束缚人们的观点。

使用实物来让人们关注当前并触发概念。实物是人们工作的实际产品：笔记、纸张和工具等。通过对人们的日常物品提问，可以将参与者带回他们熟悉的环境中。当有人抽象地提到"购物车"时，问问"这个购物车"。如果您在现场，而他们正在讨论某个程序怎么完成，就让他们用实际物品演示给您看。人们想象中的理想情况和抽象讨论通常与真实的体验有出入。关注特定物品有助于回想理想情况中缺失的细节。

了解自己的期望。注意异常情况。尽管本节一开始就千叮咛万嘱托，但其实也不可能一点儿想法也没有。您肯定有假设和期望，而这些会影响访谈。如果了解这些假设，避免其影响就更容易。

参与者不会错。就算有人对产品操作及其用途的理解与设想的完全不同，也不要对任何人说他们的看法是错误的。试着了解他们的想法从哪儿来，他们为什么会这么想。就算是最轻微、表面的矛盾也会使参与者觉得一无所知或没有准备，因而不愿主动说出他们的观点。设计研究公司 Portigal 咨询机构的创始人史蒂夫·波提格（Steve Portigal）讲述了一个他做过的访谈。访谈关注的是家庭娱乐技术，参与者是一个认为自己知识非常渊博的人。在访谈中，参与者将一个数码录像机的品牌称为"Tie-vo"，而制造商实际上将其称为"Tee-vo"。史蒂夫自己也转而跟着说"Tie-vo"，并没有指出参与者不正确。

仔细聆听人们提出的问题。问题揭示了很多关于人们如何理解产品或情境的信息，它们对理解体验和期望也非常重要。探索人们要问这个问题的动机。例如，如果有人问："它应该是这样用吗？"就用问题来回答："您认为是这样用吗？"或者"您期望这样用吗？"

让问题在语言和意图上都保持简单明了。问题是用来发现假想和看法，而非用于证明观点或证实行为。精心设计的问题不用做太多就能获得非引导性的回答。对回答进行分析可以提供证明或理由。问题的重点在于获得最清晰、原始的信息。

尽可能多检查记录。只依靠自己的记忆或笔记很容易漏掉关键的陈述或微妙的区别。试着在录像带上花一些时间（不论是音频的或视频的）证实您对讨论的看法与事实相符。这也是提高访谈技巧的方法，尽管看着自己可能很痛苦。

访谈通常由两个人进行，一个人提问，另一个人记录。跨文化研究可能还包括一名翻译（详见第 13 章）。总的来说，要避免超过两名访谈者（必要的话，包括一名翻译）。提前决定记录者何时可以提问以及如何提问。在访谈一开始就对参与者介绍参与访谈的所有人。

访谈中经常出现的问题

- **赋予词语太多意义或使用多义词**。用词要精确。"当您试着在网站上寻找某物时，发现自己绝望地迷失了，您会怎么做？""绝望地"一词是用得不确切的词。一个人可以将其阐释为"非常迷失"，而另一个人可以理解为"迷失到再不可能找到任何东西。"将问题重写为"如果在网站上找某物时，您发现自己不知道如何返回前一个步骤，您会怎么做？"

- **让人们预期未来**。就像之前提到的，当人们试着将自己的行为投射到未来时，他们通常会过于简单化和理想化。人们更擅长于在操作的时候解释正在进行的内容，而不是提前想象他们的行为。如果您想知道在特定情况下人们如何表现，就将他们放到那个情境里（或适当的仿真情境里）。

- **激发权威或同辈压力**。举个例子："很多人说用这个工具查找信息非常容易。您的体验也是这样吗？"您可以换个问题得到一个更全面而诚实的答案："描述您使用这个工具的体验。"

- **假设他们可以回答这个问题**。并不是每个人都有自知之明。如果您问某人某物是否是同类里最好的，就是在假设他/她对这类所有产品足够熟悉，并且他/她能够对所有产品做出一个无偏见的、考虑周全的评估。

问题并不仅仅出现在构建问题上。对回答的阐释同样取决于提问的方式。在提问的时候要注意几个行为，以便抓住它们并快速跟进，减少之后分析中有歧义的地方。

- **人们并不总是言行一致的**。有时候他们说"是"只是为了避免说"否"可能带来的冲突。注意仓促的回答或与之前陈述不一致的回答，这些都是线索。最微妙的暗示包括一边说"是"一边摇头，或突然说话打结。如果认为人们言如果发现访谈很沉闷，就表明出现了问题。经验丰富的访谈者可以发现参与者感兴趣的几乎任何话题。沉闷的访谈可能是运气问题，但如果两三个都很沉闷，这就是个不好的信号。或者有一个系统性的招募错误，或者您的问题人们不感兴趣。

不要坚持用效果不好的脚本！如果您是在进行您的第二个或第三个沉闷的访谈，试着脱稿问几个问题。寻找何时可以研究话题中能激发参与者有谈话欲望的方面。之后再与团队讨论，以此来验证招募策略，可能还要为脚本头脑风暴一些新的问题。

行不一，就让他们澄清自己的回答。通常，您只需要表明有兴趣，就能给他们足够的信心表达其真正的意思。

- **人们有时并没有在回答您提出的问题。**当人们在认真思考某个话题的时候（可能在执行任务，或者在试着记下一个情境）他们可能很容易听错细节。有时人们也有自己的安排并非常想展开相关的讨论。如果他们所说的已经明显偏题，等一阵之后说："这些都很有趣。现在让我来问……"，然后用稍微不同的用词和重点重新提问。不要害怕坚持。

何时可以打破规则

您可能认为遵守所有这些条条框框会使谈话死气沉沉。这当然是不好的。人们应该轻松自如地与您交谈，并且诚实地回答问题。您也要轻松自如地与他们交谈。

因此，把这些规则都当成是建议。随意即兴发挥并让访谈充满人情味，并提供例子。一个经验法则是，您可以并且应该对所有与研究主题无关的内容表现出热情和愉悦。只管告诉人们他们的孩子很可爱，他们的假期计划听上去很有趣，或者他们的家很漂亮。如果问题太难回答，可以让参与者选择不回答。一个访谈可以同时是非引导的并且舒适的。

最后，最好的访谈是在需要时再提供这些信息。每个访谈的做法都不同。在您知道如何应用时，这些规则和指导会帮助您获得最好的信息。

访谈记录

尽可能录制访谈视频。视频可以揭示音频无法捕捉到的关键时刻，比如当人们想说"否"却说了"是"时那个耸肩动作。视频也让访谈者用不着一边做笔记，一边想着提问。（但是记下听着觉得好的引语和听到的时间还是很有用的。）之后，可以用短的剪辑来挖掘视频内容，丰富演示文稿并增强其真实性。

如果快速介绍并仔细摆放，摄像机会消失在背景中。在访谈开始时，解释说明将使用摄像机来获得准确的记录，同时录像只用于研究目的。将摄像机放在处于不显眼位置的三脚架上，然后在交谈时就假装它不存在。但要时常检查电池和数据存储。如果能让某人负责设置和监控摄像机就更好了。

在解释使用摄像机的目的之后，如果参与者不愿意被录像，不要强迫他们。这样只会加剧访谈的难度。提出只录制音频。如果这也不能接受，就准备好记大量笔记并在访谈后马上对回忆进行记录。

照片在技术上通常更容易控制，也可以让您获得特定物体和访谈安排的近距离记录。如果您在短时间内访谈了很多人，访谈对象的照片可以成为之后主要的记忆线索。在某些情况下（比如在安全意识很高的组织进行实地访谈），可能您只能选择用照片和音频进行记录。

第 7 章

焦点小组

焦点小组（focus group）是结构化的、专门有人主持的小组讨论，用来揭示目标用户的偏好、经历回顾和优先级别的陈述。它能告诉您人们最看重什么功能特征以及他们为什么看重这些功能。作为一个竞争性研究工具，它能揭示人们眼中竞争产品或服务有哪些优势与不足。有时它还能揭示出产品或服务的"黑马"竞争者或应用。

焦点小组在 20 世纪 30 年代作为一种社会研究方法提出，最初被称为"焦点访谈"（focused interview），在第二次世界大战期间演变成一种改善士兵生活的方法，最终在 20 世纪 50 年代作为一种市场营销工具占据着中心舞台。因此，它也许是用户体验研究技术中出现最早且应用最广泛的。

焦点小组有时被污蔑是粗浅的、误导人的，但它并不像传说中那样声名狼藉。焦点小组虽然不是糟糕产品的灵丹妙药，但它也不是巫毒教那样的伪科学。如果有好的主持人引导，经过认真的分析，合理的展现，它可以是一个非常好的工具，可以揭示人们在思考什么以及如何思考。

电子产品通常在开发早期使用焦点小组，即生成概念、功能排序和理解用户需求的关键时期。作为一个在短时间内收集很多个人故事的方法，焦点小组能够给开发团队提供一个分析产品及其用户需求的基础。焦点小组可以观看，并通俗易懂，能够吸引没有机会、时间或不具备专业知识的公司成员参与用户体验研究。

焦点小组很流行，部分原因是它的效率很高。两个兼职工作人员可以在 3 周内建立一系列小组，展开访谈，分析结果并输出报告。对相似数量的用户进行访谈则要花一个全职研究员近 2 周的时间。问卷调查需要抽取大量样本，这在很大程度上使后勤和分析工作更复杂，却看不出参与者的动机及态度。泡论坛，浏览博客和其他网站虽然可以获得反馈，但无法有机会立即与公司代表及用户进行面对面的提问和对话。

当然，也不是说焦点小组完全能够取代书中介绍的其他技术。把人带入一个远离日常环境的会议室，难免会遗漏某些信息。焦点小组不能替代使用性测试、情境访谈和日记研究。仅仅依靠自述式信念和偏好就投资大量资源是不明智的。但通过精心准备，焦点小组也能给我们提供一个机会，让我们从用户的视角看待世界，而且更迅速，也更经济。

何时适合使用焦点小组

知道何时使用焦点小组是成功的关键因素之一。虽然它直接而且灵活，但并不普遍适用于任何情况或产品开发周期的任何阶段。

焦点小组擅长什么

焦点小组擅长发现人们的期望、动机、价值观和回忆。焦点小组给人们提供了一个恰当的环境，让他们自如表达感想。这样，他们能分享个人对问题的看法和对核心体验的假设，并将其与现实世界的情况联系起来。实际上，良好的用户体验焦点小组的特点是"具体"。只有了解其动机，了解这些选择才会对您有帮助。

为 UCD 进行的焦点小组（相对于为市场上现有产品进行的焦点小组）通常安排在产品开发的早期，但它也可以用于产品的重新设计或更新周期中。焦点小组可以在开发团队尝试回答以下问题时使用：产品要解决什么问题？如何解决这些问题？为什么用户看重我们的解决方案胜过其他方案？同样，让用户在开发早期讨论竞争产品也能使我们了解为什么用户看重竞争产品？他们认为哪些是具有决定性的功能特征？哪些经常使他们觉得烦？他们认为竞争产品哪些地方做得失败？

结合使用探查、拼贴、映射（在第 10 章中讨论）等图像类技术，焦点小组的主持人可以引导用户详细讨论他们希望出现在生活中的产品或服务。焦点小组也可以为竞争性研究做贡献，让您可以迅速审查用户对一系列产品的偏好和态度。除了从明确的市场营销角度以外，这些信息可以立即影响功能和交互的开发，在投入资源之前定义更接近于目标用户期望的体验。焦点小组的数据可以（通常应该）通过一般性的问卷调查或深度的访谈与观察来证实。然而，识别趋势往往能给团队最初的决定提供足够的数据。

在开发中后期，焦点小组能够帮助确定功能并排定其优先级。将工作原型、视觉模型或者概念视频带入小组进行讨论，可以在投入过多时间和金钱之前迅速获得设计方向上的反馈。了解人们为什么看重某一功能以及他们如何对您提供的信息做出反馈有助于您决定应开发什么及按什么顺序开发。此外，因为焦点小组可以作为头脑风暴，所以让参与者相互协作变为可能，从而获得比独立思考更多的概念。

本书作者伊丽莎白的实践中有一个为护士设计平板电脑的例子。她有一些不同的平板电脑设计并且需要一些信息帮助产品团队做出选择。她知道这里有一些不同类型的护理任务，而急诊室的护士与重症监护室的护士有不同的需求。但是她没有时间分别访谈不同专业的护士。她只需要知道哪个设计方向会被绝大多数不同专业的护士接受，更重要的是她们为什么接受这个设计方向。所以她进行了 3 个焦点小组，每组有 6 个护士参与，尽可能多代表不同的专业。在每个焦点小组中，她都让护士讨论护理工作的相同点与不同点，然后让他们评论五种不同形式的要素的原型。

通过对护理工作的讨论，她发现从遥测技术到儿科急救等护理工作中不同护理角色所使用的工具。参与者都回避易损坏的设备。他们想要当他们需要双手护理病患时能被迅速扔下的工具。忙于文书工作、病患和药品管理，护士们对不能在第一时间工作的工具没有耐心。基于焦点小组，团队把注意力放在能够单手掌握和能为常用功能设置快捷操作的设计上。

焦点小组能够揭示人们的认知。这并不表示它能发现人们真正需要什么，也不表示它能发现人们的行为体现的是什么价值观。焦点小组只能展现出人们表达出来的需求以及关注点。然而，从另一方面来讲，了解人们的自我认知与了解他们所为所感一样重要。为了有效传达产品功能并定义易识别且易记忆的产品风格，设计师、产品经理、市场营销人员需要认真了解人们的自我认知。产品对其服务的描述越接近人们对自身需求的表达，人们就越有可能使用这个产品。

焦点小组不擅长什么

首先且最重要的，焦点小组并不是理解人们**实际**行动的工具。人们无法预测他们实际是否真的想要某产品，也不知道自己能否有效使用某产品或服务，甚至某一功能。因此，我们需要进行使用性研究，观察产品的使用，并进行日记研究。

其次，焦点小组的结果不能概括大多数人的看法。它不能取代问卷调查。多个焦点小组的数据能够帮助您建立人们的观念和态度模型，这些模型也许只能用于研究和参与者相似的人时。但是，在绝大多数例子中，焦点小组都不会统计大量的样本。不过，这种担心也不宜过分夸大。当调查的样本既有代表性又有统计学意义时，它的结果就可以应用于更广泛的人群。但是，我们不能保证焦点小组中具有比例性的反馈能与更大的用户群相匹配。

按字面意思理解焦点小组中的发言往往会导致分析结果的偏差。看看那些按字面意思理解焦点小组的结果而走下坡路的产品（例如纪录片）。这里有一个关于漫画的例子，有趣但情节是虚构的。在尝试给超人迷提供一些他们想要的东西时，一群 10～12 岁的漫画读者被问及他们喜欢什么类型的故事。在 20 世纪 60 年代，超人故事的发展一味地迎合孩子们的要求。漫画迎合的有些要求是超现实的：钢铁侠乔装成地道的美国人，还与乔治·华盛顿会面，更不用说吉米·奥尔森（一个温顺的伙伴如何转变成一个巨大的太空龟）。最后导致创造性彻底丧失。过于复杂的故事情节不得不全部报废，而这部漫画只好像这些复杂的故事从来没有发生过一样，从头开始。这个故事告诉我们：人们有时并不知道自己要什么。并且他们也不知道设计团队为满足他们的要求而进行的权衡。而且，正如《超人》作者所发现的，他们也无法永远预测自己实际喜欢什么或认为哪些东西是实用的。

焦点小组的四种类型

在用户体验研究中，有四种常见的焦点小组。选择什么类型的焦点小组取决于您要回答什么问题，以此类推，很有可能就是取决于产品处于开发的什么阶段。不要受限于这些类型，它们只作为指南供您参考。

探索型

这类焦点小组能够获得人们对特定话题的普遍态度，能够帮助开发者了解产品的潜在用户如何理解它？会用什么词语描述它？用什么标准评价它？例如，一个家具公司想知道人们在商店里购买家具时使用什么标准来评价家具，如何在线上购买类似产品。在开发过程的早期，这家公司进行了焦点小组，发现人们最初坚持要在购买家具前看到实物（这否定了他们想在线销售家具的整个商业计划）。进一步的讨论揭示只有沙发和床这样特定类别的产品会因无法直接体验而心存疑惑。大部分人可以仅仅依据照片和描述就购买其他家具（桌、椅），甚至更愿意这样做。

功能排序型

这类焦点小组能够确定两点：哪些功能特征最吸引人？它们为什么吸引人？通常，这种焦点小组在开发周期的开始阶段进行，一般这时已经确定产品的大致轮廓。在这类焦点小组中，我们假设参与者对某种产品感兴趣，而讨论的中心是他们希望这个产品能为他们做什么。例如，在一个针对主页创建服务的焦点小组访谈中，参与者只想知道帮助他们建立并营销主页的工具，对社区服务几乎没有兴趣。网站想传达的"社区感觉"及其自我推广的基调几乎没有意义。对于他们来讲，网站的价值在于工具和免费的磁盘空间。

竞争分析型

正如了解人们在产品提供的功能系列中看重哪些非常重要，知道竞争者的网站哪里吸引或排斥用户也同样重要。这种焦点小组通常是匿名进行（委托客户不会留下姓名），试图了解人们与竞争者之间的联系，人们看重竞争者带来的哪些用户体验，他们的哪些需求和愿望没有被满足。例如，一个线上技术新闻网站的竞争性焦点小组揭示出人们把非新闻内容看作是非常不必要。他们中的大多数人每天只花几分钟时间浏览新闻网站。他们看重每日更新和其他网站的链接，而不是有观点的、背景深入的故事。

趋势解释型

无论是通过问卷调查的回答，还是客服的反馈或者网站分析，在测定一个行为趋势之后，我们很难判断其最初的起因。焦点小组能够通过研究用户的动机和期望来解释他们的行为。这类焦点小组通常在产品重新设计周期中进行，或者也用来回应一些特定的关注点。例如，一个研究表明婴儿的父母比幼童的父母在网上购买的儿童用品更多。焦点小组发现，婴儿的父母更愿意在婴儿入睡之后购物，而这时本地实体商店通常已经关门了。幼童则更加灵活且有自己的想法，所以其父母更愿意在网上查看商品后再带孩子到实体商店里帮助他们进行选择。

如何组织焦点小组

在开始系列焦点小组之前，有几件重要的事情需要决定。

- **研究主题**。并不是所有焦点小组都适合其讨论的主题，也不是所有的主题都能引入小组进行讨论。

- **目标人群**。就是要邀请的人。具体而言，需要明确哪些目标人群的子集能给出最好的且相关性最高的反馈。

- **研究范围**。系列焦点小组可以由几个小组组成，每个小组只有少数几个参与者，也可以由大约十二个组组成，每个小组有十个或十个以上的参与者。小组的数量与每组的人数取决于问题的复杂程度、您对答案的探究深度以及您对了解这些答案的确定程度。

- **日程安排**。最好的成果取决于您对突发事件的准备。精心设计日程安排（如表 7.1 所示）能为每件事都提供充足的时间，特别是招募、写指南以及足够的弹性来犯一两个错误。

典型的系列焦点小组从开始到结束大致要花 3 周的时间。

选择主题

平均来讲，焦点小组应该有 3～5 个研究主题。这些主题就项目而言应该以整体的方式进行表述。"在研究保险时理解人们使用的心智模型"可以是保险经纪网站的一个目标。而推荐家园建设承包商的服务可能对"人们装修房屋时会在什么时候寻找外包服务"感兴趣。一个高端线上拍卖网站进行竞争性分析时会研究"高端汽车销售商抵制在易趣（eBay）展示他们的汽车的原因"和"什么因素能帮助我们的产品与苏富比拍卖行（Sotheby）的产品被同等看待"作为他们的两个目标。

小组要充分讨论每个主题，每个主题的讨论在十分钟左右。主题应该比您询问参与的问题更加广泛，其目标也不应该是可以用其他方法（例如问卷调查）更容易完成的。"列出竞争者清单"这样的主题过于广泛，也许更适合问卷调查，把目标设为"竞争者的用户体验比我们的更有吸引力的原因"也许更恰当。

选择目标受众

> 参与者是否愿意一同参与讨论，决定因素不在于他们之间是否真的存在差别，而是他们是否认为彼此之间存在不同。
>
> ——大卫·L. 摩根，《作为定性研究的焦点小组》

对焦点小组来说，与这本书中介绍的其他方法相比，焦点小组对参与者的选择更挑剔。为了让参与者自如地谈论他们的体验和价值观，我们需要让参与者知道小组中的其他人都不会评价他们，并且他们是在和同类人一起进行讨论。因此，不像其他大多数类型的研究，焦点小组通常需要同一类型的受众。

尽管如此，对"同类"的定义取决于研究及小组所处的情境。参与者不必完全相似，只要在允许人们自由谈论其体验方面一样就可以了。例如，年代的差异导致小组成员无法充分谈论他们的音乐品味，但也许会让他们感到可以轻松地讨论厨房用具甚至渴望这方面的讨论。

从理想的目标受众中选择一个或几个能够给主题提供最有用

并不是所有人都能自如地谈论所有主题。选择能使目标人群轻松回答的问题，同一产品的不同用户对同一主题的反应也会有所不同。

的反馈的子集。什么样的小组适合根据情况而变化。首先，需要目标用户的具体描述，包括其人口统计学信息及互联网使用情况。例如，如果只想了解现有用户最看重服务的哪些地方，就要选择能代表实际用户的最大子集。如果想了解服务在留住用户方面存在什么问题，就必须更加具体，必须只关注符合您标准且只用过网站一次就一去不复返的人。

　　一般来讲，可以选择几个小组来广泛了解体验或关注特定群体的体验。例如，如果医生是您的目标人群，却只有医科学生在使用您的系统，也许就需要和这两个群体进行交流。医生会告诉您他们为什么不使用您的系统，而医科学生会告诉您他们为什么使用。也许需要两个独立的焦点小组系列。

　　从子小组成员的视角定义"相似性"。如果认为某一小组的人在一起聊天不投机，就不要把他们放在一起。从人口统计学因素和互联网使用入手。收入、种族、性别、阶层、年龄、工作和计算机经验等对小组成员互动及其对产品或服务的反应的影响很小。为了创建一个能让成员轻松自如地对主题进行讨论的小组，我们必须把这些差异考虑进去。一旦这些基本的描述确定，对小组的进一步定义就取决于用户行为：谁做了什么？他们还做了什么？有些因素会影响一个群体，而不会影响另一个群体。只要记住，您不是要寻找思维模式一样的人，而是要寻找可以轻松自如地分享不同见解和经验的人。

　　下面是一些例子。

- 在研究汽车购买体验时，研究人员发现在混合性别的小组中，男性有时会支配关于汽车的对话。研究人员想要保证不同对话的混合，所以创建了 3 个小组：男性组，女性组和混合组。
- 在医疗服务中，医生和管理者可能彼此感觉不自在，因为他们在医院结构中的角色不同——尽管他们都使用这个服务。因此，可以根据参与者在管理工作上花的时间来进行小组划分。

- 在一项体育媒体移动界面的项目中，旧金山湾区的居民看到的有关新技术的信息量与美国其他地区看到相似的信息量可能不成比例。所以研究分别在华盛顿特区和密苏里的圣路易斯进行的。

您可以以自己感觉舒服的任何方式定义子小组。但是，不要基于参与者的观点和偏好定义子小组。根据预先声明的价值观提前筛选参与者可能会使焦点小组的核心目的落空，无法对这些价值进行探究。例如，不要选"喜欢线上购物"的人，而是要关注在线上购物的人，然后确定这些人网上购物的全部原因，特别是那些不是很喜欢网上购物过程的人。

招募

一旦选定目标人群，就应该物色参与者并向他们发出邀请。为焦点小组招募人员，就像为其他研究招募人员一样，应该尽早开始，最好是在选好目标人群之后就马上开始。

有一些因素把招募一组人从第 6 章所描述的标准招募过程区分开来，第 6 章关注的是找到个体。

- 参与者的准确描述更重要。通过很多研究，我们可能招募到非常接近目标人群的人，但他们不一定是完全准确、理想的目标人群。在焦点小组中，如果某个特定小组的成员都符合理想的用户描述，而只要有一个成员例外就可能破坏整个讨论，这是非常危险的。例如，小商店的业主与大型商店的业主或连锁店的业主一起讨论商店存在哪些问题就会觉得不舒服。
- 不要招募互相认识的人。朋友甚至熟人都会使小组讨论产生动态的不平衡。互相认识的两个人之间有一个挑眉或几声叹息就会破坏讨论，并在无意中隐瞒重要的信息。通过朋友和家人招募参与者时，应避免重复招募同一个人推荐的参与者。

- 避免频繁参与焦点小组的人。焦点小组的讨论有赖于无防备的回应。经验丰富的参与者会尝试着（经常下意识的）给出他们认为符合预期的回答或者尝试预测讨论的下一个话题。这样做虽然不致命，但也会扭曲讨论，由此产生主持和分析方面的额外工作。如果您不得不招募有焦点小组经验的参与者，就要确保这种经验不是频繁发生而且最近也不曾发生。同样的原因，不要招募其工作单位经常使用焦点小组的人。所以不要招募营销公司的员工，也不要招募广告机构的人，等等。
- 确保没有任何一个参与者对主题的了解比其他人多得多，如果小组里有一个专家，那么这个人的知识会吓退其他参与者，并且他的看法会影响整个小组的观点。
- 最明确的一点是，确保不会招募到小组讨论要提到的某个具体公司的员工！

一旦确定目标用户，写一份理想人选的详细描述。下面是一个家装推荐网站的潜在用户描述。它定义了一组积极考虑家装并且热衷于在网上查找相关信息的人。

焦点小组的招募描述样例

人口统计

年龄 20~55 岁

如果满足行为标准，收入并不重要；否则，家庭收入要在 70K 美元以上

性别不重要，只要是家庭的主要决策人就可以

互联网使用

在家里或单位使用网络

使用电脑或手机上网

3 年以上的互联网经验

每周为了个人任务使用网络 5~10 小时

购买产品

比较产品或服务

访问网站并对家装表现出兴趣或需求

（如 DIY Network，House Beautiful，Martha Stewart.com 等网站）

行为

在 9～12 个月内进行过家装，或在未来 3 个月内计划进行家装

整体家装费用不低于 20K 美元（也可以是未来的家装估算）

设定范围

在确定即将进行的焦点小组的范围时，您需要确定两件事：要组织几个小组；每个小组多少人。

不要只进行一个焦点小组，也不要以点代面，只根据一个人的话就对一类人做出结论，也许有一些因素看似对小组很重要，但结果证明那只是某个特定小组动态变化的产物。也就是说，4 个小组差不多就足够了。第 1 个小组，从本质上来讲只是一种带妆彩排。您可以从第 3 个小组得到对前两个小组观点和意见（有时是逐字逐句的）的印证。第 4 组可以用来确认前三组的趋势。如果这时仍有很多新信息（特别是分歧）出现在第 4 组中，就表明您应该组织更多的焦点小组，或者说小组的构成过于宽泛。

同样，与传统市场营销使用的焦点小组相比，用户体验研究中焦点小组的规模较小。情景、原型演示以及让人们进行拼贴或进行映射练习会花一些时间。询问参与者并得到详细的回答，再让他们解释这些回答，会花更多的时间。鼓励交谈花的时间甚至更多。只招募一个小组数量的参与者能使主持人避免仓促而肤浅的讨论。每组 6～8 人的规模很好，能够平衡收集精准细节与保持观点范围之间的关系。当您需要从每个参与者身上得到大量深入的见解时或者单个焦点小组的时间很短时，可能需要把每组的人数减少至 4 人。如果少于 4 人，讨论就会像访谈，并且不会产生动态效果。

阅读第 8 章进一步了解拼贴和绘图或其他用户体验焦点小组的创造性方法。

编写讨论指南

讨论指南是主持人要遵循的剧本，为焦点小组系列创建了一个始终如一的框架和日程表。各个小组在几乎相同的情境下，以大致相同的顺序，听到相同的问题，每一个主题都有充足的时间进行讨论。这使讨论能传达出参与者的言外之意，任何话题都会有收获。

焦点小组问题应该做到以下几点。

- **仔细安排顺序**。问题的作用是启发参与者用一定的思维定式思考特定问题，回忆特定的时间。仔细安排问题的顺序能利用这种思维定式使小组讨论流程更流畅、自然，同时又能帮助参与者保持思维创造性进而产生更好的见解。一般来讲，问题应该按照最一般到最具体的顺序进行，每个问题都能进一步缩小讨论范围，集中于之前讨论的子话题上。计划好话题之间的过渡，除非一个全新的话题被引入并且从一般性的问题开始讨论。为了帮助小组成员在产生摩擦之前和睦相处，也许要调整问题，按照最可能获得一致结论的问题到有争议的话题顺序进行。

- **非引导性**。正如第 6 章所述，问题中不应该暗示答案或价值判断。它应该侧重于让参与者表达自己的想法和价值观。例如，"您是否认为微软的搜索引擎必应比谷歌的好？"这个问题就假设参与者认为一个比另一个更好。相反，问题应该保持中立："您有没有特别喜欢谷歌搜索的某些地方？在使用微软必应时有没有特别喜欢的地方？是什么？有没有什么方法对两者进行比较？如何比较？"

- **保持开放性**。问题不应该用答案来限定参与者的回答。应该鼓励人们保持开放心态并分享经验。更长的回答能带来故事最好的部分，而比较短的回答要少一些歧义。因此，与其把问题措辞为"您最喜欢什么食谱网站？"不如问"您如何在线搜索？"

- **关注具体内容**。问题应该鼓励参与者尽量具体的回答。理查德·克鲁格在其著作《焦点小组》中建议把"为什么"问题分解成多个"什么"问题，明确询问参与者做决定的原因以及影响因素。例如，相对于"您为什么选择这家网站？"，"哪些因素使您决定在网上购买餐叉？"和"哪些因素让您选择这家网站？"更好。
- **个性化**。人们经常试图将自己的经历而推而广之，大众化或假想的受众群体。但是，由于我们想知道的是**个人**的意见、价值观和经历，所以就应该强调**个人**体验。应该把问题格式化，让问题关注人们当前的行为和观点，而不是提出选项来设计他们的经历。因此，"如果现在得重新装修厨房，您会根据哪些功能特征来找装修公司？"胜于"您认为哪些功能有用？"
- **清晰**。尽量表述清楚、明确，特别是向参与者介绍新术语的时候。

虽然想让所有问题都满足以上标准非常困难（提出既具体又有开放性的问题是很大的挑战），但仍应牢记任何可能的情况下都要遵循。除了精心挑选参与者外，写一份清晰且经过深思熟虑的讨论指南是成功焦点小组最关键的部分。

讨论指南样例

指南主要分为 3 个部分：介绍、主要的讨论以及总结。

以下指南来自一个新闻网站的焦点小组，这个网站（主要）想了解现有用户在选择新闻网站时遵循的标准。

暖场及介绍（10 分钟）

介绍应该设定讨论的基调，帮助参与者破冰和解释整个流程。向参与者介绍自己的身份很重要——特别要说明您并不是项目的投资人。很多人会因为担心伤害您而不愿意表达负面的意见。

大家好。欢迎大家。

我叫[您的名字]。我是[公司名称]公司的一名研究人员。公司请我帮助他们了解各位对其产品和一些概念的想法和观点。接下来要讨论的产品的开发与我没有任何关系，我对这些产品也没有任何喜恶，所以大家可以畅所欲言。

我们邀请大家来到这里是因为大家都读过一定数量的网络新闻。我们今天要做的就是讨论大家的经验，以便公司能够创建一项服务来满足您们这类用户的需求。

告诉参与者为何会选择他们可以帮助他们融洽地相处。告诉参与者研究的最终目的能够帮助他们开始关注自己的想法。

讨论将是一场随意的谈话，但是我会邀请大家把注意力集中在某些特定的事情上。

当我们谈话的时候，请大家尽量坦率，这对我们来说非常重要。所有言语都不会伤害任何人的感情，所以请准确说出自己个人的感受。

我们需要大家说出自己的观点。在这里，观点没有对错，特别是我们要谈论的观点，只是一个观点而已，所以如果您对房间里任何人的观点相左，请告诉我们。

但是，我们希望大家挨个儿发言。

提前陈述谈话的基本规则并明确允许不同意见。这能鼓励人们说出自己的想法。

同样，因为我们有很多问题要讨论，并且没有人愿意在这里待上几个小时，所以我也许不得不要求大家对一个想法进行概括或者把它放在一边，以便讨论能够继续进行。

如果已经建立了期望，人们就不会觉得被当面打断。

正像大家想象的那样，在玻璃墙后有几个人来自公司，我们将谈论他们的想法；[助理主持人的名字]将和我一起工作。[助理主持人

的名字]会偶尔进来提供笔记本或其他我们需要的东西。但无论怎样，大家完全可以忽略他们的存在。

明确说明玻璃墙（如果房间里有）能够减少参与者对它的焦虑。有时甚至可以让人们在介绍时对着玻璃墙招手或者做鬼脸。说清楚之后就不必再提玻璃墙。

正如前面所说，邀请大家来这里是想听取大家的想法，所以无论大家说什么都不会伤害任何人的感情。我们要对这段对话录像，这样是为了[助理主持人的名字]和我不必做速记，并且能够集中注意力倾听大家的想法。录像只用于研究。也许产品开发团队的成员会看到录像，但它绝不会被公开，也不会用于推广或传播。

如果要对讨论进行录像，应该事先说明，即便参与者在焦点小组开始前就已经在知情同意书上签字。

现在我要给大家朗读知情同意书。这是一个标准文档，我要读给每个接受访谈的人听。它会说明大家参与此类研究的权利。

作为这项研究的参与者：

您可以随时终止；

您可以随时提问；

您可以随时离开；

不会受到欺骗；

您的回答会保密。

这里有一个表单，表示我们可以对讨论进行录像并将其用于研究。

告知参与者他们有哪些权利并向他们获得录像许可。不要跳过这一步。否则就是不道德，在某种情况下甚至是违法的。在介绍摄像机的时候不要太严肃，否则气氛就太正式了。迈克（本书作者之一）通常在这时开玩笑（指着几乎每个焦点小组房间里都会有的点心盘子）说我们并不是在做一个秘密的点心口味测试。

对于以上这些还有什么问题？［暂停 3 秒让大家说出问题］下面开始讨论！

现在我需要大家进行自我介绍，在介绍自己的过程中，请注意以下四点：

- 您的名字
- 您所居住的城市
- 您每周必须看的电视节目或出版物
- 互联网上让您烦恼的事

（助理主持人和主持人先介绍自己，其他人依次介绍。）

引导性的问题可以引导大家，通过分享个人非私密性的信息进行破冰，比如最喜欢的电视节目或者一个令人气恼的事情。这些问题可以很具体、（有些）直接并与要讨论的主题无关。

一般新闻阅读（20 分钟）

您经常通过什么方式获得新闻？

探查：您是否还通过其他方式定期获得新闻？

您定期阅读哪些新闻网站？（在白板上列出清单）

探查：您是否更倾向于阅读某些网站？

探查：您爱看的网站有哪些地方吸引您？（向个人询问具体网站）

您是否换过最喜欢的网站？频率如何？只换过一次还是几次？

探查：什么原因使得您决定换网站？

探查：您如何选择要换的网站？

探查的目的是追踪问题，进一步挖掘特定的话题。

转换话题，这里有什么类型的新闻？（列出清单）

是否有任何好的体育网站？政治网站？科技网站？

虽然首要话题是科技新闻，询问其他类型的网站能防止讨论过早聚焦于科技新闻网站。

有没有一些特别关注某一类新闻（经济、娱乐、科技）的网站？您能不能列举出几个？哪怕您并不经常阅读？

再次转换，您是否经历过这样的情况，网站上的广告让您觉得影响了自己读新闻？

探查：能否给出几个例子？

优先级练习（20分钟）

分发写有如下练习的纸张。

根据以下因素对您的重要程度进行评级。可以用 1～5 对其进行评级，1 为最不重要的。如果您能想到在某个因素上有个网站胜于其他网站，请在旁边写出其名称或网址。不是每个因素都要有一个不同的网站，有的因素可能没有网站。

特定主题相关的不同故事的数量

不同主题的数量

网页下载的速度

报道新闻的人

每个故事所覆盖的内容

定期专栏

网站搜索引擎的质量

网站的视觉外观

在事件发生多久后出现报道

在网站中浏览的容易程度

（四处转转）比如说您挑选的哪些是最重要？

探查：什么因素使其如此重要？

探查：是否有哪个网站在这一点上做得很好？有没有其他人也写下了这个网站？

有没有哪些您认为对新闻网站很重要的因素没出现在清单中？

设计这个练习的目的是关注具体功能以此来启发"好网站如何好"的讨论。

评议竞争者网站（20分钟）

我们已经讨论了一些关于新闻阅读的内容，接下来让我们花几分钟讨论几个特定的新闻网站。

（打开投影机。）

有没有您熟悉的网站？*[竞争网站]*

探查（针对有熟悉的竞争网站的参与者）：您是否曾经阅读过？频率如何？您是在什么情况下阅读这个网站而不阅读其他网站的？

描述*[竞争网站]*的个性

*[竞争网站]*是否属于某一特定类型？

您希望在这里发现什么类型的故事？

探查：是否在某些情况下您觉得自己更有可能在这里读到需要的故事？

探查：有没有某种科技新闻是您会特地前来阅读的？

探查：专栏呢？有没有专栏让您定期来到这里阅读？

（对另一个竞争网站提出相同的问题，对每组给出的竞争网站顺序要有所不同。）

总结（10分钟）

我们的讨论快结束了。我想要进行一个快速的头脑风暴。我只有一个问题，但是我希望每个人都能思考一会儿，然后告诉我您的想法。

如果能在一个新闻网站中获得您想要的所有信息，您希望这个新闻网站提供哪些现在没有的服务？

（等待30秒，然后四处问问并进行讨论，把答案写在题板上。）

接下来是关于新闻的最后一个问题。

我知道大家都对谈论网络新闻感到非常兴奋，但是我们不得不进行总结。如果您在回家的路上想到了什么，请务必告诉我们，您可以随时把内容发送到下面的电子邮件地址上（将邮件地址写在白板上）。

我的最后一个问题：有没有什么地方我们能做得更好，无论是日程安排还是小组讨论？我们是不是应该提供不同的食物？

一旦确定网站的内容，之后的焦点小组就要把目光集中在用户对具体功能特征的愿望上，以及用户如何在日常生活中使用新闻网站。

在写好指南之后，对其进行检查和时间安排是非常重要的。产品开发团队的成员，特别是产品经理和项目经理，是优秀的指南评审人。他们能指出含糊不清的地方，能提供另外一个角度的观点，能为团队其他成员观察焦点小组做好准备。

应该对指南进行测试。测试指南的一个简单的方法是找几个没看过指南的人（人数不必和实际焦点小组一样多），然后进行走查，关注他们如何回答问题以及所花费的确切时间。另外，把第一组当作彩排，检查指南的有效性并做出适当的调整。

确定日程安排

典型的焦点小组日程安排（如表 7.1 所示）应该为招募和写讨论指南提供充足的时间。

表 7.1　典型的焦点小组日程安排

时间	活动
t−2 周	确定目标用户及研究范围；立刻开始招募
t−2 周	决定广泛的研究主题；着手写指南
t−1 周	编写第一版讨论指南；与开发团队讨论确切的主题措辞；检查招募情况
t−3 天	编写包含具体时间的第二版讨论指南；与开发团队讨论；完成招募
t−2 天	完成指南；通读时间安排；设置并检查设备
t−1 天	上午进行排练；检查时间，并根据需要调整指南；做最后的招募检查
t	实施焦点小组（通常为 1～3 天，取决于日程安排）；与观察者一起讨论；收集所有笔记
t+1 天	放松；做一些其他事情
t+3 天	观看所有录像；做笔记
t+1 周	整理笔记；写分析报告

实施焦点小组

物理布局

如果一个焦点小组已经超过 90 分钟，就要给人们至少 5 分钟的中场休息，让人们能去洗手间、检查汽车或自行车或者在天色已晚的情况下打个电话给家人。

在一个舒适且空气流通好的房间内实施焦点小组，房间内的温度要适当且不容易让参与者分心。要确保房间足够大，但也不能过大以至于参与者觉得迷失在房间里。确保坐在桌子旁的所有参与者都能看到对方并且没有明显的"最好的"座位。同样，还要确保观察室（如果有）的舒适度。闷热、狭窄、不通风的房间不利于集中注意力。

焦点小组的典型设置应该像一个会议室或起居室，这取决于参与者觉得在办公环境还是家庭环境里舒服。事实上，会议室和休息室很容易转变为焦点小组的设施。如果焦点小组是在会议室中进行，而会议室的窗户又刚好对着内部办公室，窗户就应该遮挡起来或者让焦点小组的参与者尽可能远离窗户。窗户朝向外面本来没有关系，但如果在一层，人们肯定容易分心。

焦点小组开始后，除了助理主持人之外不要再有其他人进入房间。在门外贴上标记以达到这种效果。本书作者之一迈克的焦点小组曾经受到比萨送货员的打扰。经过一番混乱，大家发现比萨是送给玻璃墙后面的观察员的。虽然参与者拿这件事开玩笑，声称他们没有得到比萨，但这个中断造成了遗憾。为了避免造成类似的谈话中断，甚至应该尽量减少助理主持人的进出。

焦点小组物品准备清单

这是一个需要在焦点小组使用的基本物品清单。如果使用的是商业性的研究设施，他们也许能为您提供这些物品——提前检查，确定研究设施会提供什么及其相应的花费。

- 知情同意书和酬金收据
- 桌签

- 为参与者和观察员提供的食物和饮料
- 需要准备活动用品（参见第 8 章），如大幅的白纸、马克笔和即时贴等
- 做笔记需要的物品
- 录音工具（摄像机或录音机）以及您需要的任何附件（如电池、三脚架、电线、麦克风等）。携带尽可能多的备用电池。

不常使用但很重要的物品。

- 是不是需要一个投影仪？检查您的焦点小组房间内是否安装了投影仪，否则最好自己准备一个。
- 是不是计划进行头脑风暴或列清单？检查焦点小组房间内是否有白板。如果没有，就准备一些海报大小的纸和大号马克笔。画架也是很方便的，可以让整个小组都能看见写在上面的东西。也可以使用电脑显示器，但纸更可靠，更好准备，也更灵活。

　　一起吃东西能打破人们第一次见面时的紧张气氛，所以请尽可能提供食物和饮料。对于晚间进行的焦点小组，人们很有可能已经吃过晚饭，这时可以提供高热量的零食（比如饼干）以保证昏昏欲睡的小组能继续讨论。确保提供素食和大量饮用水。脆性食物会对录音造成影响，所以要尽量避免提供爽口芹菜或薯片类的食物。应准备大量非碳酸饮料，喝碳酸饮料的人会因为担心自己打嗝而往往在讨论中保持沉默。

如何安排座位顺序

克鲁格推荐大家采用下面的步骤安排参与者的座位。

- 把参与者的姓名用桌牌的形式打印出来。会议桌牌就是一张能立在桌上的单页折纸。每个参与者的名字印在桌牌的正反两面，并且字体足够大以便人们可以在观察室通过摄影机观看（1.5 英寸，黑色字体的效果不错）。

- 在休息区和人们交谈，识别出安静的参与者和健谈的参与者。
- 想好每个人的座位安排。话痨安排在主持人身边，使其在不破坏小组动态的情况下转移视线；安静的人坐在主持人的对面，以便主持人可以用眼神示意让他可以做出评论。
- 按照顺序摆放会议桌牌。
- 接下来，把人们带入房间，桌牌看似随机放在桌子上，但实际上是按照预先设计好的顺序摆放的。

访问本书配套网站 www.mkp.com/observing -the-user-experience ，查看远程观察工具的建议、焦点小组知情同意书和其他资源。

如果有观察员出席，要悄悄观察讨论过程。观察员可以通过传统的玻璃墙和隔音的房间达到这种效果。观察员的房间应该有独立的入口，使其不通过讨论室也可以自由进出。如果找不到这样的房间，闭路电视是一个便宜又简单的解决方案。配有电视的并邻近讨论室的房间和一条长的视频电缆也能满足要求，只要观察室和讨论室之间完全隔音。如果现场没有观察室，可以利用网络视频让他们在多个地点观看。

远程观察焦点小组

过去，观察者必须在现场积极参与焦点小组。现在，使用在线视频和线上信息，观察员只需要连接网络就能分享。观看视频时，观察员可以随时使用线上聊天工具或文本信息向助理主持人发送问题。

就在我写这段话的时间，一些付费和免费的服务正在简化实时视频流的安装。然而，由于安装实时视频流最简单的方法在不断变化，我们不会在这里指定任何工具。但是需要提前决定以下内容。

- 需要多少个连接。
- 视频需要多高的质量。
- 您是录下视频还是使用独立的录像机记录现场情况。
- 还要记得在进行第一个焦点小组之前在现场检查视频相关设备，给自己足够的时间解决任何必要的问题。在自己办公室里工作良好的装置，在现场时可能因为无法预料的网络问题、匆忙中接错线或光线不好而无法工作。

尽可能对焦点小组进行录像。不像录音，您可以在录像中轻松看到谁说了什么以及参与者的身体语言，身体语言会泄露一个人对某个概念持否定情绪或对某个话题感到不舒服。只要录像过程不引人注目，就会很快消失，成为对话的背景。

通常一台摄像机就能够充分记录焦点小组，所以您需要更多关注录音情况。把摄像机放在主持人身后就行。如果有好的广角镜头，就不用专业摄像人员，这样不仅能降低焦点小组的成本，还能减少一个人不停从桌子一头到另一头摆动摄像机所带来的麻烦和惊吓。

一般来讲，两个心形的麦克风就能有效地捕捉每个参与者的评论，而且还不会有多余的噪音。心形麦克风是带有方向性的麦克风，能够覆盖前方的广阔区域和背后面积较小的区域。因此，不像大多数录像机上配备的全向麦克风，心形麦克风可以远离声音的来源，例如窗外和通风管处，图7.1所示。

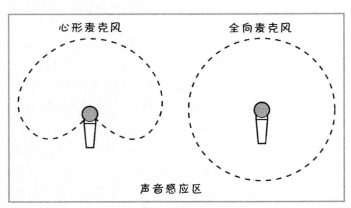

图7.1　心形麦克风和全向麦克风的敏感性对比

主持人

主持焦点小组是一项技能。主持人要鼓励参与者，但不能允许任何一个参与者控制其他人。要想做到公正地主持焦点小组，需要实践、天赋以及正确的心态。

主持人必须具备的基本技能是尊重参与者、善于倾听以及思维敏捷。通常，主持人必须能够预测对话发展的方向，并且决定是让对话朝着这个方向发展，还是把对话引向更理想的方向而又不至于使参与者感觉自己受人主导。这要求主持人在语言中包含许多高明的线索、语气甚至身体语言。

如果是临时设置（图 7.2），就在桌上设置两个相背对的麦克风，它们能很好地工作。但是，它们很容易受到震动的干扰（麦克风收录的铅笔轻敲桌面的声音、咖啡杯放到桌上的声音甚至计算机的嗡嗡声听起来都比实际大），在支架和桌子之间放一个裹着织物的鼠标垫可以改善这种情况。

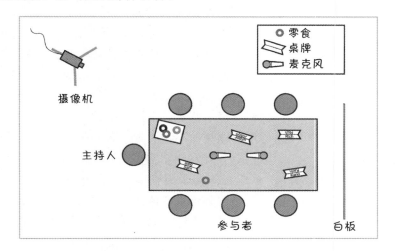

图 7.2　会议室风格的临时焦点小组布局

具体而言，主持人应该做到以下几点。

- **始终把握全局**。大多数情况下，主持人能通过身体语言和口头的强调来主持大局，巧妙引导讨论围绕特定的参与者或主题。然而，如果讨论偏离主题太久，主持人要毫不犹豫地实施更有力的控制并将讨论重新集中于主题上。例如，如果讨论的主题是家装服务，而讨论的内容却集中于家装灾难上时，主持人就应该使讨论重新集中在产品上而不是多余的抱怨上。

- **永远向前发展**。主持人应该引导讨论流程并在合适的时候引入话题，使过度更自然，而不是打断讨论控制流程或唐突的转换话题。这样一来讨论才不至于转变成访谈，参与者一个接一个地回答主持人提出的问题。

想要完全不动是不可能的，对会议也没有帮助。但是，在开始时练习如何减少多余的点头、耸肩、微笑是非常好的。

- **不评价**。主持人应该充当调停人的角色，帮助参与者表达他们的观点，不扼杀他们的热情。因此，主持人不应该表达自己的观点，而应该促进小组观点的产生。这要求我们有时要压抑在维持文明交谈中学到的习惯。例如，很多人会在别人说话时点头以表示鼓励，无论他是否同意其观点。这种方式能表达同意，也能表达对观点的认可。由于主持人在讨论中被认为是"官方人员"，所以参与者也许会认为他受某种立场的权威认可，因而不愿意在他面前提出不同意见。

- **表示尊重**。主持人必须在任何时间都完全地尊重参与者，即使他不赞同参与者的观点。焦点小组中的每位参与者都有开发团队需要的观点，即便这些观点不符合团队的看法。为了所有参与者都能坦诚自己的想法，需要让所有参与者感觉主持人会一视同仁地对待他们的投入。这可以通过不带评价的陈述和严格控制身体语言来完成，但是最好通过诚实信念来沟通，每个人都要有机会发言。

- **做好准备**。主持人要足够了解要讨论的主题，以便能够针对参与者的陈述提出具体问题。这并不是说要了解主题的专业知识，但主持人要对一般概念、专业术语、讨论所涉及的问题有所了解。主持人还应该了解参与者的习惯和所处的环境。

另外，主持人应该有很强的时间概念（懂得何时从一个参与者或一个主题转向另一个）、良好的短时记忆能力（指人们之前说过的话和用来描述某一概念所用的词语）以及调解不良气氛的能力和较好的幽默感。

助理主持人

虽然不借助助理主持人也能实施焦点小组，但如果有，更有助于过程的展开。

助理主持人是关键的分析者，也是焦点小组和外部世界的纽有时，采用多个主持人非常有效。如果有很多个小组或者讨论时间非常长，又或者参与者用多国语言进行讨论，就适合采用多个主持人。如果有不止一个人在主持，进行每个问题且决定如何提问以及探查什么就变得十分重要。

如果没有助理主持人，调节参与者、管理观察员和分析最终结果的重担就要落到一个人身上。在这种情况下，就可以设定一个情景，让主持人能离开参与者 5~10 分钟，到观察室检查观察员的讨论，帮助他们设定讨论。

带。助理主持人要照顾焦点小组成员的需求并收集信息，让主持人全神贯注于保持富有成效的讨论。

讨论开始之前，助理主持人要对参与者的首次光临表示欢迎，将他们带入讨论室，给他们看最初的文书（比如保密协议），给他们提供茶点。进行讨论时，助理主持人可以传递观察员的笔记并照顾他们的需求。

进行讨论时，助理主持人应该针对讨论中有趣的部分记大量的笔记（比如关键引语，参与者提出的问题，自己的观察）并管理观察员的讨论（观察员的讨论也要记录）。在讨论结束后，助理主持人可以使用这些笔记向观察员和主持人进行汇报。

主持讨论

主持讨论是一个平衡参与者的舒适程度与保证讨论为研究产生有效信息的过程。对如何主持讨论很少有严格的规定，这是由于每个小组每个话题都需要不同的方法，不同的主持人有不同的风格，但都能发挥相同的作用。

然而，还是有一些指南能够普遍应用于大多数用户研究焦点小组。

积极调控小组动态

提前花五分钟时间和参与者聊聊天，能带给您一种社交的感觉，在有些参与者可能过于安静或过于专横等情况下尤其如此。您也可以让助理主持人和他们聊聊，在讨论开始前向主持人作严谨而简要的汇报。

在讨论过程中，留意哪些人说得过多或过少。沉默的参与者是害羞？还是胆怯？无聊？尝试叫他们的名字以表示您对他们感兴趣。当您向小组提出一般性问题时，直视沉默的人让他们知道您在听他们的回答。同时，确保某些参与者不会说得过多。当某些人在表达有趣的想法有困难时，尝试明智地用跟进问题打断他们。当人们进行无目的的讨论时，要求他们停止以便提出下一个问题："这很有趣，但我们必须进行下一个话题了。"当有参与者口若悬河时，可以叫其他人的名字使其改弦更张。

霸道、盛气凌人的参与者（就像是"阿尔法混蛋"，Alpha Jerk）可能会毁掉整个焦点小组。理想情况下，要想避免这个问题，就要在焦点小组开始前请他离开。在等候室里观察参与者并与他们交谈时，会很明显地感觉到他们的敌意和侵略。在讨论中，如果霸道的参与者明显想从主持人手里夺取小组的控制权，把注意从他身上移开非常关键。对待话痨参与者也一样，只是方式比对待啰嗦的参与者更加坚决（也更加频繁）。另外，走向白板做笔记，可以实际主导讨论空间，能够帮助我们重获地盘并且控制讨论。

有时对话会走向死胡同。为了避免这种情况，尝试保持较高的活力水平。融合不同种类的活动，比如观看视频、填写问卷或者使用第 8 章介绍的技术。如果小组表现出无聊、沮丧或疲惫，可以考虑提前休息。如果以上这些都没有用，可以临时放弃讨论指南，回到小组感兴趣的任何一个话题，把会议转变成一个开放式的头脑风暴。

探查不同观点

当某人提出的某个观点既不清晰又与之前的观点相矛盾时，要求他重述这个想法或说明自己的观点，要求他举例说明自己的观点或定义自己使用的词汇。当有人对话题提出新的观点时，询问小组是否赞同他的观点。要询问不同的经历或评价。

顺其自然……也不尽然

小组讨论有沿着切线螺旋偏离主题的趋势，将原来计划的问题远远抛在脑后。当他们提出一个您尚未考虑话题的重要维度时，切线偏离可以非常具有成果。但当切线移到边际利益时，就应迅速结束它。跟他们说人们似乎对一个话题感兴趣，没有话题应该被直接打断，然后要求小组结束这个话题的讨论或将其推迟。同样，如果参与者开始讨论原计划稍后进行的话题，我们完全可以跳过指南上的一些话题。当然，如果有一些问题必须按照特定顺序提出，就应该有礼貌地刨根问底。

观看自己主持焦点小组的录像，看看自己的身体语言是否在不知不觉中表达出个人的看法？检查自己有没有给留出思考和说话的空间。

帮助人们表达自我

在说话之前给人们留一些时间思考。在参与者发言之后停顿 5 秒钟再提下一个问题，也许有其他人要补充。提出一个问题后并在人们回答之前也要停顿 5 秒钟。明确允许参与者在发言之前有短暂的停顿："还记得上次您订购的备件吗？思考几秒钟，告诉我您为什么这样做。" 5～10 秒钟是十分必要的。同样，记住控制自己的身体语言，不要评价参与者的言论。当然，这不表示您要表现得像个机器人。在听到笑话的时候发笑也能使气氛更融洽。放松，微笑。享受和分享人们生活的机会。玩得开心。

提出问题

提问虽然只是主持焦点小组的一部分，但是有足够多的要素与问题紧密相关，这让我们觉得它值得用单独的小节来介绍。有几个方法有助于提问并澄清对问题的答复。

使用参与者的语言

避免向小组介绍新的术语或概念。新的词汇和概念会产生误导使讨论偏题。如果小组在讨论一个概念时使用了不标准的词汇或对词汇创建了自己的定义，不要加以干涉。提出跟进问题时，尽可能用参与者的术语或概念。**不要使用行业术语**（行话）。即便您觉得自己的提问能被他们完全理解，也要进行预备测试以求肯定。作为后援，准备一些例子来解释人们可能不熟悉的词汇或概念。首先尝试在不使用例子的情况下引出参与者的反应，这样您就不必使讨论产生偏见。如果人们仍然困惑，则再使用例子。比如，如果小组不知道从哪里开始一个功能特征的头脑风暴，给他们举一些例子说明哪些可以看作是新功能。例如，"当汽车需要换油时，它会提醒您。"

关键提问要一字不差

要知道，我们只是告诉您在小组中使用同一的术语。然而，也有一个重要的例外。如果有一个重要的想法需要测试，比如一个价值主张或一个设计概念，就把它统一呈现给所有小组。为了减少结论中模棱两可的部分，您必须确保所有小组都对同一刺激做出反应。

先写后说

当人们写下一些内容后,他们在讨论中就不太可能改变自己的想法而跟随集体思维或服从于强势的人。例如,首先在纸上写下主题清单评价的参与者,在接下来的小组评级讨论中就会有更独特和重要的反馈。因此,个人先写出想法这个活动在功能优先级排序焦点小组中特别有效,在这种焦点小组中得到可靠的排序是会议的关键。

优先级列表

如果让参与者制作一个清单,无论是关切、需求、功能特征或任何您关心的东西,千万要让他们进行优先级排序。您可不愿意事后自己猜哪个事项是最重要的。您可以让他们对清单中的事项投票,选出最重要的(在走查整个清单时随机进行),或者为每一项做一个手指统计(每个人伸出手指投票,主持人迅速对小组评分做出粗略的计算)。

欧克特(Autodesk)的资深用户研究员乔西・威尔逊(Chauncey Wilson)建议使用以下方法进行功能优先级排序:在一页纸上给人们提供一个功能"菜单",上面有每个功能的描述和基于实施功能的成本估算的"价格",以假想的美元数量计算。例如,花 100 美元的东西相对简单,而花 500 美元的东西就非常复杂。接下来,给每个参与者总共 1000 美元来"购买"这些功能,让他们把自己的选择写在纸上。每个参与者都做出选择之后,讨论每个人各自的动机和依据。

处理焦点小组中的问题

令人误解的结论

焦点小组中最常见的问题是结论令人误解或不精确。为了在小组中避免冲突,人们往往是受制约的(或有预期的,取决于您遵循谁的理论)。人们都有一种趋势,会跟随自己脑海里认可的小组内其他成员的想法,即便他们不同意这些想法。这种现象叫**集体思维**

（groupthink），它体现为实际上并不存在的虚幻的一致。不质询这种表面上的一致会导致危险的、不可靠的结果。为了尽量减少**集体思维**，一开始就要告诉参与者您鼓励真诚、有礼貌地提出不同意见。接下来，在集体思维还没有开始形成时，使用包括个人书写或手绘的方法介绍新的话题。仔细进行招募能够减少集体思维的问题。对特定年龄、性别、收入等级、专业等人士表示尊重的文化模式会导致某些个体在无意识的状况下决定整个小组的结论。

尽管如此，有时焦点小组还是会存在问题。讨论指南中包含对人们经验的根本误解时，焦点小组还会产生错误的结论。我们希望您注意任何明显的警示信号，也许是一个过于安静的小组或是一小部分人坚持谈论他们看重的事情，而不是您的问题。这时就可以调整您的方式。最糟糕的结果是，一个小组温顺地接受您的领导而从不提及他们经历中最关键的部分。要想避免这种情况，最好的方式是预先访谈有代表性的目标用户。如果在焦点小组系列开始后发现被误导，尽快修改脚本。如有必要，安排更多小组以确保您对足够多的人提出了正确的问题。

情绪波动

焦点小组中不可预期的个性组合会产生令人不安的情绪。在预测试讨论指南后，您可能可以预见到哪些话题会有情绪问题。处理强烈情感最好的方式是关注这些情感背后的想法，只要情绪的释放不会支配整个会议。如果期待强烈的情绪，就在一段时间内限制参与者讨论他们的情绪反应。如果一个话题意外地激起情绪反应，应该有礼貌地让人们继续讨论，即使这意味着要跳过指南中的一些问题。然而，主持人还是应该尽快巧妙地让讨论朝着更长远的有助于情感的任何经验因素的分析的方向发展。

然而，还是要尽快平息对其他参与者的敌意。当一个参与者说的话让其他参与者觉得被冒犯时，往往会带来富有成效的讨论。但有时小组会分解成几个敌对的小群体或联合起来攻击冒犯者。两者对您的计划有都会很大的破坏性，更不要提对每个参与者的心情所造成的影响。接下来，询问有没有人持不同意见。使用跟进问题得到争论点背后的基本原理。询问气愤的参与者为什么不赞同。尽量保持中立，即使您也觉得很不舒服。

请参与者走人

请参与者走人是您最后不得已的选择。只有当主持人和参与者都同意为保证焦点小组的有效性而有必要这么做时才能实施。

极个别情况下，需要从小组中请某个参与者走人。无论他是不是有意的，偶尔有参与者会误导招募人员，他们与受众描述非常不相符，因此才会破坏对话。例如，您想要为婚礼筹备服务招募第一次准备当新娘的人……最终却找到一个在帮助朋友或家人准备婚礼方面有丰富经验的人。您已经排除了专业的婚礼策划人员和已婚人士，但您没预料到这种特殊的情况。所以参与者仍没有从自己的观点出发回答问题，而是尊重她的专业知识，并向她请教。这并不是她的错，却破坏了焦点小组的效用。更糟糕的是，您找到的所有正在度蜜月的人，他们的敌意使其他人无法阐述自己的观点。无论他愉快与否，您都要礼貌地要求他离开。

如果有人在参与者互相介绍之后才到达，不要让他进入小组。给他报酬并与他告别。加入新人会对小组造成破坏，而且陌生人的出现会让人们在破冰活动之后退回到戒备状态。

助理主持人应该负责这项艰难的工作，请不合适的人离开。为了谨慎管理这项工作，助理主持人应该在焦点小组的休息时间要求参与者离开。小组正在完成人口构成表或保密协议的时候，您应该巧妙地避开并与助理主持人讨论潜在的问题。不幸的是，在焦点小组中间，您可能需要传递笔记。接下来，主持人就会宣布"五分钟休息"或类似的借口来打断活动。一旦开始休息，助理主持人就应该走进房间，礼貌地要求那个参与者跟他离开现场。助理主持人应该感谢那个人的参与，给他承诺的报酬，并与他告别。所有人都知道发生了什么，但把某人"逐出"讨论的兴奋很快就会褪去。如果有人问起，告诉他们您认为那个人不适合小组即可。不要同情或道歉。

管理观察员

开发团队中的所有成员都应该尽量多参加焦点小组系列。这能使团队成员马上获得能帮助他们产生概念的信息，并且能够给分析师提供有价值的专业技术知识。基于同样的理由，每个话题应该包含一个以上的焦点小组，开发团队的成员如果计划观察焦点小组，就应该鼓励他们观察至少两个小组。观察了一些讨论某一特定问题的焦点小组后，很容易发现哪些现象属于特定群体，哪些是普遍现象。

观察员可以通过笔记、聊天工具或发信息与焦点小组主持人交流。如果您使用便签纸，就可以在休息时间收集问题，以便最大限度地减少对焦点小组的破坏。使用短信息或聊天工具提问对焦点小组的破坏可能较小，但需要主持人和助理主持人经常检查。如果要用短信文字或聊天工具，选择一个信息流量不大的账户或号码。您不希望在注意力应该集中于焦点小组上时被家人或朋友的信息打扰。

焦点小组观察指南

观察员在分析过程中会非常积极，因此让他们知道如何处理观察过程非常重要。观察焦点小组有一个正确的方法，也有很多地方容易出错。预先与新的观察员见个面，让他们为观察焦点小组做好准备。以下说明能帮助观察员做好准备，也可以作为初始方向的一部分或书面清单的一部分。

- **倾听**。虽然立刻讨论观察到的情况非常诱人，但也要确保听到的是人们真正想说的内容。可以随意评论，但不要忘了仔细倾听。

- **不要低估人**。有时，某个参与者所说的内容表明他没有搞清楚情况。永远不要因为某人一开始在对主题不感兴趣或没有洞见就假设他说不出什么重要的内容。了解某人为什么"没有搞清楚情况"，就能把握如何了解"搞清状况"的人的想法关键点在哪儿。

- **人们是矛盾的**。倾听人们对话题的看法及其结论所依据的标准，而他们表达的具体愿望则不那么重要。一个人也许没有意识到他的两个愿望是不能同时实现的，或者他并不在意。当两个人说着完全相反的观点时，说不定还认为自己是在同意对方的观点。

- 由于以上原因，**不要按照字面意思理解需求**。把人们的陈述当作指南，了解他们的思维模式及其价值观，但不要把他们的具体陈述当作信条。如果小组中的每个人都说他喜欢或讨厌某样东西，并不表示全世界都是这么想的。但应该将此作为一个指示符并给予足够的重视。

- **焦点小组不具有统计学意义**。如果 5 个人中有 4 个人都说了一些情况，这并不表示 80% 的人都这么想。只代表一些人是这么想的，但并不代表整个用户人口比例。无他，只是个数字而已。

- **焦点小组不是灵丹妙药**。每个小组中能产生一两个好点子就足够有价值了，但并不是说焦点小组中每个成员的每个陈述都应该逐字逐句地遵循。

- **尽可以把问题传给主持人，但不要过于频繁**。可以偶尔向焦点小组提问，但每次会议中提问不应该超过两次。简明扼要地写出问题，并且措辞要接近于主持人的对话。主持人会把握对话，适时提出问题。然而，主持人如果认为时机和话题不适合，也可以决定不提出您的问题。

- **为主持人留一些披萨**。

聘请专家

此时，您也许会得出结论，认为焦点小组不像表面上那么简单。有效主持焦点小组是非常困难的。这比一对一的访谈复杂很多。可以聘请一家公司专门做焦点小组，而不必在公司内部耗时费力。在决定什么时候聘请公司做焦点小组时，有几件事情需要考虑。

- **主持人是否了解主题？** 主持人对主题要反应敏捷并进行适当的探查。负责焦点小组的公司对主题应当有一定的经验。如果主持人对主题没有经验，您就得准备向主持人做简短的深度讲解。

- **公司能否招募到合适的人选？** 找到合适的参与者是焦点

小组成功的关键，因此招募方法相当重要。询问公司如何得到数据库，如何为焦点小组进行筛选。务必检查筛选文档或自己写筛选文档。第6章介绍了如何写筛选文档。

- **周期多长？** 每个公司的分析方法有所不同。根据交付物的不同，分析时间可以从几天到几周不等。确保了解他们如何分析以及花多长时间。您可能会放弃制作精良的报告，放弃展示发现点清单的幻灯片演示，甚至放弃与主持人和分析师进行讨论。

与其他外包工作一样，要求公司提供最近完成的几个项目作为参考并进行跟进。不要不好意思提要求。如果有任何问题（招募、主持人和分析）都应该给他们打电话。如果有必要，要求由公司负担费用进行额外的焦点小组。

向主持人、助理主持人以及观察各焦点小组的观察员询问情况。人们对各小组的记忆会随着时间的推移迅速混淆在一起，所以要在每个小组结束之后马上获得人们对小组的看法，以减少由于时间的推移造成的工作量。复制每个人的笔记或者一边听一边做笔记。讨论指南是一个有效的工具，能够组织并触发人们的记忆。一个会议接一个会议地走查指南，询问主持人和观察员，提出以下问题：发生了什么，有什么意外，有哪些预期没有发生？人们表现出什么样的态度？人们做了哪些有意思的陈述（以及它们为什么有趣）？他们观察到哪些趋势？哪个参与者提供了有意思的反馈？这些观察结果往往可以作为后期分析的依据。

第 8 章

超越语言：基于对象的技术

梦境中的内容虽然常常难以用言语表达，却能以图片的形式在您脑海中挥之不去。

——伊丽莎白·桑德斯（Elizabeth Sanders），

《协同设计生成式工具》（*Generative Tools for CoDesigning*）

谈话与倾听可以支持大部分用户研究技术。但是，世界上还有许多人们熟知和感觉到的东西无法用言语表达出来。也许他们记不清假期中带给他们模糊记忆的细枝末节；也许他们不能明确指出在医院急救中心焦急等待救治时哪些东西能改善他们的体验；也许他们不能完全确定如何解释在心理学上与其对省钱的关系一样错综复杂的某件事情；或者也许您只想知道其他人如何把网站中目前没有链接关联的板块联系在一起。

此时就要用到基于对象的技术。研究人员在访谈中使用对象当作道具让参与者进行联想和回忆，以补充访谈和观察所得到的信息。这一章，我们将要介绍三种主要的基于对象的技术。

1.　图片诱导（photo elicitation）是一种能够增强研究人员和参与者之间语言交流的对话式技术（dialogic technique）。

2. 拼贴（collage）和绘制（mapping）是引导参与者将内心想法和感觉展现出来的生成式技术（generative techniques）。

3. 卡片分类（card sorting）是一种关联式技术（associative technique），参与者通过这种方式对对象进行分组，使研究人员了解他们如何安排和理解事物。

何时使用

对话式技术和生成式技术最常用于形成性和探索性的研究，因为它们并不对明确的问题给出有针对性的解答。它们帮助您了解人们如何思考和感受，并让您知悉他们的生活。若用它们验证猜想或者回答产品方案领域的具体战术性问题，您会失望的。只有当我们想打开一个新的探究领域，即处在开发的"模糊前端"的时候，这两种方法才有用武之地，它们不适合用于确定具体方案。设计理论家将这种视角的拓展称作"发散式思维"（divergent thinking），与汇聚人们想法的**收敛式思维活动**（convergent activity）相反。就像荷兰代尔夫特理工大学的皮亚特·让·斯塔普尔斯（Pieter Jan Stappers）和他的同事所述："研究人员并不是用这些方法来解答具体问题，而是致力于在他们无法控制的领域引出问题本身，即找到盲点。"

为什么要致力于找到盲点呢？这么说吧，如果您正试图拓展现有市场，研发一个全新的产品或者服务或者想更新现有产品，质疑现有假设就很重要。它可以使您避免犯错，还会给您注入灵感。这些探索性技术还可以为研究人员带来有关人们内心渴望、价值观和审美观的丰富数据，这些数据进而能帮助设计师构想新创意并决定产品的样式和功能。除此之外，这些技术还可以为研究人员描绘出对象群的一些抽象特质，例如利益相关者之间的关系、系统内人群和利益相关者之间的信息流以及价值链内部的能力等。

作为一种关联式技术，卡片分类法稍有不同，我们将在本章稍后提到。它常常用在战术性的集中决策过程中，即在产品已经处在活跃的发展阶段时。由于这种方法要求研究人员汇总一系列用来分类的词汇、语句或者图片，所以实践中更有效率的做法是从既有信息中挑选，而非开发新的调查领域。

实施上述研究方法基本上都不超过一个小时，时常还要结合使用焦点小组访谈模式。这一章默认的前提是您已经确定了基础研究活动。

对话式技术

最简单的引发讨论的方式之一就是向人们展示图片或行为等，请他们给予回应。有具体例子摆在眼前，人们就会马上开始评论，不用绞尽脑汁先空想，再描绘出来。展品提供了研究人员和参与者共享的连结点。最常用的对话式技术之一就是图片诱导法。

图片诱导

常言道："一图胜千言"。但对于图片诱导法，则不尽然。这个方法的目的不是用图代替语言，而恰恰是利用图来诱发生动、具体和有意义的语言。在这种方法的实施过程中，参与者要对研究人员出示给他们看的一系列图做出反应。从几十年来研究的社会科学论断中可知：图片无法自己说话，它需要观察者主动进行解释。当参与者在讨论这些图时，研究人员可以从中发现他们的着眼点，并将他们的解释应用于自己的产品中。

让我们回到医院急救中心的例子。在这个例子中，研究人员努力让人们回忆生理和心理上都比较艰辛的某种经历，人们越想忘掉却越发激动地难以抑制那些过往。一些关键的细节也许已经淡忘，有些却时常生动地浮现出来，以至于模糊了其他重要回忆点。

这是进行日记研究的好时机（参见第 10 章），即在状况发生时捕捉相应的体验，除非出现突发急诊，明显超出人们的预期。这样就很难提前邀请他们加入研究。同时，让人们在未征得别人同意时给其他病人或者医师拍照，会引发一系列的法律和道德纠纷。这种情况下，图片诱导法就有了用武之地。

如何做

收集图片

首先，需要收集一套您认为对回答研究中设定的问题有帮助的图片（参见第 4 章，了解如何设定研究问题）。在诱导中使用的图或**由用户创建**，或由**研究人员收集**。最初的研究——如利益相关者和先期用户访谈（第 6 章）或竞争性研究（第 5 章）——可以为您提供一系列能激发讨论的典型图片。要得到由用户创建的图片，需要在访谈之前联系参与者。他们会在日常生活中拍摄一些照片或者在研究人员开展的试验前期的训练中拍摄一些。例如，假设您正在设计一款专门用来拍摄文件的相机，就让参与者提供一些他们拍摄的作品。但是，如果想了解工作繁忙的家长对他们汽车的看法，就应该让车主提前拍一些关于他们汽车具体部位的照片，像车座、车尾行李箱和车库等。

在上述急救中心的例子中，可以自己从网络图片库下载收集关于医院的照片，也可以上网搜索一些人们挂到网上分享其急诊经历的照片。后者往往对讨论更有帮助，因为图片库的照片被修饰得太多，无法包含一些可以勾起回忆的细节。再有，可以在经过医院允许后，自行拍摄照片，然后把希望和参与者讨论的人物、地点和对象标注出来。另外，还可以根据研究目的，搜集一些医院的信息和市场材料，分析它们是如何与参与者的经历相契合的。

一旦照片数量达到 20 或 30 张，就该决定使用哪些，以什么顺序使用。一般来说，需要 6～9 张照片，每张照片安排 5 分钟的讨论时间。此时，搜集的照片可能在一个小时以内无法一一展示，要

参与者创建的照片诱导活动类似于简单的日记研究或探查。第 10 章将讨论如何与参与者共同建立其个人档案。

确保对网上下载的研究用图有合法使用权。

懂得取舍。

刚开始收集图片时，一个可以增强工作条理性的好办法是事先把所有研究问题分别写在一张张纸条上。然后将所有与之相关的照片打印出来，把每张照片放在相应的问题旁。如果一张照片与多个问题相关，就多打印几张。把每个问题下的照片按照相关度排序，确保每个问题都至少有一个直接相关的照片支持。例如，在急救中心的研究中，人们如何打发时间和人们等待时的心理都可视为与之相关，照片中如果有一个看似很生气的人不停地在一个躺在长椅上的人身边来回踱步，就能帮您一次性探究这两个问题。

就像研究问题的设置一样，照片的顺序也是一个敏感因素：它直接将参与者的注意力集中在某些方面，而使他们忽略其他方面。如果您对某一个活动或者事件感兴趣（例如修理汽车或去医院看病），就按照时间顺序排列照片，以便人们回忆。与之相对，如果对一个没有时间顺序的状态感兴趣（例如对节约用水的态度，或者对某个图片编辑工具的看法），就可以将比较抽象笼统的照片摆在前面，后面放具体的，以便在探求深层具体行为之前有机会探询参与者的一般态度。

写脚本

图片搜集好之后，该写脚本了。脚本有时称作"草案"或者"讨论指南"，简单来说，它就是将研究步骤列成表，使研究人员有章可依，即使人员轮换也可顺畅且无遗漏地完成研究任务。为了使脚本清晰简单，我们假设您已经介绍了自己，获得了参与者的同意，并且已经推进了一些引导性问题。

介绍（3～5分钟）

介绍是破冰之举，它给参与者提供初期的介绍和研究背景。

[在您结束介绍之前，不要出示照片]

我现在要出示一些相片。这些相片是您提供给我们的，记得吗？当我给您看照片时，我希望您能大声说出看到照片时想到的东西，我

> 也会以此问您一些问题。如果这些照片中有您不想谈论的东西，尽管告诉我，咱们换用其他照片。

在做诱导时，要确保提醒参与者您是怎么得到这些照片的（是由他们提供的），以及他们可以拒绝回答不想回答的问题。人们一般不会留意自己提供的照片中的背景，万一碰到令他们尴尬的问题，有可能导致研究中断，这是我们不愿看到的。如此提醒可以为参与者营造一个舒适的环境。

对于研究人员收集的照片，用语跟前文没有太大差异，但要解释清楚这些照片有没有专门为他们定制。例如：

> 现在我要给您看一些有关医院急诊室的照片。其中一些医院离您家很近，还有一些离您家有些距离，您看着也许不那么熟悉。它们的目的是帮我们了解您之前在急救中心的一些经历。

提前向参与者介绍一下研究人员挑选的照片，这样可以避免他们中途停下来询问照片的来源和用途。

接下来开始推进对照片的讨论，这是研究过程的重点。这一过程中，根据研究计划和参与者的讨论能力，每张图片可花 5 分钟时间。不要让人们一下看太多的照片，以免他们厌倦。您还要考虑为访谈和焦点小组准备其他活动。

诱导（30～45 分钟）

如果在一开始的诱导中一下子把照片全部都给参与者看，会分散他们的注意力，所以应该一张一张地进行，每张照片都问同样的问题（起码是在一开始）。问题可以这样设置：

> 您能更详细地说明一下拍照时的环境么？
> 为什么要拍这里（或这个景物，或这个人）？

每个人分析照片的角度不一样。大多数人把照片当成现实的写照，他们不会注意到照片是否被修剪或修饰。但是，如果是专业摄影人士，还会很注意照片的取景。

这就意味着，您应该适当问一些关于照片拍摄的具体问题。

> 您用软件修饰过这些照片吗？能说说您都做了什么修饰吗？

对于研究人员搜集的照片：

> 您看到这些照片，最先想到的是什么？
>
> 如果您身处照片所示情况，可以用什么词汇来形容您当时的心情？

完成照片讨论环节之后，总结，然后进行研究脚本中的下一项内容（如果写了脚本的话）。

> **总结（2～7分钟）**
>
> 感谢大家的配合。在我们继续下一个环节之前，还有没有人想要再看看某张照片，再说些什么？

给参与者一个补充讨论的机会，让他们有机会说出自己的想法。

诱导

展示图片的方式取决于您对研究环境的掌控。用电脑展示照片看似更方便。但是，把照片打印出来贴在硬纸板上，可以让参与者近距离地接触它们，通过排列和分类使参与者讲得更有条理，更清楚，同时让研究人员更直接地观察参与者是如何组织照片的。由参与者主导的照片诱导行为包含的照片数量很多，都打印出来不太现实。在这种情况下，确保电脑安装一款可以连续放映照片的软件（像幻灯片一样），可以给大家一个相册的整体印象，也可以搜索某一张特定的照片。

如果使用打印出来的照片，应该找一个足够大的桌面或平台，以便将照片排开。如果使用电脑，务必确保电脑的电量足够。

在进行照片诱导时，除非有可靠的网络连接，否则不要依赖于网上的图片分享网站或其他的在线工具。如果出现疑问，首先测试网络连接，确保输入正确的密码、有正确的防火墙设置以及良好的网络速度。

对话式研究的其他类别

可以不局限于使用照片。对话式方法允许您使用任何与此次研究有关并能引发情绪反馈的对象和材料。如图 8.1 所示。

图 8.1　Lextant 是一家设计研究和用户体验研究公司，它使用多感官刺激来诱导参与者的反应。这些刺激可以来源于便携式消费产品，例如手机，还包括一些能够展示肌理、光洁度甚至气味的材料样本。这里是一个研究参与者组织和标注了一系列的多感官刺激。
图片来源于 Lextant 公司

　　本书作者之一伊丽莎白研究过广告与家庭购物的关系。她的做法是向参与者展示一些广告，从报纸上的优惠券到流行杂志上的广告。她也要求参与者向她展示他们所喜欢的网站，并让他们讨论上面有特色的广告。

　　她的访谈分成两个部分：一半关于研究人员给出的提示（印刷版的广告），一半关于在线广告。两部分访谈都有一些共同的提示，可以让研究人员比对回应，而带有个人选择色彩的网站可以引发兴趣爱好和个人观点之类的深入讨论。

还可以给参与者放录像，甚至真人秀，观察他们的反应。无论向他们具体展示什么，在写研究计划时都可能遇到一些相似的问题。表 8.1 总结了诱导过程中的一些可用选项。

表 8.1　图片诱导选项							
第 1 步：准备刺激物（图片、文字、视频等）						第 2 步：诱导参与者回应	
用户产生和制作于……		研究人员收集的，来自……				媒体解释为……	
一般活动	研究活动	媒体库	媒体共享网站	研究访问	现有客户材料	手工制作品	对现实的直接描述

生成式技术：动手制作

生成式技术让参与者通过动手制作特定的物品来表达情感和思想。研究人员让参与者自己动手完成一个作品，并让其解释制作过程，以此来了解往往很难解释的欲望、感觉和志向。

SonicRim 设计研究公司的乌代·丹德维特（Uday Dandavate）经常把生成式技术解释成通向人们心理模式的道路。心理模式是组织体验的心理框架。然而，当形成人们对于世界"能怎样"和"应该怎样"的设想时，个体的心理模式是随着时间变化的。"心理模式"这个概念最初是由心理学家弗雷德里克·巴特勒特（Frederic Bartlett）在 20 世纪初发明出来的，如今已经广泛应用于心理学、认知科学和用户体验研究领域。丹德维特说，通过生成式技术，参与者可以帮助研究人员获得用户早期抽象的心理模式，这又可以构成他们对服务和产品的基本认知。

生成式技术是让参与者使用研究人员提供的基本工具箱或引导参与者尝试制作全新事物。这一节包括以使用工具为主的拼贴法和形式比较开放的绘制法。

拼贴

在进行拼贴的过程中，参与者个体进行或者分组进行，将已经给出的对象重新进行整理排列。经常被产品设计师称作"情绪板"（mood board）的拼贴法只适用于表达态度、欲望和情绪。这种方法简单有趣，但能通过研究人员和参与者协力分析，深度引发设计灵感。

拼贴法的目的不是创造一个意义十分明显的连贯状态，而是让参与者通过拼贴和讲述来表达自己的感情。哈佛商学院的杰拉德·萨尔特曼（Gerald Zaltman）博士称之为"隐喻式诱导"，即用寓意深的图片引发人们的联想和共鸣。

怎么做

收集
基于项目的工具箱

可以将任何印刷品运用到拼贴中，不只局限于照片、形状（例如方形、圆形）、图标（例如箭头、笑脸）和词汇（例如"无聊"、"逃避"），都可以用。许多网站对有限使用许可的照片都收费很低。（根据荷兰代尔夫特理工大学所给建议改编的）一些很好的素材搜集方法，都可以运用，进行充实而有效的拼贴实践。

- 通过初步研究帮助搜集材料（例如竞争性研究、先期访谈、主题范围内的文献）。找出现频率高却含义不同的词汇。

- 图像内容力求丰富（例如植物、动物、人物和静物）。也尽量使人们所处的环境多样化（例如房子的不同位置、不同的工作地点、新奇或陌生的场景）。使画面包含男人和女人，他们来自不同年龄段和不同种族。

- 综合表现积极和消极情绪的图片（例如一个笑着的小孩子和一个皱眉的成年人），也要注意协调现实主义和抽象主义的图片。

- 避免一成不变的风格或情绪。也就是说，不要一味地只搜集符合一定审美标准的图片。关键是要给参与者不同的元素，让他们表露出难以表达的情绪，而不是只发表主流看法。

- 不要呈现太多直接表达研究主题的图片（例如，如果研究涉及医院急诊室，不要呈现太多关于医生、听诊器和药片的图等）。这些照片可以作为基础引导出新的想法，但是过多反而会妨碍讨论。

然后加入一些一般对象，例如图形和几何形状。大多数一般对象可以在不同研究中重复使用。很多图形和形状都可以在网上免费下载。

典型的工具箱包含大约 100 张图和 100 个词汇。图 8.2 展示了一些可用的选择。

参与者选的图

也可以提前通知参与者带来他们自己准备的图。在这种情况下，至少提前一个星期通知参与者，让他们花 2～5 个小时找一些图片（能够描述他们对研究主题的看法）。如果是电子图，则请他们将这些图提前传给您以便打印出来或通过电子方式使用。

使用参与者选择的图片带来的结果多种多样。好处是参与者可以讲述更多更有意义的个人故事细节。而缺点是所有拼贴对象各异，没有什么对比基础。例如，如果您想了解目标人群将什么颜色和质地与医院急诊室的"安全"联系在一起，您也许很想知道他们选择了哪些一般对象，而不是个人拼贴的具体细节。

需要为参与者准备足够数量的拼贴对象，以防万一，时常还要多准备一些备用。高效展示图片的一个方法是像图 8.2 那样，将很多图放在一张纸上。可以将图打印在贴纸上，也可以直接打印在纸上，同时准备好胶水。

图 8.2 拼贴练习使用的样品图。图片是用贴纸打印的。图片来源于 Adaptive Path

准备

还需要什么？回忆一下小学时候的美术和手工课。

● 剪刀和胶水

● 剪成几何形状的纸，例如星星、方形和圆形

● 一张白纸（11×17 英寸或者更大），用作拼贴作品的背板

写脚本

以下是单人拼贴的一个简易指南。我们假设您已经完成自我介绍和一些初步的研究，并让参与者签署了同意书。如果要进行组群

的拼贴研究，要留出时间让每个人在一开始介绍自己的名字，并跟大家聊一聊自己（例如最喜欢的颜色等），让大家在和陌生人分享体会和心得时不那么尴尬。

介绍（3～5分钟）

我们接下来要做拼贴练习。我们真的对您在[填入研究主题]方面的个人体验很感兴趣。我们会从您的眼睛中看到您对[研究主题]的看法。请从您面前的图片和词汇中挑选一些，按照您认为可以反映您对[研究主题]看法的顺序，在这张白纸上进行排列。您可以尽可能发挥主观能动性，怎么排列都可以，因为没有所谓的正确答案。有任何问题尽管提。限时20分钟。

介绍中很重要的内容是告知参与者，他们可以自由地进行排列组合。另外，我们需要他们结合他们的个人回忆和观点，而不是他们所坚信的一般观点。

拼贴（20～30分钟）

在这个阶段，参与者一般都会安静地进行。他们可能会偶尔问您一些问题。请不要暗示他们选择和排列有正确或错误的做法。

访谈和讨论（20～30分钟）

我希望您跟我/我们谈一谈您的作品，说说您为什么选择这些图片和词汇。

让参与者一边展示，一边解释。当他们交谈时，请他们解释一下为什么选择这些图片和词汇，以及这些东西对他们意味着什么。为什么这两张挨着？它们有关系吗？还要探寻一下这个参与者的拼贴作品中有没有整体贯穿于其中的逻辑或顺序。

如果进行的是群组实验，在每个人发言之后，也可以进行小组讨论，说说这整个实验过程。

一个主题的研究中可能包含很多生成式技术实验。如果进行的都是群组实验，保证给予群组足够的时间进行开放式小组讨论。

感谢参与者，谢谢他们的帮助，并且询问他们对拼贴或者体验是否还有其他想法与您分享。

做拼贴练习

就像之前的照片诱导法，我们假设您已经为此次活动制定了计划并邀请了相应人员。您已经明确了您的研究问题，并有参与者来协助进行研究。

由于进行拼贴和讨论需要足够的时间，所以您需要为此次安排一两个小时。如果是焦点小组，最好有一个主持人和一个记录员在场，控制一下实验进程。记录员可以兼任计时员，因为保持实验按照计划进行需要提醒和督促大家从一个环节进入到下一个环节。

确保您提供的桌子可以让所有参与者有舒适的空间进行实验。如果大家觉得在地板上进行也很自在，也可以。在参与者到位前，在每把椅子前面放一套用具：拼贴对象、剪子、胶水（如果需要）和笔。

用三角架在主持人身后放一台摄像机以记录整个实验过程。再在桌上放一个麦克风，以保证录音效果。

分析拼贴结果：避免误入歧途

您也许会为追求速度而在分析结果时只看最后呈现的拼贴结果而忽视对讨论过程所做的记录和录像。您也许还会一味地计算同一张图在不同拼贴过程中的出现频率，并以此定义实验的"意义"。实际上，很多用户研究员都使用以上两个小把戏。

我们的建议是："慎用为妙！"诚然，记录中的频率是很好追踪到的，如果很多参与者在被问到医院病房"安全"时都从库中选择同一张图，就说明它不容忽略。但是您不能轻易地认定每个人都会把这张图放在同一个地方，也不能说这张图对每个人的意义相同。举例说明，在 Froukje Sleeswijk visser 和 P5 Consultant 设计研究公司共同主导的一次图片诱导实验中，对于拍摄一个预备跳水者的同一张照片有如下不同的解释。

参与者 1："我经常在晚上刮胡子，以便在钻进被窝里睡觉时很**清爽**，很**干净**。"

参与者 2："我刮完胡子觉得很**精神**。"

参与者 3："我经常在上班之前刮胡子，我在游泳馆当**游泳教练**。"

所以，只看图片也许可以给您带来设计灵感，但是无法帮助您了解潜在用户。同样，如果您认为一个拼贴对象只代表一个内涵，那么只总结拼贴对象的出现频率也会形成误导。要确保将独立的图片和过程中的言语表达与讨论联系起来。例如，上述 1 号和 2 号似乎对于刮胡子有着类似的心理回应：它让人感觉"精神"和"干净"。3 号更直接地和游泳联系起来，让他想起来他什么时候以及为什么刮胡子。最后，您不仅仅是在图片中寻找规律，而是在不同人对所选图片的解释中探求规律。

绘图

绘图是对人、物和空间三者关系的一种视觉呈现。它在用户研究中有三个主要功能。第一，它能帮助参与者在有关爱好和偏爱的抽象答案中添加一些具体细节。它能激发出丰富而有趣的故事。第二，对同一个地方的不同绘图或类似单位或家庭这样一类地方进行视觉分析与对比，比语言描述的对比更容易找出区别。第三，也是最重要的，绘图可以体现人们对周围空间或事物的看法和观念，即他们如何定义这些空间，如何分类，对它们的感觉如何。如果您正在设计情境感应方面的手机软件、国内软件或者互动环境艺术，那么了解人们和周围空间的关系就是成功的关键。

空间绘图

您上班的路线是什么？最近的咖啡店在哪儿？怎样向在您家厨房做饭的客人说明您的煎锅、鸡蛋、盐、黄油和盘子都在哪里？

我们大多数人都看过或者画过简单的空间图，所以这是最容易解释和实施的绘图技术之一。它几乎不需要什么前期准备工作（不像图片诱导和拼贴）。

怎么做

一开始，只需要一张纸（11×17 或更大）、一些笔和一些彩色标签。抽象图形和几何形状（就像为拼贴准备的那些）也会有一些帮助，但不是必需品。还需要一个足以让所有人做实验时都很舒服的大场地。就近放一个录音笔或者用摄像机记录绘图过程。

这个实验所用的时间长度和拼贴差不多，基本原则也一样。可以让参与者单独进行，也可以分组进行。但是在分组的情况下，要确保安排时间进行小组展示和讨论。

如果可以，在绘图之前问一问参与者对空间的感觉，这对结果很有帮助。例如"您对某房间、工作地点甚至整座城市是否有兴趣？"如果您根本不知道参与者是否夸大了某地区或对象的距离或有关尺寸，或者不知道他们是否对此根本不在意，很难提出有水平的问题。如果对象是一个社区或者一座城市，那您最好事先看看地图。如果您对某间住房的格局感兴趣，可以先问主人一些"破冰"式的问题，对他有所了解，然后请求参观他的房子。参观完，您们可以坐下来，开始绘图。

典型的一对一绘图流程如下所述。

练习介绍（3~5 分钟）

解释此次绘图实验的目的。确保说清楚您感兴趣的是参与者的个人体会，而不是一般人的主流观点。

绘图（30~45 分钟）

第一，让参与者画位置草图，不要要求精确和完美。重点是了解人们为什么用这样的方法来表示尺寸和距离。所以当您发现一个参与者所画的卧室有两个厨房那么大（而事实上正好相反），可以问他以下问题：

> 您能告诉我为什么把卧室画成这么大吗？

在追踪完图画上所有遗漏和奇怪的部分之后，不要暗示他们画得不好或有"错误"。毕竟您要的并不是一张严谨的建筑设计图。

当您对特定空间有一个基础的认识后，就让参与者再画出其他的大件物品，并把其作为地标。这些地标的确定基于具体的研究领域。如果您对孩子们玩什么感兴趣，就让参与者表示出玩具和其他游戏物品放在屋里哪些位置。如果您对工作场所的安全问题感兴趣，就让他们标出应急门和保安厅的位置。在他们进行时，不明白就要问，确保您完全弄懂所有东西。

有了基础图和地标，参与者就可以以此进行回忆，并赋予每个区域相应的意义。您可以让他们沿着图上他们的习惯路线一步一步地再走一遍。可以用不同颜色的箭头、线条和注释标注出来（图 8.3）。这种从空间和体验中了解实际"行程"的方法很有用，比如回顾一个人每周一次的生活采购或者看病路线。

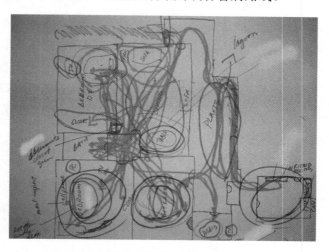

图 8.3　一个巴西家庭的"认知地图"，在英特尔公司全球家庭生活研究项目期间绘制。图片来源于英特尔公司

还可以让参与者画出对他们很重要的区域，比如最喜欢的和最不喜欢的地方，娱乐和工作的地方，或者禁止进入的地方。别忘了有疑问就提问。提示参与者对不同的活动或者区域使用不同的颜

色，这有助于您在事后区分和追踪不同问题。

照例，总结时询问参与者是否有需要补充的内容。有没有忘记画出来的东西？有没有自己想讲但没有人问及的部分？

社会关系绘图

短短的时间内，社会关系网络图（social network map）就变得越来越流行。它是表现人与人关系的点线图，图中的结点代表人，连线代表他们之间的关系。社会关系图一般用软件绘制，它可以从社交网站直接获得人名和他们的关系，也可以从人们的来往邮件、聊天记录或者电话记录中提取信息。它从整个社会传播系统的视角表示人与人之间的关系，这样就可以制作出上百，乃至上千个节点和连线。

这里，我们谈论的正好反过来：从本人的视角出发绘图。这张关系图由**参与者**手绘，包含的只是他们生命中最重要的人际关系。这可以让他们思考和谈论他们用来获得和维持这些人际关系的工具。如果您正在设计一款促进社会人际关系的产品或服务，这些图会帮您了解目标的动态。

怎么做

就像空间绘图一样，需要一张纸（最好 11×17 或者更大）、笔和彩色标签。再准备几打便签和四五种颜色的小便签。确保一张便签上能粘三四个小便签，同时还有地方写字。

这次还是需要一个宽敞的地方。附近放一个录音笔或者用摄像机记录绘制过程。

以下是典型的一对一社会关系图绘制实验的进程。

解释实验目的，着重强调您感兴趣的是参与者的个人见解。

绘图（30～45 分钟）

首先，给参与者一本便签。让他写下自己的名字，并贴在纸上的任意位置。

现在，让他在便签上写下他生活中其他人的名字，每个便签一个名字。当然，这一问题的编排将影响研究结果。应该给予参与者明确和具体的指导，使他知道应该写谁。如果想研究工作中的人际关系，就不要暗示您希望了解她的挚友。下面有几个例子。

- 如果研究的是社交问题，就说："写下您一周至少联系一次的人。"这样，会促使人们拿出手机或者电脑（或者电话本），看看他们最近联系了谁。

- 如果要研究情感寄托，就问："在获得成功和受到挫折时您会找谁诉说？"再说一次，这会帮助您让他查看常用联系工具。

当参与者写完名字，请他将便签都贴在纸上。按照一定的顺序从她自己的名字往远处贴，比如按照联系的频率和感情亲密程度。然后让他把有相同点的人组成一组。当他在进行排列组合时，问他："您对他的了解有多少？"

他在贴便签的同时，可能又想到和写下更多的人，这没有关系。让他重新排列便签，直到完成所有分组，并让他命名。不要求极度精确和完美，只是想知道哪些人比较重要以及参与者的分组依据。

接下来，让参与者在页脚上列出他平时用的主要联系工具。您在每个工具旁边粘一张颜色不同的小便签。如果您想看到的每种工具都对应于某种颜色，就可以保持这种分组实验的连续性。

给他一些小便签，让他在每个人旁边上都贴一个，代表与其联系所用的具体工具。当他放置便签时，向他提出以下问题探究更多信息：

您当初是怎么使用[工具名称]和[人名]联系的？

能说说上回您跟他/她联系的场景么？

对话的主题是什么？

想让参与者的回答详细、具体，除了询问具体例子，还有一个好方法是让他细数主要的联系方式（如短信、电话联系人、电邮或者社交网站），并且谈论一下过去几天的联系活动。

您也许可以一直询问这类问题，但是大多数人顶多只能坚持回答 45 分钟。图 8.4 所示为一个社会关系图。

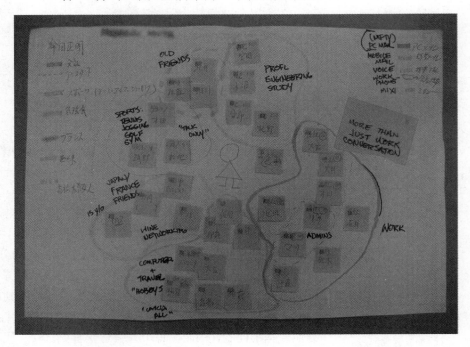

图 8.4　社会关系图成品。图片来源于保罗·亚当斯（Paul Adams）在 2010 年推出的 The Real Life Network v2

总结（5～7 分钟）

总结的时候，照例问一下他有没有需要补充的，有没有忘了添加在纸上的。

可以不光描绘地点，还可以描绘出时间流程。这就是我们所谓的"时间线"（time line）。请参与者按照时间先后顺序列出他们每天进行的主要活动（也称"生活中的一天"），这样可以让您更了解他们的习惯、日常工作和每天的任务。

结语

在纸上绘制出人际关系的亲疏远近可以帮助参与者发现和解释平日里他们认为理所当然的一些事。这又同时让您做出更好的建议，即是否需要知道在中转站的哪里放置信息亭或者您最有可能的用户给谁发邮件最多。

但是要记住，图示本身还不够，还需要对它们进行解释。关系图的一部分价值体现在您如何用它引导参与者展现他们的行为和价值观。单纯分析关系图本身，抛开对话记录，很难，也是错误的。

绘图本身也受限于我们的记忆和感知，绘图可以反映绘制者的态度。例如，一个孩子在画她的学校时应该不会出现维修处。这并不是说明维修处不重要，但着实能看出来孩子眼里什么最重要。

关联式技术：卡片分类

卡片分类法揭示的是信息组织方式。顾名思义，此法就是让参与者将写有词汇或者词组的卡片进行分组。参与者如何进行组织，给每组加什么标签，都可展现他们是如何关联和分类不同概念的。这可以帮助您创造出适合用户的视觉效果和关系架构。这些关系架构又可以帮助您理解任务中一系列动作的顺序，建立数据库，组织导航元素，或者命名对象和界面元素。

何时使用卡片分类

我们建议阅读唐娜·斯宾赛（Donna Spencer）的《卡片分类》一书，了解她对卡片分类的整体介绍。

卡片分析法不像本章介绍的其他对象技术，它最大的优势是解决信息的组织架构。对于现有产品，它可以用来解决某个具体明确的问题。也许是有线索表明用户在网站上找不到需要的东西，或者是两个网站需要合并。当您知道需要组织特定类型的信息，但还没想好如何做的时候，卡片分类法最有用了。也就是说，它最适用于产品的目的、受众和特点都已明确但信息架构和界面设计尚无定论的时候。当然，此法简便易行，可以在任何需要改变信息架构的时候使用。

卡片分类法分两类：开放型（open）和封闭型（closed）。开放型是指参与者可以将卡片任意分类。而封闭型是指参与者只能将卡片按照既定群组分类。作为用户研究技术，开放型更加实用一些，因为它在用户原创分类方面可以产生丰富的信息。但是，封闭型可在完善现有信息架构时和为运行良好的信息架构有次要问题需要解决时发挥作用。

怎么做

招募

与本章的其他技术一样，卡片分类法可以单人进行，也可以分组进行。分组卡片分类实验可激发有价值的讨论和"何种卡片分为一组"的争辩，但是这样就需要研究人员花更多精力加以协调和疏导，确保群组不至于受一两个人的意志所控制。

卡片分类一般单人安静地进行。如果可以保证场地的供给，就让大家觉得宽敞一些，同时人手多到足以确保每个参与者的问题都能够及时得到解决，那么您可以安排几个人同时进行分类。如果只有一个主持人，就将每个人岔开十五分钟，让主持人有时间对每一个参与者介绍实验过程。大多数卡片分类实验最多进行一个小时左右。

准备卡片

卡片分类法，最重要的当属卡片本身。首先，在您感兴趣的信息领域搜集一系列词和词组。如果您想知道人们是如何组织概念的，就在卡片上用一两句话写下对这些词或词组的解释。但是，如果想了解人们在不知道定义的情形下对这些对象是怎样理解的，写下词和词汇就好。

这些词和词汇来源广泛：从您已有的进程中；从开发团队用来

描述板块和功能的短语中；从和受众或者潜在用户的互动中；从竞争性研究中。但是，和其他研究技术一样，挑选的对象之优劣会直接影响到实验结果。《卡片分类》的作者建议确保以下几点。

- **选择的术语对参与者有意义**。这听起来是显而易见的道理，但往往事先很难预料非专业人士对一个普通的技术性概念是否一无所知。如果产品受众专业领域相距甚远，专业词汇并无交叉（像学生和老师，医生和病人），就得准备好几套卡片。

- **卡片包含合理的组别**。卡片分类法中的卡片到最后可以明确分为若干组。如果让参与者对一堆没有任何共同点的卡片进行分组，简直就是在浪费他们的时间。

- **选择的术语具有相同的粒度（详细度）**。如果卡片上写着"叉子"、"勺子"和"银器"，那么大家会把"叉子"和"勺子"分为一组，然后都标注上"银器"。虽然看似分组成功，但是他们只是在您的诱导下从事，并没有为您带来什么新鲜有用的东西。Mad Pow 公司的迈克尔·霍利教授（Micheal Hawley）给大家提供了一个中肯的建议，即选择层级上低于您感兴趣的信息的对象来进行实验。这样一来，参与者在进行卡片分类的时候就会体现出如何用更高一级的内容来标注这些对象。

- **选择的术语应代表最重要的内容或功能**。和各方进行交流，确保您的选择包括最核心的概念。

- **不要诱导**。比如，几张卡片重复出现相似的词汇，即使它们之间表明应该被分开，也很可能引导人们将它们分为一组。除此之外，要避免用具体品牌或者产品名作为标题。这样会诱使大家偏向某个现有公司的营销信息或者组织架构。要更宏观、抽象地描述产品或服务。

术语的多寡不限。但是，过少则无法形成足够的卡片类别，过多则会招人厌烦。所以一副普通纸牌的数量（52 张）就正好，不多不少。如果手上有上百个术语，可以考虑将它们分到几次实验中。

接下来，将挑选的术语写在卡片或硬纸板上。如果内容过多，为了节约时间，可以先将对象用 Word 或 Excel 输入电脑再打印出来，贴在卡片上。为避免误导，整张卡片除了内容之外都要统一。最好在每张卡片的角落标上序号，以便日后分析。

照例，让旁观者审查一下卡片有无技术性问题：卡片内容是否有诱导性或者不清晰，或者是否会产生误导。还要检查一下分析工具，看看它是否能够分析如此数量的实验数据，是否可以产生您期望的分析结果。

分类

等待参与者办完相关手续，然后把他带到实验地点，并向其讲述实验目的。可按以下内容进行陈述。

> 这里陈列的每张卡片上有各自的内容，这些内容您也许在网上见过。我希望您们能按照自己的逻辑将卡片分组。没有时间限制，也没有对错的分别。试着将每张卡片分组，但如果某张卡片真的无法归组，也没关系。您对您的分组不用给出任何理由，觉得怎么对就怎么分。您也不用考虑给这些卡片分组和网站的设计有什么关系，根据自己的逻辑分就可以，不要管别人的想法。

准备一本便签、几支笔、一个订书机或者一些橡皮筋。当他们分完组，让他们尽可能给每组命名，但要提醒他们如果无法命名也不强求。不要提前告诉参与者在分组完成后要命名，因为这会使他们为了命名方便而分组，从而违反其直觉。命名完成后，让他们将卡片订在一起或者捆在一起，然后在上面放上名称。如果事前将每张卡片排序，直接记录角落的数字就可以了，不用再记录或者打印卡片内容。

然后针对实验结果提出以下类似问题：

> 您能告诉我您为什么分成这几组吗？
> 哪几张卡片最能代表每个组？
> 哪组最容易分？哪组最难？为什么？

对这些问题的回答会给您带来更多分组逻辑，今后在分析实验结果时会很有用。在此过程中，要进行录音或者做笔记。

> **卡片分类，确定优先级顺序**
>
> 卡片分类本身是一种分组或命名技术，但是您也可以用它来了解人们是如何对将对象进行排序的。
>
> 将卡片分为现有和潜在的特征。首先，让参与者将所有卡片按照内容对自己的重要程度分成四组，从"最重要"到"不重要"。然后，将"最重要"一组的卡片拿出来，让参与者用它们按照预期使用频率再排序。这种排序让您区分一个特征的直接利益和潜在用途。然后把卡片按照以下数字分成六等：
>
> 0—没价值
>
> 1—价值很小
>
> 2—有些价值
>
> 3—很有价值，但少有用到
>
> 4—很有价值，有时用到
>
> 5—很有价值，经常用到
>
> 接下来，计算一下在所有参与者意见中每张卡片获得的"中值"。如果某几张卡片获得的中值相等，就计算一下其标准差。标准差越小，就表示这个特征在参与者中获得的认可度越大（参见第 12 章的术语定义）。先按照用户的喜好排序，再按照认可度排序，就能够帮助团队排列出开发的优先级顺序。

分析卡片分类结果

卡片分类研究既可以进行定性分析，也可以进行定量分析。

定性分析

拿到所有参与者分好类的卡片之后，将结果写在白板上或者录入电子表单。如果使用白板，只记录卡片上的标号会简单些。

浏览这些分好组的卡片，您能感受到人们是如何理解不同对象之间关系的。例如，如果有人将"新闻"、"关于我们"和"我们喜欢什么"放在一起，说明他们喜欢将所有从公司角度得出的信息单列出来。但是，如果他们将"新闻"、"最新交易"和"假日礼品指南"放在一组，则说明他们也许是将时间有关信息放在一起。

有三种分析方法可供选择。第一，将所有分类看成一个整体。您能从中看出它们背后的逻辑吗？不要光看字面上的意思。即成的分组也许体现不出什么层次性和体系性，但是，要注意寻找把它们连在一起的东西。注意没有被分类或者被不同人分到不同组的卡片。是不是卡片本身的问题？是它的名字？还是其潜在概念的问题？或它与其他要素之间的关系？

第二，以某张特定卡片为目标比对组群。有没有总是一起出现的卡片？如果事先将卡片输入电子表单，就可以用很多方法进行检索和分类，这样更方便一些。

第三，检查标签。有没有出现一张卡片被不同的词或词组描述的情况？有没有同一组获得不同的标签？观察标签和标签与群组的关系可以使架构进一步符合用户的期望。即使这些术语在界面和信息架构中用不到，也可以用于向潜在客户和用户进行说明，非常有用。

在实验过程中，要注意参与者对自己行为的解释，即他们对自己的分组方式都做了哪些说明？

定量分析

百分比

只用几个简单的公式，电子表单就可以使近似度和区别度的数学计算相当容易。例如，使用计算机很快算出某张卡片在一个标准类别中出现次数的百分比，或者哪些类别中相互认同卡片集合最多。有了电子表单，这些都不难达成，但是需要前期仔细设置。

如果进行的是开放型卡片分类，那么每组卡片的描述和命名都是参与者自己进行的。这样就给进行百分比定量分析带来了一定的难度，因为很多组的名称也许都很雷同，内涵也很相似。如果保留

许多专家都不自己创建表单，而是使用表单模板。请登录www.mkp.com/observing-the-user-experience 获得模板、具体卡片分类软件的推荐和其他卡片分类资源。

这些内涵类似的不同名称，在定性分析和基于百分比的定量分析时很难看出特定的模式。很多情况下，需要一开始就设置一些标准类别来做卡片分类。

有没有一些小组类别的标签明显重叠？例如，四个组分别被命名为"日程""项目日程""活动项目"以及"活动的时间和地点"。至少此时，您可以给所有这些类似的组一个相同的标签，即根据群组中最常用的词来命名。在上例中，用"活动日程"也许就挺合适。别担心，最终名称是可以更换的。把提炼出来的组别标签记下来就可以了。

记住，**千万不要**把某组起名为"其他"或"随便"。如果参与者这样命名，就要除掉这组实验结果（这样的事情时有发生）或者将这个组安排到其他组。在信息组织过程中，将一个组命名为"其他"是懒惰或走投无路的表现。与其使用这种模糊的词汇而使组织系统混乱，还不如花时间思考一下为什么这些卡片难以归组。

统计

聚类分析法（cluster analysis）是统计学的一个分支，它用于在多变量环境中得出每个对象之间的"距离"，然后求出不同空间中距离最近的组。这种方法可以帮助找出总维度中的相似组群，这无法用肉眼看出，因为这些组群在某个维度中也许都不体现相似度。由于空间中可以体现相似度的维度不只三个，但人类的感知局限在三维之内，所以这种方法可以让人们"看到"平时看不出来的组群特征。

在卡片分类中，使用聚类分析法观察参与者的分组逻辑。有没有某些对象比其他的更容易被分到一起？某些卡片中有没有隐藏的关联？这些东西都是无法从卡片表面看到的。不幸的是，聚类分析的计算如果没有软件支撑非常困难。统计软件包有专门进行聚类分析的模块，但非常昂贵，并且要求使用者掌握分析过程中的统计学知识。如果您不是统计学专家，最好选择专门的卡片分类软件。

卡片分类法可以揭示人们的想法和偏好，还可以发掘从分类本身看不出来的深层联系。它也为分析不同概念之间的联系提供了新

聚类分析并不能代替人工分析。就像《卡片分类》一书所指出的："虽然统计方法可以帮助您识别出模式，但它并不能说明它存在的原因。"

的参考，因为它证明平常看似联系很紧密的事物在分析之后却发现它们之间的关联往往很脆弱。

卡片分类软件

尽管很多专业人士倾向于使用纸质卡片进行分类，但如今还是有很多卡片分类软件可供选择。当参与者和主持人在同一空间时，便可以应用这些软件，不过现在远程卡片分类越来越流行。相比之下，远程卡片分类通常没有主持人进行调节。也就是说，所有参与者都是根据自己的时间进行，并不与研究人员进行互动。这样有利有弊，因为您可以在短时间内得到更多数量的分类结果，但同时不能面对面地与其交流和讨论分类结果。

如果需要定量分析，并且时间不多，可以选择分类软件包，后者可以及时提供相似度统计数据。这是一个不错的选择，可以在本书网站找到此软件的下载链接。

第9章

实地访问：从观察中学习

假设您想设计一个新的、更好的花洒喷头来真正改善人们的沐浴过程，对以前好的地方进行保留。讲卫生是一个看似普通却对人们意义非常的事情，如何着手呢？

您肯定有洗澡经验，您的朋友和家人也一样。您可以根据您和朋友的淋浴方法设计一个喷头，但正如我们在这本书其他地方所看到的，这种以自我为中心的设计可能是错误的。毕竟，您和您朋友的习惯并不代表您的目标购买人群的典型习惯。

还可以采访其他人，询问他们在沐浴过程中的偏好。尽管这种方法可以防止自我中心主义泛滥，但假如只问他们想要什么，就会产生很有说服力但有误导性的建议。心理学研究告诉我们，人们往往都会把自己的需求和愿望理想化。有关个人喜好的陈述往往与实际需求、价值观和行为相背离。

"但可以肯定，"您想，"洗澡是一个非常私人的活动。不能盯着人家看！"

事实证明，您可以。

这就是美国著名卫生洁具制造商摩恩公司（Moen）设计旋转喷头的过程。他们意识到，他们不是特别了解人们如何淋浴以及他们需要哪种莲蓬头，于是他们与 QualiData 研究公司合作，招募一群不介意在自己洗澡时有人旁观的**裸体主义者**。

经过参与者的许可，研究人员在他们的浴室中安装了防水摄像头。他们通过摄像头观看，给参加者营造一个常规的环境：自己光着身子，周围没有人围观。接下来他们访谈参与者，了解他们的体会。"您可以看到他们在保护什么，暴露了什么，"QualiData 研究公司的研究人员黑·马丽亚姆波尔斯基（Hy Mariampolski）告诉《华盛顿邮报》记者，"事实证明，淋浴是一种情感，甚至是一种精神体验。"

当然，在他们的研究中，参与者希望把身体洗干净。但他们也有其他的目的：在忙碌一天后放松一下；为第二天的工作和生活充电；缓解疼痛等。但是通过观察，QualiDat 和摩恩却发现，人们的淋浴喷头无法达到这些目标。从喷头流出的水似乎并没有持续淋在参与者的身体上，人们试图调节流量时发现周围都是蒸汽或者被香皂迷了眼。具有讽刺意味的是，他们会扭动身体使自己感到放松和平静。

根据这项研究，摩恩设计了一个洒水面积更广且带有调整旋钮的喷头，闭着眼睛也很容易操作。这个发明就是旋转喷头，它成为摩恩公司最畅销的商品，并在 2002 年赢得了《商业周刊》IDSA（美国工业设计学会）银奖。

我们通常在设计新产品和改善现有产品时使用用户研究方法，并且通常在已经意识到潜在的解决方案时加入研究项目。但是，我们不能在进行用户体验研究时只关心与产品直接相关的方面。只有产品和服务与我们的生活相融合的时候才会更好地发挥作用。许多用户研究的目的不只是为了发现用户对产品的要求，而是要了解人们如何生活以及了解他们可能喜欢哪些改变。所以，从用户的角度出发，Netflix 的流媒体服务不只是可以让用户欣赏大量的电影，它还能带给用户一个和恋人依偎的宁静夜晚，或可以使用户在机场消磨时间，或是沉醉于心爱的电视节目。Netflix 的网站推荐和流媒体服务是一款使媒体消费更简便的工具，但其真正的价值在于它带给人们的体验。

　　了解人们体验最好的方法之一是亲自观察他们。本章介绍的技术将帮助您了解产品或服务的潜在用户如何生活，如何思考，他们遇到了什么问题。就像 QualiData 指出的那样，只要有一点点的聪明才智，您几乎就可以观察到任何事情。

什么是实地访问

　　实地访问（field visit）正如您所想像的一样，走出办公室，在人们感觉舒服的地方，也就是在他们习惯的活动场所会见他们。实地访问将研究转移到办公室、家庭、店铺、汽车、公交、医院、工厂和体育场馆，也就是目标受众所看重的地方（图 9.1～图 9.3）。然而，这并不意味着研究不能涉及其他技术，如日记研究或卡片分类。像其他的方法一样，实地访问的目的也是理解人们行为做事的方式及其动机。

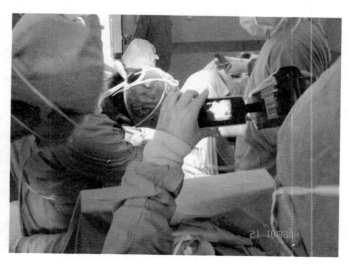

图 9.1　研究人员录制的外科手术过程。图片来源于 Lextant

图 9.2　对农民的实地访问。图片来源于 Lextant

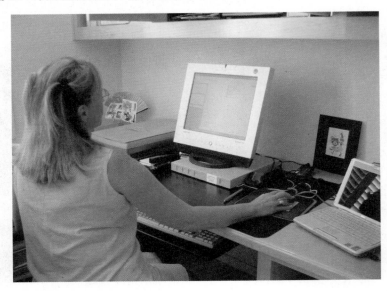

图 9.3　走访家庭办公区

换句话说，实地访问能够提供其他方法得不到的有关人们生活和工作环境的信息。它可以帮助您在实际环境中理解人们的生活，而不是让他们在实验室或会议室里回忆自己的生活。它揭示了人们实际在做什么，他们如何定义对自己真正有价值的东西，什么东西会与您的产品竞争他们的时间和注意力。

在和他们一起体验生活之后，您可以更好地了解他们所面临的问题，您的产品如何适应他们的生活。这种基础性研究方法包括一次或多次访问，问他们问题，经常参与他们的日常活动。

如何使用实地访问

大多数项目开始于与一个初始问题或情境相关的想法及其相应的粗略构思。实地访问通过洞察具体情况、分析这些情况产生的问题以及人们如何应对来澄清并关注这些思想。因此，就像花洒喷头的例子，它们通常结束于解决方法的创设过程之前，经常是开发周期伊始。

然而，实地访问也可用于开发周期之间或纳入重新设计过程。在这种情况下，它们会告诉您人们是如何使用该产品的，他们何时使用它，他们用它做什么。这可以用来检验最初的假设，评估产品的使用性，考察产品拓展领域。

例如，一个主流移动设备公司正试图弄清长途卡车司机使用的移动设备为什么会有这么多数据录入错误。公司中许多人往往把责任推到卡车司机身上，认为他们没有接受过教育。没有人真正见过卡车司机，但他们总认为输入一两个词很简单。某个冬天，有个高级用户界面设计师决定自己亲自去看看。

设计师在卡车站花了一个星期观察卡车司机使用该设备，并与他们交谈相关的事情。他很快发现卡车司机的拼写没有任何问题，相反，问题出在设备本身。卡车司机往往都是大男人，手指粗大。

更甚的是，他们冬天往往都带着笨重的手套。设备按键很小，他们带着手套的大手指打字很困难。团队重新设计了用户界面，减少键入步骤，并加了一个大大的"确定"按钮，即使带着手套也很容易按到。这样一来，错误率明显下降。更重要的是，团队意识到他们之前所做的重要设计决定来源于错误的假设。

实地访问通常得到以下这些结果中的一个或多个。

- **指出实际使用的具体细节**。研究人员经常观察人们的工作和娱乐，以写出工程师们可以实施的具体要求。在上述移动用户界面的例子中，设计师发现按钮对卡车司机来说太小，无法轻松使用。这往往被称作**需求收集**，尽管"收集"会让人误解。注意，需求是通过技术性分析和对研究数据的解释产生的，这样的结果并不像路边的野花那样轻易可以取得。

- **引发更多认知和理解**。在日常生活中，人们有时无法回忆或抽象地解释某些经历。拿洗澡问题来说，人们无法抽象地记住或解释他们是如何沐浴的，或者他们从中得到了什么快感。将人们置于情境之中，不仅可以帮助我们体会那些难以解释的情绪和活动，还可以就工具和技术在社会关系和内在状态中的作用问题引发讨论和描述。

- **挑战假设**。用户研究员的角色之一是（礼貌地）挑战对用户智慧、能力和尊严所做的不当有时是侮辱性的假设。毕竟用户只是试图用您的产品达成他们自己目的的普通人。我们挑战这些假设不只是因为这样做是正确的，还因为我们的工作是制造出更有用、更理想和更好用的产品。有心则通义。如果移动用户界面设计师没有亲自去车站考察，他的团队就不可能正视真正的错误。

表9.1　典型观察的日程安排

时间	步骤
t−3 周	招募和安排参与者
t	观察与访谈
t+1 周	完成所有后续访谈。对研究数据进行排序和组织以便分析。开始分析
t+2 周	继续分析
t+3 周	写报告初稿

不同类型的实地访问有不同的目的和假设。本章的重点不是必须支持某种方法而否定另外的方法。相反，这里的重点是帮助您为项目选择最好的方法并帮助您开始设计。解释潜在的理解不一定会与需求收集相冲突。然而，如果您真正想要快速探究卡车司机为什么会输入这么多错误数据，就别再浪费时间去深入理解用户的价值观和愿望。

关于人种学的是是非非

在过去的 10 年中，很多人都用"人种学"（ethnography）来统称实验室或其他专门研究设施以外的各种定性研究。

如何做研究比怎么称呼它更重要。然而在研究领域，对于使用人种学来形容现场的定性研究一直存在着很多的争论。理解人种学在社会科学中的历史含义以及现在商业设计的研究人员如何使用它，会为您减少很多的麻烦和疑惑。如果您打算做人种学项下的观察研究，它也将帮助您做更多有趣、周到及可靠的工作。

人种学对于社会科学，尤其是人志学有着特定的含义和历史意义。我们现在所说的人种学起源于 19 世纪的欧洲，是指对看起来很奇怪和有异国情调的地方和人所做的研究。如今，人种学已经被普遍用作理解许多群体（从有手机的青少年到酒吧的服务员）之世界观的手段。

许多学术型人种学家并不把人种学称为一种技术或方法。相反，他们把它当作研究的目标。从这个词的起源来看，希腊文的"ethno"

是"人"的意思；"graphy"是"写"的意思，这是有道理的。所以，人种学更侧重于人志学家如何呈现其研究主体，而不只是某种具体的研究活动。一个快速的经验法则：如果您使用一种您、您的老板或者客户发明的词汇来形容您从未有过的且是您的用户或客户特有的经验和活动，说明您所做的并不是人种学研究。

人种学家经常用主位（emic）概念（本地的）与客位（etic）概念（外来的）来描述这一区别。人种学家试图从自己的角度和从研究参与者的角度来解释和呈现两者之间的差异。由于这一原因，人种学经常与参与式观察法（participant observation）联系在一起。参与式观察是研究人员主动参加研究群体的活动，感受他们的体验。然而，对于接受社会科学教育的人种学家，做人种学研究还需要具备其专业的历史和理论方面知识。这种结合为人种学家提供了提出问题、解释见闻的框架，并将其置于更大的文化背景和情境之中。

所以，只对参与者进行观察——本章描述方法的灵魂——无法让您直接获得在社会科学中进行人种学研究能得到的东西。但是没有关系！很多必要、有用、鼓舞人心且有价值的用户研究并不只存在于人种学中。但是，如果您的目标项目包括呈现出人们如何理解自己的所作所为及动机，您会发现在社会科学中对人种学的历史和理论有一个初步的基本把握是非常有帮助的。本书的网站上有一个阅读目录，其中迈克尔·阿加（Michael Agar）的《专职陌生人》（*The Professional Stranger*）作为一本专业和详细的书籍，很值得一读。

实地访问过程

要走出办公室，前往客户的工作场所和家中，事前准备很重要。您没有机会再回去拿您忘了的东西，此时您自己而不是公司的华丽家具将成为公司的名片。

选择参与者

第 6 章详细介绍了如何选择合适的参与者。这里是简要版：选择接近于目标产品用户的人群。也许他们正在使用您的产品，也许他们正在使用竞争对手的产品。也许使用该产品的人与购买该产品的人并不重合，所以实际上需要考虑好几个重要的群体。无论如何，最终都应该挑选会使用和/或购买产品的人。

尽可能详细地定义目标受众并重点关注他们的行为。

- 他们的人口构成是什么？
- 哪些活动对他们与产品的关系具有重要意义？
- 在哪些活动中他们经常使用哪些工具（数字及其他）？
- 解决特定的问题时，他们有没有偶尔用到某些不可或缺的工具？
- 他们如何使用它们？

将这个单子缩减为几个关键性问题。这些问题可以是关于个人的（如居所和收入）或行为（如所使用的工具和对于产品或活动的态度）。在花洒喷头的例子中，摩恩公司明确指定产品的目标市场是北美地区并规划好在哪些商店出售新式喷头（与此同时也可预测客户的价格预期）。

选择地点和观察人群有两个主要的策略。策略选择反映出项目的优先级。如果目标是为设计开发出一系列新的机遇，就应该采取**极端用户**或**领先用户**策略。如果目标是解决一个特定的问题，就应该使用**典型用户**策略。

典型用户策略

在目标受众确定以后，要找出最重要的客户活动和客户群体。也许产品可以吸引不同的人群，但根据早期所选择的关键因素，最终的目标市场只有那么几个。在确定需要从他们的行为中了解什么之前，将研究重心放在有相同关键因素的参与者身上，接下来再转移到二级市场。

极端/领先用户策略

在识别出利益领域以及指定潜在受众之后，尽可能确保关键因素的多样性。这时，就不要寻找典型的用户，而要寻找在某方面极端的人（极端热情的人，极端消极或抵触使用的人），或领先用户（即走在使用新技术前沿的人）。例如，淋浴设计的极端用户策略可以是寻找一个真正享受淋浴并投入大量金钱来买淋浴设备的人，然后将他们与讨厌淋浴而且只是随便洗一洗的人作对比。

您可能会发现，极端用户的行为和欲望更加明显，这种行为和欲望在典型用户中也有呈现，但会隐晦一些。您也会发现，多样化的参与者比特定群组提供的机遇更广泛，不过特定群组的研究更深入。

参与者招募

有了资料之后，需要找到与之相匹配的人。第 6 章中有关于招募的完整介绍，但这里需要提前介绍一些事情。

首先，决定想考察多少人。数字取决于您分配给研究的时间以及可用资源。我们认为，对快捷项目来说，设计师金•古德温（Kim Goodwin）建议的每个重要因素分析 4 个目标受众是一个很好的开始。因此，如果对淋浴感兴趣，您可以采访 4 个经常淋浴的人和 4 个不喜欢淋浴的人。

如果您有更多的时间，每个因素 5～8 人的分析会让您充分了解一大群人是如何工作（或娱乐、购物、产品聚焦的任何功能）的，这对第一轮调查足够了。如果发现调查结果没有达到目标或是对第一轮结果不满意，那么还可以安排第二轮。

日程安排

确定候选人后，需要安排时间对他们进行访问。观察研究期根如果没有足够的时间、预算或团队成员来完成您认为必要的所有访问，就需要重新审视研究计划（参见第 4 章）并重新考虑如何回答研究问题。或者看看是否需要重新设定项目目标。

据课题的长度和需要收集的附属信息量从几小时到几个工作日不等。日程安排最重要的标准是，当您在观察时，人们正在进行的各种活动应该与研究有关，可能需要商定一个时间表，确保他们在进行相关活动的时候您可以到场。您可能需要请他们等您到了之后再开始。如果做一个现场的访谈（而不是一个完整的观察活动），可能只需要花一两个小时。

如果对某项由多人完成的复杂活动感兴趣，最好组织一个两人以上的团队分多天进行访问。这样，可以对人们如何协调工作有一个更完整的了解。在观察日，至少要和其他观察人员碰一次头，分享所见所闻，对参与者的行为举止方式进行讨论。

由于研究是现场进行的，所以在前期应该给参与者一些交代。开始前要告诉他们研究的总目标、研究时间的长短、使用的设备以及您希望观察到哪些活动。这些说明不必太过具体（实际上，去掉细枝末节的问题会得到更自然的答复），但它们应该传达出您想了解的问题。这样可以最大限度地减少您和参与者双方不必要的尴尬。在拍摄照片或录制视频前，要获得所有参与者的同意，所以最好提前澄清文档计划。最后，要求他们不要为您的到来做什么准备。有陌生人到场时，大家往往都会收拾一下自己的生活和工作空间，所以您要明确表示，重要的是让您看到他们的日常环境，包括缺点在内的所有状态。

在办公环境中进行研究，通常必须获得许可并签署保密协议。某些时候，在确保匿名的情况下是可能进行地下调查的，但这么做确实会带来道德和实务性的问题。如果不告诉别人自己的身份是研究人员，则说明您基本上是在偷窥他们，这样就侵犯了他们的隐私。更实际地考虑，实地访问在窥视的情况下是很难完成的。人们不可能察觉不到有陌生人在旁边拿着视频摄像头拍照并同时专心做笔记。如果怕您的访问令人感到惊讶，就让您安排好的参与者告诉应该知道的每一个人您的到来并尽早拿到您需要的所有表单。

给每个参与者的报酬应反映观察的长度。这意味着大多数的访问价位在 100～200 美元之间。有些公司可能对这种支付给员工的报酬有限制，这应该提前确定（被调查公司正是委托研究的公司时更可能出现这种状况——像内联网或内部软件项目）。

如果在一家已经做了很多市场和用户调查工作的公司工作，您应该事先问好是否存在有关支付研究参与者费用的政策限制。有些公司喜欢发放现金和其他用现金等价物，如储值卡。这种支付的记账方式也因不同公司而有差别。一些使用签名作为收据，其他的则希望有一个单独签署的收据。提前了解这些规则，会让大家在项目记账方面轻松很多。

请记住，参与者让您进入他们的家和工作场所已经是在帮您的忙了，如果不可以支付现金，那么一个小礼物也会让人倍感亲切（尽管不是政府机构或受管制的行业）。后续访问也应有相同的待遇，除非您与参与者提前约定一次性支付（在这种情况下，它应该反映总花费时间）。

了解工作领域

为了了解人们在做什么并正确分析所收集的数据，您需要熟悉他们的工作。这意味着要了解术语、工具和工作中可能用到的技术。不必知道他们工作中所有的细节，但应该大致了解其工作领域。

如果对某些活动和领域一无所知，可能需要先做一些初步的研究，然后再开始考察。专家们用来互相提供建议的线上论坛或讨论板块，可以帮助您熟悉日常生活中的条款和关注点。个人摄影网站中的共享快照可以反映他们的日常生活，对您访问任何不熟悉的环境会有所启发。在做一些初步阅读之后，就会对这个领域有一些感觉。可以进一步咨询一些与此项目无关的专家，了解一些这个领域工作的基本知识。他/她不必进行复杂的技术解释，只要能保证您熟悉这个领域即可。

如果可能，亲身尝试执行一个典型任务。这是参与观察最基本的形式。如果它需要一定的技能，您可能需要先学习特别工具和设备的使用方法（这适用于制作披萨之类的东西，但不适用于大脑外科手术）。您可以花几个小时看看软件和培训手册。有时候，可以尝试用类似的但更容易的活动来开始这段体验之旅。例如，要观察生物实验室的研究人员，可以测量并记录泡茶的整套过程，就好像他们在滴定一杯溶液。当然，泡茶不是生物实验，但是这能帮助他们把自己放在一个需要记录工作每个细节的人的角度来体验工作过程。如果正在研究的环境技术性很强，就要求提供一名技术支持或质量保证员陪您一起执行一些典型的任务，看看他们作为内部专家用户是如何执行的。

在一般情况下，怀着"初心"是比较好的，即使您认为非常熟悉，也可以假设自己对这个课题和受众认识不够。这样，可以让自己对细节更敏感，否则可能认为它们都是想当然的而忽略掉。如果您准备研究一个明显陌生的文化圈（也许是不同语种的人群，生活在不同的国家或信仰传统不同），可以看一看第 13 章中对跨文化和全球性研究的介绍。

明确自己的预期

在做研究准备时，应包括明确预期。写下自己期望人们何时以什么方式用产品做重要的事情，您期待他们对特定因素有怎样的态度。这个工作可以与开发团队的其他成员一起进行，要求他们分析您希望看到的具体行为。在现场时，在脑海中保持这些场景。当看到与期望不符时，要抓住时机进行更深入的调查。当您明显不是唯一一个希望有新发现的人的时候，这点特别重要，就像前面所讲的卡车司机打字的例子。

为访问做准备

除了所有与研究相关的准备，在离开舒适的办公室之前，还需要做以下准备。

有些人会告诉您在观察中要采取"中立"或"公正"的角度。但是，我们认为纯客观性是一种不切实际的期望。每个人都有过去的经验和对未来的期望，这会影响他们的世界观。做人就是这么一回事！与其徒劳地努力摆脱自己的个人信念和喜好，还不如顺其自然。让他人和自己认识到您对这个项目的期望，然后积极努力避免。这样一来，您就能以更加开放的头脑投入每一个新的项目并接受它的种种可能性。

有时候，现实生活中的情况完全不符合您的期望。您可能期待的是一般情况，比如，平凡的一天，使用着日常的工具，结果发现现实情况截然不同，比如出现主系统瘫痪的危机或者员工加班加点赶工期。

在这样的情况下，注意意外情况是如何化险为夷的，并与期望的情况及其他经验相比较。如果情况非常特殊，比如每隔五年才发生一次，或者您正访问的人已经开始从事与您的研究不相关的工作，试着让他们描述他们的常规工作，这也许与他们在做的事情恰恰相反。如果具体情况离您的目标太远，就再重新安排访问时间，等他们从事相关工作时再访问。

- 列出要携带的一切用品，铅笔、知情同意书和笔记本。提前一个星期开始准备列表。接下来，只要想起别的东西，就立即把它添加到列表中。访问的前一天，确保备齐列表上的所有物品，如果没有就马上去买。在访问的当天，一边将东西装入背包或汽车，一边划掉已装好的物品。

- 准备两倍用量的媒介许可和/或同意书。在实地访问中，参与者的人数可能会超出您的计划，如果得不到他们的同意，您将无法共享他们给您带来的惊喜。

- 将所有您需要的东西和将支付的酬金集中在一起，放在一个可以随身携带的普遍大信封或者小袋子中。

- 知道如何使用设备。建立一个测试点，以便可以提前模拟用户的工作环境。提前一两天到现场设置好器材：把所有电源线插上电源，三脚架展开，相机打开，所有笔记本电脑设定好。然后把它们拆除，再重新安装一遍。用一组好的耳机来检查录音质量。高质量的音频可以区分出有用文件和无用文件之间的差异。

- 设备供应充足。准备一款多个输出口的延长线，额外的录音设备，两个额外的纸垫，多带一些笔。要做好记录卡失效或者访谈过程延长而笔记本不够的准备。为每个需要换电池的电子设备准备备用电池。

- 计划用餐和汇报时间。几个小时的持续观察会让人口渴但又因为担心错过访问过程的关键时刻，所以不能来来回回地从办公室到饮水机喝水。带几瓶矿泉水并计划好在过程间隙用餐。建议和参与者一同用餐，这可以营造一个轻松的氛围，让您了解他们的工作背景。

警惕摄像的滥用

视频可用于捕捉环境和行为中的细节。它用不着达到好莱坞的水准，只要能作为报告的一部分与开发团队分享即可。

然而，以下原因决定了视频要小心使用。

- 视频给人的印象是"它是客观的，能对发生的事实进行完整记录"。这并不准确！视频只从一个角度记录，即录制者的角度。作为补救措施，信息架构研究员乔纳森·比恩（Jonathan Bean）的建议是另外给参与者发一个摄像机，使参与者能够从他/她自己的角度进行拍摄。
- 管理摄像机（移动相机的位置，调整焦距，等等）实际上会妨碍您看到您希望看到的东西。不要因为太专注于录像而忽视提问和随机做出某项决定。最好安排一个团队成员作为摄影师，另一个侧重提问和深入的观察。这样做可以解决上述问题。
- 录制视频可能并不适用于所有场合，尤其是保护隐私是首要任务时或者不可能取得同意书时。例如，在医院里，您可能需要寻找视频的替代品，迅速而详细地进行文字记录。
- 视频需要花很长的时间进行分析。很多人花很大力气拍了好几个小时的视频，最后发现根本没有时间看。在投入大量时间拍视频之前，要理性地分析一下这些视频以后是否有利用价值。

建立关系

如果要和参与者进行讨论，一个最重要的环节就是与他们建立融洽的关系。"融洽"在这里是指一个舒适的工作关系。它并不一定代表友谊，但它确实意味着人们不应该害怕您，对您的出现心怀敌意。如果感到恐惧或敌意，试着找出原因。您可能需要对自己的所作所为进行一些解释。（应该避免的角色如下所述）。

要观察人们在自然状态下的活动，就要以人们可以接受的方式介绍自己的访问架构，这可以帮助您更好地完成工作。

正如休·贝耶尔（Hugh Beyer）和卡伦·霍兹布拉特（Karen Holzblatt）在他们的经典著作《情境化设计》（*Contextual Design*）中指出的，观察性研究或他们所称的"情境调查"（contextual inquiry）往往遵循以下两个主要模式。

1. **师父/学徒模式**。此模式将您比喻成徒弟，而您所观察的人是师父。您通过观察来学习他的技艺。学徒可以间或地问一些问题，师父也可以就某个关键点进行解释。但师父的主要角色是完成工作并在做的过程中叙述他所做的一切（不用过脑子思考或解释为什么）。这使"师傅匠人"可以将精力集中于细节上，避免概括化和一般化。一般化会掩盖一些可以帮助了解人们真实工作和生活的关键细节。

2. **合作伙伴关系**。这种模式是对师徒模型的扩展。访问者在跟参与者的"合作"中发现工作的细节。合作伙伴通过提问来发现工作的方式和问题。经过讨论，参与者清醒地认识到以前工作中自己忽视的部分。尽管这可能会改变参与者的行为，但也可以提供重要信息。

在这两种情况下，随意提问，不要怕自己的问题浅显、愚蠢或幼稚。这种问题可以帮助推翻自己之前想当然的假设，深入挖掘经验体会，让参与者重新审视他之前认为您已经了解的内容。

还有下面几个应该加以避免的模式。

- **面试官/面试者模式**。通常情况下，面试者会根据面试官的问题来透露信息。除非被特别问道，否则面试者是不会自觉陈述细节的。这不是我们所谓"访问"的目的。让参与者的工作和想法来驱动访问过程。如果发现自己变成记者，在参与者开口前对他进行了某种引导，那么请做个深呼吸，给对方一些时间发表和陈述意见。

- **专家/新手模式**。虽然您可能是设计方面的专家，但参与者也是他自己领域的专家。贝耶尔和霍兹布拉特建议："一开始就要正确设定客户的期望，向他们解释您要聆听和观察他们的工作，因为只有他们熟知自己的工作实践。您并不是去帮他们解决和回答问题的。"应该明确，我们的目标不是解决这些问题，而是想知道存在什么问题以及他们自己是怎么解决的。如果参与者向您咨询专家意见，就技巧性地转移问题。例如："您将如何采取行动？"

- 同样，您也不是**投诉部门**。当然，您的目的在于了解不同产品的挫折和使用方面的困难，但在这方面花太多时间就使您转变成了技术人员。根据您与客户和参与者之间的关系，您也可能让自己陷入困境。设计师金·古德温在《数字化时代的设计》一书中写道："千万不要将所谓访问的销售人员踩在脚下，这可能破坏公司与客户的关系，进而完全破坏销售团队对您的信任。"

- 不要把自己当客人。您的舒适度不应该是关注的焦点。您的目的是了解他们如何工作，而不是享受他们的热情好客。但一定要灵活。如果一开始他们对您很客气，就继续，使参与者感到舒适。之后，尽快让他们关注自己的工作。

- 另一种需要避免的是充当"大哥大"，不应该评价或批评别人的表现。这点要尽可能明确。如果他们感觉如此，就不会像往常一样行事。此外，如果参与者是应公司的要求而参加您的研究，就会让人觉得您是在那里偷偷摸摸地监视他们。明确强调，您的目的并**不是**评估他们的工作业绩。如果可能，让公司允许您自己联系并安排参与者，而不是让公司的上级下达命令。

安排时间结构

实地访问有以下三个基本组成部分：

1. 介绍
2. 主要观察期
3. 收尾

介绍

安排介绍和热身的时间。在这段时间中，参与者和观察员彼此

有时，管理人员可能在不告知员工的情况下，要求您对特定员工及其工作表现进行描述。在没有告知和明确同意的情况下对其行为和意见进行报告始终是不道德的。它违反了您在访问开始时所做的所有保密承诺，甚至还有可能违反劳动法。更不用说，您的首要义务是尊重研究参与者对您的信任。在这种情况下，要和管理人员解释清楚这当中涉及的伦理和法律问题。

适应并对此次观察建立期望。签署保密和知情同意书，描述项目的细节，并调试好设备。

请确保图像和声音记录的质量，不要在观察过程中再调试设备，因为它会分散大家的注意力。

如果要做笔记（通常情况下会这么做），记得向参与者展示您的记录，并解释您要记录哪些内容。如果突然打开一个笔记本，在没有任何警告的情况下开始奋笔疾书，可能会让人有点紧张。

大概说明一下您想要了解哪些方面，强调自己的观察员和学习者身份。提醒参加者讲述他的行为，但不用做过多的解释。

如果只是在他们工作的时候"如影随形"（shadow），则不需要或不希望自己安排日程。例如，护士轮班有自己的节奏，从一开始的交接，整理安排药物和几个小时的治疗干预，到周期性的图表记录，再到最后的另一个交接。此时研究人员的工作只是简单地跟着护士，记好笔记，并把问题留到合适的时间再进行提问。这同样适用于更短的活动，如做晚餐或下班回家。

在介绍性的谈话中，可能要问一些一般性的问题，了解参与者是什么样的人，他的工作是什么，他要执行什么样的任务。

让参与者形容一下他最后一次做现在手头工作时的状态。例如，如果您正在观察某人工作，就询问一下前一天的工作如何。发生了什么？是平凡的一天吗？参与者做的事与那一天契合吗？不要太执着于弄懂他为什么那么做，将注意力集中在行动和顺序上。

主要观察期

在**主要的观察期**内，在参与者工作的时候，您要跟随其后。这一阶段至少占整个观察期的三分之二。

大部分时间应该花在观察参与者的行为，他们使用的工具，使用的方法。首先，要求他们解释一下他们在做什么，就像给学徒讲解那样。也就是说：要足以向学徒清楚说明发生了什么事但又不至于中断工作的流程，然后告诉他们可以开始工作了。作为徒弟，您可能偶尔需要一些解释、说明或操练，但尽量低调一些。将自己的

我们使用"行动"（action）这个词来描述完成一项任务中的某项单个操作。在大多数情况下，它仅需要几秒钟，适应一个单一的简单的想法。行动的集合体就是任务本身，也就是一个满足高级别目标的动作群。任务的范围很广，一个任务可以简单到填表，或复杂到挑选出一辆汽车。更多信息请参阅第17章。

记住，观察员的角色是观察过程的重要组成部分。这就是为什么花洒喷头的研究人员希望认为淋浴舒适的人在观察中裸体进行。如果感觉您观察的人在您不看他们时有另外一套做法，就向他们询问。问他们现在的做法是否本应如此，或者实际究竟怎样？如果答案是否定的，就要求参与者向您展示实际情况，即使他或她说："这'非常复杂'或对此'不感兴趣'"。

只要人们需要，就务必提供隐私保护。告诉人们，如果观察时有电话或会面是隐私的，请让他们告诉您。或者如果正在讨论的信息是商业机密，此时就应该停止观察，直到他们告诉您可以重新开始。当这种情况发生时，选择一个可以休息的地方（附近的会议室或食堂）并让他们在访问可以继续进行时通知您。

问题记下来，找时机私下问。

收尾

当工作完成或时间已到，主要观察期就结束了。立即跟进深入访谈和提问对研究很有帮助。施乐帕克研究中心（Xerox PARC）的高级科学家维多利亚·贝洛蒂（Victoria Bellotti）曾经如是说："在与实际工作者交谈之前，您永远也不会明白到底发生了什么。（后续）访谈……会让您理解之前可能看起来很奇怪的或微不足道的东西。"

在某些情况下，打断别人可能很不合时宜（如果观察外科医生或股票交易员，这可能适用于整个观察期），在其他情况下打断任务流可能会带来问题。但要尽可能在这些参与者还记忆犹新的时候进行提问。

可以从检查在那一天都学到什么东西开始。为了让人们重温记忆，甚至可以拿出您的视频，播放您希望他们描述的过程（但这只适用于您能很快找到特定视频的情况。因为您的时间是用来提问的，不是用来摆弄摄像机的）。

如果在分配好的时间里有太多的问题或者如果参与者太忙，那么安排另一次会面用以提问，最好尽量安排在第一次观察结束后的一两天以内，因为人们的记忆会很快消退。

在收尾的时候，请参与者从他的角度谈一谈此次访问的体会。有没有他想到但您没有问的问题？有没有让他感到焦虑的地方？有没有他希望改变的环节？有没有您可以改变做法的地方？

想发现什么

很多研究项目都会事先设定明确的研究问题。但是，您不能一门心思寻求答案以至于忽略别人试图传达给您的内容。这可以很容易感觉到，因为您没有看到您所期望的，看到的都没有用。其他时候，您会觉得周围发生的新事物太多了，无论您关注什么，都觉得好像错过了一些重要的事件。大部分时间，由于您不能同时关注所有的事情，所以您所收集的数据反映的是最初您希望解决的问题与观察过程带给您的体会。

如果事情没有按照您期望的进行，就没有必要坚持原计划了。也就是说，有一套新的组织系统帮助您尽量从访问中有所收获，甚至在您面对毫无兴趣的情景时。惊喜的感觉是让您知道您已经以开放的心态进入项目，而惊喜是一种宝贵的学习经历。

AEIOU 框架

德布林（Doblin）集团的电子实验室在 20 世纪 90 年代为实地访问的数据分析开发了一种很有帮助的组织框架。以下是人种学家克里斯蒂娜·瓦森（Christina Wasson）对观察和追踪时涉及关键词的描述，对研究很有帮助。

- **活动**（A，Activitiy），即目标导向的一系列行动，也就是人们要完成的任务。
- **环境**（E，Environment），即活动发生的整个场所。
- **交互**（I，Interaction），即一个人与其他人或其他事物之间的相互作用，这种相互作用是活动的构成要件。
- **对象**（O，Object），对象是环境中的一部分，是在复杂情况或意外时使用的关键元素，用于改变功能、意义和内容。
- **用户**（U，User），即消费者，那些输出行为、喜好和需求的人。

当您刚开始进行观察，需要对周围发生的事情进行分门别类时，AEIOU 框架是特别有用的。

情境调查

贝耶尔和霍兹布拉特的**情境调查**框架可以指导您进行一个更直接面向任务的观察。他们建议观察人们工作时关注四种信息。这些元素中可能有即兴的，有正式的；有用来共享的，有单独使用的；有具体的，有宽泛的。

- **他们使用的工具**。这可能是一个正式的工具（如专业软件），也可能是非正式的工具（如潦草的笔记）。无论工具被有意使用还是被禁止使用，都要记录下不同工具是如何相互影响的？

- **行为发生的顺序**。完成工作的顺序可以反映参与者的想法。工具或者办公室文化是否暗示某种既定规律？这种规律什么时候起作用？有并行执行的事情吗？某个任务是一个持续的过程还是分环节间歇完成的？中途中断对整个过程会产生怎样的影响？

- **他们的组织方法**。人们有时收集一些信息是为了方便，有时是必须如此。组别可能是共享的，也可能是个人独特的。目标受众如何对他们使用的信息加以组织？以重要性为标准？如果是这样，重要性是如何定义的？以是否方便为标准？排序是否具有灵活性？

- **他们有什么样的互动**。所谓重要的角色对象是什么？是人？是过程？共享的信息是哪些（输入和输出各是什么）？相互作用的性质是什么（信息、技术、社会等等）？人们对这些互动的期望是什么？他们得到的结果是什么？

这些框架是完全兼容的，您可以使用一个或几个，或者自己搭配。但是，时间和精力总是有限的。这里有一些提示和技巧来达到观察研究的最优化。

（更加）重视环境

人们的工作和娱乐的空间对理解人们的生活方式至关重要。但是，学习仔细观察这些场所并非易事，因为我们已经把太多事情当成是理所当然的。观察的一部分就是将普通的地方陌生化，把自己当成陌生人一样去观察它。当然，我们一般把重点放在学习如何提问和解释答案上。这本来无可厚非，但有时会使我们的注意力集中于人们的话语上，而分散我们对周围空间上的注意力。

来到一个新的地方后，首先应做的事情之一是检查周围的环境，特别是看似关系到与接下来活动中要用的工具。具体如下所示：

- 光照值
- 温度
- 灰尘、污垢和水分
- 噪音值
- 垃圾及其他使用过的痕迹

这些都是重要的设计考量因素。除非有特别保护，否则数字设备对热量和湿气是很敏感的。在非常嘈杂的空间里或者某个本该安静的地方所做的录音很可能被报废。在日光过强的地方所拍的视频可能也因为曝光太强而无法使用。碎片和其他垃圾会告诉您人们曾在此聚集，尽管现在此地空无一人。在领域学习中，您可能会接触到其他相关的因素。试着让自己的触觉、嗅觉、听觉和视觉敏锐一些。您所看到的和听到与其他感官的感觉一致吗？

接下来，检查环境的物理布置。人们的居住场所是他们之间以及他们和周围对象之间相互关系的信号。环境可以反映人们在意什么，庆祝什么，不喜欢什么。环境还在人际关系方面影响着人们，这些关系可能比热气和尘埃更难以发现，所以把您看到的作为后续问题的基础。在观察期间要思考以下问题。

- 人们有多大的空间？他们很拥挤还是屋里还有空着的地方？哪些地方比其他地方有更多的东西、人、噪声、光等？
- 空间是向所有人开放的，还是被分隔开的？
- 哪些人可以随便出入？什么东西要清除干净、锁起来或藏起来？
- 哪些地方限制访问，谁可以进去？您怎么知道自己不应该进入？

作为快速启动练习，走进您自己的浴室。放到浴室柜子里的物品和放在水池边的物品有什么不一样？再进入您的卧室。您和别人共用一个卧室吗？如果要进行区分，您们每个人的私人物品如何区别？现在，走过厨房。它的布局和一个家庭的有什么不同？这样的

您对物理环境是否满意并不代表研究参与者的感觉。用户研究吸引人的部分就是洞悉人们如何以不同的方式体验相同的现象。

区别对您的使用有什么影响吗？

此外，您还需要了解人们如何保养必要的工具。您应该事先有一些猜测，尝试进行验证。例如，别人可能告诉您技术支持是不重要的，但实际上，您会看见大家被一些他们从来不报告的问题困扰着。潜在的工具和困难的范围非常宽泛。例如，这里有一些可能与电子产品设计（特别是电话和便携电子设备）有关的建议。

在窥探他人私人空间之前要获得许可，但也不要不敢问。您并不是（或单纯）想多管闲事。这是工作的一部分。但是，如果别人犹豫不决或倾向于保护个人隐私，就不要勉强。这时，可以委婉地提一些问题，例如："房子的哪一部分让您感觉最舒适？"

- 人们在工作中使用自己的设备吗？或者，雇主是否自己提供工具并在损坏时进行修理？
- 是否有稳定的电源供给？网络供给呢？
- 大家如何补充消耗品，如电池或纸？

像互联网、是否可打印和电源等这些资源是可以目测的。其他的资源，像用电的可靠性、装备的所有权和技术支持等，则可能需要开口询问。

如果正在规划一个时间跨度很长的访谈作为观察家庭或工作场所的一部分，要确保安排一些时间观察参与者的日常环境。可能还需要请人绘制环境地图（参见第 8 章）。然后可以使用这些地图将参与者的故事描绘出来，体会空间对他们的含义。

找出变通方案

顾名思义，变通方案是指对一个特定问题的非正式和特别的反应变成一种现状的情形。一盏灯需要一直开着，所以开关被固定在"开"的状态，这就是一种变通方案。大家为了每个人都可以使用限制性数字资源而共享密码，这也是一种变通方案。人们为了让电脑显示器适应眼睛的高度而将大厚书垫在它下面，这还是一个变通方案。

变通方案通常比明显的失败和挫折更难发现，因为它们代表已经被解决的问题。但是，那些解决方案却可能会造成其他问题。也许针对某个问题，还有更合适的解决方案，但是已经采用变通措施的人没有想到或者无法提供。又或者，这种变通方案很好，可以普及使用。

然而，变通方案的存在本身就说明**曾经存在问题**。但由于问题马上得到了解决，所以参与者可能已经忘记了曾经存在过问题。变通措施是体现实地访问非常有用的主要原因之一。让小组成员识别他们已经忘了的曾经存在过的问题是相当困难的。

变通方法有以下这些迹象：

- 将一些事物用于意想不到的用途（例如书堆）
- 普遍、临时、公认的不遵守规则（例如共享密码）
- 临时的物理干预（例如固定开关）

当您看到类似变通措施的情况发生时，询问一下它是如何发生的。这可以让您洞察到一些问题的根本。

收集实物

当我们提到手工实物（**artifact**）时，我们指的是人们使用的、帮助他们完成任务的非电子工具。记录和收集手工制品非常富有启发性。例如，如果您对人们如何计划活动感兴趣，可以将他们的日历拍下来，看看上面记录的日程安排，或将他们对共享日历的使用记录下来，比如许多办公室白板上写的那些。如果您很想知道他们如何买吃的，可以收集他们的购物单，并且将他们在超市里购物时所做的事情都记录下来。即使一些东西可能与您的项目无关，也要注意活动中的所有"手工制品"。在外科医生手术后或许不必收集他的文件，但一定要记录他是如何整理文件的。

有时，在查看或收集手工制品时会遇到隐私问题，例如在卫生保健环境中。然而，伪造的医疗表单或医生的笔记也不符合要求。因为它可能会被理想化，失去某些零乱而真实的多样性。要求观察参与者的真实工作，然后用空白表单作为提醒，记下信息是如何组织的。

在询问变通措施时，尽量不要以审查或指责的口吻，特别是在参与者打破规则（例如共享密码）时。如果他们认为回答您的问题会惹来麻烦，是不会帮助您的。

请务必在复制或收集手工制品前先征求他人的许可。

做笔记

如何做笔记是需要提前考虑的一个关键问题，即使在观察过程中已经安排录制视频和音频。我们发现，在把注意力放在参与者言行的基础上偶尔记下笔记效果不错，但后期还是要观察录像带，得到更有价值的内容，捕捉微妙的互动。另一些人建议在现场多做笔记，把视频仅作为备用。

做笔记不仅和您自己有关，还影响着您和参与者的关系。如果把过多的精力放在写字上，会对访问产生很大的负面影响。由于关于倾听的礼仪不同，访谈时我们要适当地表达我们的注意和尊重。注视别人的眼睛，面带微笑，面对别人，所有这些都能表达尊重。如果您一直低头只看笔记本，参与者可能会认为您并不关心他们在说什么。您也将错过许多有意义的身体语言及深入了解他们的机会，因为有时人们说的话与他们说话的方式是不完全匹配的。

要用一个明确的方法来突出后续问题。一种方法是把它们单独写在一个地方。另一种方法是将问题分散地记在笔记中，但做上标记，以便很快再次找到它们。

还需要将您直观看到和听到的与您对它们的解释明确区分开。将观察所得和您的个人解释混为一谈会导致不准确的分析结果，因为很容易使您陷入自己的偏见当中。避免这个问题最简单的方式是明确区分不同类型的笔记，您可以采取以下做法。

- 在纸的一面写观察笔记，另一面写您的解释。
- 将解释用括号、星号或其他符号标出来像[这样]或**这样**。
- 使用不同颜色的笔或铅笔。

这里有一小段实地笔记的例子，出自某个健康保险经纪公司。该公司使用已有的在线系统创建了一个征求意见书（request for

做笔记时不要太花哨。事实上，要尽量简单、便宜、耐用。研究人员最常用的还是笔和纸。

proposal，RFP）。

> 查看纸质版的[需求总结]表，找出想要覆盖的部分。
>
> 用钢笔或签字笔圈出覆盖部分。
>
> 切换到计划搜索屏幕。
>
> 打开一个新的"搜索"窗口。
>
> "我知道我想要一个包含5/10药物90/70的计划，但要找到所有90/70计划。"
>
> 在不回看表单的情况下键入计划的细节。**因为他特别熟悉表单？**
>
> 查看搜索结果页面。
>
> 指着置于顶部的计划："安泰保险公司有一个90/70，包括脊椎指压治疗，所以我以他们的计划为基准，这足以让我了解RFP回报。"
>
> 点击安泰计划查看全部细节。
>
> 用浏览器的打印命令在大厅（距离此处三个办公格间）的打印机上打印计划的详细信息。拿回打印材料并把它们放在需求总结表上。
>
> 想了解近期类似报价的细节。
>
> 回到搜索结果页面。浏览搜索结果，点击蓝盾计划。

为什么不能只是提问题

实地访问比其他技术更花时间和精力。观察性研究会产生大量的数据，接下来我们还要分析这些数据。此外，尽管人机工程学、产品设计和信息系统设计有很长的、非常成功的历史，但习惯采用问卷调查和使用性实验室的人对它们还是很生疏。所以人们提出"那么，为什么您不直接问别人他们想要什么？"等类似问题是可以理解的。

本章已经简要涉及这个问题。现在回来继续讨论是非常重要的，因为人们对这些有计划的观察性研究存在着很多共同的疑虑。

企业人种学家布瑞吉特·乔丹（Brigitte Jordan）和布琳达·达拉尔（Brinda Dalal）在他们的一篇文章中花了很多笔墨来描述这些问题并做出了相应的解答。

"这要花太长时间"

有很多东西可以从实地访问中获得，即便只有一个下午的时间。您可以从一次短暂观察中所获得的内容为访问受众家庭争取更多的资源。

"这需要太多成本"

现在的问题是"与什么相比？"现在预算是如何花的？提前做一些实地访问可以避免将大量的时间和金钱浪费在人们不需要的或使用性不好的产品上。乔丹和达拉尔的建议是，让客户或管理人员表达他们的担忧，这样您就可以进行具体的阐述，这种做法实际很有帮助。您可以让他们谈论一些失败的项目，谈谈这些项目如何不符合现实需求而导致开发后期如何花巨大开销进行修改。

"不用麻烦了，我们用市场调查和焦点小组会更快、更便宜"

传统的市场调查和用户研究是相辅相成的。市场调查试图体现潜在消费市场的大小，旨在推动业务决策。为了完成决策，市场调查需要一个明确的产品。实地访问是我们用来设计产品的工具之一。

焦点小组和问卷调查很有用，但它们很容易产生诸多偏见。首先，人们并不善于记住和报告有关自己行为举止的所有细节。其次，事实证明，人们基本上无法很好地预测他们将来要做什么。以复杂的个性化特征为例。许多产品团队一直困惑，为什么很多受访者都声称需要这个产品，之后却没有一个人真正使用。

原因很简单。理想情况下，人们喜欢产品能够完全符合自己的喜好和需要。但实际的调整过程远比预想的困难。因此，尽管受访者确实喜欢服务按照自己的爱好定制，但当他们面对真正的定制时，却宁愿放弃而使用原来的服务。观察性研究有助于您更好地感觉到人们究竟准备做哪些工作。

"我可以亲自去看一会儿吗？"

如果客户和其他团队成员可以亲自感受他们设计的产品的使用环境，那么对他们的工作是很有帮助的，尤其是他们对这些环境不熟悉时。但是，我们相信您已经开始意识到，用户研究需要花费精力，并需要专业的知识。实地访问可能看起来像"闲逛"，但是观察、分析和交流结果则需要严谨的思维和技能。有时，您可能需要找一个提问者信任的人来解释（如果可能的话，写出来更好）为什么实地访问不只是"看一会儿"这么简单。

"不能一概而论！"

时间和预算的限制也确实意味着观察性研究包含的例子有限。一般来说，实地访问包括多个站点来寻找共同模式，同时研究人员会挑选一些典型的和非典型的事件来检验他们所看到的是典型的。但真正的问题是，研究需要多大程度上的一般化？乔丹和达拉尔指出，通常情况下，研究并不需要太一般化。例如，这项工作适用于所有的呼叫中心？或者只是适用于这个行业的呼叫中心？或者只适用于这一家公司？

"您能给我什么结果呢？"

在这点上，乔丹和达拉尔认为，实际上可以分为好几个问题。其中一个牵涉到投资回报率以及在时间和金钱上获得量化回报。

换句话说，这关系到实地访问产生的可交付成果及其分享方式。在这种情况下，需要讨论得出如何根据设计师、营销人员、工程师和业务人员的实际需要来分解信息，促进开发效率的最大化。

结语

明显的东西有时并不总是显而易见的。明显的事情并非随时浮于表面上。

——摩恩公司营销总监杰克·舒瓦克（Jack Suvak），《华盛顿邮报》

我们进行实地访问正是因为赞同舒瓦克所说："明显的事情并不总是显而易见的。"事实上，只有通过缜密的观察和大量的分析，设计方向往往才能日趋**明朗化**。本章概述了第一部分——人种学家称为"实地工作"而我们所称的"实地访问"。实地访问属于劳动密集型工作，但它可以帮助形成其他技术无法重现的一般见解。

实地工作方法

1. **与工作保持紧密的联系。**实地工作者应该努力与工作发生地保持紧密的联系，直接观察人们工作的实际情况。

2. **不要忽略琐碎或无聊的事情。**重要的是打开心灵去看、听、闻、感觉，尽可能忠实地记下自己的感觉。

3. **只观察不干预。**知道什么时候该提出问题，什么时候应该静静地听。

4. **像学徒一样站在学习的立场。**把参与者当成老师。如果是您做这项工作，您需要学习什么，能够做什么？

5. **总有一些新鲜事。**将周围发生的事情放在心上，即使它与研究看似不相关。

6. **思考收集到的数据。**不要只是追求收集更多的数据，要消化。小型实地工作也需要花很多精力。

改编自《组织人种学教程》（*Teaching Organizational Ethnography*），作者 Nozomi Ikeya，Erik Vinkhuyzen，Jack Whalen 和 Yutaka Yamauchi。

第 10 章

日记研究

亲爱的日记……

想象一下，假如您想广泛了解人们是如何开车上下班的。数天、数周甚至数月亲自跟随所有这些人从他们家到工作场所将花掉您所有的时间，更不用提这样做可能会激怒他们。这个问题并不罕见。保守地说，在大多数情况下，某个流程或某个活动并不会只发生一次，也不会发生在容易观察的地方。

解决这个问题的办法是使用日记研究。日记研究（diary study），顾名思义，要求一组人按时报告他们的活动。日记作者追踪记录了几点：犯了哪些错误？吸取了哪些经验教训？使用产品的频率如何？以及任何其他与调研项目有关的内容。日记作者还会通过记录其周围的地点和人群，让您对他们的生活有一个大体的了解。

让人们追踪他们自己的进程，可以让您以一种非打扰的视角探测他们的体验，而不必实际观察好几个月。日记研究提供的反馈能揭示特定模式，而且即使不怎么进行分析，这些模式也不会被弄错。它们可以帮助观察罕见的或简短的事件。此外，它们可以缩短事件发生与其被记录在案的时间差。记忆是很不可靠的，但日记研究可以。

日记研究也是为数不多的、适合不同地理分布的定性研究方法之一。不出办公室，就可以拿到全国（或全世界）的人们所做的完整日记。这可让您的研究全球化，可以探寻文化和地理差异对用户体验（对产品）的影响。并且，日记研究不像日志文件分析（第16 章）和远程使用性测试（第 11 章），它可以帮助您在线上线下持续观察活动。

　　例如，在 2011 年，贝宝（Paypal）用户研究团队的比弗利·费里曼（Beverly Freeman）进行了一项针对管理费用的线上日记研究，以便更好地了解保姆、护工和小企业员工如何与其雇主谈薪酬。全美参与者线上完成的活动包括与朋友分享照片和评论各种行为，如与人沟通、支付费用和获得报酬。费里曼告诉我们："因为这些行为的主体角色各异，时间和地点（线上与线下）也皆不相同，所以实践证明，日记研究是揭示现在社会状况的好与坏甚至丑陋的最实用的工具。此外，投射练习（projective exercise），如'请拍一张照片来反映您在管理费用这件事中所处的角色'可以将主题的情感侧面具体化，这实际上已经远远超越了单纯的金钱交易问题。"如图 10.1 和图 10.2 所示。

图 10.1　跟踪媒体使用的纸质版日记研究小册子。图片来源于 Adaptive Path

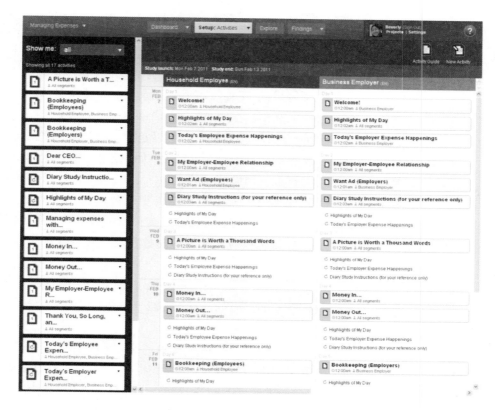

图 10.2　使用 Revelation 在线研究工具进行管理费日记研究。图片来源于贝宝

何时进行日记研究

　　日记研究可以跟踪产品的使用、记录特定的活动或者跟踪具体的体验。因此，它基本发生在产品开发周期的两个主要的地方。在设计初期，日记研究可以帮助跟踪行为和活动。它可以帮助划定调查的范围或为以后的深入访谈打下基础。过程进行中，日记研究可以为一个工作蓝本做扩展性远程使用性测试。

　　定性研究工具 Revelation（www.Revelationglobal.com）的发明

者史蒂夫·奥古斯特（Steve August）提出日记研究有四种主要类型。

可以从他的分类出发，明白日记研究的用途和用法。

- **使用日记**（Usage diary）记录人们在特定时刻与产品或服务的互动。主题可以是一个网站、一个餐厅、一个 ATM 或一条铁路。这种互动可以是除了日记研究之外参与者所从事的活动或指定的活动。如果是后者，使用日记可以作为远程使用性测试的一种。

- **定位日记**（Spotter diary）记录公司、产品或服务在什么地方影响人们的生活，是如何影响的。与使用日记不同，定位日记体现的是这些对象在人们更广泛的生活情境中的位置。

- **流程/采购日记**（Process/purchase diary）跟踪随时间和空间推移而展开的活动。它们一般都包括更长的叙述，如购买汽车或筹办婚礼方面的日记。

- **行为日记**（Behavior diary）是探索范围更广泛的一个类型。它可以测试包含有一个特定主题的一系列活动或对象。例如，行为日记可以探寻参与者在私人生活中如何和钱打交道，挣钱、花钱和存钱的工具和活动。

已经有一个稳定的、足以支持长期运营的产品、公司或服务时，使用日记和定位日记是很有用的。但是流程日记和行为日记研究更多应用于设计过程的早期，用于探索潜在的设计空间。

如何进行日记研究

准备

因为必须给参与者设计和制作定制的数字或纸质工作簿，所以相较于单纯的访谈或实地访问日记研究需要更多的前期准备。即使是经验丰富的研究人员也不会试图仓促地进行日记研究，他们会花大量时间进行招募和预测试。如表 10.1 所示。

表 10.1 典型的日记研究计划安排

时间	活动
t－2 周	开始招募。就活动进行头脑风暴。在团队中或同朋友一起快速尝试所有想法。起草第一版日记研究说明
t－1 周	对日记研究中的活动进行预测试，尤其是电子工具。修改说明和日记工作簿
t－4 天	完成招募。向参与者分发研究材料
t	正式开始日记研究。对参与者进行监控。对中途退出者加以更换；和开发团队分享所获数据
t＋1 周	进行后续访谈（可选）。整合笔记；进行分析
t＋2 周	向开发团队报告；讨论和记录后续研究方向

纸质版日记研究的预测试尤其重要，因为一旦将活动日程发送给参与者，就没有机会对模糊的指令进行澄清，或对无法提供有用结果的活动进行修改。一旦将材料分发下去，就只能忍受您所获得的反馈。在线日记平台的弹性比较大。它可以更方便地进行工作开始和结束时间不统一的研究，并且可以让您先针对早开始的参与者进行研究。

但是，不要低估花在监控在线日记研究上的时间。典型的研究有 10 个参与者，7 天的活动时间。如果一天有 3 个日记活动，就会有 210 项。您需要在每次录入完成后进行浏览。参与者经常会出现问题，当他们在研究中途懈怠或罢工时，可能需要您对他们进行指导和疏通。

招募那些对额外时间日记感兴趣的人可能会使您的样本产生偏差。他们的勤奋可能与其他不代表一般使用人群的品质相结合。这种人群的日记研究仍然值得进行，但在分析数据时要注意可能存在的偏差。

更多关于招募的详细信息，请参见第6章。

招募

日记研究的招募类似于其他的用户研究活动。但是，日记研究有时需要长达数周的参与者自我指导的行动。鉴于日记研究的需要，招募人员的时候不仅要考虑准参与者的资格和研究的可行性，还要考虑其可靠性和表达能力。注意观察参与者是否能够对给出的信息迅速做出反应？他们看起来愿意执行此次活动吗？他们善于用图片或者言语表达自己的思想和情感吗？即使经过仔细筛选，也无法避免有人中途退出研究的情况，所以最好提前组织好替补参与者。典型的日记研究大概应有 10 人参加，所以如果可能的话，准备两个替补人员比较保险。

日记研究的设计

不管研究的目的是什么，都可以选择两种主要的活动类型：**回馈性活动**（feedback activity）和**诱导性活动**（elicitation activity）。人机交互研究员斯科特·卡特（Scott Carter）和詹妮弗·马科夫（Jennifer Mankoff）解释了这两种活动的不同："在回馈性活动中，参与者完成的是一份问卷。例如，参与者每次去杂货店买东西时记录下日期、时间、地点、目的和购买的物品。在诱导性活动中，参加者要获取媒介，用于后期提示访谈问题。例如，参与者可能会被要求在购物时拍摄一些照片或录制一些声音。"

因为用时很长，所以日记研究往往有自己的规律。它们经常有多个阶段，例如初始的电话访谈，研究本身，接着是后续访谈。这项研究本身有自己内部的且由活动频率和持续时间组成的节奏。因此，设计日记研究不只需要注意能够解答您问题的活动，也要注意您和参与者随着时间的推移而产生的具体体验。

计划研究的类型以及认为最感兴趣的活动最终影响以下三项决定：**持续时间、进度和采样率**。

● **什么是研究期间？**要想观察到某一趋势，至少需要 6 次日记记录（当然，确切的数字取决于许多因素）。如果您感兴趣的话题一个星期发生一次，那么研究大约需要持续两个月，才能够观测出一些变化。但是，如果每天都有相关的事件发生，那么一个星期就足以看到人们使用中发生的变化。

- **日记条目应该遵循什么样的时间表？** 可以请参与者定时记录（如每隔 1 小时）或不定时。不定时记录的时间间隔可以随机（通常可通过研究员的电话或短信告知）或参与者开始或完成某特定活动时。例如阿比创（Arbitron）公司的电台日记案例。它是美国长期运行的一项市场研究，每小时都回收听众收听广播的数据。然而，收听广播的数据相当容易收集。如果不那么明显的现象呢？如"您幸福吗"？人们并不总能迅速识别自己的情绪并加以回应。如果想跟踪情绪的波动，您可以采用不定时记录的方法，在研究进行中随机提示参与者进行报告。如果只是对人们如何做晚饭有兴趣，那么很明显，既不应该用定时记录法，也不应该用不定时法。应该让参与者在开始准备食材时记录日记。

- **预测有多少条记录？** 研究的采样率决定着您能观察到的细节层次。参与者回应越频繁，您越能注意到他们体验的细微变化。然而，任何层次的细节都会发生变化，但即使是对于每天都会使用很多次的产品，观察月度变化和年度变化也是非常重要的。

由于人不是日记机器，所以选择一个合理的采样速度、进度和持续时间，让参与者不觉得无聊或太费力气，有助于您得到更高质量的信息。例如，搜索引擎用户如何学习使用新的搜索引擎的研究，招募的参与者大约每天进行一次搜索（使用与研究对象不同的搜索引擎）。这样的人员组合就已经决定一天一次的最大采样率，因为即使要求他们每天填写一次以上的记录，也不会产生更多的信息。

反馈活动和诱导活动之间的平衡也影响着研究的节奏和持续

时间。填写一份问卷往往意味着回馈活动花费的时间更多。如果采取不定时模式，可能会造成不便，因为您希望参与者随机进行记录。但是，回馈活动中，日记一旦记录完成，您就不需要与参与者有任何交谈。但是诱导活动则相反，它在参与者记录方面用的时间很短（毕竟拍摄照片只需要几秒钟的时间）。但是，后续的访谈需要计划，花时间。

做好日记练习

做好日记练习，第一步是写下您可能要了解的关于参与者活动的每一件事。然后制定日记任务来帮助进行追踪。

和问卷调查中问题一样（详情参见第 12 章），日记实验会产生结构化和非结构化两方面的数据。结构化的数据是从一系列有限选项中挑选回应的结果。阿比创市场研究公司的日记研究（图 10.4）产生的数据大部分是结构化的：一天的小时数和无线电台。非结构化的数据从本质上讲是不受约束的。它们可以从纸上的笔记或草图、短信或语音、摄影和录像中获得。文化探查（图 10.3）大多产生的是非结构化的数据。结构化数据非常适合使用第 12 章中描述的定量数据分析方法，而非结构化数据则适合使用第 15 章描述的定性分析方法。

日记研究是非常灵活的，您可以要求人们做任何您认为会帮助您了解他们生活的事。典型的日记活动包括以下几种。

- 为地点（如厨房）和活动（如烹饪）拍照，然后在照片上加注释。
- 使用贴纸或图标来表示个人的情绪。
- 绘制家庭或工作场所的地图。
- 记录相关活动，每次出现的时间、地点和目的（例如收发电子邮件）。
- 跟踪关键事件引发的情绪或能量值（如每天上下班出行的开始和结束时）。
- 在一天结束时编写或记录对活动或事件的深思。

日记研究通常也包括一次性活动，比如拍摄工作场所或家庭环境，或回答一组有关最初态度或最初行为的问题。

图 10.3　一项调查黎巴嫩 10～13 岁儿童生活的文化探查。该项目的客户是一个非盈利性组织，它们的宗旨是促进儿童健康意识。图片来源于 MENA 设计研究中心

You count in the radio ratings!

No matter how much or how little you listen, you're important!

You're one of the few people picked in your area to have the chance to tell radio stations what you listen to.

This is *your* ratings diary. Please make sure you fill it out yourself.

Here's what we mean by "listening":

Listening is any time you can hear a radio – whether you choose the station or not. You may be listening to radio on AM, FM, the Internet or satellite. Be sure to include all your listening.

Any time you hear radio from **Thursday, Date 1a, through Wednesday, Date 1b,** write it down – whether you're at home, in a car, at work or someplace else.

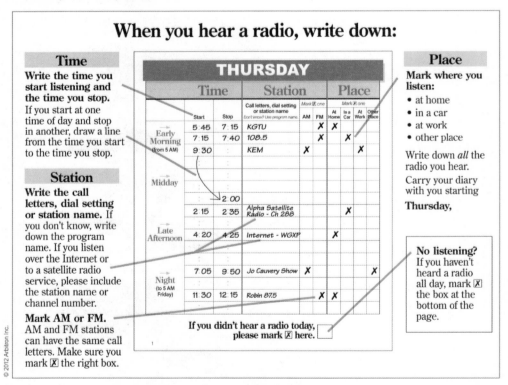

图 10.4 阿比创电台日记表单的解析，它收集了美国人收听广播习惯的信息。图片来源于阿比创公司

文化探查

　　传统的日记研究是描述性的，要求参与者准确录制活动视频，总体上不鼓励参与者的思考、奇思妙想、个人特质或高调新潮。最近，许多研究人员已经开始使用一种类型的日记活动，即文化探查（cultural probe），鼓励富有想象力的个体进行有组织但有趣的实验。

正如文化探查的原创者英国皇家艺术学院学员在 1999 年所解释的："文化探查提供的是'灵感，而不是信息'。它们的目的不是产生有关人们生活条件的'客观描述'。相反，文化探查是用来引起设计师和潜在使用者的设计创意讨论，激发想象力，让两类人群进行换位思考。"

这就是为什么 MENA 设计研究中心在增强健康意识项目中选择使用文化探查去了解黎巴嫩儿童的生活。MENA 的负责人多琳·托蒂基恩（Doreen Toutikian）说："所有这些不同的多感官和互动方法让孩子们的反应更加敏感和直接。这种研究模式已被证明比死板地在一间观察室进行访谈并录制过程更有效率。这种方法让孩子们在自己的小世界里感到自在并能用他们自己的创造力和洞察力探索世界。"

常见的探查材料和活动如下所述。

- 预先写好地址、贴好邮票的明信片，正面带有唤起作用的图像，背面写上一个开放性问题。MENA 文化探查中的明信片（图 10.3 b）称为 KonfiKit，问题设置是这样的："如果您遇到了一个来自外太空的外星人，您会问它什么？"作为一种非正式的与朋友沟通的方式，使用明信片比使用网站上的调查表更加随意和亲切。经常使用数字邮件的人也会感到兴奋和特别。

- 熟悉地方的绘制，如街道和城市。探查可能要求参加者使用草图和标贴描绘地图，然后回答这样的问题："您讨厌去哪里？在哪里您会感到害怕？"探查也可能要求参与者在已经打印好的地图的基础上进行绘制。

- 相机（一次性的或数字的）。和一般文化探查一样，MENA 的 KonfiKits 使用的是一次性相机，已装上新的感光纸，用以匹配其他材料。探查的拍摄列表不要求记录特定的活动，而是像 KonfiKits 中一样，要求拍摄您最喜爱的衣服或您最喜爱的游戏。

有些人将文化探查当作日记研究的代名词。其他人将日记研究作为文化探查的一种类型。然而，远在最初的文化探查研究 1999 年出版之前，日记研究已经在社会科学研究中被频繁使用。鉴于历史对日记研究的记载，我们有理由认为文化探查是日记研究的一个变体，即专注于反思和解释，而不是实际记录的一种形式。鉴于术语的不同，确保在进行文化探查时，您的所有利益相关者都能明白您的意思。

- 草图和拼贴空间。纸质版探查经常给参与者一些空间，让他们自己组合，比如画一些能表示他们与人群、地点之间关系的图，或者选择和拼贴可以代表他们部分生活的图像。

探查是用来引发多层次释义的。就像诱导图像往往用来在访谈中激发讨论一样。有关使用探查材料的详细说明，请参见第 8 章。

日记的研究非常灵活，没有固定设计指南。然而，这里有一些优秀日记活动的特性，您可以用来评估自己的日记活动。

- **相关性**。正如好的调查问题不会让人们猜测自己不懂的信息一样，好的日记活动也不会浪费参与者的时间（当然也包括您自己的），要求他们做一些不自然的动作。从某些方面来说，这是招募的问题。当您研究厨房用具时，不要招募天天都在外面吃饭的人。但更大的问题是，人们如何有效地记录您感兴趣的现象？如果是设计厨房用具，您可能不只应该让人们做有关厨具的记录，也应该顾及清洁工具和吸纳工具。然而，增加额外活动会产生新的问题，比如中断人们的活动。

- **无打扰**。它的对立面是打扰。努力遵循给定的方向可能扭曲或阻碍日记作者的正常活动。研究要求一旦提升，参与者就会给予研究本身更多的关注而忽略记录活动。这对研究很不利。有时候，这种要求产生的刺激可导致参与者跳过实验，伪造数据，甚至干脆全部放弃。很显然，所有日记研究都在一定程度上打扰人们的日常活动。但问题是，怎样的打扰是过分的？了解研究是否太干扰人，最好的方法是亲自提前尝试，或者事先找一个自愿的朋友帮着体验一下。

- **无偏见**。在一个生理状况项目中，本书作者之一伊丽莎白发现，参与者会因为有人认为自己"运动不足"的尴尬而无法准确报告其健身数据。此外，他们可能还没有将一些体能要求较高的工作理解为"锻炼"，如搬运家具，因此可能不会报告这一项。所以直接询问锻炼的问题可能产生对研究无用的回应（参见自我报告）。相反，伊丽莎白避免在日记说明中使用"健康"和"体育锻炼"。她只要求参与者在进行活动时整天戴着计步器。计步器有助于建立一个真正参加体力活动水平的记录，书面记录则可以给出更详细的内容。将这两者进行比对，她即使不直接询问，也能估出参加者身体锻炼的强度。

自我报告

让别人汇报他们的亲身体验时，您会要求他们要站在自己常规观点之外的立场对行为发表评论。有些人会提供准确的答案。但其他人会有困难。即使他们想帮助您并认为他们已经全部毫无保留地告诉您了，也可能会对承认失败或对某事一无所知而感到不舒服。这个问题同样会出现在自我报告中。例如支持的意见、调查问题或者接受采访的反应。但在日记中反应得特别明显。如果只能通过日记了解人，就无法确定其行为的真实性。

减轻自我报告偏见的方法之一是对同一事件收集多个角度的记录。本书作者之一安德里亚指导过一个日记研究，旨在了解亲密朋友与家庭成员是如何共享信息的。她找来每天都进行交流的成对的参与者（母亲和女儿、男女朋友等）。研究的每一天，每个参与者都写下那一天当中他们与对方进行的一次交流。这不仅帮助安德里亚明白了实际发生的事情，也强调每个人对重要事项记忆和观点的区别。

减轻自我报告偏见的另一种方式是进行后续访谈。在访谈时询问对重要陈述的解释。

选择平台

纸质笔记本、语音信息和在线工具都可以帮助人们记录体验。可以单独使用，也可以结合使用。例如，可以使用纸质笔记本指导人们将电子照片上传到某个网站。

纸质小册子

使用语音-文本转换服务可以节省一些时间，因为我们可以在收集语音记录同时进行转录。

传统的日记研究会给参与者一个带有事项表单的小册子（图 10.1 和图 10.3），在研究结束时交回。事实上，这在现在仍然被广泛使用。参加者可以填写时间表（图 10.4）和草图，甚至记录收集和拼贴历史。

这个小册子的设计是值得推敲的，因为它会影响可读性和完成的难易程度，特别是涉及表单时（图 10.4）。此外，小册子的外观是观点和态度的展现。参与者更重视有吸引力的、看上去制作得很专业的小册子。图 10.1 展示的是一个精心设计且容易生产的小册子。它的尺寸是标准纸张大小的一半。

纸质小册子的优势是多方面的：成本低，技术简单，支持各种方式的书写、拼贴和手绘。但是在研究过程中很难监测。研究人员必须等到日记完成并寄回，这意味着中途无法纠正任何误解或错误。

语音信息

随着手机的流行，语音消息变得非常有用，特别是遇到不喜欢写字的人。语音信息日记很容易建立，因为它只需要一个电话号码和一个语音信箱。甚至可以通过短信发送指令和提醒（虽然您可能更想给人们发电子邮件或信件来传递全部指示）。

语音日记的表述更全面。说话常常比写字更容易。他们可以选择更频繁地更新自己的日记，加入更具体的细节和更丰富的情感。因为每个人都会随身携带手机，所以语音日记使其不需要记住带纸质的小册子。参与者可以在活动过程中进行录制，将活动发生和记录之间的时间缩到最短。相较于发送电子邮件到计算机，短信提醒可以更迅速地弥补这一差距。

但是，语音消息不是永远的首选。您需要确保从参与者那里获得精确的数据，例如广播电台的呼号[①]。说不定您会发现每一项记

---

① 译者注：call sign，指无线电通信的呼号，由数字和字母组成，在无线电通信中用于识别发送消息的人。

录都需要复杂的步骤以及在某些位置或进行某项活动时不能大声说话。

在线应用

让普通参与者用邮件、网站或手机程序进行记录已经成为越来越普遍的选择。

在线记录使研究人员能够监控参与者并及时要求他们进行调整。在线记录也可以梳理数字媒体的使用，尤其是录像。如果参与者的电脑带有摄像头，您可以教他们记录视频信息，增加记录的表达力，增强对话。

电子邮件表单可能是最简单的数字工具。您只需要简单地给参与者发一张电子表单，然后让他们回答上面的问题。这样不仅免费，也是很多人熟悉的方式。这是一个巧妙的方法，带有日记条目的电子邮件提醒着人们要及时回复。您也可以让参与者在邮件中粘贴一些照片和视频。如果您利用博客（在写本书时，Tumblr.com 和 Posterous.com 很流行）来接收电子邮件，您可以设置为将它们自动发布到网上，便于您和您的潜在客户进行总体把握。利用博客的评论功能，您甚至可以在进行研究的同时建立一个关于特定记录的会话。

如果您想捕捉的大部分数据是相对结构化的，也可以使用电子表单（或者是在线文档或桌面上的个人文件）。您可以命名一个组，然后建立每个参与者的个人数据数列。阿比创的电台日记基本上是按照电子表单的格式进行的。

也可以使用众多免费在线调查工具创建您自己的日记形式（谷歌表单①（很流行）。日记通过"完成"调查的方式进行记录。您所要做的就是确保调查中自由文本输入区，让参与者进行自我描述。接下来您可以使用内置调查分析系统对所得到的数据进行分析。

要想进一步了解在线日记研究工具，请访问本书网站 www.mkp.com/observing-the-user-experience。

---

① 译者注：Google Forms，可以免费制作调查问卷。

现在也可以在线定制日记研究工具。写这本书的时候，很受欢迎的是 Revelation（www. revelationglobal.com）。它们简化了设计任务，并提供了一个标准的研究库以供选择。参与者可以汇报事件的详细信息、上传照片以及拍摄视频。他们还通过内置工具来汇聚数据、提炼趋势以简化数据的分析。这种工具的移动版本有时还可以使用手机的功能对每条记录添加位置坐标。然而，这样的工具一般是收费的。同时，您也可能更喜欢自己进行日记记录，因为那样更加自由，有弹性。

最后一个在线工具并不是工具，而更像一个总体策略。您可以通过人们已经在使用的社交工具了解人们的生活，如 Facebook、短信和 Twitter。向参与者申请授权，让您临时访问他们的日常交流。他们可以使用内置工具对您的访问进行控制，保持一定的私人空间，但是您可以看到他们日常活动中与朋友分享的大量信息。

这种类型的日记研究被称为"生活串流"[①]，由 News Digital Media 的用户体验总监克里斯·可哈里（Chris Khalil）命名。它不需要参与者的人为活动。当参与者被要求返回评论他们自己的活动时，他们会为了适应日记的研究框架而偏离其回应。该框架还意味着，可能仅仅是因为参与者认为某个细节不重要，日记研究可能会漏掉原本最重要的方面。这种框架在生活串流中是不存在的。参加者只是单纯地允许研究人员观察他们的日常工作和生活，没有必要判断某事件是否足够重要。如果某事件或感觉很重要而被贴到 Facebook 上，生活串流就会及时记录下来。

使用电子邮件日记时，可以建立一个博客，将这些资源自动汇集成一个流。写博文时，大多数博客服务都包括插件，可以从不同的网站自动聚合新内容的资源。然后，您可以要求参加者稍后添加自己的评论。

如果使用电子邮件-网络的解决方案，请务必确保为结果页面设置密码保护。使用的每一个在线工具都需要设置密码。不要让参与者看到其他人的数据，不要公开数据。参与者的目的是帮助您进行研究，并不是想把自己的隐私公布于众。

---

① 译者注：lifestreaming，也称"生活流播"，使用以时间为顺序的信息收藏来为人们周围的活动作为引证。

结合图像和视频

在数码相机还很昂贵的时代，日记研究依赖于一次性胶片相机。研究人员会发给每一个参与者一部相机和一份详细的说明，告诉参与者要拍摄什么。然后，他们只得等到研究结束时才能看到参与者的成果。可以想像，胶片冲洗出来会出现各种状况：对焦不准或者曝光不够，无用的或不相关的图像，甚至整个是空白卷。

幸运的是，现在有许多成本较低的数码相机。我们建议用数码相机，这样就不必一直等到研究结束才能看到参与者完成得怎么样。何况数码相机不会出现"没上胶片"的状况。如果预算允许，您甚至可以在参与者完成研究之后将相机送给他们，作为回报。

不过，即使预算不够买 10 到 15 台相机，也不用担心。如果确定参与者自己有相机，您也可以请他们用自己的。有些参与者会认为，用自己的相机实际上可能比学习使用新相机更舒适。或者，用一次性相机也可以，聊胜于无嘛！您可以自己用纸板做相机外壳（图 10.3）。

汇总日记组件

由于参与者将在您的视线之外完成日记记录，所以需要一些材料帮助他们持续向您反馈信息。

典型的日记研究（或"探查"）有四个组件：

1.　介绍信
2.　使用说明
3.　日记/关键事件的表单或问卷
4.　录制设备（多个，相机、可照相的手机、贴纸）

在本节中，我们将使用一个邮件日记的文本作为例子。这个研究当初用来跟踪搜索引擎 HotBot 的使用情况。

介绍信

经过招募、筛选并被邀请参加研究之后，参与者仍然需要一个完整的介绍。他们也许已经得到了这些信息中的点点滴滴，但是重要事实总应该聚集在一起才能提供全面的理解。介绍信应该包括以下内容：

- 基础研究信息：它的目标、动机和赞助
- 为什么要招募参与者（可选）
- 赔偿以及潜在危害的警示
- 许可/同意书（如果还没有完成招募）
- 研究人员的联系方式
- 对参与者的感谢和赞赏

如果您使用的是在线工具，介绍信息还应该包括网站的链接。

介绍信也是对参与者一个很好的提醒：为什么（不是为了钱）他们同意为您做这项工作。但是，没有人愿意读冗长的叙述，介绍信应该简短而温馨。

> 感谢您参与我们对搜索引擎 HotBot 的评估工作。我们正在评估此产品，打算进行重新设计，我们需要您的使用数据，以便基于人们的日常体验来进行设计改造。我们需要经常使用这款搜索引擎且对我们的工作有兴趣并愿意帮助我们改进它的人作为我们的参与者。
>
> 如果您有任何问题或意见，请随时联系 Mike Kuniavsky。联系方式为 Mike@adaptivepath.com。再次感谢您对我们这项研究所付出的时间和精力！

指导说明

之后，参与者需要对研究的一些说明。这些说明应该具体、简短、完整。它们应该给出行为记录时的一系列的指导原则，同时鼓励参与者积极参与（图 10.5 和图 10.6）。

最重要的是言简意赅。记住，参与者完全是在用活动的间歇时间回答您的问题。

对于调查来说，问题的措辞是很重要的，因为当他们感到困惑时，您无法现场给予他们解释和引导。根据参与者的受教育程度，尽量使介绍性文字的阅读水平控制在六年级（11 岁）到高中（16 岁）之间。

给参与者提供明确的指示很可能诱导他们评论您认为很重要的东西。但是，详细的说明又会使参加者的反应产生偏差。参与者会将注意力放在产品中自己没有用过的部分，用一般不用的方式描述或者用奇特的方式使用。时刻注意措辞对研究结果的影响。

Fry's Readability Graph（FRG）是一个测量英语阅读水平的标准方法。

日记研究记录的形式类似于调查问卷。图 10.5 所示的例子来自一个电子邮件研究，但可以让参与者在纸上、网站上或使用自定义的应用程序回答您的问题。

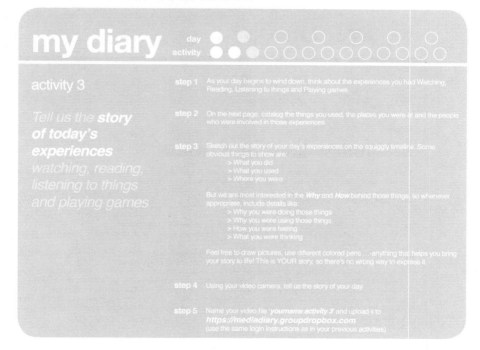

图 10.5　纸质笔记本上进行的日记活动的说明。图片来源于 Adaptive Path

下面是一个示例。

> 请尽量使用 HotBot 来搜索互联网上的信息。您的想法和经验对我们来说非常宝贵。
>
> 在接下来的一个月中，您将每周两次（周一和周四）以电邮方式收到此说明以及日记表单。

有必要提醒人们注意自己的义务并对此提出自己的一些期望。如图 10.6 所示，在每封电子邮件里附上说明，提醒参与者想想如何写完日记。

> 我们想请您完成这个日记表单并通过电子邮件发送到diary@adaptivepath.com。请在下一张电子表单到达前填好并寄出。（在同一天也可以）。我们估计，这将花费您20~30分钟时间。
>
> 如果您不能在下一张表单到达前发送给我们，请尽快与我们联系。联系方式在此表的底部。

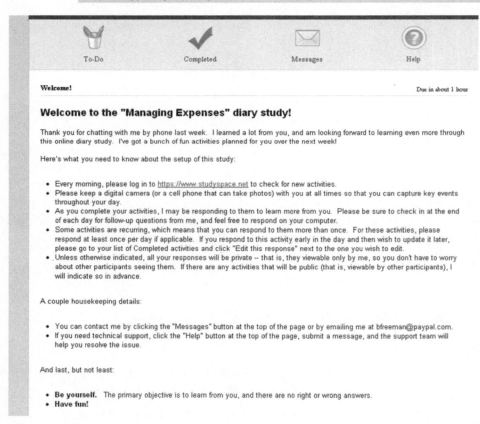

图 10.6　Revelation 使用说明（参与者界面）。图片来源于贝宝

当然，您已经在说明里面写下了联系方式，其目的是提醒他们。在每一次沟通的时候都留下联系方式，将有助于提醒人们您时刻可以回答他们的问题，并减少参与者与您的联系障碍。

这张表单旨在帮助描述使用 HotBot 搜寻信息时的体验。不必在特定的时间填写它，想写多少就写多少，但我们希望您尽可能多写一些。

在填写表单的时候，请记住以下几点。

- 尽可能多写一些与您的体会相关的事。无论是积极的还是消极的，大事还是小事。我们对这一切都很感兴趣，不论它看上去多么微不足道。我们特别想知道那些出乎您的意料和令您惊讶的事情。

- 我们的目标是使 HotBot 更好地为您服务。如果您在使用的时候发现自己不会用某个功能，这并不是您的错。请详细描述具体情况。

在参与者汇报时，告知他们此次研究的对象不是他们本身，而是产品。但他们的责任是准确报告产品的缺点。

在尝试 HotBot 的一个从来没用过的功能时，无论您是否可以正常使用，都请告诉我们，并详细说明具体的使用情况。

当人们使用新的东西时，他们本身可能对此并不知道。但您可以鼓励他们寻找和记录一些不同寻常的情况。

- 如果使用 HotBot 时出现了一个问题，但后来解决了，请详细描述这个问题以及您的解决方案。

- 请尽量注明您使用的特定搜索术语。

在可能的情况下要鼓励细节。搜索术语和产品相对来说比较容易记，所以可以让参与者做这种记录，但要避免抽象的或劳动密集型的任务。如果要求参与者写下他们点击的一切，记录所有选择的复选框，那么他们很可能会把时间都花在琐碎的时间记录上而忽略更重要的事。同时，他们对类似工作会心生厌倦。

如果不能确定是否应该将某事添加到日记中，那么就请添加进去。

如果您在此表单到期前还没有进行过任何搜索，那么请如实注明，并将此表单寄回。

如果有任何问题，请马上联系 Mike Kuniavsky。联系方式：mikek@adaptivepath.com 或（415）235-3468。

问卷格式

前例中收集了某款搜索引擎使用过程中的相对非结构化数据。但是，日记记录也可以充当结构化问卷。下面是一个结构化的电邮日记问卷。

HotBot 日记

请在 2013 年 6 月 22 日（星期四）或之前将此日记寄回。

今天的日期：＿＿＿＿＿＿＿＿

当前时间：＿＿＿＿＿＿＿

1. 从上次日记之后大概进行的搜索次数：＿＿＿＿＿＿＿

2. 其中，使用 HotBot 搜索的次数大概有：＿＿＿＿＿＿＿

请描述您最近最常搜索的内容。请包含搜索主题和您具体使用的搜索项，可以使用+和-进行组合。

正如前文所述，要在不增加过多负担的情况下请人们描述自己活动的具体细节是很有意义的。注意，这个问卷将人们的注意力集中在产品界面的某一特定部分，使日记成为一种远程使用性研究。

3. 此次搜索的成功指数？＿＿＿＿＿＿＿

（请从 1 到 5 给搜索结果评级，其中 1 表示它是不成功的，3 表示您找到的信息是足够的，5 表示搜索结果正是您所期待的。）

4. HotBot 对您的帮助有多少？＿＿＿＿＿＿＿

（请从 1 到 5 给您的体验评级，其中 1 表示它根本帮不上忙，5 意味着它工作得很好。）

5. 在您最近的搜索中，有没有使用过主搜索页面左边的搜索选项（进入 www.hotbot.com 后的第一页）？如果使用了，是哪些(个)选项？

6. 如果您使用了左边的选项，它是否为您解决了问题？

＿＿＿＿＿＿＿

（请从 1 到 5 评价其有效性，其中 1 表示它们对搜索没有帮助，5 表示它们在搜索中必不可少。）

7. 请描述一下如果第一次搜索不成功时您缩小搜索范围的个人策略。它在近期有没有变化？_____

开放式问题让参与者有机会深入解释他们的体验。虽然让人们描述体验的变化有可能引发选择性记忆的偏差，但这可以压缩分析过程，直接了解人们看法和想法的变化趋势。

8. 从上次日记以来，您对 HotBot 的看法改变了吗？如果改变了，是怎样变化的，是否有一个具体的事件引发此种变化呢？_____

9. 其他意见。您有没有其他想告诉我们的事件？或者是否有其他问题需要我们回答？_____

10. 在您完成这个表单之后，请将其发送至 diary@adaptivepath.com。非常感谢您帮助我们完善 HotBot。

如果您关于这个表单有任何问题或意见，请联系 Mike Kuniavsky。联系方式：mikek @ adaptivepath.com 或（415）235-3468。

这个表单增加了几个关于主搜索页面上功能集的几个问题。这使研究人员能够获得参与者对产品某个特定部分的反馈。

当然，日记中的具体内容和布局取决于特定产品和研究目标。要勇于进行试验。

预测试

在完成日记设计之前，要测试说明是否明确，预设活动是否可行。您认为很明白的问题参与者可能困惑，因为您认为只需要五分钟的活动也许实际上要花费十五分钟。您至少应该自己先试试。如果有足够的时间，让别人花一天时间完整地体验研究也行。

执行日记研究

日记研究中，研究人员可以同时做其他的事情，但还是需要一些持续的关注。在日记任务下发之后，如果要想圆满完成，需要和参与者保持联系，不只为了提醒他们完成任务，也为了帮他们解决在表单或设备上遇到的技术性问题。除此之外，日记研究，特别是生活串流，会很快产生非常多的数据。在不使用在线日记管理工具的情况下，如果不在数据录入的时候马上整理，那么研究结束时，您会发现还有很多额外的工作要做。

管理参与者

成功的日记研究，关键之一是正确管理参与者及其回应。在日记研究过程中每天与参与者的日常接触需要持续的关注，但比访谈或实地访问要少一些。因为此项研究具有持久性，所以它要求研究人员有创造性技术，能持久维持参与者的积极性。

在发出说明之后，您可以通过访谈或其他即时通信方式（电话、短信等）与参与者进行交流，对某些细节进行说明。

仔细审查早期的回应。如果它们不符合研究目标，则需要调整提问的措辞或活动的设计。此时，使用在线工具会方便一些。如果改动很大，可能需要寄出新的纸质小册子。

对中途放弃的情况不要感到惊讶。通常情况下，注册成为参与者的人总有一小部分人会选择中途退出。一些参与者一开始不了解研究所涉及的工作量。一些参与者认为，您支付的报酬不足以弥补参与研究对其日常生活的影响。还有一些人毫无理由地退出。就算一些参与者不打招呼就直接退出，您也不要生气。您可能没有做错任何事，这会发生在每个人身上。

然而，如果退出率非常高，就该注意了。首先，它说明研究的设计有问题。其次，留下来继续研究的参与者可能多多少少与常人不同，他们可能没有代表性。

奖励

要将激励机制与完成工作所需的时间协调起来。6 项记录可能花 3 个小时才能完成，外加一个小时整理时间。日记作者的酬金应该介于到实验室完成研究的参与者酬金的 60% 到 100%。假设标准如果合作公司支付给参与者的酬金不合适，可以考虑让参与者的上司安排时间填写日记。

酬金为每小时 60 美元，这意味着为期两个月的研究中，如果每周需要记录两次日记，每个参与者每周应获得大约 200 美元。降低报酬也是可以的，但同时退出率也会增高。本书作者之一迈克曾做过一个很长的日记研究，只付了每人 50 美元再加一件 T 恤。但最后，8 名参与者只有一人完成了任务。可以在研究过程中给参与者提供一些小惊喜，鼓励他们完成任务（T 恤和餐厅活动券等）。分批付酬（一次发放一小部分）也很有效。在投入时间和精力之后，与其小气而承担参与者退出的风险，还不如大方一些，确保有成效。

提醒

如果研究不是当面进行，就主要得依靠时刻提醒了，这样做可以弥补其不足。这项研究主要依赖于参与者的自觉性，人们很容易不够重视日记的完成。时刻提醒参与者当初的承诺及完成任务对产品研发的重要性，激励他们更好地给予反馈并把日记记录列入他们的日程。针对没有完成日记的情况，发短信或电子邮件提醒，让参与者知道您还在等，并且他们的反馈意见对您非常重要。对他们的回应给予感谢并及时回答他们提出的问题，让参与者知道您对此次研究也是非常负责任的。为了尽可能随时响应参与者，您需要及时进行激励并提醒他们要尽到自己的义务。但是，请不要每天发好几封类似"请保持良好的工作状态！"这样的垃圾邮件。

收发日记

每天安排一些时间检查上传，监督指示的遵守情况，整理所收集的数据。坚持做这些项目管理任务有助于日后更顺利地进行数据分析。

如果使用纸质小册子，还需要准备一个用来寄回文件的回邮信封，上面写好邮寄地址，贴好邮票。还需要最后附加提醒函，因为人们的生活总是忙碌的，可能会忘记回邮。如果随信寄出研究所用的媒体设备，诸如摄像机等，请确保他们知道这些设备还需要寄回归还。

跟进活动

将日记研究与后续焦点小组或访谈结合起来，可以让您更明白参与者的回应，提出跟进问题并检查在开始时制定的研究框架。此时可趁机开始进行诱导活动。以下是一些诱导性问题的示例。

如何在访谈中使用媒体方式进行提示，请参见第8章。

> 您是在吃晚饭时拍的这张照片吗？能详细说说这张照片的事情吗？什么原因使您拍下这张照片？

在日记记载事情发生后尽快安排这些后续跟进活动。

结语

日记研究可以协助研究日常活动、长线过程以及罕见事件。它可以最大限度地减少回忆偏差，还可以最大限度地覆盖地理范围。纸质日记不需要电池；手机日记可以随身携带。它们甚至可以跟着参与者前往研究人员无法去的地方，比如拥挤的上下班地铁或更衣室。它们可以鼓励参与者分享深层思想以及偶尔的见闻。总之，日记研究可以解决研究当中的一些棘手问题。但它们也需要一些技巧。

我们已经给出了设计和管理成功日记研究的一些提示。最后，记住以下这些基本建议。

1. 要招募有责任心、表达能力强的参与者。
2. 选择一些候补参与者。
3. 让日记材料看起来专业、吸引人。
4. 预测试，预测试，预测试！
5. 定期联络参与者，及时捕捉他们认为不必报告的问题。
6. 将参与者的行为引向您希望的方向。赞美和感谢参与者，提醒他们最后期限，如果需要更多或不同的回应，请告诉他们。
7. 提醒参与者他们是有报酬的，而且他们的所作所为正在帮助改善我们这个世界。
8. 在参与者脑海中对日记中记载的事件仍然记忆犹新时及时安排后续访谈。

第 11 章

使用性测试

使用性测试是聚焦界面原型特定功能的结构化访谈。一对一的使用性测试可以快速揭示人们如何使用原型的大量信息，不论这个原型是功能样机、模拟机还是纸原型。访谈的核心是由界面评估者（通常是最符合产品理想受众特征的人）执行的一系列任务。访谈录像和笔记之后用于分析评估者是否成功完成任务，哪里引发了误解和误操作，他们对原型有何看法。在进行几次这样的测试之后，比较观察到的内容，将最常见的问题收集起来形成功能和内容呈现问题列表。

本章主要讨论聚焦于任务完成的测试，而不是测试探究人们如何使用特定这类产品的更为宽泛的活动。对于这类更广泛的目标，访谈、日记研究、问卷调查、日志分析以及实地走访最有效。

应用使用性测试，开发团队能马上检验他们对人们如何理解和使用产品的设想是否成立。不幸的是，这个技术通常成为项目完成前的最终检查，且经常被安排在开发周期的末尾，这时功能设置已经板上钉钉，目标市场也已确定，甚至产品已入库准备配送了。尽管发售前的测试确实可以帮助改进下一版产品，但显然使用性测试在产品开发中还有待更充分的利用。在开发流程中越早使用，使用性测试效果越好，这样可以尽早获得反馈，同时可以检查特定功能的使用性，探索新想法，进而评估设计灵感。

何时进行使用性测试

通过了解人们如何执行特定的任务，使用性测试可以指导功能的定义和实现。因此，使用性测试并不适用于研究人们对产品和服务的整体体验。在开发的早期和中期阶段，功能还未敲定，其他功能的交互也还有待商榷，此时进行使用性测试最有成效。对已经敲定的功能进行测试，实际上是对下一版本的产品进行投资，对当前版本并没有太大帮助。

不同于本书中提到的其他一些方法，使用性测试在产品开发周期中从来就不是一个一次性事件，我们也不应当这样认为。每轮测试应当只关注一小部分功能（通常不超过 5 个）。一系列测试可用来评估整体界面或对特定的某些功能进行微调。

启动使用性测试的最佳时机是已进入开发周期但又远未接近于尘埃落定的时候。如果太晚启动，即使测试结果表明需要进行大规模调整，也已没有余地实施。使用性测试所揭示的问题通常都需要大量时间和精力进行修改，因此团队应当准备好对已经测试的内容进行反思和重新实施（当然最好能重新进行测试）。对网站和软件产品，这通常意味着最少几周的工作量。所以迭代的使用性测试通常应该每月进行。调整硬件、塑料外壳和其他非电子产品部件所需时间更多，这也使针对这类产品的使用性测试周期更长。

使用性测试主要有以下四种类型。

- **探索式**：对初期的概念进行测试，并评估它们的可行性。[①]
- **评估式**：在实现的过程中对功能进行测试。
- **比较式**：对两种不同的设计进行比较和评估。

---

① 编者注：相关的更多详情，可参阅测试专家惠特克（James A. Whittaker）的著作《探索式软件测试》。

- **验证式**：在开发的后期阶段，检测功能是否达到特定标准或符合特定规定。

了解计划进行的测试是何种类型，将有助于您确定要测试的功能和测试方法。

一个有效的使用性测试计划，包括对所有主要功能的反复迭代测试。贯穿开发过程的测试将不断深化对用户行为的理解，确保测试不断推进设计。

以维基百科（Wikipedia）为例。这是一个以用户为中心的网络百科全书，如何对它进行迭代使用性测试？维基百科希望能让新用户更方便地参与编辑和贡献新内容。一年当中，他们与两个用户研究公司合作，进行了三次针对用户贡献界面的测试。维基百科最感兴趣的部分是新用户在创建和编辑词条时可能遇到的问题。其次，他们同时也希望了解帮助文件在这个过程中能否起到作用。第三，开发人员在特定功能上存在的使用性问题。最后，他们希望能认识到与创建和编辑词条无关的未知的用户体验问题。

首先是进行探索式测试，测试诊断出针对新用户的特定问题以及更广泛的将用户拒之门外的界面问题（"感觉很愚蠢"）。全新设计之后的第二轮测试包括对变更的验证，对特定功能的进一步评估和对用户体验模式的进一步探索。我们将在本章后面的内容中讨论第三轮，也就是最终测试，这轮测试检验了第二轮设计的成果。

完全开放式的测试或"钓鱼"式的测试通常毫无价值。在一轮用户研究中采用"钓鱼"测试（因为总是有人鼓动："让我们把所有东西都测一遍吧！"）得到的结果既不清晰明白，也没有真知灼见。因此，要在开始测试前就对测试目的胸有成竹。有关研究计划的内容，请参考第4章。

怎样进行使用性测试

准备

使用性测试有些类似于我们在第 2 章中描述的朋友和家人测试，但从计划、执行到最后的分析，完整的使用性测试需要更长的时间（参见表 11.1）。至少应该在希望拿到测试结果的三周前着手准备测试。

时间	活动
t − 2 周	确定测试受众；立即开始招募
t − 2 周	确定需要测试的功能
t − 1 周	写第一版脚本；构建测试任务；与开发团队讨论；检查招募进展
t − 3 天	写第二版指导；检查任务；与开发团队讨论；完成招募
t − 2 天	写完指导；安排测试练习；设置并检查所有设备
t − 1 天	在上午进行测试练习；适当调整指导和任务
t	测试（通常进行一两天，看时间表而定）
t + 1 天	与观察人员讨论；收集所有笔记的复印件
t + 2 天	放松；有可能的话，尽量休息一天，做做其他事情，转移注意力
t + 3 天	观看所有录像；做好笔记（如果进行的是快速迭代测试，要观看所有录像可能并不现实）
t + 1 周	整理笔记；写出分析
t + 1 周	将结果报给开发团队；讨论并记下进一步研究的方向

表 11.1　典型的使用性测试时间表

　　流程开始前，需要知道要招募哪些人，还要知道让他们评估哪些功能。这两件事都应该在测试开始前几周确定。

招募

　　招募是最需要提前进行的最关键的步骤。需要正确计算好所需时间并按时完成，特别是在将招募外包给其他专业公司的情况下更是如此。要找到合适的人选并让他们的时间表和您的一致，都要耗费时间和精力。投入到招募流程中的时间越多越好（不过提前两周又太早，因为人们通常不会太早预知自己的时间安排）。筛选标准也需要仔细选择。一开始的想法是招募符合产品目标受众特征的人群，但这个范围通常太广。需要将人群缩小到目标受众的代表者，因为他们能够带来最有用的反馈。（这里只对招募过程进行简单的解释，更深入的讨论请参见第 6 章。）

假设要设计一个销售餐叉的网站。网站的理想受众是想购买餐叉的人。

为使用性测试进行人员招募时，通常有一个非常广泛的人群。缩小关注点有助于保持清晰，因为对于同样的功能特征，不同的人群会表现出不同的行为。单单是不同的年龄、经验和动机就能产生完全不同的用户体验。长远来看，选择"最具代表性"的人可以减少研究投入的总量并将结果聚焦。

近期需要使用您所提供服务的人和近期刚使用了竞争者服务的人是最适合的邀请对象。就主题来说，这些人知之甚详，兴趣也最为高涨，因此他们会集中关注界面是否行之有效，而不是信息的细枝末节。对内容兴趣了了的人往往也能指出交互存在的缺陷，但并不能很好地指出信息结构和特定内容功能上的问题，因为他们完全想不到要去关注并使产品有效。

假设对餐叉市场的研究显示在这个大范围内有两个主要子群：要替换旧的银质餐具的人和要买结婚礼物的人。根据研究，第一个子群的人大部分都是四十多岁的女性；而第二个子群男女各半，绝大多数是二十多到三十来岁。

您决定将那些为了替换旧的餐具而成套购买新餐叉的人作为核心用户。他们通常了解主要问题并已经有所研究。他们有使用服务的动机，相比一般情况，这使他们更有可能成为服务对象。因此您决定招募 40 来岁且近期想购买替换餐叉的人；或刚刚购买过的人。另外，要找喜欢网购的人，在有些情况下，消极的反馈其实是因为有人根本就不喜欢网购。将所有这些方方面面都考虑到，最终的招募标准应该如下所示：

男人或女人，最好是女人
25 岁或以上，最好是 35~50 岁
可以在家或单位上网
一周上网 5 小时或更长时间

至少有三次网购

最近三个月内有网购行为

有兴趣在网上购买银制餐具

　　注意，年龄和性别的标准要有一定的灵活性，以利于招募工作的推进。您可能会坚持全部参与者都要是女性，并且年龄必须处于40到50岁之间，但是如果有位候选者符合其余所有标准，只是恰好是位33岁的男性，通常情况下也不会直接取消他的资格。另一方面，在购买体验上的要求却必须明确，因为测试成功的关键是不让人们对网购的细节感到困惑或惊讶。让从来没有进行过网购的人测试一个电子商务系统，测的不仅是具体的产品也是网购这个概念本身。这类细节当然不是我们的目的，因此最好一开始就避免这种情况。

　　需要招募多少参与者？不幸的是，这个问题并没有一个简单的答案。评估越多意味着发现越多潜在的问题，但是在某个特定的时间点，招募的成本以及测试和分析结果所需投入的额外精力将使收益快速递减。根据雅各布·尼尔森（Jakob Nielsen）的研究，多年以来的传统做法是，每个简单测试最少招募5名评估人员。大量的参与者确实可以产生有用的结果，特别是对有多种不同元素的复杂测试而言。但如果招募人数在八九人以上，你会发现大部分的问题都是重复的。

　　然而，重要的是认真仔细地进行招募并覆盖尽可能多的任务。科学家吉特·林德加德（Gitte Lindgaard）和贾里琳·切特拉蒂恰特（Jarinee Chattratichart）的研究指出，任务数量和评估者类型与评估者数量同样重要。招募很多并非目标用户的评估者，其效果不一定比少量有代表性的用户更好。同样，相比让大量典型用户执行数量有限的几个任务，甚或与实际使用无关的任务，让他们执行更多任务能发现更多亟待解决的严重问题。

　　为了检查您对主要受众的理解，可以招募一两个二级目标受众。以餐叉案例为例，他们可以是一个年轻的购买者或者一个近期

招募人员会尽量严格遵守您制定的标准，但是如果您告诉他们哪些条目是灵活的（以及灵活的范围有多大），哪些条目是不可变更的，能使其工作更顺利。最终，也使您自己的工作更方便。

没有进行过网购的人。这样可以检查他们所属的用户群体是否存在截然不同的观点。虽然不会由此得出什么结论性的结果，但如果有人有理有据并始终如一表达出与主要受众相左的意见，就说明您可能需要再次考虑招募标准。如果次级受众非常重要，应该设计单独针对这个群体的测试。

当然，也有可能参与者临时无法到达并参与测试，在基本的 5 个人之外再额外招募一两个人可以弥补其可能带来的问题。为了确保有足够的参与者，可以在每个时间段都预约两倍多的用户。当然，这会使招募和酬金成本翻倍，但可以确保测试不会由于缺人而停顿。因此，对有目标的、以任务为基础的使用性测试来说，需要招募 6 到 10 名用户，确保每轮测试至少都有 5 名评估者。

确定要招募的对象和人数之后，就可以写一个筛选器并将其发送给招募人员（本书的第 6 章讨论了筛选和招募）。确保与招募人员就筛选器展开讨论并至少安排两名内部人员进行通读和检查。

接下来，选好几个测试时间，向符合标准的人发送邀请。将访谈安排在对自己和参与者双方都合适的时间并在每轮测试之间留出至少半小时。这会给主持人足够的缓冲时间来应对各种情况，如果有人迟到，测试时间延长，主持人需要喝水或观察者就测试进行讨论。如果是 60 分钟的访谈，就意味着可以在一天之内进行 4 到 5 场，有时甚至是 6 场。如果是 90 分钟的访谈，则可进行 3 到 4 场，如果抓紧点并省去午餐时间也有可能进行 5 场。

现在，所有评估者都已选定并预约好。为了让各项内容能够有条不紊地进行，建议建立一张包含所有相关信息的电子表单（表 11.2）。内容包括测试、姓名、对筛选问题的回答以及哪个人参与哪个测试（在测试产品多个版本的情况下）。之后需要进行数据分析并需要参考时，这些信息会很有帮助。它同时还有助于加速报告中评估者档案的填写过程。

如果是第一次进行测试，那么少预约一些人并在测试间隙预留一些额外的时间。使用性测试可以让人精疲力尽，特别是对于新手。

选择功能特征

第二步是确定需要测试的功能特征。这将决定需要创建的任务及其出现顺序。要给测试程序留有充足的调整时间。一个 60～90 分钟的访谈可以测试五个功能（或功能集）。一般测试都是进行一两个小时。两小时的测试用于初始或基于广泛人群的测试，而对特定功能或概念的深入研究需要的时间较短（当然进行 90 分钟基于广泛人群的测试也是完全可行的）。

如果产品有非常明确而特殊的市场，属于不同市场的用户通常有截然不同的产品使用习惯和方法，可以考虑为每个主要市场创建不同的任务集。

表 11.2　电子表单布局样例

时间	姓名	性别	年龄	网购频率	银制餐具购买原因	主要网络接入方式
5 月 27 日周四上午 9：30	Tina	女	42	每月 4 次以上	更换	在家使用电话和 Mac
5 月 27 日周四上午 11：00	Kristie	男	40	每年 7 到 8 次	更换	在家和单位使用 PC
5 月 27 日周四下午 1：00	Ben	女	45	每月 2 次	更换	在家和单位使用 PC
5 月 27 日周四下午 2：30	Sonia	女	48	每月 1 次	更换	在家使用 PC
5 月 27 日周四下午 4：00	Kim	男	30	每月 2 次	婚礼	在家和单位使用电话和 PC

应该在功能集的背景环境下测试各个功能。完全不顾整体情况而只测试其中的元素通常都难奏效。我们的经验法则是，如果能够在 30 秒内画出界面草图，就说明这个功能是可以进行测试的。如果画出一个标为"导航栏"的草图，那么接下来就要考虑怎么测试整个导航栏，而不仅仅是到首页的新链接。

开始流程的最佳途径是与开发人员会谈（至少包括产品经理、交互设计师和信息构架师）并列出需要测试的五个最重要的功能。开始讨论哪些功能需要包括在内之前，先查看如下功能：

经常使用的

新的

主推的

早期版本反馈中认为有问题的

如果不正确使用就有潜在危险或不良副作用的

用户认为重要的

功能优先级排序练习

这个练习是获得功能优先级列表的一个结构化方法。当团队在功能排序上没有太多经验或觉得难以驾驭时，这个方法很有用。

步骤 1：让小组成员列出界面上最重要的内容，包括新功能或是自上轮测试后有重大改变的部分。重要性不仅体现在视觉上明显；它可以根据企业底线或管理优先级进行改变。因此，如果下季度的盈利"押"在新"一周餐叉"（Fork of the Week）的成功上，那么它就是重要的，就算它只占界面的一小部分。

步骤 2：列出一个标为"重要性"的栏目。查看每个功能，并按 1~5 级分级，5 意味着对产品的成功最关键，1 意味着不那么重要。

接下来，列出第二个栏目，并将它标为"疑问"。查看每个功能，根据团队对其设计的满意度来进行分级，将最满意的功能标为 1，最不满意的标为 5。在小组中这可能会引起一些争论，因此可能需要将其作为开发团队的焦点小组来进行。

步骤 3：将两栏的得分相乘并将结果列在旁边。数值最高的功能最需要测试。写一小段话来总结团队最想知道这个功能的哪些内容。

表 11.3　餐叉目录功能按优先级分类前五项

功能	重要程度	疑问	总分
购买机制：是否单品购买和整套购买是否都可以？	5	5	25
搜索引擎：人们是否能用它找到某个具体产品？	5	5	25
分类导航：当人们并不确定自己要什么时，能否用它顺利导航？	5	4	20
"一周餐叉"页面：人们能否看到它？	4	4	16
愿望清单：人们是否知道它的用途？是否可以使用它？	3	5	15

　　一旦列出最需要进行测试的功能清单，就可以开始创建任务检验这些功能。

　　另外，还可进行比较性（或竞争性）使用性测试。尽管比较两个界面比单独测试一个界面耗费更多时间，但它可以揭示两个产品的优缺点。例如，用已有界面和新模型执行同一个任务，可以揭示新设计的功能是否更好用（或是更不好用，这是每个设计师都担心的）。同样，用两个竞争产品执行同一个任务或是使用相似的界面流程，可以揭示两个产品各自的相对优势。然而，在这两种情况下，不要引导评估者对两个界面有倾向是极为重要的。（第 5 章深入讨论了竞争性研究）。

创建任务

　　任务要能够代表典型用户活动并只集中关注产品的某个功能（或功能集）。精心设计的任务具有以下几个特征。

- **合理**。它们应该是人们的典型活动。一般不会有人想订购 90 个不同类型的餐叉然后将它们配送到 37 个不同的地址。当然，这个任务能够测试网站对复杂活动的支持程度，但它并不够典型。然而，订购一打餐叉，将它们运送到同一个地址，当然可以算是一个典型任务。

- **按最终目标进行描述**。每个产品都只是一个工具而已。其本身并不是最终目的。即使人们花了很多时间来使用它，也只是用它来达成某个目的。因此，就像给演员一个角色动机能让他们表演得更好一样，给界面评估人员一个栩栩如生的情景能让他们表现得更为真实。用与评估者生活息息相关的内容来描述任务。如果他们需要寻找某些信息，就先给他们必要的理由。（"假设公司正考虑在莫斯科开展业务，而您希望了解当地保险业务的大环境。您认为最好的方法是通过查看当天的商业头条来寻找有关俄罗斯保险公司的信息"）。如果他们是要购买某些产品，就给他们购买的理由（"米妮姑妈的车轰轰作响像台喷气机，她需要一个新的消声器"）。如果是要他们创造些什么，就给他们相应的情境。（"这里有张弗雷德表哥的照片，您决定开个玩笑，给他 PS 一个傻乎乎的帽子并用电子邮件指定发给您的家人"）。
- **明确**。为了保持评估者之间的一致性并将任务集中在产品中希望测试的部分，就应该为任务设定明确的最终目标。因此，不要说"去买些餐叉。"而是说"您有天在商店橱窗中看到过一套很棒的路易十四餐叉，这是图片。从这个产品目录中找到它并购买一打吃鱼用的餐叉。"但是，要注意避免使用界面上出现的词语（比如"购物车"），因为这会提示参与者怎样执行任务。
- **可行**。如果网站上只有餐叉，就不要让人们去找餐刀。了解人们怎样用信息结构来找不可能找到的内容，有时很有吸引力，但这是具有欺骗性和并令沮丧的。它最终无法揭示关于设计质量的任何信息。
- **按实际顺序进行**。任务应当按使用产品的实际流程来安排。因此，购物网站可以将浏览任务安排在搜索任务之后，搜索任务与选择任务相关，选择任务的下一步是购买任务。这样会让测试更真实，而且可以指出不同任务之间的互动，这些互动有助于设计师确定整个产品流程的质量。

- **不要有专业倾向**。理想的任务是每个参与测试界面的人都对其略知一二，但是没人知之甚多。当有评估者对一个任务比其他人明显了解更多时，他们可能会采用与众不同的方法。他们会有更多的技术方法来完成任务。与此相反，也不要创建一些评估者完全不知道的任务，因为他们可能连怎么开始都不知道。例如，测试一个通用搜索引擎时，让人们搜索乌骨鸡的图片。当然，每个人对鸡都有所了解，但除非您从事禽类养殖，否则对乌骨鸡不会有太多认识。对非常重要的任务来说，完全做到没有专业偏向是不可能的，但可以在招募阶段排除有特定知识的人（例如，在招募筛选时询问："您知道乌骨鸡是什么吗？"就可以排除对鸡特别了解的人）。

- **长度适中**。绝大多数功能都没有复杂到使用起来要超过 10 分钟的时间。任务的长度由 3 个因素决定：访谈的总时长、任务的结构以及待测功能的复杂度。在一个 90 分钟的以任务为中心的访谈中，应该有 50～70 分钟的任务时间，因此一个任务的平均完成时间大约为 12 分钟。在一个 60 分钟的访谈中，任务的完成时间约为 40 分钟，因此每个任务不宜超过 7 分钟。在更短的访谈中，尽量每个任务 5 分钟；而在更长的访谈中用 10 分钟。如果发现有任务需要更长时间，可能需要把它分解成多个子任务并重新调整先后顺序（但也存在例外：有些重要任务需要相当多的时间来完成且无法轻易分解，但是仍需要对它们进行测试）。

估计任务时间

使用性咨询师卡罗琳·施耐德（Carolyn Snyder）推荐了下面这种估计任务时长的方法。

步骤 1: 询问开发团队中的一名专业人员完成任务需要多长时间。

步骤 2: 将这个时间的 3 至 10 倍作为从未用过此界面来执行同样任务的人可能需要的时长。较简单的任务用的时间较少，比如面向一般用户的网站；复杂任务用较长时间，比如专业软件或需要输入数据的任务。

对于列表上的每个功能，至少应该有一个任务来进行测试。通常，给最重要的功能两三个任务备选是很有帮助的，这样可以应对有多余时间测试多次的情况或第一个任务执行起来太困难或无效的情况。

人们也可以在合理的范围内构建自己的任务。实际上，使用性研究者更倾向于让评估人员提出自己的任务。当使用性测试开始进行时，可以让参与者描述他们近期遇到的问题，而您的产品可以解决这个问题。然后，开始执行任务之后，让他们试着像解决在一开始访谈中描述的问题一样使用产品。使任务有真实感的另一个方法是使用现金。例如，在一个电子商务网站的使用性测试中，给每位参与者一个已充值 50 美元的账户并告诉他们，用这个账户买的东西都归他们所有（这不包括在付给参与者的现金奖励中）。这对他们是更好的激励方法，能让他们找自己真正想要的而不是设想中应该找的东西。

尽管总体而言使用性测试是一个定性的流程，但也可以给每个任务加上一些基本的定量指标（有时称为性能指标）来调查不同设计的相对效率或比较竞争产品。一些常见的定量指标如下：

- 完成任务的速度
- 他们犯了多少错误
- 有多少次能够从错误中恢复
- 多少人成功完成了任务

由于这些数据收集并不能带来可以用于统计的结果或测试流程之外的泛化结果，所以这些指标只用于指导任务完成时间的排序。因此，使用相对数值比使用具体时长更佳。

对餐叉这个案例而言，与之前列出的功能相对应，可以有表 11.4 所示的一系列任务。

表 11.4　餐叉任务示例

功能	任务
搜索引擎：人们能否用它找到特定产品？	路易十四餐叉非常流行，您决定购买一套。怎样在这个网站上找到包括所有路易十四餐叉设计风格的产品列表呢？
分类导航：人们在不确定自己的想法时能否通过它导航？	您之前在商店橱窗中看到过这套精美的餐叉（出示一张图片）。从目录中找到与之相近的设计。
购买机制：单品购买和整套购买都可以吗？	假设您非常喜欢刚刚看到过的其中一个设计（选出一个），想购买一打这种类型的晚餐餐叉。您要怎样做呢？
	假设现在是一个月之后，您很喜欢这套餐叉，但在处理垃圾时您将其中一支弄坏了。您如何购买替代品？
"一周餐叉"页面：人们能看到这个页面吗？	这个任务有点难度。在没有眼动仪的情况下，可见性不太好测试，但还是通过一些手段来引发一些关于可见性的讨论，比如创建可能引起注意的情境，如果它确实引起了注意就将其记录下来。假设两个月之后，您再次寻找餐叉，这次是要作为礼物。您会先到哪里找价格合适又有趣的餐叉？
	让人们在不看界面的情况下将其描述或画出来，可以揭示出他们记住了哪些内容，这一般与他们看的内容紧密相关。
	[关闭显示器]请根据您记住的内容，画出刚刚看到的界面。
"愿望清单"：人们是否知道它的用途？	在购物的时候，您希望能保存一个自己感兴趣的设计清单，可能之后您会购买其中某个，但现在您只是想记住自己感兴趣的。您会怎样做呢？
	[如果他们自己找不到，就指引他们找到它并询问他们是否知道这是什么，他们是否知道怎样使用。]

一般来说，使用性任务测试的是小型的、不连续的行为，可以很容易计时（比如"保存文件"任务）。进行几个这样的测试后，研究人员将任务完成时间和预定的理想时间进行比较。尽管这对专业应用软件老用户进行的低层次使用性测试来说很有效，但对很多日常的交互，大粒度的任务更容易分析。此外，任务计时转移了对理解和满意度等定性问题的注意力，而后者在很大程度上才是用户成为产品或服务回头客的决定因素。

确定任务清单之后，需要对任务进行计时和检查。自己亲自计时和检查并让与项目没有紧密关系的人来试着执行任务。这可以是预测试的一部分，但是如果可以，尽量单独检查一遍这些任务。

另外，应当在测试进行时持续评估任务质量。用创建任务时使用的指导来检查任务是否真正满足这些标准。在测试阶段之间思考任务的有效性并与主持人和观察者讨论它们。尽管在中期对任务进行很大调整不好，但在测试之间做些足以提高任务准确性的调整还是可以的，跟踪每个阶段所做出的任何调整。

写脚本

任务创建完成之后就可以开始写脚本。脚本有时也称"草案"，有时也称为"讨论指南"，但脚本实际上只是一张提示列表，用来指导主持人保持访谈的一致性并让所有事情顺利进行。

脚本通常包含三部分：介绍和初步访谈；任务；总结。下面有一个典型例子，这是一个 90 分钟的电子商务网站使用性测试，参与者测试之前都没有使用过这个网站。脚本三分之一的内容用于了解参与者的兴趣和习惯。尽管这些通常是访谈或焦点小组的主题，但在使用性测试中能了解这些信息也是很有用的。还有三分之一的脚本内容关注任务执行情况，这些任务对大部分重要功能进行测试。最后的三分之一用于管理。

介绍（5～7 分钟）

介绍可以用于暖场并给评估者一些背景信息，同时告诉评估者现在的进程和他们在其中的角色。

[关闭显示器，关闭录像设备，设置好计算机]

欢迎，感谢您的到来。您好吗？（您觉得位置坐着舒服吗？对知情同意书是否还有疑问？等等。）

我是_____。我正帮助_____了解他们的用户对其产品的使用感觉。这位是_____，他今天会作为我们的观察员。我们请您来是想了解您对他们的产品有何感想：对您来说哪些有用，哪些没用类似这样的内容。

这个评估过程大约需要一个小时。

我们将对今天的情况进行录像，但录像只用于分析。主要目的是免去我坐在这里埋头做笔记，让我可以专注与您交谈。观看录像的人只有我、几位开发团队的人员和其他几个人。它只用于研究，绝不会用于公共广播、宣传、推广或成为节日聚会上的笑料。

使用录像设备时，通常都很显眼，还会让人觉得有威胁。说明这些设备的使用能显著消除紧张感。同样，如果有双向玻璃镜，指出它的使用并讲清楚镜子后面有人观察，也有助于减轻人们的焦虑。一旦已经做过说明，就不宜再提。它们会很快地融入背景，再提反而会让人分心。

同时，脚本读起来应该像是对话。当然，不需要逐字逐句依照写好的脚本进行，但脚本的风格能够提醒主持人保持轻松自然的访谈语气。另外，每部分都应该标明时长，以便让人掌握每个部分需要多长时间。

就像我之前所说的，我们希望您能够帮助我们了解一款正在开发的产品。它刚好针对您这样的用户，因此我们非常想知道您对它的看法，它的哪些功能对您有用，哪些没用。由于现在还处于开发早期阶段，因此并不是您看到的所有功能现在都能正常使用。

不管产品团队说现在产品处于哪个阶段，都要告诉评估人员现在是早期阶段。告诉评估人员产品还处于开发流程中能帮助他们放松并让他们更自由地对整个产品发表评论。

我们今天的流程如下：我们先聊几分钟，了解您怎样使用网站，您喜欢什么，遇到了哪些问题，等等类似这样的问题。然后我们会为您展示_____正在开发的产品并让您试着用它完成几个任务。接下来我们将进行总结，我会再问您几个关于产品的问题。这就是今天的全部事情。

还有任何疑问吗？

明确说明整个流程能帮助评估者预期接下来的内容并能给他们一些背景知识帮助他们理解整个流程。

> 现在我要为您朗读一份知情同意书。我会为每个访谈对象朗读这份文件，它是一个标准文件。作为参与这类研究的人员，它赋予您以下权利。
>
> 作为这次研究的参与者：
>
> 您可以在任何时间停止参与。
>
> 您可以在任何时间提问。
>
> 您可以在任何时间离开。
>
> 不会有任何欺骗行为。
>
> 您的回答会被保密。
>
> 在开始前还有什么问题吗？
>
> 让我们开始吧！

知情同意书告诉评估者，他们的投入是有价值的，他们对流程有控制权，这个过程同时也不存在什么猫腻。

初步访谈（10～15分钟）

初步访谈用于为参与者之后的评论建立背景。它一开始提一些一般性的问题，然后将交谈的话题范围缩小到产品的设计初衷上，它通过这种方式将访谈的关注点缩小到评估者的经验范围内。对从未参加过使用性测试的人来说，问一些简单的问题可以帮助他们建立信心并让他们了解流程，让他们对您有好感。

在这个例子中，初步访谈还对人们的背景和习惯进行了相当全面的调查。当然，把问题减少一半并只给初步的背景访谈 5 分钟而不是 10～15 分钟，这样的情况也很常见。

> [打开摄像机]
>
> 您一周通常花多长时间用于上网？
>
> 其中多少时间用于工作，多少时间用于个人？

除了收发电子邮件外，您在网上最常做的事情是什么？

您有网购经验吗？买了些什么？您多长时间进行一次网购？

您是否先在网上研究产品，然后在商店购买？是否有某类产品频繁如此？为什么？

是否有东西是您绝不会网购的？为什么？

如果可行的话，在讨论上网相关问题前，询问一下人们的线下习惯会很有帮助。将人们所说的线下行为和您观察到的网上行为进行比较，有助于了解人们感知界面的方式。

现在让我们更进一步，您是否购买过银器？这个问题并不局限于在网上购买。多长时间购买一次？

您是否在网上购买过银器？为什么？

[如果购买过]您是否有在网上购买银器最常光顾的网站？

[如果有]您最喜欢[网站]的什么内容？是否有问题经常困扰着您？

在测试中不让评估者感到被轻视很重要。糟糕的设计和傲慢的公司总是让人们认为糟糕的体验是人们自己的问题。评估指导能让评估者自然地叙述他们的整个体验，包括积极的和消极的。

评估指导（3分钟）

我马上会让您打开显示器，我们来看看产品，但是先让我指导您如何操作。

在使用过程中，务必记住一点：测试界面的是您，而不是界面测试您。您绝对不会做错什么。如果有东西看上去是破的、错的、奇怪的或者让人困惑的，都不是您的错。但是我们希望了解这种情况。因此，如果任何时候有什么东西您觉得不对，请告诉我们。

同样，如果有您喜欢的内容，也请告诉我们。就算只是一个功能、一种颜色或一种布局方式，我们都希望知道。

请尽可能坦率。如果您认为有东西很糟糕，请说出来。不要客气，您不会伤害任何人的感情。因为产品是为您这样的人设计的，我们非常希望知道哪些功能真的好用或不好用。

同时，当您使用产品时，我希望您能将自己的想法大声说出来，让我们知道您在进行操作的时候是怎么想的。只需要在操作过程中进行叙述，有点类似于实况报道，告诉我您在做什么，为什么这样做。

有效的使用性测试，一个重要的组成部分是让人们在思考的时候说出自己的想法。一开始就介绍这个技术，但是在实际的访谈中还应该再次强调。

您能理解吗？有任何问题吗？

请打开显示器[或"打开便携式计算机"]。在准备阶段，您可以将键盘、显示器和鼠标放在您觉得舒服的位置。

第一印象（5～10分钟）

产品的第一印象极为重要。因此对它们进行明确测试是有益的，而且需要尽快进行。询问人们他们所看的位置以及所看的内容，这样可以指出界面上的热门部分，还可以了解页面的载入和渲染效果如何影响关注点和注意力。

如果是对网站进行评估，就从打开浏览器开始，将默认页面设置成空白页。载入顺序影响着人们查看页面元素的顺序，也影响着他们分配给这些元素的重要性。了解页面载入时人们的关注点，有助于解释评估者认为某个元素更重要（或不那么重要）的原因。

现在一切就绪，我希望您从"收藏"（Favorites）菜单中选择"餐叉"。

[马上]首先引起您注意的是什么？接下来呢？您看到页面时首先想到的是什么？

[一两分钟后]这个网站是关于什么的？

您对它感兴趣吗？

如果这是您第一次访问这个网站，接下来您会做什么？您想点击哪里？什么内容是您想探究的？

现在，脚本可以朝两个方向发展。它可以是一个基于任务的访谈，用户马上开始执行任务，或者是一个混合访谈，一半基于任务，一半是观察性访谈。

基于任务的访谈的是关注少数特定任务或功能。混合访谈在进行首次测试和在开发的早期进行测试时很有帮助。在混合访谈中，评估者浏览整个界面，在执行任务之前，查看界面主要部分的每个元素，并对其进行快速评估。

基于任务的访谈应该如下所示。

任务（20～25分钟）

现在，我希望您用界面完成几个任务。像平常一样进行操作，在此过程中叙述您的想法。

这是我想让您执行的任务列表。[分发列表]

第一个情境如下：

让我们回到您看到的网站的第一个页面。我知道您正在计划替换银器中的一部分餐叉。如果想在这个网站上找这样的餐叉，您会怎么做？请演示给我看。

[分发任务 1 的任务描述]

[给参与者 5 分钟时间找他们想要的餐叉]

很好，谢谢。我想让您进行的第二个任务是

[任务 2 在这里进行描述]

[阅读第二个任务，分发任务 2 的任务描述]

可以通过单面镜或录像对参与者进行观察时，可以在主持人不在场的情况下让他们自己尝试完成几个列表上的任务。这样做可以揭示出很有价值的信息，了解人们在没有信息来源的情况下怎样解决问题。另外，主持人可以利用这个时间与观察者讨论测试。如果要离开房间，主持人应该再次强调让参与者叙述他们所有的想法。

一个具体的待查明问题列表有助于确保所有重要的问题都能得到回答。在访谈中，只要有合适机会，主持人就要尽量询问这些探查性问题。

探查性问题（只要合适就深入调查）

　　导航元素的名称是否浅显易懂？

　　界面元素是否像评估者预期的那样发挥作用？

　　是否有无法理解的界面元素？

　　什么内容吸引了评估者的注意力？

　　在所有给定功能中，什么元素是最重要的？

　　是否存在评估者希望能得到额外信息的地方？

　　他们对每个给定元素/屏幕的行为/内容有怎样的预期？

　　混合访谈应当如下所示。它首先是一个总任务，查看人们在有机会体验界面细节之前对产品的感受。

第一个任务（5 分钟）

　　现在我希望您用这个界面来完成一个任务。

　　像平常一样进行操作，在过程中叙述您的想法。

　　第一个情境如下所示：

　　[任务 1 在这里进行描述]

　　[阅读第一个任务]

浏览界面（10 分钟）

　　好的，现在我希望您浏览全部界面，一次一个元素，说说您希望每个元素能做什么。

　　[浏览以下内容：

　　大部分门户页面

　　一个样本目录页面

　　一个购物车页面]

　　[关注以下内容：

　　网站导航元素

　　搜索元素

　　主要功能标签和行为

模棱两可的元素

预期]

对每个元素探查以下内容:

[在适当时候就每个重要元素进行询问]

从您的角度用简短的话说明它的用途。

这个[标签、标题]是什么意思?

您认为接下来会出现什么内容?

在不点击的情况下,您期望出现什么页面? 什么内容? 看上去怎样?

对每个屏幕探查以下内容[在适当时候就每个屏幕进行询问]

对您来说这个屏幕上最重要的是什么?

是否有您需要的信息被遗漏了?

在您将它填完之后, 接下来要做什么?

您如何从这里到达网站主页? 您想点击哪些内容?

您如何到达[其他一些主要部分]?

其他任务（10 分钟）

我想让您完成的第二个任务是

[任务 2 在这里进行描述]

[阅读第二个任务]

最后我想让您尝试的是:

[任务 3 在这里进行描述]

[阅读第三个任务]

所有任务都完成后, 信息收集的核心部分和访谈就告一段落了。但是, 一个总结环节是有必要的, 它能让观察者和分析人员了解所讨论内容的重点。另外, 随意、无拘无束地对产品进行讨论可以给评估者一个好的收尾, 还能产生一些不错的想法。在主持人离开房间问观察者是否还有问题要问参与者的时候, 可以让人们画下他们所记住的界面内容。

总结和自由头脑风暴（10分钟）

请关闭显示器，我们将问几个问题并进行总结。

总结

针对与您有着相似计算机和网络经验的人，您如何用几句话简单描述这个产品？

这是否是一个有趣的服务？您会使用它吗？

您会推荐它吗？为什么会？为什么不会？

您是否能说出三个优点和三个不足，以此来总结我们谈论的内容。

自由头脑风暴

好，现在我们已经了解了它的一些用途，让我们轻松随意地聊几分钟。不用思考得太过实际，您希望这样的系统能做什么，但它现在没能做到？您是否曾经说过："我希望有程序能帮我完成某事？"是什么事？

还有问题吗？评论呢？

谢谢您！如果在回家路上、明天甚至下周有任何其他想法或主意，请随时发送电子邮件到＿＿＿＿＿＿＿＿＿＿＿＿＿＿＿。[递出名片]

最后，获得测试和流程安排的反馈是很有用的。

这是我关于原型的所有问题，但还有最后一个问题："关于我们怎样更好地进行测试，您是否有任何建议？安排或操作方法的建议都可。"

谢谢。测试到此结束。

[关闭摄像机]

在进行几次使用性测试后，您可能发现了一些趋势并希望能全面深入地了解这些趋势。或许是测试的人都遇到一样的障碍；又或许是他们对测试产品的目标和意义这类比较宽泛的内容存在疑问。这时，不要盲目地遵照原来的脚本。您可以并且应该在脚本中加入一些后续问题，带给您和利益相关者更多信息，使其了解任何普遍存在问题的维度和严重程度。

在用户研究的任何一个阶段，产品的利益相关人都应该参与决定测试脚本的内容。完整的脚本草稿仍应由利益相关人审核，以确保次序和技术呈现的准确性。第一版草稿应该在开始测试前至少一周交给开发团队。纳入其评论意见的第二版草稿应该在测试前几天交给他们。

展开访谈

进行使用性测试有两个目的：获得来自评估者的最为自然的回答和最为完整的回答。用户访谈中的所有事物，从物理空间到提问方式，都是服务于这两个目标的。

空间布局

测试场所应该布置得接近于人们实际使用产品的空间。如果进行的是远程使用性测试或测试是在参与者的家或工作场所进行，就不需要做什么。如果参与者要来用设备而且它是一个商用产品，那么测试应该在一个接近于舒适办公环境（最好还有一扇窗户）的场地进行。如果是家用产品，假设是在起居室使用的产品，就为测试找些家具，布置得更家居、更舒适一些。环境的模拟不需要面面俱到，完全可以用少数精挑细选的道具营造出适当的感觉。比如使用柔和的间接照明，摆一张舒适的椅子，在办公桌上铺上一张桌布，马上就能将办公室的气氛改造得更有家庭氛围。

但是使用性测试通常必须在预定的会议室或是租用的实验室中进行，对这些环境进行大规模的调整是不可能的。在这样的情况下，应确保空间环境安静整洁，尽可能低调。

如果可能的话，对每个访谈都进行录像。理想情况下，可以用画中画的形式录下评估者的脸部、手部及其屏幕活动（图 11.1）。主持人不需要出现在拍摄画面中。可以使用计算机内置的摄像头，或在显示器上方或一侧安放一个外部摄像头。截至 2012 年，Morae（www.techsmith.com/morae.asp）是一个标准的或者说昂贵的商用使用性测试软件。也有价格稍低的其他选择，比如 Silverback（只用于 Mac，www.silverbackapp.com），如果能够接受功能设置上的一些限制，那么它算得上是一个很有用的软件。

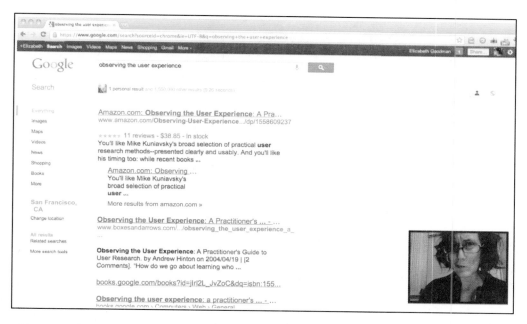

图 11.1　画中画视频文件

准确而清晰的录音极为重要，因此摄像机应该有一个优质的内置麦克风用来过滤外部噪音。另一个选择是购买一个外置麦克风。评估者可以夹在衣服上，或者主持人可以贴在显示器上。

观察人员的位置取决于是否使用传统的使用性实验室。在实验室可以通过双面镜来进行观察，双面镜将空间划分为两个部分：一个测试室和一个单独的隔音观察室。

如果没有可用的使用性实验室，对使用性测试进行远程或在其他房间观察的方法是使用商业软件（比如 Morae）。这些软件支持画中画录像和屏幕活动的简单共享。在这种情况下，计算机应该像图 11.2 那样进行摆放。很多商业软件提供免费试用，但从长远来说，购买专用的使用性测试软件可以让工作更轻松。

如果无法使用昂贵的商业软件，同时录制和播放屏幕活动、来自摄像机的视频和音频就会变得很复杂。带宽很有限，计算机经常死机，没有一个程序能将所有事情都做好。到 2012 年为止，要完成这些工作必须做好准备工作，并做出取舍。

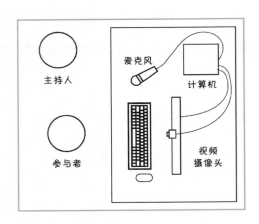

图 11.2　典型的使用性测试布局，没有外部观察人员，所有录制在参与者的计算机上完成

　　当然，如果没有很多预算而您的需要又超出了软件试用版的能力，还是有一些其他的选择。最廉价的（但也是不完整的）解决方案是使用免费软件（如 Skype）。这些软件可以让远端观察者看到参与者计算机的屏幕活动并听到声音（像图 11.3 那样设置）。但是，您无法共享视频，如果用其他程序来录音和共享屏幕还可能遇到兼容性问题。如果有一定的预算，可以购买一个网络会议软件，比如 GoToMeeting，它可以播放并录制屏幕活动和音频。但是，截止到 2012 年，还是无法录制视频。

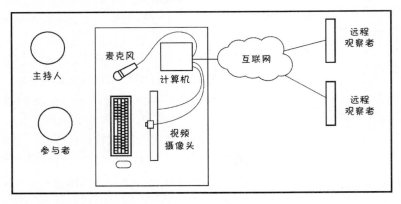

图 11.3　远程使用性测试外部观察设置

在这两种情况下，如果真的需要视频，就要有现场观察人员。最好选择使用一个外置的视频摄像机，将视频录制在另一台计算机上，之后再从大量低价的商业视频编辑软件中选择一个，用它来将视频和屏幕活动合成画中画形式的视频。

如果有观察者在现场，更实际的做法是组合使用外部视频摄像机和屏幕共享。这样一来，可以如常地在参与者计算机上录制屏幕活动。然后用另一条电缆连到其他房间，在其他显示器上共享参与者的屏幕。最后，可以设置一个外部视频摄像机来捕捉音频和面部表情，然后在观察房间的另一台计算机和显示器上显示现场视频（图11.4）。

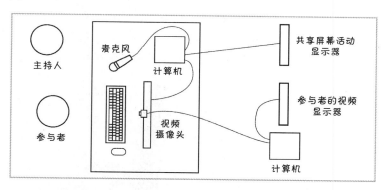

图11.4　对另一房间的现场观察者做视频和屏幕活动直播

测试移动设备

这一章的内容主要针对传统台式计算机的软件测试。但如果是移动设备，又是怎样的情况呢？

运用于桌面计算机的原理同样也适用于针对移动设备的使用性测试。但是，在实际运用中，使用移动设备的多样环境以及不同的交互模式都可能引发新的问题。例如，您感兴趣的可能有多少人会使用小键盘？位于外壳背面和侧面的按钮？屏幕按钮？您可能正在研究各种晃动、碰撞或手势的交互。又或者您需要理解在移动中，家以外，实验室或办公室等各种不同场景下人们怎样完成任务。

显然，需要对传统的测试设定做出一些调整。根据不同的项目目标，移动设备使用性测试要记录以下内容：

- 屏幕活动
- 参与者手指的运动
- 参与者的面部（可选项）

截止至本书出版，还没有用于移动使用性测试的标准商业设备。Noldus 和 Tracksys 等公司制造了一些商业外接设备，但是它们一般都很昂贵而且功能很有限。如果你有创造力和进取心的话，可以考虑自行设计一些更便宜或更全面的解决方案。

如果可以将设备与计算机进行绑定，一个解决方案是使用外接设备（图 11.5）。这些外接设备是一片用于固定一个或多个摄像头的塑料或金属，用以录制评估者的手指运动。如果需要，也可以录制评估者的脸部。之后可以用视频编辑软件将摄像头的输入进行合成。

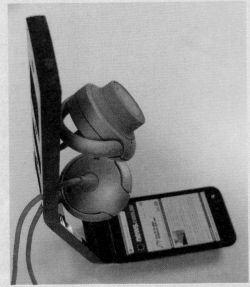

图 11.5 Patrick Kennedy 设计的手机定制外接设备。两个摄像机同步录制输入为画中画显示。摄像机的位置可以调整为在手机上或平板电脑上使用。如何安装这种外接设备的更多详细信息可以参考 *http:// usit.com.au/the-claw-mobile-device-usability-testing-jig*。图片来源于新数字媒体（News Digital Media）的用户体验团队

也可以使用称为"文档摄像机"的设备，这是一种桌面的摄像机，镜头向下指向一个平整的表面。使用性参与者在镜头下使用设备。文档摄像机通常比装在外接设备上的摄像头贵很多，而且它们限制了参与者的活动范围。但是，它们提供了更好的图像质量。

移动设备使用性测试不一定在实验室进行，它们需要在街道上、在车里或在公共交通上使用。在这些情况下，移动使用性测试就必须由两个或更多的人进行操作。其中一个人用视频来记录活动，另一个人进行访谈。这些情况下也可以使用外接设备，只是需要将摄像机连接到背包里的笔记本电脑上。或者，您可以用自己的创造性解决方案，有很多方法可以录制您需要的内容。

不管选择哪种方法，对移动使用性测试来说，都要记住地产经纪人的一句老话："位置，位置，位置"。在实验室测试软件或产品确实可以学到很多东西。在真实环境中进行测试需要更多的准备工作和创造性。但是如果真想从测试中得到有用的信息，就需要在产品的实际使用环境中进行测试。

主持

主持人要让用户感觉舒适并在适当的时间诱导出有用的回答，同时又不能打断用户本人的叙述流程或改变他们的观点。可以使用第 6 章深入描述的非引导性访谈风格。

除了第 6 章描述的总体访谈风格以外，主持人还应在所有访谈中做如下几件事情。

- **探查期望**。在参与者在界面上点击链接、勾选或执行任何操作之前，他们对可能的结果是有预期的。尽管这个预期可能并没有完全成形，但是他们总是有所期望的。在用户执行动作之后，他们对动作效应的感知就永远改变了。在改变之前捕捉到他们的看法的唯一方法，就是在他们正要执行动作之前让他们停下来，然后询问他们的期望。例如，对链接来说，让评估者描述他们认为在点击链接之后会发生什么，这样可以揭示他们对网站功能的心理模型。在动作执行后马上问："这是您预期的吗？"这也是一个发现体验是否与预期相符的好办法。

- **多问"为什么"**。通过在适当的时间问简单直接又没有偏向的问题，可以充分了解人们的态度、信仰和行为。五岁的孩子总是这样做，他们总是不停地问"为什么"，在不考虑是否存在正确答案的情况下越问越深入。例如，如果有人说"我就不会做这样的事情。"问一下"为什么"会比仅仅知道他们有或没有做某事得到更多信息。

- **偶尔建议解决方案**。不要在访谈中进行设计，但是如果有一个特别的想法（现有产品中并不存在）可以解决他们的问题，可以将它提出来。这可以检查访谈者对问题理解的程度，也可以检查潜在解决方案的完整性。例如，在一个测试中有很多人说他们用 Microsoft Outlook 和自己的手机来保存个人日程表。他们对在线日程表不感兴趣是因为这是重复劳动，尽管他们喜欢在线日历所带来的方便。当主持人建议，离线日程表可以和在线日程表同步时，他们都很兴奋，并且表示如果有这个功能，自己会很愿意使用整个服务。

- **调查出错的原因**。当评估者出错时，先等等看他们是否意识到自己犯了错误，然后马上调查他们的想法和期望。他们为什么这样操作？他们觉得这样操作会有什么后果？他们期望它如何起作用？是什么让他们意识到行不通？

- **探查非语言性线索**。有时人们对一个体验会有身体的反应，但一般不会说出来。当有惊奇的、出乎意料的或不舒服的事出现时，有人可能会瑟缩一下，但不会说只言片语。同样，一个笑容或一个前倾的动作可能表明满意或感兴趣。如果合适，就观察这样的行为并探究到底，例如"这个对话框出现的时候，我注意到您皱了一下眉头，是什么使您有这样的反应呢？"

- **让访谈以任务为中心**。人们通常会在想起某些主意的时候开小差。执行任务可能会提醒参与者想起某个主意或让他们想探索某种体验。允许人们探索自己的体验固然重要，但让关注点集中在产品和任务上也很重要。如果观察到有人向后靠，手离开了键盘不看显示器或开始进行抽象的发言时，就说明您该介绍新任务或返回当前任务了。

- **尊重评估者的想法**。如果发现人们跑题，可以让他们聊一会儿（可能一分钟左右），看看他们是否能转入正题。如果不能，就引导谈话回到当前的任务或主题上。如果这样做不奏效，可以说得更明确一些："这个内容非常有趣，或许我们之后可以讨论一下，但现在先让我们看看一周餐叉的页面吧。"

- **关注他们的个人体验**。人们有将自己的体验理想化并将其推断为他人需求或自己未来需求的倾向。但是，即时体验能告诉我们更多关于人们真实态度、需求和行为的信息，并且通常比他们的推断更有用。当 Peter 说"我认为它可能对某人有用"时，询问他这个东西对他自己是否有用。如果 Maria 说她可以理解这个内容，但其他人可能无法理解，告诉她，最重要的是了解她的看法，而不是别人怎么看。如果 Ken 说某物"有一天可能有用"，就问他这个东西现在对他是否有用。

管理观察人员

尽可能多让开发团队的成员来观察测试，可以帮助他们更快理解结果并赢得他们的赞同。

如果可能，让适合的人来实时观看使用性测试。当开发人员（甚至是产品开发的副总裁）看到自己开发的界面被错误使用，自己的意图被误解，自己却在一旁无能为力，会得到更多启发。

在观察室中摆放丰富的食物（通常三明治就可以）。这样一来，

在本章中，我在提到测试界面的人时，用的是"评估者"和"参与者"，而不是"被试""被测试者""受试者"或诸如此类的词汇。我们这样做是故意的，在这个过程中，招募前来评估界面的人是合作者。不是他们而是产品，接受检测。人们很容易将测试当成心理学实验，而实际上使用性只是一种指导性产品评估手段，并不是科学探究活动。在所有层面上都应当这样来看。

管理、录制和分享使用性测试的标准技术隔几年就有变化。请到如下网址 http://www.mkp.com/observing-the-user-experience 查看最新信息。

我们发现，同一房间中有多名观察人员会使参与者感觉不舒服，会导致评估质量大打折扣。被一群人围观而参与者依旧表现自如当然也完全可能，毕竟舞台上表演的演员就一直这么做。但是，我们可以避免让任何观察者待在同一个房间来规避这种复杂情况。

团队成员就可以一边舒适地闲谈，一边讨论测试（同时不忘观察参与者的真实行为）。由于他们对产品有非常透彻的了解，因此能注意到主持人和分析人员都没有留意到的行为和态度，这对分析人员和团队理解消费者来说是非常宝贵的素材。

如果没有带双面镜的房间，也无法使用视频直播，可以让团队成员直接观察测试。但是，每次测试只安排一个人来观察。让评估者处于实验室环境足以让人胆寒，更别说再安排几个人坐在他们身后不时地涂涂写写，交头接耳，就算是最淡定的人，也会觉得毛骨悚然。如果有观察者在房间里，应该把他们的名字介绍给大家，因为这样做就是承认他们的存在，也在过程中给观察者一个身份，而不再是"那个在角落里一声不吭，只盯着我看的家伙"。

指导观察者，让他们知道哪些行为是可以接受的，使其能够对接下来发生的内容有一个预期。

使用性测试观察者指导

倾听。立即讨论观察到的情况是很有吸引力的，但首先应确保能听到人们的大实话。可以随意讨论看到的内容，但也要注意倾听。

使用性测试没有统计意义上的代表性。如果四个人中有三个人这样说，并不代表75%的人也这样认为。它确实说明有这几个人是这样看的，但从大规模的用户群体来说，它没有任何意义。

不要将每字每句都当成真理。这只是几个人的观点。如果他们有好主意，那很棒，但要相信自己判断其重要性的直觉，当然有重要证据的情况除外。因此，如果有人说"我讨厌这个绿色"，这并不意味着需要更改颜色，但是如果每个人都说"我讨厌这个绿色"，那就需要进行进一步研究。

人是矛盾的。倾听人们对主题的想法及其推理过程，并不一定要关注他们特定的需求。一个人可能意识不到无法同时满足两个愿望或者他/她可能并不在意。要准备好迎接偶发性的厌烦和困惑，因为人们的行动并不总是有趣或富于洞见的。

不要期望革命性的突破。如果能从每个使用性测试中获得一两个好点子，就可以认为目的达到了。

不要只关注人们做了什么和注意到了什么，还要同样关注他们没有什么或没有注意到什么。

针对房间中的观察者，还需要补充以下指导。

在主持人给您明确机会的情况下随意提出问题。不要用任何方式来提出暗示产品价值判断的问题。因此，不要问"这是否是同类产品中最好的？"而是问"是否有其他产品和这个产品有相同功能？您对它们中的任何一个有什么想法吗？"

不要提及您直接参与了该产品的设计开发。当人们不觉得房间中有和产品密切相关的人时，更容易对产品的有效性发表评论。

如果观察者是开发团队的成员，尽量让他们在观察完所有参与者之后再归纳和设计解决方案。人们一般希望在认识到问题之后马上着手解决。但是在将精力投入解决方案之前，应当了解问题的背景、重要性和普遍性。

技巧和窍门

- 在进行正式访谈的前一两天先进行一次排练。将所有设备像真实测试一样设置好，安装好所有合适的硬件和原型。找一位类似招募对象的人，但这个人并没有直接参与产品的开发，对他/她进行一次完整的访谈。用这次排练来确保脚本、硬件和任务都能像设计好的那样顺利进行。在访谈结束后请评估者用餐。

- 在每个测试之间将计算机和测试环境复原。清除浏览器缓存，清除历史记录（这样所有链接都是新的，cookie 也已经清除），再次打开浏览器，这时显示的就是空白页面（可以将大部分浏览器设置成默认打开空白页面），确保每个用户都有一样的初始体验。将上一位参与者的所有笔记和纸面内容清除并关闭显示器。

- 如果测试的产品要在不同的平台上使用（如 Mac 和 PC），要允许评估者使用他/她用得更顺手的机器。甚至可以在筛选阶段就此进行提问，事先了解参与者一般都使用哪种机器。

- 不要在测试中做太多笔记。集中精力关注用户的行为和探究特定行为。并且，参与者也不赞同您埋头苦记他们的行为，他们经常把这样涂涂写写的行为理解为自己刚刚可能做错了什么。

- 及时做笔记，记下所有有趣的行为、错误、喜好、厌恶。在将观察者的观察内容做好笔记后，马上花 10～20 分钟时间与每个观察者讨论测试过程。

远程使用性测试

以上描述的内容针对的都是面对面的可靠的使用性测试。但是，也可以（而且通常更希望采用的）通过网络或电话的远程互动来测试产品。

远程使用性测试的支持者指出，这种测试方法更有效率（因为不需要将研究人员和评估人员召集在一起）同时也更为自然。如果在人们访问网站的时候研究他们，评估就可以恰好针对他们对产品的兴趣点，远程研究专家奈特·波尔特（Nate Bolt）和托尼·图拉思穆特（Tony Tulathimutte）将其称为"时间感知研究"（time-aware research）。就算参与者是招募来的，并不具有"时间感知"特性，但依然可以通过增加参与者的数量和地理位置的多样性来获得丰富的样本。因此，远程研究似乎比面对面的测试更具有优势。

且慢，先别忙着下结论！记住我们之前提到的，使用性测试的两个目标是获得评估者最自然的反应和最完整的反应。远程测试对前者有优势，但不要忘了第二个目标：完整的反应。远程测试在某些方面比不上面对面的研究，比如信息的丰富性和肢体语言、姿势的即兴性。很多资深的远程研究实践者认为，通过语调变化，他们获得的信息也不逊色于面对面研究中的肢体语言。但就算最铁杆的远程研究支持者也会指明，他们对声音语调的敏感也得通过大量的练习和实践来获得。

如果您确实需要看到参与者整个身体的运动或者需要当面运行演示的专业设备，那么基于声音的远程研究对您来说并不适用。到本书写作时为止，对消费类电子产品的界面研究，比如电器和移动设备，远程使用性测试并不是很有用。对不提倡远程使用性测试的人来说，缺少面对面的交流也阻碍着评估者和研究者之间发展感同身受的关系。

波尔特和图拉思穆特认为，主要有两种远程研究：人为调控的和自动的。在人为调控的研究中，研究者主动引导评估者进行一系列的任务，向他们提出问题，并监控他们对产品的反应。这需要面对面测试那样的参与性，但人们的互动是通过电话或在线聊天工具来进行的。因此，这种测试与本章描述的面对面使用性测试最接近。它也产生丰富的定性数据。另一方面，自动的使用性研究依靠专业软件来提示简单任务的完成并记录结果。它产生的结果并不丰富，但是在一定的时间内可以让更多的评估者参与。

远程使用性测试基础知识

远程使用性测试的初始任务，例如任务选择和脚本写作，与面对面的测试基本一样。但是也有细微的不同。远程使用性脚本在测试前将对研究进行更为详尽的解释，包括酬金、屏幕共享工具的用法以及一直保持清晰发音的重要性。

然后，招募和访谈需要不同的工具。人为调控的测试和自动的测试都需要一个自定义的弹窗，在潜在的参与者访问网站的时候将其拦截下来。这就意味着对需要测试的网站要有一定的访问权限来安装弹窗的代码。弹窗通常包含一个筛选问卷（关于如何起草这样一份问卷，可参考第 6 章），问卷用于询问几个简单的人口统计问题，确定参加使用性研究的意愿，获得语音联系的相关信息。然后研究人员马上或在协定的日期和时间联系符合要求并愿意参加测试的人。如果有观察人员，可以让他们通过电话会议的方式进行旁听。当然，您需要准备好对测试和目的做出简单解释，因为大部分人都想不到会有陌生人给他们打电话，而且还要看他们的计算机屏幕！

为了看到评估者的操作，研究人员需要让评估者共享他们的计算机屏幕。这通常是用线上工具来完成，比如 Adobe Connect。然后评估者计算机上的软件将记录屏幕活动。有些屏幕共享工具有自带的记录功能。否则，就需要在自己的计算机上安装程序来捕捉屏幕活动。此外，有些程序可以让您使用评估者的摄像头来记录他们的脸部表情和声音。但是，接管某人的摄像头来记录他的脸部表情可能会让人有些难以接受，毕竟您只是一个刚认识的生人。当然，在进行任何形式的记录前，都需要获得评估者明确的许可。

然后，评估者按照脚本进行就可以了，这和面对面的测试基本相同（参见第 6 章有关电话访谈技术的讨论）。在测试的最后，评估者结束电话交谈和屏幕共享，确保评估者的屏幕不再可见，并确认联系方式以便给他寄送酬金。

在这里我们只能提供远程使用性测试的简短介绍。针对远程使用性测试的完整阐述，我们推荐波尔特与图拉思穆特的《远程用户研究》一书，他们的网站（*www.remoteusability.com*）也提供了一些例子。

远程使用性测试的技巧和窍门

Team Detroit 广告公司的乔迪·波纳尔特（Jodi Bollaert）有以下这些建议。

- 如果网站的访问量很低，很难招够满足要求且又有兴趣的参与者。

- 为了有高品质的录像，筛选网速快的用户并确保通过固定电话来联系他们。

- 提醒观察人员将电话调到静音，因为您肯定不想让参与者听到任何回音。

- 不一定要用真正的网站！远程观察也可用于评估线框模型和概念草图。

眼动跟踪

基于访谈的使用性测试是在意识层面评估用户体验。也就是说，参与者执行任务并用语言描述他们的体验，同时主持人观看并有意识地记录他们自己所观察到的交互过程。但是人机交互的某些方面无法运用这种技术来捕捉。它们发生得太快，用户通常都来不及注意。

用户可能明明在看网站产品页面上的打折衬衣，却还是说他找不到任何尺码信息，尽管尺码就标明在右边的表单中。在看网页的那一秒，他是真的没看见尺码表，还是没注意、没读到或没理解？具体怎样修改页面才能使其注意到、读到并理解这些信息？这些问题可以用眼动跟踪使用性研究来解决。

眼动跟踪使用一个不可见的红外光源以及一个安装在特制计算机屏幕上的特殊摄像机。摄像机感知眼睛反射的红外光，跟踪用户眼睛的任何微小运动。参与者使用计算机来执行任务，软件便测量这些运动并记录用户观看屏幕的位置，从一点到另一点的凝视路径和用户固定在一点上的凝视时长。眼动跟踪原本是开发用来研究人们如何阅读的，现在已被用于分析人们对一切可以在数字屏幕上呈现的媒体的视觉处理。到现在为止，眼动跟踪还没有广泛用于小屏幕或移动设备界面的评估，但这种现状可能有所改观。

眼动跟踪研究最广为人知的结果是热图（heat map graphic），如图 11.6 所示。热图是在一张屏幕截图上覆上一张多色图，显示出研究参与者可能关注最多和最少的区域。另一个众所周知的结果是**凝视路径图**（gaze plot），如图 11.7 所示。不同于指出整体趋势的热图，凝视路径图指出的是一个人的眼睛在屏幕上的路径。圆圈代表注视点，线代表眼睛在凝视点之间的移动路径，称为"扫视"。

眼动跟踪通常与传统基于访谈的使用性研究一起使用或紧跟其后进行。眼动跟踪产生了大量吸引人的数据，但是热图和凝视路径图只是看上去简单。只知道人们在**看哪里**并不意味着了解他们在想什么，甚连他们是否在思考都不知道。长时间凝视一个点可以意味着深思……或在做白日梦。由于在眼动跟踪的过程中提问可能会让参与者分心，所以尽量在结束后提回溯性问题。

进行眼动跟踪使用性研究是一个高层次的专业技能，而且可能花费不菲。它需要昂贵的仪器，超强大的计算能力和对主持人进行全面培训。由于眼动跟踪数据有很多"噪点"（例如人们的眼动模式难以预期并且人与人不同），眼动跟踪研究通常需要的参与者比传统使用性研究更多。研究产生的大量数字数据需要有知识渊博的分析师来提取出有用的见解。

图 11.6　热图。图片来源于 Tobii Technology AB

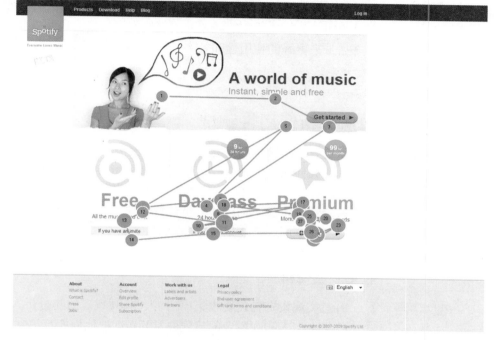

图 11.7 凝视路径图。图片来源于 Tobii Technology AB

如果以下各项都满足，就应该考虑进行眼动跟踪研究。

1. 有明确的目标或任务，并且对任务的成功完成有清楚的测量标准。

2. 目标和用户对网页或软件界面的视觉处理相关。例如，让他们关注头条文章或在目录页面上浏览更多产品。

3. 已经确定用户对内容感兴趣，进行了基于访谈的使用性测试和 A/B 测试（更多关于 A/B 测试的内容，请参考第 16 章），已经根据其结果优化了页面设计，但仍然没有得到理想的效果。

我们没有详细讨论眼动追踪的技术细节，因为技术变化实在是太频繁。如果考虑进行眼动研究，可以访问 www.mkp.com/observing-the-user-experience，了解更多资源。

眼动跟踪是一个应用较广的使用性研究工具，很多使用性咨询公司都提供了这项服务。像选择其他咨询服务一样选择一个眼动研究提供商，与他们会面并评估其工作案例。虽然技术很高端，但不要低估分析的重要性。供应商应该不只是提供漂亮的热图。他们还要能说明如何解决特定的问题并展现他们够资格完成测试和分析，为产品带来更好的使用性和效率。

如何分析使用性测试

这里提到的主持人和分析人员不是同一个人，但是在实际操作中，这两个角色通常由同一个人来担任。

尽管有些结论是显而易见的，但仍然需要进行严谨的分析，找到根本原因并从访谈中提取出最大价值。对输出进行分析的过程分为三个阶段，分别是收集观察资料、组织观察资料以及从观察资料中提取趋势。本章所描述的分析过程针对的是使用性测试，第 15 章将详细而全面地描述定性数据分析。

收集观察资料

有三类观察资料需要收集：主持人的、观察者的和分析人员的。

收集主持人和观察者的笔记非常简单。把他们的笔记拿来（或复印件），让他们和您一起过一遍，逐条解释它们的意思。另外，对他们进行访谈，收集笔记中没有的额外观察资料。这都是在上次测试之后的几天或几小时里人们对有关情况形成的大量观点。

分析人员的笔记是数据收集过程中最重要也最耗时的部分。分析人员至少要看四遍录像并记下出现错误或产生困惑的所有情形，或是评估者对产品或其功能发表意见的情形。他们需要注意评估者在使用哪些功能时遇到了问题，在什么情况下会遇到这些问题，并提供对问题的详细描述。在这个阶段，随着人们的行为模式和期望逐步显现，很可能发现产品中存在的大部分使用性问题。

定量信息虽然不能全面推及整个目标市场，但在归纳和比较行为时通常很有用（但这些信息也存在很多潜在的问题，因为阅读报告的人过于关注无意义的数字而将其奉为绝对的真理）。收集定量信息时，首先得创建一个分析团队中的所有人都达成共识的测量级别。不要使用秒表，也不要记下精确数值。使用性测试中小样本量呈现出来的统计错误大都来自于秒表的精确记录。最为有用的是整体的度量。英国体验设计和评估咨询公司 Flow Interactive 使用以下四个级别来衡量人们执行任务的时间：

0.　失败

1.　用迂回的方法缓慢完成

2.　稍慢完成

3.　很快完成

很多时候并不需要很高的精确度，因为获得关键比较结果只需要有按量级排序的测量。每个量表应当有 3 或 5 级（不要用 2、4 或 6，因为这样很难找到一个中间值；级别也不要超过 5，这样会让人困惑）以及另一个表示失败的数值。

给每位参与者一个由目标任务指标构成的表格。在看录像带的时候，注意每个单元格的严重程度（如果可能的话，用开发团队定义代码错误严重程度的语言和级别来定义严重程度）。在餐叉任务中，可以用以下的表单来代表一个人的表现。

然后，在将最终分析结果收集整理好后，为每个指标创建一个总结整个用户小组体验的表单。对完成时间指标来说，两个总结表单如表 11.5 和表 11.6 所示。

表 11.5　Tina 的任务表现

任务	阅读时间	错误	完成时间
找到路易十四餐叉	1	3	1
购买替代品	3	1	2
找到相似餐叉	1	2	0
关键点	0-没有阅读	0-由于错误没有完成	0-失败
	1-阅读得很慢	1-出错很多	1-用迂回的方法缓慢完成
	2-阅读得比较慢	2-出错比较多	2-稍慢地完成
	3-阅读得很快	3-很少或没有错误	3-很快完成

表 11.6　任务绩效时间测量总结表

	Tina	Kristie	Ben	Sonia	Kim	平均值
找到路易十四餐叉	1	2	1	0	2	1.2
购买替代品	2	3	2	1	1	1.8
找到相似餐叉	0	0	1	1	0	0.4

　　尽管平均值在绝对性上并没有太多意义，但它提供了一个比较任务和设计的途径。

　　记下评估者的功能需求和逐字引用，特别是那些概括了特别行为的，例如，"我不理解什么是 Forkopolis，所以我不会点击这里"。提出功能需求的目的通常是清楚说明评估者无法用其他方法表达的问题。但是，他们也可以为同样的问题找到创新的解决方案，因此不管怎样都要记下这些内容。

　　如果时间和预算允许，可以把整个过程转录成文字，这是很有帮助的，但只应当将它作为观看录像的辅助方法，因为它缺失可以真正说明一些情形的声音变化和行为。例如，评估者陈述的"啊！在这里"并不足以传达出他将鼠标指针放在屏幕上每个视觉元素上来找点击元素时颇感困惑的五秒钟停顿效果。

组织观察资料

　　首先，通读笔记，获得对材料的整体感觉。寻找重复性的内容，这些可能归结到共同的根本性问题。

　　接下来将所有观察资料收集到一起（实际上是放到一个单独的文件夹中）。在文字处理软件中打开单独的文件，浏览每份观察资料，并将它与其他相似的资料在一个新文件中，归成一组。相似性可以是根据表面相似（"不理解的术语"）、功能集合（"购物车问题"）或根本原因（"让人困惑的信息结构"）。将观察资料按"根本原因"这个最广泛的依据进行分组。提取出引用内容，将它

　　如同做其他形式的定性数据分析（第15章有深入的讨论）一样，应当和开发团队一起组织使用性测试信息并提取趋势（合适的话，还应包括其他利益相关者）。这让团队能用集体智慧来充分理解问题，并着手寻找解决方案。

们及其说明的原因放到一组。

提取趋势

完成所有观察材料的分组后，浏览分组并将它们进行合并，分离出主题互不相关的组。去掉只有一两人观察资料的组。针对每个分组，试着用一个简短的语句来对问题进行归类，用几句话全面描述现象。尽可能解释根本问题，将对现象的解释对其原因的假设分离出来。将注意力集中于对问题的描述、问题对用户体验的直接影响和问题产生的地方。建议解决方案的时候要非常谨慎。说到底，开发团队非常了解产品的技术和设想，并分离出根本问题进而找到解决方案。您的建议只是作为在哪儿可以找到解决方案的指南，不是必须遵循的。

要从用户的角度来描述问题的重要性，但是不要对观察资料的重要性级别进行量化。如果想要或被要求对观察资料的特征进行速记，应根据它们对用户体验的影响进行分类，而不是瞎猜。这样的影响量表可以是"阻碍了行为""造成了困惑""与预期不符""被认为是多余的"等。

很容易将用户的重要性衡量错误地当成项目开发的优先次序。这样做通常是不恰当的。用户成功使用产品最重要的并不一定对产品的成功最重要。产品团队应当从用户的角度了解问题的重要程度，然后以此来决定项目的优先次序，但两者不是一回事。

一旦这些都已完成，就应列出观察资料、对造成现象原因的假设以及补充和总结对观察资料的引用。这样的观察资料也许可以取悦利益相关者。但使用性报告也是有争议的。没有人喜欢听坏消息，但是对使用性测试来说，又是不可避免的。没有产品总是十全十美的，使用性就是用来找问题的。现在，观察资料的哪部分（如果有的话）对利益相关者来说有争议或难以接受，对此您应该好好把握。

在整理报告的时候，如果要报告坏消息，可以考虑使用以下这些常识性的技巧。

- **不要呈现完全负面的报告**。肯定能找到一些正面评价来缓和苛刻的发现。不要无中生有，捏造正面评价，但同理，也不要认为您的工作是只报告问题。只要可以，就要为做得好的地方"点赞"。

- **关注真实的人群**。展现关键发现出处的并不是使用性研究团队。直接来自用户的引用，特别是以亮点视频剪辑的形式，能增强发现的可信度，赋予它们更多重要因素。如果一个视频剪辑显示几个真实的人在使用产品的时候都遇到了困难，就很难质疑问题的存在。

- **提出建设性的意见**。我们说过要注意不要提设计准则。但这并不意味着绝对不提建议。如果一个问题有明显的解决办法，而且还是由评估者建议的，就要说出来！就算建议没有被采纳，起码也可以让大家知道有可能的解决方案。

只报告坏消息有两方面的问题。如果利益相关者已经对产品不抱信心，坏消息会使问题看上去解决无望。第二，这样会从整体上损害使用性研究的信誉。使用性会成为批评的代名词，可以理解人们会终止令人愤恨的使用性研究。您的目标是让利益相关者欢迎您的报告，而不是害怕它们。

幸运的是，在改进需求和赞扬优点之间进行平衡通常不是非常困难。下面来看设计研究公司 gotomedia 为维基百科基金会（Wikipedia Foundation）准备的使用性报告。注意：由于篇幅所限，我们编辑并缩短了报告，但是您所看到的与交付的报告基本相同。

使用性测试报告剖析

维基百科为文章编辑和创建界面的再设计进行了三次使用性测试，这是其中的最后一次测试。

项目概要作为维基百科使用性项目（Wikipedia Usability Initiative）的一部分，维基百科基金会委托 gotomedia 进行了一系列使用性测试，以评估项目总体目标（"适当提高维基百科对新编辑人员的使用性"）的进展情况。

主要的研究目标如下。

报告使用性测试结果并没有一个所谓的正确方法。电子邮件、文档或演示都可以。重要的是选择一个媒介，及时而可信地向利益相关者传达信息。在这里，我们关注的是报告内容而非设计。更多关于报告格式及其呈现方式的内容，请参考第18章。

- 评估团队在减少新用户障碍上的进展/提高。这些障碍包括（但不局限于）添加个人内容、修改错字、添加参考条目、格式化内容以及创建新的词条。
- 评估新原型交互的模板。
- 评估模板崩溃的影响。

在之前几轮测试中，维基百科和 Bolt|Peters 发现并记录了很多使用性问题，包括对维基百科整体而言的和针对编辑流程的。

我们的研究重申之前记录的下面这些问题。

- **人们喜欢用维基百科**。维基百科在用户中极为流行。我们交谈过的很多参与者每周至少使用几次，很多人每天都要使用多次。
- **人们觉得自己没有东西可以添加**。我们访谈过的每个人几乎都说他们不太向维基百科上添加内容，因为他们对自己潜在贡献的质量和有效性没有信心。
- **维基文本很简单，同时又很难**。用户可以比较容易地对维基百科中词条进行简单的文本修改。但事实证明，创建链接、脚注和表单这样的高级编辑还是富有挑战性的。
- **用户通过例子来学习**。碰到不能马上理解的任务时，大多数用户会寻找维基文本上的例子，并试图仿效其他编辑方式。
- **用户无法创建新的词条**。我们的参与者中只有一位知道怎样在维基百科上创建新的词条。

这些问题都有据可查。在我们的研究中没有发现与之前任何研究发现有显著矛盾的地方。我们的评论将集中于更具体的编辑问题，之前的测试后添加的新功能以及之前没有记录的其他观察。

概要在传达研究结果时非常有用。产品开发的副总裁可能从来不读报告，但他可能会扫视几个高层级概要的段落。突出主要论点，可以加粗显示，也可以使用不同颜色。以附件形式发送报告时，应该将执行摘要写在邮件正文中，而将报告的其他内容，包括执行摘要，作为附件。

流程

流程从一个简单访谈开始，了解参与者整体的计算机使用情况及其过去对维基百科的使用体验。然后进入对编辑界面原型的使用性测试。在使用性测试中，作为网站用户典型代表的参与者执行脚本上的预定任务，在这个过程中研究人员进行观察。这个 75 分钟时长的流程将由一位经验丰富的使用性专家引导和主持。在整个过程中，用户体验专家询问额外的问题来澄清或扩展参与者的回答。这个过程有助于理解用户与网站的交互方式，并凸显潜在的使用性问题。

访谈脚本由 gotomedia 的一位用户体验专家起草，脚本在附录 A 中列出。gotomedia 和维基百科就用户细分达成一致并在此基础上选择参与者。重点是完全没有编辑操作经验或只有很少经验的维基百科用户。

尽管脚本基本上是基于任务的，但问题都是开放性的，有足够的空间加以阐释，鼓励参与者不要试着用"正确的"方法完成任务，而是自然地进行操作，如果自己觉得有动机这样做。开放性的访谈问题包括"您是如何发现这个流程的？"通常在每个"任务"后提出。在正式测试前，gotomedia 的一位工作人员对脚本进行了预演，这位工作人员是维基百科的读者（但并不是编辑者）。

对过程的简要描述揭开了流程的神秘面纱并为报告的收件人提供了有助于理解结果的重要背景。

测试环境和招募标准

2010 年 3 月 25 日和 26 日，在旧金山的 Fleischman Field Research 对 10 名参与者进行了访谈。对另外 9 名参与者通过网络会议进行了访谈。远程参与者全部都来自美国本土，其中除一名外都来自中部或东海岸。参与者根据与维基百科合作定义的目标人群进行选择。

参与者划分为两个主要群体：完全没有编辑经验的维基百科的用户和有少量编辑经验的维基百科用户。以下列出了招募标准。参与者信息表收录在附录 B 中。

招募：

- 12名参与者来自群体1（一半远程，一半面对面）
- 6名参与者来自群体2（一半远程，一半面对面）

所有参与者

- 在测试中都适当表达以分享他们的观点
- 都很容易理解（没有很重的口音）
- 都可以熟练使用火狐浏览器

小组1没有成功的编辑经验

- 没有试过编辑维基百科的词条，但很有兴趣这样做
- 试过编辑，但没有成功

小组2有有限的编辑经验

- 编辑过的词条不超过25个

在过去的研究中，我们招募过2000多名旧金山的居民进行面对面测试，1000多名美国居民进行远程测试。我们在每100个维基百科页面中的一个页面上放置了条幅/提示，为期3天。只要用户通过点击看到我们的信息，就会被引导至一个Ethnio招募系统，在那里我们对他们提了一系列问题。具体来说，问题包括：他们都在维基百科上进行什么操作；他们使用维基百科的频率；他们是否曾对维基百科做出过贡献（哪种形式）；他们的年龄、性别、居住地以及可参与测试的时间。基于这些标准，根据用户对这些问题的回答，从3000多名回复用户中过滤出500名符合要求的用户。团队和gotomedia与Fleischman Field Research一起，通过进一步的电话沟通与这些参与者取得联系，然后过滤并商定日程，沟通的内容包括他们使用维基百科的模式、没有贡献的原因、表达能力以及职业。

清楚地解释招募了哪些人以及如何操作是非常重要的。这部分遵循的是一个倒金字塔的形式：一开始了解的都是最重要和最一般的信息，然后在每个段落进一步了解细节。最后，每位参与者的实际信息在最后的附录中呈现。依据利益相关者的期望和您自己的偏好，实际用户的信息也可以在这一部分呈现。记住：使用性测试不是实验科学，所以应对当前情境的需要远比严格遵守格式更重要。

关键发现

一般性编辑问题

维基文本对编辑有明显的障碍。对所有用户真正开放编辑过程的最好方法是完全对用户隐藏维基文本。只有开发一个真正的所见即所得（WYSIWYG）的界面，维基百科的参与性才能真正对所有用户开放。有很多技术、文化和经济上的原因，使得近期内维基百科无法实现一个真正的所见即所得的界面，在优化编辑操作是否最终有益于用户上也存在争议。但是，如果目标是对所有用户真正开放编辑，最好有一个真正的所见即所得的界面。

> "我不懂技术，所以我完全不知道（怎么做）。" Carrie，32 岁，客户经理

> "……看上去那样做比写代码简单多了。现在的做法似乎让一些人无法使用。它看上去有排他性。" Phil，22 岁，自由撰稿人

> "我妈妈肯定没法用这个！" Oliver，48 岁，业务分析师

新编辑者需要更多帮助。有几个用户表达了希望能有一个简短的视频或教程能让他们对编辑流程有一个基本的认识。观察发现很多用户是在页面左边的栏目中寻找帮助信息。这样做的用户表示，他们希望能在左边栏的工具箱菜单中找到特定的编辑信息。

> "有些内容确实不太直观。因此他们可以将其做得更容易让新手或比较懒的人或者做一个教程。（并且）让新推功能的教程非常非常浅显。" Bianca，22 岁，实习生。

> "我想他们应该突出帮助和怎样继续下一步的信息。这样的信息应该在首页上非常显著。我不知道也从来没有尝试过，但我认为如果能让（编辑是多么的简单）显而易见，会吸引更多像我一样的人尝试。" Adam，21 岁，学生。

> "我很可能回去看视频。我知道谷歌为它们的应用做了视频……" Clayton，22 岁，教师。

建议：对新用户来说教程非常有用，特别是不熟悉标记语言的用户而言。如果制作的是教程，它们就应该是模块化并且时长较短的。

用户不太可能一直坐着观看并理解一个解决很多编辑任务的长教程。一个简短的教程应该解释编辑文本，使用预览和发布等操作的基本知识。其他简易教程应该解决一些特定的问题，比如链接、参考、表单和图像，等等。教程应该是提供实时学习所需技能的快速方法，而不是拉拉杂杂讲 20 分钟和手头任务无关的东西。用户应当能够在试图完成某个任务的时刻，看到针对如何完成这个任务的简短的教程。教程应该在新窗口中呈现，让用户可以一边看教程一边看编辑界面。

同时，维基百科应该考虑在编辑模式下时，为页面左边栏添加链接，清楚地标记到具体的帮助信息。

[其他发现此处略过不表]

编辑工具栏

与前一版相比，编辑工具栏（图 11.8）显然能够为编辑者带来更多帮助，并且自上一轮测试后对工具栏所做出的调整确实方便了编辑。与之前的设计相比，工具栏的可见度有了提高。虽然有些参与者仍然忽视工具栏，但是大部分用户最终都自己找到了工具栏。

图 11.8　编辑工具栏

"观察发现"这部分总结了重要的主题。总的来说，根据问题的技术性特征来组织各个组成部分。在这个案例中，黑体字标题进一步体现了技术性特征。这能帮助读者轻松地浏览大量文本。

还应当引用用户的原话。从效果上看，精心选择评估者的片言只语比整段解释更好。读者可以了解实际用户的证据如何支持您的观点。把这些直接引语放到每个观点之后，能强化每个观点所表达的意思。如果把所有直接引语一起呈现，能传达出整个使用性测试的"感觉"。

如果相关，就在报告中加入屏幕截图或其他测试相关文档。这样，读者就不需要通过自行摸索来了解评估者到底在测试什么内容。如果有必要，可以用附加的文本框、文本和箭头进行注释，确保每个人都了解评估者讨论的内容。

最后记住，使用性测试并不是必须呈现问题。如果有好消息，也应该在"观察发现"部分突出它们。

为了与本章的内容相适应，我们缩短了报告。以下是一个典型参与者信息表的样例（所有名字都为假名）。

附录 B

时间	姓名	职业	年龄	性别	编辑经历	维基百科使用情况	Mac 或 Windows
3/25, 9:00	Kelsey W.	办公室经理	35	女	没有/有兴趣	每天	Windows
3/25, 10:30	Carlos W.	K-12 教师	22	男	没有/有兴趣	每天	Windows
3/25, 12:00	Melissa S.	学生	20	女	没有/有兴趣	三次/周	Windows
3/25, 3:00	Carolyn O.	客户经理	32	女	没有/有兴趣	三四次/周	Windows
3/25, 4:30	Tran M.	MBA 学生	30	女	有/一两篇文章	三四次/周	Windows

评估者档案通常是这样的表单形式，但是也可以是用几段文字描述。评估者档案有助于报告读者了解人们做陈述的情境，同时也能让无法观察测试的人对参与者有直观的感受。如同人物角色一样（详见第 17 章的描述），这些档案有助于使产品用户的有关抽象概念更真实，结果更为直观。将所有相关的评估者信息保存在一张电子表单中，这种方式很方便、很有效。

结语

使用性测试是用户体验研究的主流方法之一。它快速而经济，同时又能提供很多直接可操作的信息。在大部分情况下，我们都只能依赖它来获得用户反馈，如果使用得当，它可以为我们提供很多有价值的信息。

第 12 章

问卷调查

　　您可能知道谁是您的理想目标受众，但您知道谁在真正使用您的产品吗？产品的使用者是您构建产品时所设想的那群人吗？还是完全不同？或者他们或许知道产品的哪部分被使用，也知道消费者在抱怨什么，但这些抱怨到底有多普遍？消费者使用产品符合您的预期吗？他们是否用您的产品来做别的事情？除非广泛听取消费者的意见，否则您不知道自己的产品为什么流行（或不受待见）。

　　访谈、发声思考式使用性测试以及观察研究这些定性研究方法能让您洞察人们在使用产品时为什么会有那样的表现，他们是怎么使用产品的。但是定性研究不会准确告诉您这些特征和趋势在整个用户群体中的普遍性。只有**定量研究**技术才能预测用户中有多少青少年，这些青少年是否对您正在构思的产品特性感兴趣。了解用户构成可以让您知道应该对什么人进行定量研究，更重要的是，它能告诉您用什么品质信息来定义目标用户群。

　　定位用户及其所持观点的最佳工具就是问卷调查。一套问卷包含一组问题，使一个庞大的人群以一种结构化的方式来描述自己及其兴趣和偏好。运用统计学工具来处理调查结果，可以揭示用户的广泛特征，提取出有趣的模式。如果做得好，针对理解整个用户群，问卷调查的确定性肯定高于比单纯的定性研究确定性。

问卷调查可以回答下面这样的问题：

- 用户有多大年龄？
- 他们用的是什么样的网络连接？
- 用户群是同类人，还是由不同群体组成？
- 他们想要什么？产品是否已经为他们提供？
- 他们喜欢产品的哪些地方？他们不喜欢什么？

然而，调查问卷很容易出错。如果不进行精心设计，调查问卷就会对错误的人群提出错误的问题，导致结果不准确、不确定或者（在最坏的情况下）甚至可能有欺骗性。网络问卷调查有明显的不足，因为在缺少与调查对象直接沟通的情况下，其准确性依赖于人们的自我认知和他们坦诚报告这些认知的能力和意愿。在没有直接接触（不论是亲自访问还是行为数据分析）的情况下，您不知道调查对象到底用的是什么服务，也不知道他们对自己的描述是否准确。调查对象告诉您的只是他们的想法。

何时使用问卷调查

如果已经有一群正在使用产品的用户，那么什么时候做问卷调查取决于您要问他们什么问题。例如，**用户概要**（profile）可以在任何您想要现有用户构成的时候做。**满意度调查**（satisfaction survey）应该在重要的改进设计之前进行，以便改进设计，解决人们遇到的问题。调查人们看重什么的**价值观调查**（value survey）应该安排在大型市场营销活动之前进行，目的是确定产品描述和促销方案。

问卷调查有各种大小和结构。最终取决于具体实施什么调查和预期结果。

在先期定性研究之后进行问卷调查尤为有用。焦点小组、访谈尽管简单的问卷调查也能获得对目标受众的基本理解，但是以统计方式进行精确的调查非常复杂。本章只通过一个网站的例子讨论如何实施基本的调查。对于更复杂的电话调查和电子邮件调查以及需要精确数据结果的重要产品决策调查，我们建议阅读两本书《问卷调查研究方法》（*Survey Research Methods*）和《在线市场调研手册》（*Handbook of online Marketing Research*），聘请专业调查公司。

和观察研究这样的方法都可以提供细致、特定的价值和行为信息，引导人们写出调查问卷的问题来检测普遍性。例如，对机器人玩具主人的一系列访谈表明，追踪到的行为可能超乎您的想象：对待玩具就像对待家庭成员一样；限制孩子玩这些机器人玩具；把他们当作礼物送给亲友；几天之后把它们扔到一边；等等。他们也可以指导您使用各种术语，以免写问题的时候不至于使用那些使参与者感到疑惑的词汇。

如何实施问卷调查

在设计问卷之前，您需要知道自己的预期。先用一两句话写下为什么要做这个调查，即您的目标。比如，写一下您现在已经有一个成熟的产品，一个运行了几年的网站。即使收入可观，但新用户增长缓慢。您对用户群大小有一个想法，但是您假设这些现在使用网站的用户就是和网站推出时一样的那批人。而且，即使您的网站有一些特色，但一些竞争者也有一些相似的产品特征。您仍然在继续用自己独特的方法增加用户数量。即使日志文件显示这些产品功能已被使用，也很难说明人们是由于那些独特的产品特征而使用，还是只是花哨的可有可无的特征。完成"我们即将进行一项调查"这句话，原因可以如下：

> 为了了解我们的基础用户从去年开始是否发生变化以及如果是，又是什么原因，了解他们眼中最吸引人的产品特征。

设定日程安排

一旦确定问卷调查的总体目标，就要构建一个时间表。由于调查问卷的准备活动是其取得成功的决定性因素，所以典型的问卷调查应该预留足够的时间，其中包括写问题的时间和评估问题的时间以及调查问卷的测试和必要的修改时间。一旦问卷发出，就没有机会再维护其统计的真实性，所以给调查问卷留出检查和重新设计的时间非常重要。

写调查问卷

首先根据预期的结果尽可能详细列出问卷调查的目标，至少应该包括以下三项：

- 为消费者创建一个人口统计方面的、技术的和网上使用的概要文件
- 为消费者列出产品主要特征的使用优先等级
- 列举他们使用的其他网站

对于该列表，要有足够的信息来选择部署具体的调查问卷。

表 12.1　一个调查进度表样例

时间	活动
t - 3 周	确定测试的受众和目标
t - 3 周	着手写出问题
t - 2 周	写好问题，找几个人来复查问题。必要时重新修正。写报告草案。选择一个在线调查提供方
t - 1 周	使用您选择的服务设置调查问卷。试点测试，同时使用收集和制表软件。基于试点测试结果写出报告
t - 3 天	基于试点测试反馈重写问题，找几个人来复查问题
t - 2 天	准备好在线问题。在各种情况下测试网站的功能
t	展开调查（通常是 1~14 天，这取决于是否有重要的变化）。完成后立即删除调查网站，结束数据收集
t + 1 天	开始分析
t + 3 天	完成分析。着手写报告
t + 1 星期	完成报告。提交给开发团队，讨论并记下进一步的研究方向

对设计问题进行头脑风暴

有了明确的调查目标后，就要对问题进行头脑风暴（可以自己进行或者小组进行）。连续不断地写出能想到的每一个需要调查来回答的问题。不要把问题写成"问卷调查形式"，写出您想知道的就可以了。

进行头脑风暴的时候，要记住有两种调查目标：描述性目标和解释性目标。

描述性目标旨在建立受众的背景资料。描述性目标通过了解受众的个人特征、他们有什么、想要什么和他们说如何做来总结受众的构成。

探索性目标通过人们对问题的回答之间的关系来解释人们的信念和行为。例如，描述性调查的目标是设法了解人们使用了哪些特征，他们的平均收入是多少；而探索性调查则是试图解释收入如何影响人们喜欢的特性。这类目标的目的是找到特征之间的内在关系，独立出来的关系越多，解释就越准确。

调查问题本身有很多种风格。一般性问题可分为几类：特征类别、行为类别和态度类别。**特征类别**问题用来描述这个人是谁，他的硬件和软件环境如何；**行为类别**问题则刻画出这个人的行为表现；**态度类别**问题探究的是人们的想法和信念。

其中每个大类中有很多子目录。我们在这里提供一些常见的例子以便于您进一步了解更多问题。

特性类别

- **人口统计学**。这些问题的目的是了解调查对象的概况。他们都多大年龄？他们从事什么职业？他们的教育情况如何？

- **技术问题**。这些问题是问他们拥有的技术情况和相关经验。他们用什么手机？他们在管理网上隐私设置方面有多熟练？

行为类别

- **技术运用**。这些问题关系到他们如何使用您关心的技术。他们每周的上网频率是多少？他们用到了洗衣机的哪些功能？他们有哪些电脑使用经验？

- **产品使用**。什么产品功能是他们想使用的？他们多久使用一次？他们为什么访问您的网站？他们使用多久了？

- **竞争对手**。他们都访问其他什么网站？多久一次？他们使用多久了？他们使用过哪些产品特性？

态度类别

- **满意度**。他们喜欢您的产品吗？您的产品符合他们的预期吗？您的产品是否具备他们想要的功能？

- **偏好**。您的产品最吸引他们的是什么？他们愿意为朋友介绍哪些功能？哪些功能是他们认为不必要或是会分心的？

- **希望**。他们想要什么？他们觉得缺少哪些功能？

　　现在，您的脑海中有一份问题清单，请开发团队的成员提出他们的清单。您可能很想把清单给他们看，但是为了避免您的思维对他们造成影响，让他们自己做一份。之后把每个人的问题搜集起来分享，看是否有需要加入的其他问题。

　　问题清单最初可以像下面这样：

> 您的年龄？
>
> 您的收入是多少？
>
> 您的教育水平如何？
>
> 您用什么操作系统？
>
> 您有没有听说过 Linux？
>
> 您用过 Linux 吗？
>
> 您用过 eBay 吗？
>
> 您的网速是多少？
>
> 您花多长时间上网？

您愿意等多久（为了找到自己想要的答案）？

您用过 Quicken 吗？

您现在的电脑使用多长时间了？

您有手机吗？

您每个月的电话费是多少？

您的电话费有限额吗？还是不限制充值？

您住在哪个时区？

写下问题

向别人提出问题时，应该只问人们可能知道答案的问题，应该只问和他们相关的事情，应该说清楚要问的问题。风险是人们总会告诉您答案，不论可信与不可信。

——厄尔·芭比（Earl Babbie），《调查研究方法》（*Survey Research Methods*）

现在是时候写问题了。在第 6 章里有很多介绍非引导性问题的规则，这些非引导性问题让回答的人认为没有"正确"答案。其中大多数建议都集中于主持人的直接行为和保持非判断状态，这些建议也同样适用于调查问卷。但是如果说定性研究的问题需要保持**灵活性**以免制约受访人的回答，那么调查问卷的问题就需要更准确的限定答案，以免歧义。大多数访谈都应该是开放式的问题（换句话说，问题不应该受限于访谈所列出的清单），但和大多数访谈不同，调查问卷的问题大多数都是封闭式问题。一般来说，对于开放式问题，回答问题的人和分析师都要花更多的精力。它适用于长时间且只有几个人参加的访谈，但对问卷调查这种可能有成千上万人参与的调查，就困难得多。开放式问题也可以用在调查问卷中，因为它能在您不知道如何写封闭式问题答案的时候为您提供答案，但是使用时要小心，要少用。

最常见的封闭式问卷调查形式是单选题。我们都见过这样的问题：向受访对象提供几个选项，只能从中选择一项。

您使用网络邮箱多长时间了？
○ 不到一年
○ 1~2 年
○ 2~5 年
○ 5 年以上

另一个常见的问题形式是多选题。这类问题的选项由一个选项列表组成，可以选多项，数量不限。

您上周读过什么样的新闻故事？（选择所有符合条件的）
□ 国际新闻
□ 国内新闻
□ 娱乐新闻
□ 预测性的
□ 体育类
□ 行业分析
□ 政治评论
□ 艺术类
□ 金融类
□ 其他
□ 我上周没有读过任何新闻故事

为了让受访者能够顺畅地回答封闭式问题，提供给他们的选项要**具体、详尽且相互排斥**。具体的问题能够减少后期分析时的不确定性。如果受众是 DJ，并且您要问他们放什么类型的音乐，就不要只问他们有关舞蹈音乐的问题，因为他们可能会将不同类别的音乐区别开来。详尽的选项列表应该包括所有可能的答案。例如，上述问题的答案包括"其他"和"我上周没有读过任何新闻"这样的选项。详尽的问题能减少受访者的困惑和错误，因为人们如果没有找到一个能代表自己想法的选项，往往就不会随意选择一个答案。如果不能列出一个详尽的选项列表，这个问题就不能算是封闭式问题。回答选项还要尽可能相互排斥，减少选择之间的不确定性。如果您想知道人们去哪里买东西，就让他们在"社区"和"附近"中做出选择，他们可能会诚实地选择其中的一个，但留给您的数据并不精准。

显然，封闭式问题的形式限定了问题的类型。必须重新改变措辞，剔除无法给出答案的问题。

现在，制作一个如下所示的四栏表单。为每一个问题写下问题陈述、您可能提供给受访者的选项以及您想从中了解什么。"原因"一栏非常重要，因为您需要确定每个问题都有具体的理由。为什么这个问题重要？得到的信息要用到什么地方？什么人想知道？太长的调查问卷会打击人们答完问题的积极性，所以您要确定提出的每个问题都是有原因的。

调查问题列表样例

问题	说明	回答选项	原因
您多大年龄？	无	单选： 18 岁以下 18～20 21～24 25～34 35～44 45～54 55 和以上 保密	需要阻止未成年人参与调查 为了与去年的调查进行对比 与经验相比较
您的性别？	无	弹出框： 男性 女性 保密	为了与去年的调查进行对比

您可能还要建立第二个列表信息，自动列出搜集到的信息。网络服务器日志文件可以收集调查问卷的填写时间，他们使用哪种操

作系统，他们使用哪种浏览器，这台机器的互联网域名是什么等等。cookie 可以跟踪哪些人曾经使用过网站，哪些人曾经购买过您的产品，他们有什么偏好，等等。

问题	说明	回答选项	原因
上周在网站上您读过哪种类型的故事？	可多选	选项列表： 电话交流 新产品 黑客 时尚 旅游 硬件评论 软件评论 预测 体育 计算机行业分析 政治评论 艺术 小说 投资 人物介绍	测量读者的信息需求 把有意识的阅读习惯与基于日志文件分析的实际行为进行比较 为广告销售做总结
上网时最常用的操作系统？	无	弹出框： Windows Macintosh Linux Android 其他 不知道	与去年的调查做比较 与日志文件分析做比较 为设计做总结 为编辑评论做总结

在写问题的时候，**不要让人们预测**他们自己的行为。比起他们的陈述，人们过去的行为能够更好地预测他们未来的行为。如果想知道一个人将来是否会使用电子日历系统，就不要像下面这样问：

您愿意使用在线日历系统吗？

应该像这样问：

在有些情况下，人们可能很少或没有回答问题所需要的合适经历。例如，购买家庭住宅（或心脏手术或在大学注册）对大多数人来说是很少发生的，并且过去的经验几乎与他们未来的行为基本没有什么关系。这时用假设性的问题比问过去的行为更恰当，因为过去的行为不会产生任何有用的信息。

> 您用过或想要使用在线日历系统吗？比如雅虎或谷歌日历？

避免否定问题。否定问题更难于理解并容易被误解为肯定版本。比如下面这个问题：

> 下列哪些特性是您不感兴趣的？

就很容易被误解为：

> 下列哪些特性是您感兴趣的？

像下面这样问更简明：

> 下列哪些特性是您感兴趣的？

然后推断出受访者不感兴趣的特性。

问题不要太多。每个问题最多只包含您想了解的一个概念。尽管很多问题可能相互联系，但一定要分解成一个个独立、清晰的问题。混合型问题会使只认同其中部分答案的受访者觉得很纠结，更别提需要从中推断出受访者观点的分析师了。

> 您是否发现您会因为网页的加载速度慢而沮丧？

可以改成下面这样：

> 您是否会因为网页的某些性能而沮丧？
> 如果是，以下哪方面的网页性能让您沮丧？
> ☐ 页面长度
> ☐ 加载时间
> ☐ 图片尺寸
> 等等

尽量具体。避免使用多个意思或模糊含义的词（"有时""左右""大约""任何"）。在使用货币、百分数这种单位词语或者其他常用缩写以外的缩写时，确保单位名称是完整的（"小时"而不是"hrs.""千"而不是"K"，等等）。要使用精确的时间。

因此，与其像下面这样写人们阅读新闻的频率的问题：

尽量具体的好处之一是，可以避免让人们判断自己的能力这一常见错误。传播学学者埃斯泽·哈吉泰（Eszter Hargittai）的研究表明，让人们评价自己的知识、技能或表现会出现让人们预测他们自己的行为一样的认知问题。询问使用频率或做特定活动所花时间等问题，至少应该有参与者之间更客观的比较。还有，尽量问需要人们展示的问题，而不要问需要人们判断的问题。哈吉森建议让人们从一个看似技术性很强的词汇表中挑出一个假的术语。

您最近用了多长时间在网上阅读新闻？

○ 一些

○ 很多

○ 每天

不如这样写：

您上个星期花了多长时间在网上阅读新闻和信息？

○ 没有

○ 0~5 小时

○ 6~10 小时

○ 11~20 小时

○ 20 小时以上

永远不要设限。提出的问题需要让人们觉得有很适合自己的选项。例如，下面这个问题为其受访者和受众做的假设就太多了。

您最喜欢 CNN 网站的什么？

应该像下面这样写：

您认为 CNN 网站的什么功能对您来说最重要？（可多选）

后者的措辞避免了前者的很多问题，特别是提供了"没有"选项并且提供了"大部分相同"选项。

保持一致。提问的时候要保持形式一致。这不仅意味着对相似的问题使用相似的词语，还应该努力保持选项顺序含义方面的一致性和问题展现方式的一致性。

避免极端化。极端情况极少发生，而且大多数人很少会表现出他们极端的行为，所以要避免需要极端行为或暗示需要极端行为的情况。

您每次上网都会浏览新闻网站吗？

这个问题很有可能产生极端否定的回应，因为只有极少数人每次上网都查看新闻。更好的提问方式应该像下面这样：

您多长时间访问一次新闻网站？
○ 每天几次
○ 每天一次
○ 每周超过一次
○ 每周一次
○ 每月一次
○ 每月不到一次
○ 从不

还可以和人们说的上网频率进行比较，得出比例。

保持问题相关性。如果人们发现自己面对的这份问卷与自己平时的生活经历毫不相关，很可能选择不完成问卷调查。例如，和一组出租车司机相比，一组服务器技术人员会对计算机细节设置产生不同的回应。如果受访者不能回答其中大部分问题或者对问题的答案不感兴趣，就很有可能没有兴趣完成问卷。

运用李克特量表。李克特量表是大家熟悉的用来呈现多选项回应的手段。包括一项陈述或者一系列陈述，后面跟着三个、五个或七个选项（大部分调查问卷使用三个或五个），这些选项确定了回应的范围，其中包括一个中立选项。

根据您感兴趣的程度对新闻和信息网站的以下几个方面打分。

	非常有趣	有些有趣	中立	有些无趣	非常无趣
同主题不同故事的数量	○	○	○	○	○
报道不同主题的数量	○	○	○	○	○
页面加载速度	○	○	○	○	○
新闻媒体的公信力	○	○	○	○	○
每条新闻覆盖的广泛性	○	○	○	○	○
独特的社论观点	○	○	○	○	○

	非常有趣	有些有趣	中立	有些无趣	续表 非常无趣
网站搜索引擎的质量	○	○	○	○	○
网站的视觉表现	○	○	○	○	○
新闻发生或报道的速度	○	○	○	○	○
浏览网站的难易程度	○	○	○	○	○

本书配套网站（www.mkp.com/observing-the-user-experience）提供了一个通用问题列表。但是，我们鼓励尝试新的问题和新的问题类型。许多在线研究还显示出纸质问卷调查的根本性质，在线调查的问题从根本上与纸质调查使用的问题相同。但使用技术的可能性也能为创新型的问题提供很大空间。例如，不要问人们浏览器窗口的大小（因为很多人可能都不知道），但可以在屏幕上放一把尺子的图片，并问"在上面的图中，在不滚动鼠标的情况下您能看到的最大数值是什么？"

创建后续跟进问题。如果技术上允许，我们要对已有问题上进行扩展。在理想状态下，跟进问题只出现在问题的具体答案之后。如果无法做到，就要明确跟进问题与特定答案相关，否则不要回答跟进问题。

如果像下面这样问：

请选出您定期访问的网站。

那么跟进问题可以包括经常访问的网站清单：

请标记出以下网站的重要性，从"至关重要"到"不重要"中进行选择。

包含退出选项。人们可能觉得问题不适合自己或者没有适合的选项，所以问题的答案中应该包含这样的选项。根据问题的内容，通常可以写为"以上都不是""不知道"或者"没有答案"。

留出空白让人们填写意见。尽管大部分人都不使用这些空白，也应该在调查问卷的最后留出这样的地方，供他们填写自己的意见。

对问题进行编辑和排序

首先要缩小调查问卷的规模。要想收到更多回复，妙招之一是问卷要尽可能简短。大多数人应该能在 20 分钟以内完成您的调查问卷。完成时间超过 20 分钟会让人们觉得是一种负担，他们必须安排时间来完成问卷。由于问卷开头需要大约 5 分钟时间来阅读说明，每道题需要用 30 秒来阅读并回答，所以问卷中的问题最好不要超过 30 个。将调查问卷的问题控制在 20 个左右是很安全的。此外，过去的实践证明，只要认真选择问题，20 个问题的问卷足以让您了解任何一个人的任何信息。

写完并选定问题之后，就可以编辑和组织问题了。问题的顺序和问题的措辞一样重要。调查问卷是您和受访者之间的对话，每个问题都会向调查者揭示一些情况，同时也为接收调查结果的人提供信息。问题的顺序应该有节奏、有重点并有选择地揭示信息。

就某些方面来说，调查问卷就像是一个简短的故事。开头要有吸引力。当他们阅读调查问卷的时候，开始了解这个问卷调查想发现什么信息。到中间，调查开始探索大的想法并在基本情节上变得曲折起来。最后，将一些零散的问题组合到一起，调查问卷结束。不得不承认，即使是最好的调查问卷，也不能编出令人兴奋的故事，但是用叙述性的方法来写问题可以使受访者更感兴趣。这可以减少由于问题枯燥而放弃调查的受访者数量。

好比故事，为了让人们回应一般性问题，您可以层层揭示调查问卷的目的，而不是一开始就解释得很详细。较早揭示主题会影响人们的预期和想法。如果您是想了解人们如何在网上购买玩具，可以先不表明您的调查和玩具有关，直到了解其购买行为之后再挑明。

例如，有个调查问卷想了解人们购买食品与购买玩具之间的行为关系，以下两个问题可以从逻辑上放在一起。

A. 您去年一共购买了多少钱的杂货？

B. 您跟踪购买情况时有多仔细？

如果问题 A 放在问题 B 的前面，那么人们可能会认为 B 只是针对杂货店的，所以在选择的时候会非常小心，但是问卷调查更在意人们的整体行为。如果先问 B 再问 A，调查就能收集到人们一般的印象，而不会限制其范围。

典型的问卷调查包括以下四个部分。

1. **引言**部分。说明调查目的。填写调查说明、持续时间以及有问题时的联系方式。

2. 采用好回答的问题作为**开头**。这些问题应该有趣，让受访者愿意回答，能够吸引他们。这些问题不应该是让人觉得无聊的人口统计学问题，而且在早期阶段，人们会觉得这类问题有攻击性。

3. **中间**部分。让受访者感兴趣和不感兴趣的问题交替出现是一个不错的选择。根据主题来划分问题，如"一般新闻阅读行为""网上新闻阅读行为""新闻来源质量"和"未被满足的需求和愿望"。

4. **结尾**部分。包括余下的所有人口统计学问题并提供一个开放空间用于收集一般性反馈，再次说明联系信息。

采用这种结构，调查问卷一定要灵活。如果多选题的答案没有逻辑关系（从最好到最坏，从最多到最少，从开始到最后，等），那么这个问题清单就可以随便随机排列。这可以避免答案顺序影响人们的选择。一些网调软件会自动做这些事情，但也可以创建多版本问卷调查，答案采用不同顺序并在人们接受邀请后把问题随机发给他们。

写调查说明

问卷调查中有两种形式的介绍说明：总体说明和每个问题的单独说明。

调查问卷的总体说明应该简单明了。最长可以有一段，包括如下内容。

- **调查的重要性**。"我们想让 vFork 更好地为您提供服务，您的参与对我们来说非常重要。"

- **调查目的**。"这个问卷有助于我们了解 vFork 用户的需求和愿望。"

- **为什么人们可以毫无顾忌地畅所欲言**。"您所有的回答都将被保密并且只用于研究，不会被用于任何后续的推销或营销。"

- **报酬奖励**。"填完调查问卷后，为了表示感谢，您将有机会参与抽奖赢取 iPad，中奖率 1%。"
- 如果不是调查问卷中的公司，**谁对调查负责**。"这个调查问卷是由 LLC 公司为 vFork 公司做的。"
- **调查持续时间**。"这个调查问卷从 2010 年 7 月 17 日持续到 2010 年 7 月 24 日。"
- **有问题联系谁**。"如果您对调查有任何问题或意见，请填写调查问卷底部的表单，或者发邮件到 mikek@yourcompany.com。"这样还可以进行个性化调查（调查不再是匿名式的），提高答复率。

许多地方，像美国的大多数地方，对抽奖都有法律规定（就是调查中说的"X 人中有一个人"有机会中奖）。法律规定要在调查中清楚描述抽奖规则。可以从另一个抽奖活动中复制规则，基本上都能满足要求，但务必在公开发布调查问卷之前请律师看一下细则。

同样，许多地方对儿童访谈也有相关的法律法规。您要确保参与者已有 18 岁或 18 岁以上。如果必要，让受访者通过弹出的页面核实一下他们已年满 18 周岁，之后再让他们参与调查。如果调查必须包括孩子，应该与孩子的合法监护人商讨如何让他们参加调查问卷（通常需要其父母的书面许可）。

问卷的介绍说明也应该简单明了。大部分封闭式问题不需要特别说明，但是开放式问题需要明确表明您想要什么类型的回答，而不是像下面这样：

列出您最喜欢的网站。

可以像下面这样写：

列出您登录最多或确实很喜欢的网站及其网址。最多可以写 10 个。

有些问题您只想要一个答案，但是人们觉得好几个选项都合适，您要清楚告诉他们选一个他们认为最符合的选项。

一般需要几句话来说明李克特量表。

下列功能特性清单可以在 vFork 和其他餐叉网站找到。如果认为您在 vFork 上用过这些功能特性，请您根据购买餐叉时这些服务的重要程度进行打分。如果您从来没有用过 vFork 的这些功能，请选择"从未用过"，如果您不知道自己是否用过，请选择"不知道"。

应该在适当的时候以视觉化方式呈现附加的说明，比如错误页面信息或者类似于其他问题但功能不同的地方。例如，如果由于一个错误页面要重新加载，就在重新加载的页面和新页面之后看到的任何有新信息的界面上强调原因。

规划报告

报告？其实我们还没开始呀！是的，没错，报告。一个有效的拟定问题的方法是先列出您想要的回应。

收集的数据以您想执行的分析和您想回答的问题为依据。不要问极端性问题（但其实可以问一些您不知道人们怎么回答的问题）。

报告应该从目标和方法着手。写报告的时候就像调查问卷已经完成那样，描述一下做这个调查的动机、目的和对这个调查的设计。内容包括您对样本整体数量、方法、样本大小、完成率的评估以及数据分析方式。之后写出总结。当然，在开始分析数据之前，您并不知道真正的结论，所以这些只是您的假定，但是您应该知道会得出什么类型的结论。所以，把这些写下来。

在上个月购买餐叉的人中，有 65% 的人每年会购买 3 次餐叉甚至更多。

这表明您需要收集一些相关信息，比如上一次是什么时候购买餐叉的？人们每年购买几次餐叉？同时上个月购买餐叉的人的基数需要足以使结果具有统计学的意义。

写下带有预留信息的结论，通过所有可用的表单和图表来支持这些结论。像下面的例子那样，表单应该准确表明哪些变量是由哪些变量引起的以及将得出什么结论。

以网上时间长短为基础的特征选项

特征	上网时间			
	少于 6 个月	6 月~1 年	1~2 年	2 年以上
餐叉搜索器				
购物指南				
主要目录				

因为写调查报告的过程影响调查问卷的内容，所以一定要确保您有足够的时间在调查之前做好概述报告，以便对调查问卷的方法和数据形式进行调整。

在试验性调查（pilot survey）之后，可以用您设想的真实数据整理方法整理试验数据并做出相同的表单和引出结论。这样可以帮助定位分析过程中存在的问题。

网调技巧

准备好在网上建立调查问卷的时候，我们不关注创建网上问卷调查的技术性问题，因为这个过程依赖于使用什么服务或软件。但是，所有网络问卷调查的结构是都相同的：一个包含表单和后台程序的 HTML 页面或基于电子邮件脚本来搜集结果。报告汇总表可以通过自定义程序和系统程序来实现，简单的调查也可以通过电子表单来做。

网络问卷调查工具

截至 2012 年，已经有各种各样的网上问卷调查产品可供选择。有些是独立网站提供的服务，有些则可以在您自己网站上安装和运行的软件包。这些不同的服务提供不同的功能，从各种不同的输入方式到复杂的内部问题分支和跳过选项。它们还提供各种不同的制表和报告方式。要想做网上调查，首先得弄清楚什么服务支持您的问题类型和问题的复杂性。注意，有些代管服务经常提供免费调查包，但只提供有限的功能（通常是很少的几个功能和数量有限的回应）。这些免费服务对小规模的、简单的调查非常实用。尝试使用免费产品还可以帮助您思考是否需要用付费服务去做大规模的、复杂的问卷调查。

打算做网调的时候，请记住以下几点。

- **错误检查**。后台系统可以检测人们的回答。如果有遗漏或错误（例如，如果有人选中一个复选框的具体选项同时又选中"以上都不是"），网页应该有相应的错误提示。
- **功能性**。如果是用自己的调查问卷系统，就应该像检查其他任何网站一样检查 HTML 的功能，甚至应该高于平时。调查问卷的页面应该加载非常快并且在多种浏览器、操作系统、屏幕尺寸和宽带速度上都能正常运行。如果认为有一部分用户安装了防火墙，也请确认这些操作也能够在他们的系统下正常运行。
- **使用性**。像对待新的产品特性那样对调查问卷进行使用性测试。这样可以保障一切运转正常并确保人们的体验是符合其预期的。
- **时间**。既然能够跟踪用户的回答时间，就应该跟踪。这样可以追踪到人们具体是在调查时间段内什么时候进入系统的，也可以提供用户人群的一部分其他行为信息。如果大部分受访者是在美国东部时区的上午 9 点到下午 5 点访问的，则可以假设他们是在上班时间访问网站。
- **退出率**。对中途退出调查的人进行追踪。记下他们是在哪个节点上放弃的并尝试根据他们已回答的问题来总结出他们的特点。
- **回复率**。与退出率相似，这是回复人数与受邀人数的比例。把分析结果推广到更大的人口时，回复率是关键信息。

如果有足够的资源或即将进行一个特别复杂的调查，可以考虑运行一个前期试点调查，即找 5~10 人来进行一个开放式问题的调查。如果所有回答都符合您为实际调查而写的回应，便可以基本肯定您已经覆盖了合适的范围。

由于大部分问卷调查分析包括理解收集方法的不确定性，所以问卷设计的主要目标之一应该是减少需要考虑和控制的变量数量。每件事情都会影响人们对调查的回应，从他们看到调查问卷到如何快速描述页面下载。因此，在创建调查问卷和汇总回应者与收集回答的相应机制时，要逐渐考虑减少未知变量的数量。

测试调查问卷

调查问卷通常只做一次。重新做整个调查问卷几乎与第一次问卷调查一样昂贵，所以千万不要轻易改变调查问卷。预测试，也叫试点测试（pilot testing），是发展调查的关键组成部分，而且可以减少错误所导致的昂贵成本。

预测试应该像真实测试一样，使用相同的软件，相同的招募方式，相同的数据收集方式和相同的分析方法。甚至应该根据报告模板做一份预测试报告并像最终数据那样得出结论。区别只是样本数量不同。试点的样本应该涵盖 5~10 个受访者，理想状态下应该是有代表性的会回答调查问卷的人（如果找不到符合背景资料的人，就找一些关键条件匹配的人）。不要告诉他们这只是一个预测试。用的邀请材料与正式测试相同，看他们提供的答案是不是符合您的预期。

之后，或者同一时间，做两三个现场用户调查问卷测试，在他们做问卷的时候对他们进行观察。追踪他们完成问卷所用的时间以及遇到了什么问题。也可以通过邮件给他们发跟进问题，让他们评述一下这个调查问卷，他们遇到了哪些问题，等等。

酬金

除非调查问卷非常简短，否则就应该给完成问卷的人提供一些酬金。您需要提供一些与问卷复杂程度相匹配和受众感兴趣的酬谢金。了解受众的情况对选择奖励方式非常重要。对于十几岁的青少年和中年的百万富翁，奖励应该不同，但是目标应该是相同的，即对他们抽出的时间和他们提供的个人信息给予奖励。有一家网络游戏信息网站提供赢取微软 Xbox 游戏机的机会来吸引更多人参与。访问这个网站的95%的人回答了这个问卷调查，这一比例高出许多普查数据。

奖励兑现方式很重要。如果提供价值两元钱的奖品给完成调查的受访者，而完成问卷需要半个小时，那么许多人会认为不值得浪费时间。但是，如果提供一个 1%的机会赢得价值 200 元的奖品，可能就会有更多受访者。尽管最后的花销一样，但人们更愿意用自己的时间冒险赌一把，而不愿意得到已确定的、价值较低的东西。

实施调查

实施调查是邀请人的填写调查问卷的过程。这听起来简单，但其实不然。调查问卷既不是要试图得到受访者的所有人口普查信息，也不是让随机选择的一个群体来回答问题。调查对象是通过可控的方式联系的、随机选取且分布均匀的人口子集。

在思考如何实施问卷调查之前，要讨论一下从总人口中挑选样本的意义。

样本和样本框

填写调查问卷的人称为样本，但是什么的样本呢？是根据抽样方法在有效联系人中随机选择的子集。这部分联系人称为"样本框"（图 12.1）。换言之，在所有用户中，根据抽样方法，有一个子集是我们可以联系到的，还有一个子集是不能联系到的。假定能联系的子集就是样本框，那么样本框中随机选择出来的人就是样本。

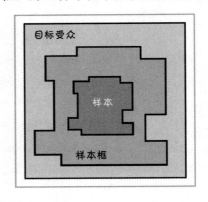

图 12.1　样本和样本框

在理想情况下，符合样本框应该和您感兴趣的所有人一致。如果不是这样，得出的结论可能就不准确的或有缺失，因为他们不能代表全部受众的观点。例如，如果只对抱怨产品的人进行调查，可能得不到所有受众的好的反馈。同样，如果只对签了邮寄协议的人或已从网上买过东西的人进行调查，那么您就只是在与对产品表现出浓厚兴趣的人对话，和对该产品感兴趣的整个用户群相比，这部分人可能只是其中的一小部分。

样本框的不匹配还会带来很多问题。如果一个网站大部分的用户在周三到周五使用，却只在周一周二做促销活动调查，结果就不具有代表性，因为周末购物的受众可能跟平日购物的受众不同。同样，只在周二和周五做调查可能会丢失铁杆购物爱好者这部分关键市场。了解样本框的情况对了解结果的有效性十分重要。但不幸的是，有很多很多途径会导致错误的样本并得到错误的样本框。

首先，定义最感兴趣的用户群。最好先从使用频率开始。他们是定期访问的使用者？（如何定义"定期"？每天？每周？）还是第一次访问者？还是不常来的用户？

加入其他一些能影响您招募用户做调查的重要因素。他们曾经在您网站上买过产品吗？他们来自一个特定的地理区域吗？他们是学生吗？他们正在考虑从竞争对手的产品中转过来吗？他们是高级用户吗？

调查对象最终包含若干个子群体（高级用户、定期用户和老年购物者等）。

确定用户之后，应该创造一个方法，广泛邀请构成目标受众的人，不要有不够条件或超出条件的人。每项特征都能创造一种不同的邀请方法，但对数据收集也可能产生不同的问题。

例如，如果对频繁用户的使用性问题感兴趣，就要描述忠实用户。虽然您很想知道经常访问和访问并购买的用户是否有明显的区别，但需要专注于目标用户的选择。所以，例如，确定目标用户群是"每周至少访问一次网站并曾经买过产品的人。"

那么，如何与这些人取得联系？可以追踪 cookie 并对 cookie

短于一周的用户进行提问。但这需要人们不更换机器，不删除cookie，也不更换浏览器。更重要的是，需要假设您追踪了cookie。利用弹窗随机邀请用户并过滤掉其回答不是每周至少访问一次的用户，这样做可能简单一些。此外，这样的问卷至少运行一周，这样就不会出现过多在任何一天出现多的访问者。但是这可以确保囊括了所有合适的目标用户吗？不。一些用户可能正在度假，一些可能刚巧落下一周而错过问卷。但这些事情是随机的，所以并不影响调查结果。也可能有这样一些用户群，比如他们不经常浏览却会买很多东西，他们对您也非常重要，只不过您没有意识到他们的存在而已。如果错过这群用户，可能会影响到结果。如何知道并与所有用户取得联系？您不会也根本做不到，但应该努力广泛联系人，使他们的回答对您的产品产生积极的影响。

所有这些都说明一点：只有越了解用户及其行为，才越有可能选出好的样本框。但是，如果对受众知之甚少，也不要害怕。可以利用第一份问卷调查揭示受众的基本状况，定性研究（访谈、焦点小组、实地访问）揭示他们的行为，使后面的调查问卷目标更准确。

样本量的大小

应该邀请多少人参加调查？

问卷调查总是包含一定的不确定性。由于您没有对人口中的每个成员以同样的方式问同样的问题，所以样本中总是可能有错。不确定的大小可以以数学的方式估算出来，但是可以接受多大的不确定性还是得由您来决定。

最终，调查取决于用户人口中的差异和不同。如果所有用户都一样，那么只问其中的一个人就可以了解他们所有人的回答。但并不是所有用户都相同，所以您必须根据人口的多样化来估计要访问多少用户。这是一个原始的鸡生蛋还是蛋生鸡的问题：不调查受众，您就找不出受众的类型；同时，如果找不到受众的类型，也就不能进行调查。幸运的是，可以通过假设您要调查的人口有一个适当的标准差来估计邀请人数，如果太少还可以在将来进行调整（除了要增加工作外，向更多的人提问基本没有什么其他问题）。

我们假设总用户有 10 000 人。这意味着如果把所有用过网站和想要使用网站的用户（在合理的范围内，例如在之后一年内）算在一起，您将有 10 000 人。现在您想知道需要调查多少人才能够充分了解所有人（或者大多数人）回答问题的情况。除非调查所有 10 000 人，不然永远得不到"真正的"数值。但如果调查 300 人，就有 95%的可信度，这与您得到每个人答复的误差相去不到 10%（±5%，像他们在电视上所说的一样）。95%的可信度意味着什么？本章稍后也会提到，但现在您可以理解为"非常可信"。

300 个人的调查就很好，因为 300 不是个大数字，但是如果您的受众有 100 万人怎么办？3 万人对问卷调查来说可是个很大的数字。幸运的是，人口中的人数和需要交谈的人数并不是这种比例。根据数学方法，您只需要 2 000 个样本，这样明显很多。所以，可以查询下面的表单来估算需要多少人做样本，而不必咨询统计员。

近似的样本量大小

人口	样本数量
1 000	150
10 000	300
100 000	800

* 假设标准误差 5%，可信度 95%，正常的人口差异

对于把意向调查统计推广到广大用户人口来说，这些数字是非常粗略的。统计员会因为我去掉统计数字而惩罚我（真的，相信我，没必要那么多），但是这些数字足够做出一些猜测。

对稍微复杂一点的情况来说，这些数字并不一定能支持整个样本规模，但可以支持要研究的任何一个群体。如果把受众细分成子集（比如按性别或经验或地区）并对子集进行计算，那么每一个子集都需要这么大的样本量。例如，如果产品有 10 000 个不同的用户，您想将常用用户从非常用用户中分离出来单独进行分析，那么两者的数据至少要有 300 人。这意味着至少要从样本中抽出 600 个受访者。

偏差

抽样偏差是问卷调查的"恶魔"。抽样偏差很"狡猾"、很隐蔽、无处不在而且不可能消除。抽样偏差存在于您认为会回答问题的人身上，即样本框中的成员，而不是您想要进行抽样调查的人口成员身上（图 12.2）。这是非常危险的。

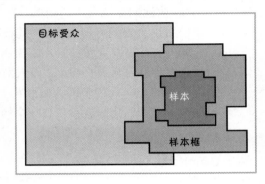

图 12.2　抽样偏差

　　如果希望样本提供整体用户人口的有用信息，就要求样本能够代表整体用户人口和他们的观点。如果不是这样，某些子集的观点就有以点代面之嫌，同时另一部分群体的观点将被蒙蔽。到头来，基于数据得出的结果将不能描述整体用户人口。调研的目的是描述用户，遗漏的用户代表元素将在幕后影响整个工作。

　　在某种程度上，一部分人始终会被排除在外。只做网上调研，您会错过不使用网络的用户。用英语写调查问卷，就会排除不懂英语的人。关键在于知道自己排除了（或者丢失了）那部分用户并确定他们不是您想要的目标受众，也不想对他们进行分析。

　　最常见同时也最重要的一种偏差就是**不回复偏差**。有一部分人总是忽视您的邀请，但是如果只调查有回复的人，就表明存在偏差。如果调查使这部分人感到厌烦，那么他们永远都被排斥在您的代表人群之外。例如，如果您想调查人们的时间规划，而调查问卷需要用 45 分钟完成，那么您就可能错过一部分最重要的市场，仅仅因为他们没有这么多时间填写调查问卷。还有很多其他不同种类的不回复偏差。

- **时间性偏差**。您邀请人参与调研的时间是否影响了他们回答的方式？如果您想知道人们有多么喜欢买礼品，这个问题在圣诞节前问和在平时问或许会得到不同的答案。

- **持续性偏差**。一些行为是周期性的：在一天、一周或者一个月的特定时间持续处于高峰。如果您的用户包括期货交易员，您在早九点至晚五点期间进行调研，那么大部分交易员都会非常忙，没有时间填写问卷。这样您就可能错过一大部分受众。

- **邀请性偏差**。如何邀请人们来参与调查？地点、时间、奖励措施和措辞都影响着回复率。如果想邀请滑板运动员并以"亲爱的先生/女士，诚邀您参加……"开头，或许会错过很多受众（除非这个邀请是有讽刺意味的）。

- **自主选择性偏差**。这是一个特殊的偏差，也是网调问卷的常见错误之一，即在没有邀请的情况下让人们自由选择是否参加调查。"点击这里参加我们的调查！"这是一种常见的形式。谁在做调查？他们为什么做？以这种选择方式进入调查，会让您根本无法了解不会点击的人。他们有可能和点击链接的人是同一群人，但这是值得怀疑的。选择性进入调查问卷趋向于吸引有极端选项和特殊爱好的人群，这几乎不可能是您唯一想吸引的人群。最好能让人们必须参加调查而不是选择性参加。这样就能知道随机分布的人能够看到邀请、多少人被邀请以及多少人选择不接受邀请。

- **呈现性偏差**。调查问卷的呈现方式、调查问卷的结构和版式也决定着哪些人有兴趣回答问卷。如果用 Flash 来执行一个关键的功能，而您的一部分用户人口已经禁用 Flash 功能，就无法回答问卷。从审美角度说，如果有一些可爱的卡通形象呈现在调查问卷周围,商务人士可能不愿意回答。相反,如果整个都是普通的黑白文案,将其呈现给青少年,会使他们觉得无聊。问卷的视觉风格要符合网站。如果一个通俗的网站链接了一个文绉绉的调查问卷,就会引起人们的困惑。如果转变过于夸张,甚至还可能破坏人们对网站品牌的感受。

- **期望性偏差**。人们对问卷调查的内容和自己接受调查的动机是有期望的。如果期望没有实现,他们或许会放弃填写。在调查问卷的预测试环节中,一个用户说:"天,我本以为这个问卷会问一些与我相关的问题,但是它一直在问我怎么换油。我不关心这个。"

设计调查问卷的艺术在于跟踪回复率,在扩大参与人数的同时,减小和理解问卷调查前的影响因素。相比之下,汇总结果和得出结论非常简单。典型的网上调查问卷会得到 20%~40%的答复率(这意味着受邀请的用户中有 20%～40%的人填写并完成了问卷)。如果结果远低于20%,就表明结果很可疑。正如《在线市场调研手册》(*The Handbook of Online Marketing Research*)一书的作者乔舒亚·格罗斯尼克尔(Joshua Grossnickle)所说的"回复率只有1%的问卷调查数据是没有用的"。测试调查问卷并根据调查未被包括的群体来了解问卷设计的含义,可以尽量减少偏差。

邀请

减少偏差后,下一步是考虑如何随机排列样本。找一个真正的随机样本很困难,这取决于您采用什么方式来邀请人们参加调查。以下有很多种常用方式用于邀请人们回答问卷,每种方法都有其各自不同的优缺点。

邀请链接

这种方式最简便但最不准确。它是在一个重要页面(常常是主页)上放一个链接,邀请人们参与调查。它的优点是成本低、不唐突,但是它可能带来严重的自主选择性偏差。这不能保证随机选择用户并使其看见问卷,而且也不会试着向访问者发放邀请,所以填写问卷的人往往是想对这个网站发表一些看法的人。这群用户可能是体验过后有强烈想法的人。他们的观点有用,但不足以代表标准用户的观点。

如果使用首页链接邀请,就要跟踪所有的首页访问者并对比回复人数。这样可以知道有多少人看到了邀请,有多少人填写了调查问卷。如果回复率很小(比如网站访问人数的 5%),那么回复者很有可能无法代表所有受众。这种调查问卷能够产生有用的信息,但所得出的结论不能推及广泛的用户人口。

电子邮件

如果有已知用户名单,可以选择其中的任意一个子集并邀请他们做调查。这种邀请不会送达数据库中没有的用户手中(因此没有使用过服务的人不会进入数据库),并且也不会发给拒收的人,但联系到的用户几乎都是网站老用户。更重要的是,您可以发出明确的邀请,确定所有潜在用户都收到了邀请(从而减少自主选择带来的问题),这也可以准确追踪到底有多少受邀者完成了回复。

有两种基本的电子邮件邀请方式,一种是邀请访问网络问卷调查,另一种是邀请参加电子邮件问卷调查。尽管电子邮件问卷调查可以发给更多用户群,但这会给数据收集带来过多的工作,因为这些回复必须先经过拆解(不论是手工方式还是利用软件)。网络问卷调查常常是首选。

在理想情况下,每份电子邮件邀请都带有独特的标记,这样可以追踪有哪些人以及多少人回复了问卷调查。

打断式邀请

打断式邀请是在用户访问网站的时候随机向用户发放调查问卷。每个用户都有同样的机会被邀请(不论是他们每次访问网站的时候还是每位用户受邀一次),邀请会打断他们对网站的访问,所以他们必须积极地接受或者拒绝邀请以便继续使用网站。打断式邀请可以明确告诉您有多少用户受邀,确保他们都有机会注意到调查问卷,并且保证是总用户的随机样本。

使用独特标记进行追踪时,表明调查软件拥有这个功能,可以使期望调查匿名的回应者知道它不是匿名的。还清楚表明即使调查不是匿名的,但回应者的所有信息仍然是保密的。

随机打断邀请的样本可以通过概率或者系统来完成。概率抽样涉及根据概率来选择访问者，符合此概率的总访问者数量大致等于预计的答复数量。在实践中，这通常涉及为每位访问者抽取一个随机的数字。如果这个随机数字和之前预定的"魔法数字"相匹配，那么这个人就会看到邀请。否则，他们会像正常浏览网页一样，不知道其他人在接受调查。所以如果决定在一周时间内得到 1000 份回复，而网站每周有大约 10 万独立用户访问，那么每个访问者在那周内有 1%的可能性被邀请参加问卷调查。

随机选择

建立持续有效的概率样本，一个好方法是在每个页面上都写一段代码。这个代码扮演着重要的日历角色，它可以告诉您这个访问者是否应该邀请参加调查并在其浏览器上留下一个 cookie，这样就不用担心该访问者会在一次调查中被邀请多次（当然，除非这个调查的目的是检测他们每次访问的行为，而不是度量每位访问者的行为，但是这种形式的调查问卷相当罕见）。

为了能够更准确地度量所有的访问者，不限于访问主页的人，这段代码应该插入所有通过输入网址所到达的每个页面中。这对动态生成的网页和有统一导航标头的网站来说很容易做到（在这里，代码可以嵌入到标头中），但是即使是纯用 HTML 生成的网站，也应该把代码嵌入所有可能进入的界面。

这意味着需要知道网站代码的入口才能将弹窗嵌入进去，没有其他办法来解决。商业调查程序包可以使嵌入代码更容易。

系统化的打断式邀请有时更容易。系统抽样邀请每第 n 位访问者。在我们的例子中，它会同等的抽取 1～100 中随机的数字，之后选择每隔 100 位的访问者，直到达到 1000 位。这属于更传统的书面调查技巧，操作相当方便简单，但不灵活。

电话、面对面和标准信函调查

传统的电话、面对面和标准信函式的调查技巧虽然不是本书要讨论的，但也不应该忘记。这些是政党和市场调研的典型方式。它们是获得随机用户人口数据最有效的方法。电话调查就是典型的工具：机器根据一定的区号由程控机随机拨打电话，直到有人回答为止，之后有人接电话开始阅读电话调查脚本。但是，与找到特定党派的人员或特定产品的买家相比，随机拨打电话很难找到某个特殊的软件或者网站的使用者，所以它不适合用于寻找用户。即使当面调查手机数据看起来违反了互联网的全球性，但如果很容易找到受众（比如有个应用就是服务于当地学区教师的），那么当面调查的灵活性和信息收集的潜力将无可匹敌。这些方法通常比网调更花时间，更烧钱，但不能因为它们不是数字化的就忘记它们。

如何分析人们对问卷调查的回应

总有一些很烂的问卷调查，其流行仅仅是因为它们包括数字。不要被数字所欺骗，也不要用数字去蒙蔽别人。把数字看作一种证据并不意味着有严格的程序就能产生正确的结论。

调查问卷的分析和解释既是一门科学，更是一门艺术。尽管它要处理数量、比例和关系，但同样也要检测陈述以及众所周知的陈述与行为之间的关系。从模糊的招募偏差，到对回应的误解，到人们的夸大倾向，整个过程都涉及近似和估算。归根结底，每个人都是不同的，最终的分析会丢失个人的观点、行为或者经验。但是，这没有问题。在大部分情况下结果都是有价值的、有用的，并不需要百分百的确定；并且，要想做出合理的决定，重要的一点是了解可能性。

因此，调查数据的分析要力求准确性和即时效用。尽管可以运用复杂的技巧从数据中准确提取出重要的信息，但是在大多数情况下简单的分析更受欢迎。简单的手段减少了错误和劳动并足以用来回答大部分典型产品开发情况的问题。

这两种常用分析方法可以简单总结为计算和比较。

计算

最简单且通常也是唯一可以做的事就是计算这些结果（调查术语中称为"**制表**"）。当计算完基本回复后，可以显示出简单的趋势和显性数据输入错误。这包含对每个问题的所有回复进行合计。

从原始数据开始。在以数字形式呈现抽象数据之前，原始信息可以提供数据趋势。结果如何分布？回答中是否有明显的聚合性特点？是否有明显的造假或者不合规定的回答（例如一个青少年有15万美元的个人收入或者八九十岁的老年人玩滑板运动）？花一定的时间浏览原始数据，形成一个简单的认识供日后使用。

看过原始数据后，对特定问题的所有答复进行简单的统计就很有用了。例如将问题"您的家庭收入属于下列哪种类型？"的回答整合起来就可以得到表 12.2 中的信息。

表 12.2 例 1	
低于$20000	0
$20001～$29999 美元	2
$30000～$39999 美元	3
$40000～$49999 美元	10
$50000～$59999 美元	12
$60000～$69999 美元	20
$70000～$79999 美元	25
$80000～$99999 美元	28
$100000～$119999 美元	22
$120000～$149999 美元	17
超过$150000	5
没有回答	10

用简单的直方图呈现数据，可以将受众的收入分布信息以一种有趣的方式呈现出来（图 12.3）。

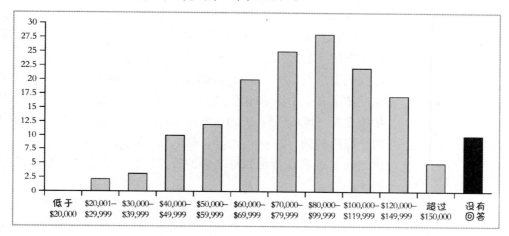

图 12.3　例 1，正常分布

从图 12.3 中可以看出，大部分用户的收入在 60 000～150 000 美元之间，其中 80 000～100 000 美元的用户最多。如果网站主要针对中低收入人群，则明确表明网站并不像您想象的那样对这部分用户有吸引力。

把数据从表单中拿出来，就可以计算出数据的**平均值**和**众数**。在传统的数学意义上，平均值是这些值的平均数。它的计算方法是将所有问题回应的数值加起来再除以回答问题的数量。就数字范围而言，例如上面的那个，可以将每组范围数字的中间点作为出发点。对于上面的那个例子，平均值大约为 86 000 美元，计算如下：

$$= \frac{(25\,000 \times 2) + (35\,000 \times 3) + \cdots (150\,000 \times 5)}{144}$$

$$= \frac{12\,425\,000}{144}$$

$$= 86\,285$$

之所以是"约" 86 000 美元是因为范围比较宽，并且最大范围

"150 000 美元及以上"没有上限（所以采用下限来计算）。从实际的角度出发，一般够用了。

少数极端数据很容易影响到平均数。这是所谓的亿万富翁问题：如果您想通过抽样得到平均年薪的准确值，而您的调查对象包括苹果的 CEO，那么平均值很可能会高得出奇，超出大部分您能想到的用户人口。这也说明浏览原始数据非常重要，它可以让您对预期结果有一个简单印象。您的简单直觉有可能还是错误的，但是如果在看一堆收入仅为 40 000 和 50 000 美元的人的答复，而得出的平均值却为 120 000 美元，那么很可能有东西提高了数值。找出异常值或者在普遍数据之外的答复，因为少数极端值可能影响到平均值。

众数，就是最常见的值，可以对比平均值来查看是否有一小部分极值破坏了平均值（在我们的例子中，众数是 80 000～99 999 美元，它有 28 个数据）。如果答复是正常的平均分布状态（正态分布），其中数据有最大单值，然后对称式的下降（形成所谓的贝尔曲线），那么这个平均值和众数是相同的（像例子中那样），样本数量越大，越有可能得到正态分布。但是有时却不然。如果某些原因导致网站的管理者希望吸引两种不同聚合群的用户人口，平均数和众数就会不同。例如，如果一个网站的使用者有实习医生和医学院学生，那么收入分布可能会像表 12.3 中那样。

表 12.3　例 2

低于$20000	20
$20001～$29999	17
$30000～$39999	14
$40000～$49999	6
$50000～$59999	10
$60000～$69999	12

$70000～$79999	18
$80000～$99999	22
$100000～$119999	20
$120000～$149999	15
超过$150000	9
没有回答	3

这个表单的平均数是大约 70 000 美元，但是众数是 90 000 美元。这个明显差异说明回复的数值分布与贝尔曲线不匹配（事实上，这是统计学所说的双峰分布），所以有必要再做进一步的分析。用直方图来表示就很清晰（图 12.4）。

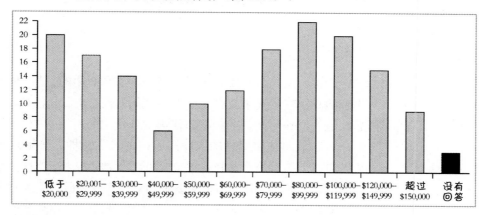

图 12.4 例 2，双峰分布

知道用户人口是同一类别还是用户群体中的多个子集非常重要，所以查看平均值和众数的不同是非常简单有效的。

同样，**中位数**，即排在所有结果中间的值，同样可以检测平均值是否受极端数值影响。在例 2 中，中位数约为 75 000 美元，众数是 90 000 美元，这说明 72 000 美元这个平均数被低收入人群所影响，在直方图中可以清晰地看到。因为异常值对平均值的影响多于对中位数的影响,所以中位数常常被用作标准并且通常在讨论人口统计学问题的时候拿来做对比,像收入和年龄。

如何处理缺失的数据

不是所有人都会回答每道问题。面对这种情况,应该如何处理?最简单的常用方法是在对这些变量进行制表的时候报告缺少的要素并在比较的时候从使用了这些变量的计算中剔除相关的答复。剔除可能会导致不同的计算结果和结论基于不同答复的数量。如果样本数量足够大,去除的回答相对较小,那么计算仍然是有用并可比较的,但是如果缺少的数据数量远大于误差界限,就会产生问题。无论如何,当回复数量不同的时候,一定要列出准确的回复数量。这通常记为 $N=x$,这里的 x 是在计算中使用的回复的数量。

比较

就单一变量进行制表可以会带来丰富和有用的信息,但是问卷调查的真正优势在于几个不同变量之间的内容对比。例如,您可能想知道人们使用网站的频率如何影响其使用的网站功能。网站老用户是否与偶尔使用网站的人使用不同的产品特性?了解这些可以让您更好地强调出产品特性并创建介绍性帮助文档。这种关系光靠看数据是很难得到的,所以需要使用对比方法。最常见的对比方法是**交叉制表**(cross-tabulation)。交叉制表通过比较两个值来发现两个变量之间的关系。

创建交叉列表有很多方法,但典型的方法如下所示。

- 从确定**独立**变量开始。您认为对问题有影响的因素,也就是问题的主体。在"人们访问网站的频率如何影响人们使用产品的特性?"这一问题中,人们访问网站的频率就是独立变量,因为它似乎影响了人们使用的产品特性(与其他方式相比,在这里使用这种特性可以让人们访问网站的次数更多,时间更长,这是可能的,但不是很有可能,取决于您是否知道人们使用这个网站的目的）。

- 根据独立变量的数值对问题的回答进行分组。例如，如果问题是"您使用网站的频率是多少？"选项是"少于一个月""每月一次""每月几次"等，最好能根据问题进行分组。

- 将答案与其他因变量整合起来，单独整合在每个独立变量组中。因此，如果有另一个问题"在下列功能中，您上次使用的是什么？"人们会从给出的变量中选择答案。如果问题的答案是购物车、新闻页和比较助手，就可以统计出每一组有多少人选择。

- 用整合的数据创建表单。例如，下表比较了不同组别的人上一次使用网站的功能。

	小于每月一次	每月一次	每月数次	等等
购物车	5%	8%	20%	
新闻页	20%	25%	15%	
比较助手	2%	10%	54%	

利用这种方法，可以看出两种变量之间的简单关系，如果它们之间有关系的话。例如，每月访问网站多次的人对比较助手的使用多于访问网站频率较低的人们，这可能说明如果人们使用网站越多，这个产品功能对他们来说越有价值。（为什么？这个问题很难通过调查问卷来回答。在调查问卷之后对回答问题的人进行全方位的调研或许有所帮助。）

下表对比了"您多久访问一次网站？"和"今天您为什么访问网站？"这两个问题的回答，旨在更好地理解访问频率是否影响着人们使用网站的原因。只有在对问题"今天您为什么访问网站"的回答超过 500 个的时候才能总结出，因为这是使统计有意义的最小值。

显示为百分比会得到更多信息，比图 12.5 更直观。

	这是第一次	每月少于一次	每月一次	每周一次	每周多于一次	总计
寻找特定广播节目的信息	260	229	167	129	115	900
其他	220	159	104	56	78	617
想收听广播节目	344	245	251	298	630	1768
想读新闻或信息	140	120	106	96	109	571
总计	964	753	628	579	932	3856

	这是第一次	每月少于一次	每月一次	每周一次	每周多于一次	总计
寻找特定广播节目的信息	29%	25%	19%	14%	13%	100%
其他	36%	26%	17%	9%	13%	100%
想收听广播节目	19%	14%	14%	17%	36%	100%
想读新闻或信息	25%	21%	19%	17%	19%	100%
总计	25%	20%	16%	15%	24%	100%

一眼就能看出几个观察结果。

● 常客与过客相比，主要目的是收听广播节目。这意味着提供音频数据流能力是能够留住用户的产品特性之一。

● 不常来的用户与常客相比，更趋向于寻找节目信息。或许这是因为他们并不知道还有其他更多的信息。如果是这样，就会影响网站设计和营销。这些用户还趋向于寻找"其他"东西，这或许可以成为下一步的指标，即网站缺少对使用性的讨论，因为仅有很少一部分人访问网站的次数超过一次。

当然，还可以得出好多结论，也有好多种更复杂的方法来操作和呈现两种变量之间的关系，但这些话题超出了本书的范围，可以在爱德华·塔夫特（Edward Tufte）所著的信息可视化相关图书中找到。

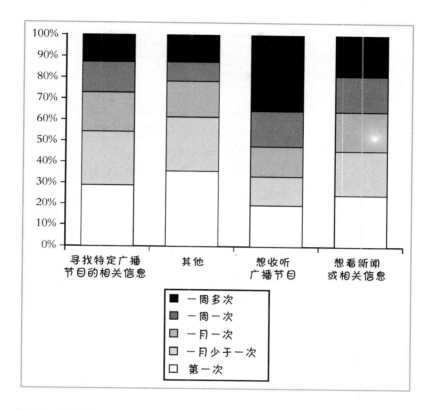

图 12.5　交叉表

　　在做表的时候，应该清晰表现出每个独立变量组中共有多少人回答。常用的方法是加一栏"合计"（即使这在讨论百分比时用处不大，因为总是 100%；在某些情况下，用 N 这个符号来表示回复者的数量）。

　　这时应该让统计中的最小回复数进场了。如果调查中某个独立变量组的答复总数低于最小样本数量，就不要对这个变量得出任何结论。这些结果是无关紧要的，并应该这样认为或者完全不计入报告中。但是，可以将几个组合并成一个具有需求样本数量的大组。因此，如果"18～24 岁"没有那么多数据可以得出结论，就不要将它们计入报告中，或者与"25～30 岁"合并，创建一个"18～

30 岁"的组群。当然，应该保证这个组是有意义的。

估算误差

因为问卷调查使用的是整个用户人口的样本，所以测量只是一种估算。在没有进行人口普查的情况下，不可能知道确切的数值，而且很多混淆都来自数字数据表面上的精度。不幸的是，精确（precision）并不意味着准确（accuracy）。只是因为您可以计算出小数点后六位并不意味着那是真正准确的。幸运的是，有许多种方法可以估计观测数据有多接近于准确数据，到底多么精确是有意义的。这不会使计算和测量有任何好转，但可以告诉您精确是有用的。

标准误差（standard error）测量的是不确定性。它是对计算所得值的模糊定义，也可以度量计算的精度。标准误差越小，测量越精确，标准误差越大，越不知道确切的数值。标准误差是从调查样本规模计算得出的，也是测量值在整体中所占的比例。计算公式如下：

$$\sigma = \sqrt{\frac{PQ}{n}}$$

在这里，P 是相对于整体的百分比，也可以用小数表示，Q 是（1−P），n 是样本数量。

如果 1000 个样本人群中有 400 个说他们更喜欢在夜里网购，而不喜欢其他形式的购物，那么标准误差应该被计算为（0.4*0.6）/1000 的平方根，即 0.016。这意味着实际值应该在 1.6%的范围内（测量值±1.6%）。大部分情况下，这个值都是足够准确的。

标准误差对搞清楚精度也很有帮助。因此，如果计算精确到小数点后六位（即 0.000 001），但是标准误差是 1%（即 0.01），那么所有的精度都是没有用的，因为数据内部的含糊不清会使小数点后第三位开始的数字都没有意义。

降低计算时的标准误差，最简单的方法是增加样本数量。在上面的例子中，用 2000 个样本数量来代替 1000 个样本数量，得到 1.1%的标准误差，如果用 5000 做样本数量就会得到 0.7%的标准误差。但要注意，标准误差不是零，除非对用户人口中的每个人进行访问，也会出现一些不确定性。

标准差（Standard deviation）是测量可信度的一种手段。它能告诉您在标准误差定义的范围内能发现真正答案（永远无法肯定知道）的概率。在一个正态贝尔曲线分布内，这些数字都是标准的：真正的数值有 68%的可能性在一个标准差（一个标准误差扩散）内，95%的可能性在两个标准差内，有 99%的可能性在三个标准差内。

标准差指定的测量值周围的一个范围称作置信区间（图 12.6）。这显示了标准误差和标准差之间的关系。标准误差定义值的范围宽度，而标准差则表明值出现的概率。

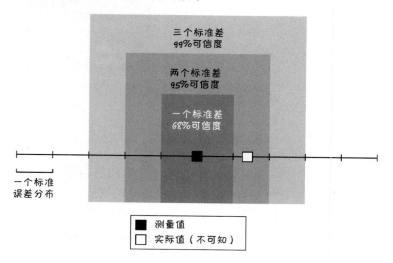

图 12.6　置信区间

例如，如果说一个调查问卷测得 50%的用户人口有 3%的标准误差，则说明有 68%的可信度（一个标准差，如图 12.7 所示）认为准确的男性用户人口的百分比在 47%至 53%之间，有 95%的可信度认为男性人口在 44%至 56%之间（两个标准差），有 99%的可信度认为其比例在 41%至 59%之间（三个标准差）。无法知道在这个范围内的精确值（可能是 54.964353%），但如果根据它来做决定，至少能知道估值与实际情况相差多远。

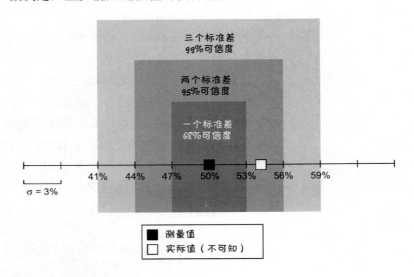

图 12.7　置信区间示例

度量误差

样本人群的计算标准误差和置信水平可以让您了解测量数据与（不知道的）客观真理相差多少。但是，这不是说数据能够确切代表您假设的样子。就算遵循逻辑且认真用统计学上的正确方法来系统地收集数据，也仍然可能是完全错误的。

如果想用一个例子来说明统计数字无法解决或者无法用统计预测的问题，可以看看美国国家航空航天局的火星气候卫星坠毁。这个卫星是由全球最聪明的人制造的先进设备。在 1998 年 12 月发射升空并计划在 1999 年的秋天进入火星轨道。这个飞行误差幅度非常小，因为这个飞船几乎没有携带用户修正航线的燃油。在航行的大部分过程中，一切都很正常。它完美地飞过全部航线，系统正常报告着它的位置和返回地面的速度。在开启其科学使命之前最关键的阶段，即进入火星轨道，由系统自动完成，当它接近火星时，开启自动减速装置。刚开始的时候它正常地越来越靠近火星，但过一会儿之后，它开始变得越来越慢，第一次下降到低于预定轨道的程度，之后低于任何适度稳定的轨道，之后低于可生存的高度，最后冲向宇宙空间，消失得无影无踪。在随后的调查中发现，有一个开发团队使用英制单位来测量推力，即 1b/s，另一个团队用的是公制单位 1s/N，后者是前者的四分之一。所以即使两者同时按照设计的方式工作着，但卫星认为它在使用同一套测量系统，而实际上使用的是另一套，这造成耗资数百亿美元的卫星没有进入轨道，而是撞到火星上。

问卷调查研究中很容易出现这种问题。金融网站可能想知道人们做股权投资的频率。问题"您多久买一次新股？"可能对此有意义，但如果对便利店的老板问这个问题，但又没有率先让他们准备回答金融问题，可能会把问题理解为他们的库存（stock）问题。分析师认为他们认为是同一件事，但其实参与者指的是两个完全不同的东西。

由于它会影响到所有数据，所以我们称之为系统误差。火星气候卫星轨道有极大的系统误差。不论测量多么准确，都不会是工程师想要的。但是，这也有随机误差，即回复的自然变化。从某种意义上说，测量的标准误差是可以抵消随机误差的，它可以粗略根据收集的样本数量来估计大概有多少随机误差。因为随机误差会在各个方向上出现，可以相互抵消，所以标准误差可以随样本数量的扩大而缩小。

得出结论

导出的结论能够回答一开始做调研时提出的问题，对未来产品非常重要的问题。很难通过数据得到意料之外的结果。

在得出结论之前，应该重新理解一下最开始时放在一起的表单，这也是分析的一部分。显示了什么变量？这些变量能够测量什么？为什么这些测试很重要？如果通过分析后各项的优先顺序发生了变化，也需要重新制表。

在比较数据的时候，您可能想用数据结果来决定两组不同回复者回答的不同是否重要。在广播节目那个例子中，每周读一次新闻和超过一次的差别是 2%。这是一个重要的不同点吗？卡方测试和祖里格测试可以用来确定这一点，但幕后的数学解释超出了本书的范围。

如果根据数据来得出结论，需要避免一些常规性的问题。

- **令人混淆的相关性和回归性**。两件事情发生的时间相当接近并不足以说明两者有因果关系。公鸡在黎明打鸣并不能让太阳升起，虽然太阳是在公鸡打鸣之后才升起的。这是最常见的错误之一（找找这种错误，您会发现所有媒体和不好的调研中都有），同时这可能也是使调查和统计声名狼藉的主导因素。这是一个简单的问题，但它非常不易察觉和令人困惑。有一群人都很喜欢一个产品并经常使用并不足以表明喜欢产品能让人更多使用它，也不足以表明频繁使用能让人更喜欢它。想想公司里每个人都要求使用电子邮件就知道，不论他们是否喜欢。这两个现象应该没有联系。

- **不细分人口子群**。有时一个看似简单的趋势实际上是多个不同用户人口趋势共同影响的结果。想知道是否属于这种情况，可以查看回答的分布而不仅仅是合成的数字。分布情况经常能够展现出不同于总结数据的情况。例如，如果您是在做一个关于满意度的调查问卷并且有一半的人说他们"相当满意"而另一半的人说他们"相当不满意"，那么只看平均值显然不足以体现受众的感受。

- **用事实混淆观点**。调查问题度量的是观点而不是事实。如果您在调查问卷中问："您曾见过这个横幅广告吗？"人们可能会告诉您他们相信什么，但他们相信的东西可能和现实没有任何关系。例如，横幅广告俗称"广告盲区"，看过很多广告的人们事实上注意不到它们。这也是为什么有关未来行为的问题基本都不能用来预测实际行动，人们诚实地认为他们可以预测自己要如何，但是他们的心理状态和面对心理状态的恐惧使其真正遇到这些状况时并不那么做。

即使能找出不同回复之间的明显区别并能通过适当的描述将其展现出来，仍然会有许多问题，解释调查数据的时候必须要加以考虑。

- **人们什么都想要**。如果用户人口数量足够大，就会有一部分人想得到每种特性组合的可能性；如果提供从实际产品中抽出的可能特性清单，就会有很多人什么都想要。为什么不要呢？想要更廉价更好更快的东西，即使您知道它们不重要，但这并没有错。因此，虽然调查问卷通常不能确定普遍认证的特性组合，但是它能够告诉您人们如何确定特性的优先级别及其最看重哪些特性。

- **人们会夸大其词**。当我们亮相的时候，即使是匿名亮相，基本上都会表现出理想中的自己，而不是真实的自己。我们会扬长避短。人们表面上展现的想法和行为几乎都比其本身的行为更加美好。

- **人们即使对答案没有强烈的感觉，也会选择一个**。有一种强大的社会压力促使人们形成一个观点。让人们从多个选项中选择一个时，即使觉得没有合适其感觉、想法或经验的选项，他们也会选择其中一个答案。这是多项选择问卷调查的败笔，这也说明选择题的答案需要认真研究和编写且提供"没有""不符合"或"不关心"选项很重要。

- **人们总是爱猜测调查的意图**。当人们回答问题的时候，会非常正常地猜测问题背后的原因和提问者想知道什么答案。因此，不提引导性问题是非常重要的。但是，在解释回复的时候也要时刻牢记这一点。这可以通过对受访者进行预测试来避免。

- **人们会撒谎**。当然，不是所有人一直都是谎话连篇，但是当人们不愿意说出事实或觉得不舒服的时候，就会夸大或篡改信息。例如，如果询问地址以方便寄送礼品，人们填写的地址几乎都是准确的，但如果想询问他们的收入，他们就会觉得如实回答对自己没有什么好处，所以基本不可能填写真实信息。

最终，分析调查问卷最好的方法是雇佣一个有问卷调查经验的统计学人员并和他一起解答关于产品的问题。在理想情况下，您可以在着手写问卷之前就与统计学人员一同工作。与统计学人员共同工作越多，您越能发现应该提哪些问题以及会得到什么样的回答。

如果找不到统计学人员，也不要回避做调查问卷。没有人帮助，也有可能让问卷调查提供有效、有用并且很有意义的结果，但非常重要的是问题必须直截了当，分析必须简单明确。对理解能力强的用户来说，即使调查问卷仅限于少数几个问题，也能够呈现出用户的基本信息，足以作为依据用在以后的其他调研中。

后续研究与持续性研究

做完问卷调查之后，不要认为调查问卷已经完成或者调查过程结束了。随着产品的成长和变化，受众以及对产品的认识也将随之变化。继续做相应的定性研究并跟踪用户的变化，有助于您进行其他的调查并预测受众的需求，而不是被动地对他们的行为做出反应。

后续定性研究

调查问卷可以让您知道人们的感觉如何以及他们如何看待自己、自己的行为以及您的产品，但是这不足以帮助您从专业角度解读人们的动机及其行为之间的细微差别。为此，需要跟进做一些定性研究。

如果想了解用户的价值观及其原因，访谈（第6章）、焦点小组（第7章）和实地研究（第9章）都是很不错的工具。例如，如果您正在做一个关于满意度的问卷调查，受众说他们对其中的一个或几个特性不满意，那么通过问卷基本不可能了解到他们为什么不满意。特性的具体想法？具体实施？它与其他特性的交互方式？如果不与用户直接沟通，这些是很难理解的，但如果不先进行问卷调查，那么后续访谈（特别是焦点小组）就可能会关注无足轻重的特性，而不关注对受众真正有用的特性。

直接观察对了解用户真实的行为很重要，而不是他们在问卷中所说的行为。实地研究（第9章）可以揭示出人们在特定环境下的决策过程。如果在问卷调查中有人说他们每个小时在线上阅读新闻两到三次，那么要想确认这个事实，可能需要观察一组用户在一天内两三个小时的情况。如果只有一小部分人做到了"每小时两三次"，可能需要在诠释这项结果的时候持保留意见。自动收集的信息（第16章）可以揭示其网上行为的纯模式。如果受调查人群中绝大部分人都说自己每小时两到三次，但这与日志文件的分析并不吻合，那么您也就有理由质疑他们告诉您的"事实"。

使用性测试（第11章）和其他发声思考方法可以揭示出人们的决策过程以及决定其产品认知的因素。如果他们不喜欢产品，可能是因为他们无法用它；或者他们喜欢该产品是因为速度快。又或者与速度无关，他们不喜欢该产品是因为按钮文字是黑底红字，或许他们找不到自己要找的东西。很难通过调查问卷来了解观点的形成过程，但是一旦知道这些观点，就可以帮助您展开后续的研究。

跟踪调查

通过定期以相同的方式展开相同的调查，可以跟踪了解产品用户的变化。例如，当一种服务变得越来越流行的时候，很可能会吸引越来越多的主流用户。但是有多少人呢？怎么定义主流呢？反复以相同的方式对相似数量的人进行调查能够发现用户的背景资料是否有变化。如果有，又是如何变化的？

精化调查

如果已经确定用几个核心特点来定义用户群，就可以进行更多调查，提出更多的问题来加深了解。所以，如果将受众的计算机使用经验、使用频率及其使用的软件作为最重要的特点，就可以实施调查（除了问这些问题之外），问一些更长远的问题来探查他们的喜好、满意度、使用产品的常用方式等。在一张问卷中提出所有这些问题或许做不到，但把非核心问题分到类似规模的组中，同时采用类似的写法，能了解到更多情况（相较于其他方法）。

前/后调查

有时，我们想要知道受众针对某具体变化的反应是如何变化的。这可能是一个主要的界面变化，也可能是一种广告活动。在一个重要的网站或营销改变之前和之后做相同的问卷调查可以揭示出用户观点和用户人口构成的变化。

顾名思义，调查是在某个事件的前后进行调查的。得到的结果用来对比如果有变化，又是什么引起的。在广告活动后是否有新的用户人口群受到吸引？用户对新设计是否满意？

在进行前/后调查之前，确定要观察的变量，这一点很关键。您期望结果中的哪些地方有变化？您不希望哪里有变化？写问卷的时候时刻牢记这些问题，确定问卷中涵盖适当的问题来针对这些问题。

理解时间对调查问卷的影响也非常重要，这样可以确保前调查在变化对受众产生影响之前完成，而后调查在效果最大的时候进行。您期望最重要的变化在什么时候开始？期望它立刻生效还是过一段时间再对受众产生影响？您期望变化引发人们的讨论吗？在变化之前将这些要素考虑在内可以减小两组观察的噪声。

通常，多做几次调查不仅可以看出受众有哪些变化，也可以看出受众是如何变化的。在理想情况下，变化之前要做两个问卷调查，对它们进行比较，了解人们回答方式的自然变化（人们答复中的自然偏见）。变化后做几个问卷可以帮助您追踪变化的发展。例如，在变化之后一周进行一个调查问卷，之后几个月再进行第二个调查问卷，这可以帮助您了解哪些变化是短期的，哪些是长期的。如果产品在测试的方面没有发生重大变化，甚至可以在前调查之后的一年再进行后调查。

在进行多个问卷调查的时候，关键的一点是保持调查问卷的相似性。不要改变措辞和表达方式或者邀请（人们参加调查的）方式。用同样的方式分析结果。之后对分析结果进行比较并留意两次调查中有变化的要素。假设变化是要取得不同的市场，市场确实变化了吗？是否按您期望的方式在变？

再次强调，分析多个问卷的数据，关键在于确保已经提前设定问题并且整个调查问卷都以回答这些问题为重点。否则，您会迷失在调查所产生的数据风暴中。

这一章只简单介绍调查问卷的用途。调查方法的可能组合是无限制的。如果选择支持调查的方法，可以鉴别出真正的用户及其思维模式。

实例：新闻网站调查

这个问卷用来调查网络广播网站的用户背景资料以及驱动人们访问网站的要素。其目的是揭示访问者的期望以优化内容呈现方式，并为之后的定性研究提供限制条件。调查的次要目的是对网站的功能进行有限级别划分，并进行竞争格局基本分析。

问题	选项	原因
1. 您多长时间收听一次广播（单选）	○ 每周超过一次 ○ 一周一次 ○ 一月一次 ○ 一月不到一次 ○ 从不收听	和前一次调查保持一致 验证新闻电台的听众关系
2. 您多长时间访问一次这个网站？（单选）	○ 这是第一次 ○ 一月不到一次 ○ 一月一次 ○ 一周一次 ○ 每周超过一次	和前一次调查进行比较 与功能进行交叉汇总 与访问原因进行交叉汇总
3. 今天您为什么访问网站？（单选）	○ 想阅读新闻或者信息 ○ 想收听广播节目 ○ 进行研究 ○ 想购买唱片或者稿件 ○ 想购买唱片或者稿件之外的东西 ○ 看看网上有没有新东西 ○ 与网站其他听众聊天 ○ 和工作人员及实况转播人员交流 ○ 其他（请说明）＿＿＿	找出访问网站的一般原因
4. 如果这不是您首次访问网站，以上原因是您访问网站的典型原因吗？	○ 是的 ○ 不是 ○ 不适用（这是首次访问） ○ 不适用	与访问原因进行交叉汇总

问题	选项	原因
5. 如果您想阅读新闻或者信息，今天您访问网站发现了什么内容？（单选）	○ 不是来看新闻 ○ 当前头条新闻 ○ 特定当先新闻事件信息 ○ 在广播节目上听到的当前新闻报道信息 ○ 最近新闻事件深度分析 ○ 评论或者观点 ○ 新闻人物介绍 ○ 对特定话题的深度研究 ○ 文化或者艺术新闻报道 ○ 娱乐 ○ 广播节目时间表 ○ 特定广播节目的信息 ○ 其他（请说明）_____	如果一般原因是新闻或者信息相关，找出有关访问理由的更多具体信息
6. 如果您访问的目的是收听特定广播节目，请从下面的列表中选择您收听的节目。（单选）	【节目名称列表】 ○ 不适用（不是来听节目） ○ 其他（请说明）_____	了解人们明确收听哪些节目
7. 请选择您定期寻找信息的主题。（可多选）	□ 政治 □ 娱乐 □ 体育 □ 当前事件 □ 商业 □ 科学技术 □ 有趣的人 □ 本地文化活动 □ 本地新闻 □ 本地深度报道 □ 旅游 □ 时尚 □ 其他（请说明）_____	发现感兴趣的一般主题

问题	选项	原因
8. 请选择您至少每周访问一次获得新闻或者消息的网站。（可多选）	☐ www.npr.org ☐ www.cnn.com ☐ www.bbc.co.uk ☐ www.nytimes.com ☐ www.news.com ☐ www.bloomberg.com ☐ news.yahoo.com ☐ www.msnbc.com ☐ www.ft.com ☐ www.wsj.com ☐ www.usatoday.com ☐ www.espn.com ☐ www.salon.com ☐ www.slate.com ☐ 其他（请说明）_____	竞争分析
9. 对于在网上阅读新闻或者阅读报纸新闻，您认为下列内容的价值有多大？（单选框网格，"没有价值"，"有些价值"和"绝对有价值"）	○ 显示新闻报道提到的具体位置的地图 ○ 总结和解释新闻报道中的信息图表、表单、图解 ○ 显示新闻报道或者特别报道所描述的时间的照片从视觉上陪伴您阅读报道的照片集报道中的人物特写照片等等	了解不同内容的渴望程度
10. 根据访问网站时的使用频率，请对以下网站功能进行评级。（单选框网格，"从不"，"有时"和"经常"按钮）	○ 今天、本周或者今年（网站名称）用户阅读或者收听的前十位新闻报道列表 ○ 与某一报道或者主题相关的书籍列表（网站名称）读者的投票或者调查	了解对网站不同特性的渴望程度

问题	选项	原因
11. 请对您在网站上阅读的下列新闻特点的重要性进行打分。（单选框网格，"不重要"，"有些重要"和"非常重要"）	○ 他们有最新突发新闻信息 ○ 他们提供足够的背景信息帮助我理解新闻的真实意图新闻属于原创，对共同新闻的报道角度没有料到	将企业价值按优先级排序： 时间性 背景 原创观点
12. 您上网使用的显示器分辨率是多少？	○ 1600×1200 ○ 1280×1024 ○ 1024×768 ○ 800×600 ○ 640×480 ○ 不知道	
13. 您是否拥有或者定期使用移动终端，例如智能手机或者平板电脑？	○ 是 ○ 否 ○ 不知道	
14. 您连接互联网的速度属于哪种类型？	○ 28.8 Kbps 调制解调器 ○ 56 Kbps 调制解调器 ○ ISDN（128K） ○ DSL（128K+） ○ 电缆调制解调器 ○ 1T 或者更高 ○ 其他 ○ 不知道	
15. 您的性别？	○ 男性 ○ 女性	所有人口统计问题和之前的线上线下调查研究所得的背景资料进行比较
16. 您属于哪个年龄段？	○ 18 岁以下 ○ 18~24 岁 ○ 25~34 岁 ○ 35~49 岁 ○ 50~64 岁 ○ 65 岁或 65 岁以上	

..

问题	选项	原因
17. 您完成的最高学历是什么？	○ 初中 ○ 准高中 ○ 高中毕业或同等学力 ○ 大专 ○ 大学毕业 ○ 硕士学位	

第13章

全球性研究与跨文化研究

许多用户研究方法原本只面向单一用户人群及其对产品、服务或技术的体验。他们假定研究人员和被研究对象之间存在某些基本共性（例如共同的语言）或者类似的技术体验。但是，当您和处于其他公司或地域、拥有不同文化背景的用户一起工作时，您会怎么做？

语言只是最简单的差异。当和处于其他地域的人一起工作时，您会发现不熟悉的愿景、价值观、经济环境、家庭结构、社会地位、文化水平、可用的技术设施以及对安全或政治稳定的期望。要认识到这些差别，并确定它们是否以及如何影响人们对产品或服务的体验。您可能需要考虑其体验在几个层面的不同：作为个人；作为家庭或邻里的成员；甚至于跨整个人口层面。全球性研究和跨文化研究项目中会出现这些问题。

什么是全球性？什么是跨文化

"全球性研究"的定义很简单：超越您本土国界的研究。但我们所说的"跨文化"是比较难以解释的。要开始思考文化，我们不妨看看爱德华·泰勒爵士（Sir Edward Tylor）在1871年的定义：

一个复合整体，包括人作为社会成员所获得的知识、信仰、艺术、道德、法律、风俗以及任何其他能力及习惯。

对于以设计为目标的跨文化研究的目的，这一定义有几个关键点。文化不是个人的或个体的，它们是人群共享的。但共享文化并不意味着每个人都有相同的"能力和习惯"，也不意味着每个人对哪些人属于哪种文化有着相同的观点。不同的人对其文化界限的理解也不同，并且文化随着时间而改变。比如谈到美国文化，很多人会告诉您"自由"是美国文化的核心价值。同时，在美国，不同的人对自由有着全然不同的理解，将其与不同的对象和活动相关联。有时，有些美国人会判定所有对自由有着不同理解的人都是"非美国的"，即使那些人标榜自己相当爱国的美国人。

把文化比作"价值"或"愿望"，会使其看起来模糊和抽象，以至于无法通过访谈或使用性测试这种方式来理解。但为什么不可以呢？文化本来就出自于同实物相关联的含义。当您观察人们的实际言行时，文化就变得具体和实际了。例如，如果研究美国人如何看待自由，您会想问一些美国人关于自由的具体问题，比如他们能在哪里找到自由，相对于其他人来说能获得多大程度的自由，人们是怎样得到或失去它的。

产品或服务的创造者与其预期用户之间存在文化差异，是跨文化设计研究开始的前提，用户，**作为一个群体**，很可能以不同于创造者的方式理解产品或服务。请记住，当研究项目有可能是全球性**和**跨文化的研究时，它也同样有可能只是全球性研究或只是跨文化研究。就算您在国内工作，也许确实不需要跋山涉水去遭遇那些会影响研究的文化差异。但是在我们居住和工作的旧金山，有 45% 的人在家里都不讲英语，这表明许多人更习惯于用其他语言。超过三分之一的旧金山人出生在美国以外的地方。（这两组数据来自美国人口普查局 2010 年的美国社会调查报告。）最近的移民与其出生地的朋友和家庭有许多共同之处，根深蒂固的种族或宗教团体世代保留，但又不同于地方的或国家的主流文化。

另一方面，您的研究会涉及虽然居住在不同国家但是在您感兴趣的相关方面却没有巨大文化差异的用户。如果您正在为金融行业设计产品，会发现，对比纽约和伦敦的银行家，他们的关注点大同小异。或者（这是更有可能的）其他因素也许比文化差异更重要。例如，主要以欧洲用户为基础的旅游酒店预订服务，其用户群范围包括德国、西班牙和意大利。很明显，虽然用户生活在不同的地方，有着不同的本地语言，但对于酒店预订服务来说，了解用户的其他差异或许更重要，比如他们旅行时期望有的各种康乐设施，他们会提前多久计划假期，他们是喜欢宁静的夜晚还是喜欢夜总会，等等。如此，跨文化研究并不一定是全球性的，全球性研究也并不一定是跨文化的。

关于本章

www.globaluserre search.com 提供了针对世界各国各地用户研究情况和实际问题的指南。

世界各地如此多样和变化，更不用说您自己的周围了。全球性和跨文化研究意味着将您所知道的方法推广到非常广泛的情况，直到开始项目之前，都很难预测在特定情况下会出现什么挑战，也很难预测必须怎样适应。本章将对此给出具体指导，无论研究是全球性的、跨文化的还是两者兼有。

本章采用了和其他章节不一样的模式。在这一章中，我们并不描述一个单独的方法，如使用性测试或实地走访。相反，当您需要计划自己国家或文化范围之外的研究时，我们提供一些需要考虑的问题和能够让您更好工作的提示。

研究计划

假定您正在计划自己的第一次用户研究,面向的是目前还没有您这个产品或服务的国家或文化地域,甚至是近来一直没有得到太多重视的市场。最重要的决策发生在初始规划阶段,也就是当您认识到自己知道什么和不知道什么以及与利益相关者建立期望的时候。

检验假设

首先,花时间判定和阐述要研究哪些人群,期待得到哪些不同。您要关注的用户和在您本地或本土文化背景下使用同类产品或服务的人相比有什么区别?想想他们的语言、收入、教育、科技水平……或任何其他可能影响用户体验的因素。也要问团队或利益相关者对此有哪些印象。例如,假设您在北美地区,而您正在计划研究巴西的数码相框潜在用户。您可能会提出下面这样的列表。

- 平均每个家庭拥有的计算机更少。
- 相对于北美用户,他们可能刚刚开始拍摄数码照片,所以也许没有那么多的照片需要存储。
- 他们可能更多用手机拍摄数码相片,而不是用数码相机。
- 他们可能会有一个更大的家庭。
- 他们与祖父母、姑姨、叔伯和兄弟姐妹间的关系可能更亲密。
- 他们可能花更多时间在户外或更多在户外拍摄照片。
- 他们可能比北美的用户更看好我们的品牌。

事实如此吗?也许是,也许不是,但是您至少能够核实其中一些假设。例如,您的公司可能会有巴西的计算机、手机和相机用户市场研究数据,在消费类电子产品上的花费有多少。同样,您也可以找到人口统计数据，它能够告诉您家庭规模以及是否一大家人都住在一起，您也可以和一些巴西移民讨论他们的家庭关系是否与以前类似。在考虑这些问题时，记得询问目标受众，一般是和巴西人不同的（在此例中）。

确立哪些差异是受事实、先前研究或自己公司同目标群体的早期经验支持的。这项工作将为您正在计划的研究提供语境。如果您和您的团队的看法得不到任何证据支持，则保留该列表供以后参考。制定研究计划时，要确保问题中不带任何偏见和假设。

初心

在准备全球性或跨文化研究时，如何才能让人们给出真实的想法？对于 IDEO，一个因跨文化设计而闻名的设计咨询公司，答案就在于作为"初学者"融入环境。在他们的以人为中心的设计工具包中，IDEO 的资深人员解释说："当您不带有任何基于先前经验的假设进入一个熟悉的环境时，作为初学者是至关重要的。因为我们总是基于自己以往经验和主观意识来解释这个世界，所以这通常很难做到。这种基于个人经验的有色眼镜会影响我们的关注点并使我们无法看出重要的问题。"一旦将假想搁置一旁，您会发现您只需要提问和回答非常基本的问题。不要害怕承认您对某些事物的无知，也不要害怕参与者的纠正。

IDEO 的工具包包括开始研究之前能做的一些练习，可以帮助您实践如何以初学者的角度看世界，在观察和解释事物时帮助您理解。可以免费下载该工具包，网址为 *www.ideo.com/work/human-centered-design-toolkit/*。

聚焦研究

洞见与访问的人物或地点没有太大关联，最具有生命力的洞见与产品、您自己以及您的假设有关。
————谷歌用户体验研究员帕特里克·拉维耶（Patrick Larvie）

开始制定研究计划时，您可能会被自己还不了解的、所有关于用户的问题所淹没。看起来，问题总是比答案多。记住，您的主要目标是了解涉及产品或服务的那一部分生活。解释您关注的用户世界，学习您需要知道的关于用户的具体事物，以便更好地为他们提供服务，两者之间必须取得平衡。研究中必须处理的问题可以列一个简表。用它们来设置研究参数，并将它们放在研究期间容易查阅的位置，那时，很多有趣的差别会吸引您的注意。

为了帮助入门，表 13.1 列出了进行全球性和跨文化用户研究的一些公司常见目标以及针对每一个目标的研究问题示例。

表 13.1　全球性或跨文化研究的常见目标

研究目标	问题示例
探索新市场的机会	讲西班牙语的美国人如何用互联网进行约会？
比较多个区域市场中的用户	欧洲各地移动银行的客户如何理解系统的安全性？
深化或更新对特定区域或文化下现有用户的理解	我们设在上海的商店是否可以满足上海办公用品采购者的需求？他们做得如何？

选择方法：差旅、远程研究或外包

如果接受研究的用户不同于自己以往熟悉的用户，我们就得多下工夫跨越鸿沟。这是必须的，需要跨时区，跨语言等文化差异，还有像贫富差异一样深刻影响用户态度的社会经济差异。这些差距越大，研究就越花时间和经费，并且更复杂。在应对实际的空间距离时，要判断差旅、远程操作和外包给本地用户研究提供商三者间的相对优势。然后，必须建立必要的关系和团队来完成任务。

考虑外出研究，如果您……

……有预算。

……需要有基本了解。

……在当地有办法获得业务关系或有时间培养这种关系。

考虑远程研究，如果您……

……已经对此用户群有一些基本了解。

……知道用户能够访问互联网。

……可以定期做面对面的研究。

考虑利用当地研究公司，如果您……

……做的是可以明确说明的评价研究，例如使用性研究。

……需要有人亲自实施操作。

……没有出行预算或时间。（最好能远程观察研究过程）

多语言研究

无论选择哪种方法，如果用户说的是另一种语言，就需要求助于翻译来跨越这个鸿沟。在制定研究计划时，务必考虑如何翻译与用户的直接互动，如何翻译研究期间呈现给用户的所有资料。

有翻译的访谈

如果计划做访谈，无论是使用性测试还是实地走访，在此期间都需要一名翻译。首先决定是否需要同声传译。同声传译在参与者讲话的同时就进行翻译，完全不同于等参与者完成回答时再开始翻译。同声传译最著名的使用是在联合国会议期间。这种方法的优点是访谈进行得更快，因为不需要暂停，也不需要在参与者每次停止发言时翻译，所以您能够提出更多的问题。不足的是，同声传译会使研究员同时兼顾受访者和翻译者，这会分散他们的注意力并削弱他们与受访者的共鸣。因此，我们建议在大多数可以坐下访谈的情况下，使用非同声传译，当您想与用户直接对话时，直接问问题，并让用户描述他的经验。

另一方面，如果研究侧重于观察参与者做任务的过程，同声传译通常最合适（如第 9 章所述，在实地研究中扮演"学徒"时）。为翻译而暂停对话会严重影响使用性测试，因为研究员不再按照自然的节奏观察参与者执行任务。在某些情况下，比如需要有观察员观看或者时间很宝贵时，最好有一个会说本地语言的人参与这个环节，要么同时为观察员翻译整个讨论内容，要么记录下来稍后翻译。

其他翻译需求

用户研究咨询公司 Bolt | Peters 为很多用户研究项目招募过母语非英语的人，然后使用英语进行研究。他们发现，用参与者母语所写的信息进行重新招募时，即使他们在研究中需要讲英语，回复率也会大大提高，如 Bolt | Peters 公司的迈克·白瓦图恩（Mike Vattuone）写道：

> 作为研究员，让国际参与者尽可能通晓招募过程至关重要。即使他们会讲您的母语，但可能说得不是很好，或许也并不理解您最初试图传达的内容……他们会感到尴尬或紧张。一旦他们更加放松并且融入研究之后，再用您的母语继续做研究就容易得多了。

如果是进行在线卡片分类研究（第 8 章）和非调控式研究，瓦图恩建议将工具的交互界面翻译出来（也称"本地化"）。

可以联系这些工具的生产商，并咨询他们如何将其翻译成其他语言，他们通常会提供一个表单，其中包括所有需要翻译的文本。您可以用相当便宜的价格得到所有由机构翻译的信息，并为用户体验的全球化实践做出贡献。

招募

　　为用户研究进行招募时，可以做一些假设来推测怎样从更广的社会范围中找到产品或服务的目标用户。这些假设往往可以依据人生经验来得出，而不是具体培训。例如，如果我们有关于美国农民的问题，我们假设（并没有考虑太多）能够从距离我们居住地旧金山几小时路程的范围内找到一大波人。我们已经大概了解他们的生活：他们驾驶的汽车类型；他们居住的房屋。我们也大概了解他们的具体关注点，比如与水资源管理的长期斗争以及联邦补贴对某些农作物产生的变化。当然，我们必须检查这些假设。但这是因为我们三位研究人员全部都在加州居住多年，而且我们一直都会看本地报纸。全球化研究中，在寻找合适的参与者方面，可用的初步假设也许很少，检查这些假设须得投入更多的精力。

　　最终结果可能是您自己无法独立胜任招募工作，甚至无法评估招募的质量。专业招募公司很可能会误解您的需求，甚至曲解哪些人才适合招募到您的研究中。因此，最好利用公司当地合作方的专业知识或对您感兴趣的区域做市场调查研究，得到招募标准。

　　招募，特别是自己操作的招募，通常从接触社会网络开始。如果想要了解居住或工作在异地的客户，可能不会知道多少目标受众。在开始招募之前，约那些和项目无关的人聊一聊，这些人在过去五年中在您的目标地域住过很长时间。通过交流，了解目标顾客在哪里，他们是否符合您的定义。就像在自己国家或文化范围内做研究一样，要优先考虑行为标准（相比人口统计标准）。如果您在X社区找到一个用户，但他宣称的在线交友服务完全不同于您从市场研究中了解的，就要找出原因。然后，选择真正在网上交友的参与者，而不是与市场调研相匹配的人。

请记住，像 Facebook 这种全球流行的社交网络能够帮助您找人，并且帮助您确认找到的人群是否拥有您正在寻找的特点。青蛙设计公司（Frog Design）的全球执行创意总监简·奇普蔡斯（Jan Chipchase）在他的博客上写道：

> 理想的招募机构的潜在参与者列表，应该包括成千上万的条目和文档，涉及潜在参与者生活的方方面面，比如他们在做什么，他们在和谁一起做，他们热爱的原因，他们联想到的品牌，他们听的音乐，他们去的地方，所有内容实时更新。多亏有微博、Facebook、Orkut、Mixi 等社交网站，才可能得到这样的理想列表。

奇普蔡斯在他的网站上介绍了他的做法并为独立做全球招募的研究人员提供了建议，网址为 http://janchipchase.com/2011/12/thenew-dawn/。一旦为研究找到几个合适的参与者，就能通过滚雪球的方法扩大研究范围，让最初的参与者邀请他们认识的人参与。

实地访谈和观察

我们很容易假定外面的一切都是陌生和不同的。更多的时候，全球性研究会导致印象混淆：有时周围的人和事看起来像是外国人所为，而其他时候又觉得观察到的现象非常熟悉。

这里有一个可以说明这种印象转变的故事。本书作者之一安德莉亚正在为印度大城市的小学生做教育软件的用户评价。在她坐车去测试点的过程中，司机没有可靠的地图或详细的指示标志。他直接开车到大街上，停在一个大十字路口，开始询问人们目标建筑的方位。街区地图和街道标志，安德莉亚认为理所当然的基础设施，根本不存在，也不需要。这种替代的导航形式完全不同于她在城市里所见过的方式，这让安德莉亚觉得特别新奇。她最终到达学校，对目标年龄的儿童进行了测试。后来，一些更小的孩子想要试着玩一下电脑游戏。安德莉亚曾听说这所学校没有一个孩子的家里有电脑，而且年纪更小的孩子甚至没有碰过电脑。但是当坐下来开始玩，他们看起来也并没有不知所措。相反，他们拿起鼠标，盯着屏幕，开始尝试用不同的方式改变屏幕上的图像。在他们自己玩或者大家一起玩的时候，他们突然表现得就像在美国做游戏测试的美国孩子一样。

组建实地研究团队

如果观察和访谈对象是目前已经生活或工作在这个地区或文化背景下的人，或者已经在那里生活了很久的人，您的实地研究就会更有成效。作为规划实地研究的一部分，应该在目标范围内联络朋友、同事、伙伴、机关和教育机构，请他们介绍合适的人员来参与研究团队以及担任向导或翻译。理想情况下，他们还可以帮助您完成常规的实地研究任务，如处理知情同意书，音频和视频的录制，做笔记，交通接送。如果可能，别承诺和任何人一起工作，除非您们亲自见过面并确信能够配合得很好。

不要假定有时间和您一起工作的人了解用户研究的目标或了解这项研究如何完成。如果发现有受过人机交互培训、社会科学或至少市场调查培训的人，或许能够引用一下他们所学过的内容。如果没有这样的人，就需要用基本术语解释您正在做什么，您的公司为什么收集此类信息，以及您需要从当前的研究中得到什么。

联络人与向导

当记者在一个他们不很了解的国家或文化报道新闻时，通常会聘请助手，这些当地人了解本地环境，能够把记者介绍给他们想要采访的人，能够尽量减少麻烦，尽快完成事情。虽然用户研究员不像面临最后期限的记者一样迫切需要这种帮助，但是在实地研究成功进行和因后勤、人际关系混乱而造成失败之间，这样的助手确实意义非凡。

您和参与者之间的文化差异越大，与参与者都认识的人一起工作就越有帮助，或者，即便参与者不认识他，也可以把他当作社区成员，这也是很有帮助的。像翻译人员，需要用流利的当地语言进行公众联络，但是除此之外，他们还应该是思维缜密、有见地、灵活，也应该是很善于沟通的人。对于城市和农村，或者不同的人群分类，需要不同的人，就像在旧金山，我们需要完全不同的人将我们分别介绍给乡村俱乐部的成员和涂鸦作者团体。

一个已经建立关系并负责接待您的组织，也可以和个体一样承担这一职能。

翻译人员和主持人

在使用多种语言的研究中，说本地话的人可以履行几个相关的职能，这取决于您和合作伙伴的协作方式。

翻译人员往往会尽可能专注地聆听参与者并准确翻译他们的词句。不要以为翻译员能注意到手势之类的视觉信号，也不要以为他们能够给您解释环境中的任何细节。拍摄照片和视频显得尤为重要。

对于一些会话，特别是在焦点小组和使用性测试中，最好有一位说本地话的人担任主持人，他直接问您提出的问题并跟进所有回答。如果可以组建一个较大的团队，那么最好同时有一名主持人和一个翻译人员，他们能够让您跟进整个讨论。

您可能需要一个人把注意力集中在语言上并保持对话顺畅，同时另外一个人负责视频和其他职责并从了解当地礼仪及肢体语言和行为细微差别的视角来观察互动过程，记录下他们的印象供以后查看。

研究助理

在有些研究地点，也许能联系到学生，或者那些刚开始学习用户研究或社会科学的人。同他们一起工作可以有很好的知识交流：他们告诉您与其地域或文化相关的信息，您教给他们用户体验研究方面的知识，并给他们提供实践的机会。

一个潜在的陷阱是，有些人开始着手时可能并不太了解固守研究目标的必要性，也不太了解团队要有统一的目标。他们可能会更改您的问题而不告诉您，因为他们觉得那些问题不必要或者不相关。督促他们在一开始就负责，让他们趁此机会对设计研究给出真诚的反馈。

建立信任

在所有用户研究中，收集的信息质量如何，在很大程度上取决于参与者有多信任您，并且，这种关系起始于研究团队成员间的信任关系的建立。

在新环境中进行实地研究总是有压力的，至少开头是这样。在需要随机应变的地方，总会出现意料之外的问题。交通、场地或者已安排好的用品都可能出状况。研究现场的个别人也会妨碍对参与者进行的访谈。想了解哪个团队成员最能帮助解决什么，就给他们一定的自由度，让他们随机应变。这种选择有风险，但能帮助团队团结协作。

尤其要在您工作的社区针对如何克服文化习俗带来的问题征求意见和反馈，这是拓展性工作，可以帮助您了解新的社区。请记住，在您不熟悉的国家或文化下，差异更大。例如，在一些地区，如果您让男性研究员采访女性参与者，可能就会遇到阻力。要努力满足参与者的意愿，并表现出对他们的尊重，遵守他们的规则和习惯。

同时，不要当身穿白大褂的科学家，不要一直用研究阶段的例行模式来对待。主任用户体验研究员伊丽莎白·丘吉尔（Elizabeth Churchill），主张在全球实地研究中尽可能摒弃条条框框以"初心"来采访参与者。这一基本的开放度能在正式的研究语境之外让人们有机会与您分享。她说："有很多时候，只有在浴室里休息时，女人们才会告诉我'事情的真相'。"

充分利用现场时间

在研究现场，大部分时间都花在预先安排好的、与用户的会面上，但是在会话中，您可能通过自己的体验获得等量或者更多的信息。通过留心和反思您觉得新奇和陌生的，可以将您外出研究的价值最大化，即使它们与人们游历城市或做家务一样平常。

IDEO 全球咨询公司的高级设计研究员爱米·艾略特（Ame Elliott）发展了一套独特的方法"扩展足迹"（expand the footprint）与其参与者一起一对一的互动。在家庭访谈中，她有时会用一个家里的日常用品作为"观察附近环境的寻宝游戏"的起始点。例如，她会就参与者最近购买的衣服来询问他们，然后再去探访他们购买衣服的商店。艾略特和丘吉尔的做法都比死板的正式研究好，可以帮助梳理用户研究中观察到的内容。例如，本书作者之一安德莉亚在印度的研究（在本章开头所述）主要涉及儿童游戏软件的使用性测试。但这是通过在游戏测试的前后和孩子们待在一起实现的，观察他们上课，在测试场地外观察他们，她才得以解释孩子们对软件的反应。

在这件事情上花时间（相对于将所有空余时间都花在该地区游客已经做过的事情上）通常更有价值，当然，除非您的研究目标是了解旅游体验。

全球化研究伦理

研究伦理有三个主要部分，合理的报酬、知情同意和对想法归属权的尊重。全球性研究使这三部分变得更复杂，使我们有必要重新考虑常用的方法。

合理的报酬意味着对研究参与者的贡献进行估价，并且作为交换给予适当的补偿。如果所做的研究在工资结构和工作机会上都不同于以前所熟知的，就很难弄清楚公平合理的酬劳应该是多少。您可能会认为多付报酬能够避免这个问题，但是这会造成权能失衡，并以您不愿意的方式打乱当地的经济。

知情同意，意味着参与者要了解他们同意和您分享什么，这些信息怎样以及参与会带来的哪些后果。他们的影像和声音被记录下来并被用到产品开发中，您期望参与者对此有多了解？如果他们从来没有接触过您这个行业的产品研发，也不认识任何从事产品开发的人，可能很难让他们意识到负面结果。有必要问他们是否因为真的足够知情才同意，如何让他们完全知情。在 2011 年一篇题为"数据奴役时代的实地研究"（Field Research in the Age of Data Servitude）的文章中，青蛙设计公司的全球执行创意总监简·奇普蔡斯解释说，应该给予参与者控制权，让他们决定哪些影像可以用。他在文章中写道："应该把相机交给参与者，告诉他们如何移动照片，如何删除照片，告诉他们'请删除您不喜欢的照片'。如果参与者想删掉全部照片，那么坦白讲，就说明团队没有资格留着它们。但实际上大部分人都只是删除影响其形象的照片。"

尊重想法归属权，意味着从他人那里学到的东西不能声称为自己的想法或是公司的知识产权。在跨文化研究中，您会学到很多对您来说新鲜且可以应对公司挑战的戏剧性的新方法。标记资料来源并致谢是唯一正确的做法，无论他们是个人还是文化团体。也许很难修订并执行这样的公司政策，但可以从研究协议开始。例如，奇普蔡斯给参与者提供的是参与者在研究期间和他共享的信息，这些信息副本都以模拟或数字格式呈现。

全球性跨文化调查

问卷调查、日记说明和任何与全球性跨文化研究参与者书面交流的信息，都必须谨慎处理。当调查对象是自己不熟悉的人时，问题的措辞尤为重要。

与翻译人员密切合作,给他们提供包括参与者和研究重点的详细指南,这个指南与交给辅助进行访谈的口译员的完全相同。尤其要检查调查文字材料和您使用的所有视觉材料,消除无意义的习俗和文化参考的影响。最后,一定要用每种目标语言来初步试验问卷或日记,且一定要和说母语的人一起试验。

跨收入差距研究:特殊挑战

在发展中国家,参与者和研究员之间有着巨大的机会,也有着特别深的文化差异。

房间里的大象:不可回避的问题

预期的最不可避免的、紧迫的问题,是与研究员和参与者之间财富和地位差距相关的问题,特别是欧美国家的研究员以及国际大公司的研究人员与来自不太富裕地区的参与者之间。参与者希望他们的参与能直接给他们的未来带来更多的资源。依据项目的不同,这些希望可能是切实可行的,也可能不是,这对参与者和研究员双方来说很难实现。鉴于大家对这些希望的期待,研究者会发现自己深陷泥沼,发现自己深陷于那些要获得奖赏的想法。

在介绍自己以及这项研究时,一定要特别明确您的角色。如果不能决定酬金的分配方式,就不要表现得您好像有权雇佣员工或者送给他们改良版产品。弄清楚您是在做研究,而奖励方案还没有发布。

实施研究计划的战术性挑战

- 根据不同的文化水平(包括语言和技术),改变招募程序,像问卷调查、日记研究和使用性测试。
- 硬件/基础设施会制约着使用性测试原型的部署方式。
- 在某些领域,研究更可能发生在公共场所而不是私人家中,这样会吸引到社区中许多人的注意,而不仅仅是您的目标参与者。

信息和通信技术促进发展（ICT4D）领域正在开发应对这些问题的最佳做法。要想了解更多详情，请参见以下两本书：

- 《开发实地研究：实用指南》（*Development Fieldwork: A Practical Guide*）。
- 《IDEO 的以人为中心设计工具包(第 2 版)》。(*IDEO Human Centered Design Toolkit, 2nd Edition*）www.ideo.com/work/human-centered-design-toolkit/

分析数据

外出调研回来或者通过远程方式完成数据收集工作之后，当您开始分析数据时，会发现自己很容易退回到最初所做的假设。如果有可能，尽量在实地研究或者与当地团队还保持联系的时候就开始分析。回到公司，还需要格外注意制定自己的分析计划和日程安排，确保能将参与研究的人和总结并展示研究结果的人纳入其中，即使他们位于不同的国家和不同的时区。

过程修正

在所有全球性和跨文化研究中，都应该格外小心，也许研究草案并没有收集到您想要的数据。至少每个团队中的部分成员要在任务报告期间反思自己采用的研究方法，并对照研究目标进行检查。如果草案比较简短，就要以开放的心态听取当地合作方的修改建议。这样，才可以得到您想要的答案，回答需要解答的问题。

制定全球性研究计划

一个全球性或跨文化的研究计划可以帮助组织发现个体用户之间乃至不同文化和国家的人群之间的有效差异。这意味着重新审视看待用户和研究的方式，它们有惊人的差异和惊人的相似之处。

在必须为国外大批用户维护产品（不只是为了新产品的投产时），会发生什么？长远的解决办法可能包括管理国际伙伴，将个别研究外包并尽量采用简短的实地走访。

可持续全球性研究需要建立信任关系。短期的、身临其境的外出调研有益于团队建设或重构产品开发流程。在此过程中，您会发现，长期研究计划是最为重要的。

做好全球性和跨文化用户研究意味着不断修正假设。特别是在一开始的时候，要习惯于不断试错，还要看看自己对于出现的各种情况反应有多快。返回"初心"，记住，初学者常常都有意外的发现。如果注意新地区或文化背景下的用户已经让您见惯不惊，就表明您已经取得了很大的收获。

第 14 章

公开信息与专业顾问

　　并不是所有研究一定都得从头开始。不做研究也可以发现用户的重要信息。当您想要了解用户及其对产品的使用体验时，明智地使用公开发表的信息和专业顾问可以节省时间、精力和（偶尔）金钱。甚至还有可能获得您百般努力也无法得到的信息。

　　走出公司去获得用户信息的原因有很多。很明显，如果您感兴趣的信息是现成的，则可以借助外界资源节省金钱和时间，但决定把研究外包并不仅仅是出于经济原因。走出开发环境，您可以很快获得高水平的见解，这是您在公司内部无法产生的。您可能没有办法对所有潜在用户做一个广泛的调查来了解他们的基本需求，以及您的产品是否满足他们的需求，但是市场研究公司可以做到。而且尽管它可能需要一些解释和推测，但是对高水平的数据进行琢磨可以排除一些明显的问题，快速聚焦于研究。此外，不同的组织可能以不同的观点看待问题。带着不同的目标和假设接近同一个用户，得到的结果与您收集的信息不一样。这些可以加深您对自己结果的深度分析和理解。

　　但是这并不是一个简单和琐碎的过程。找到值得信赖、合适的信息已经非常困难，正确解释这些信息更是难上加难。而且专业顾问也不能帮您解决所有问题。就他们的价值而言，他们的工作需要精心管理，就像您管理自己的研究一样。外部研究是一个很重要的资源，但是就像所有强大的工具一样，必须谨慎使用。

公开发布的信息

有很多种已发表的分析报告可以选，即使有一些信息可能无法准确地应用于您的问题，但仍然足以成为决策的基础。这些分析可能指出从哪里入手寻找问题，或者能指出谁不是您的受众。它也可能给您一个更好的研究视野。

请记住，出版信息不同于在公司内部进行的研究。前者更加广泛和肤浅，而且没有您在研究中投入的质量控制。相对于您的研究目的，这些信息可能太过死板或者太没有重点。但是，购买其他人的研究报告比自己做要快得多。而且从长远的角度看，更便宜。

独立分析

很多调研公司的商业模式都非常简单：对一个特定的主题或某个特定的行业进行独立深度分析，然后把报告卖给该行业的公司。这些报告都不便宜，但是它们通常代表着一组行业专家（或者，至少是研究专家）对该行业的全面理解。

随着市场研究的出现，这些企业更加关注特定市场、行业和企业的财务健康状况。但是，作为市场的一份子，他们通常研究市场中潜在用户的需求和愿望。把产品卖给目标用户所需要的大部分知识，与向用户提供良好体验所需要的知识基本相同，因此这种关注市场的信息对创建人物角色或设置情境调查的预期都是有价值的。

以下几家公司专门从事这类研究：

- 弗雷斯特研究公司（Forrester Research），网址为 *www.forrester.com*
- 国际数据公司（IDC），网址为 *www.idc.com*
- 高德纳集团公司（The Gartner Group），网址为 *www.gartner.com*
- eMarketer，网址为 *www.emarketer.com*
- ClickZ，精锐传媒出版集团（Incisive Media）的分支机构，网址为 *www.clickz.com*

此外，还有其他一些公司做企业或行业的用户体验评估研究，但不只限于关注商业指标。这些公司如下：

- 尼尔森·诺曼集团（Nielsen Norman Group），网址为 *www.nngroup.com*
- 用户界面工程公司（User Interface Engineering），网址为 *www.uie.com*

这些报告提供了现成的潜在有效信息，精心阅读这些报告非常重要。撰写报告的研究者通常不像业内人士那么了解该行业，他们可能会对用户的行为和企业的动机做出错误的判断。仔细阅读研究方法非常重要。

网站流量/人口统计

通过了解谁在使用竞争对手的产品、使用的程度以及具体用途，可以做到扬其长，避其短。不幸的是，得到行业竞争对手的日志文件和调查数据固然是好事，但通常情况下都属于非法行为。值得庆幸的是，有些服务可以独立收集数据、报告聚合信息并销售特定数据的访问权。利用这些服务的数据和工具，可以深入了解竞争对手的用户市场构成和行为。

以下公司提供这类研究：

- ComScore，网址为 *www.comscore.com*
- Nielsen/Netratings（AC Nielsen 分支机构），网址为

www.netratings.com

- Hitwise（Experian 分支机构），网址为 *www.hitwise.com*

解释这些结果以及如何将其应用于产品当中，比阅读分析师的报告更困难，而且从服务商那儿获得的海量数据会让人望而却步。这些报告中通常存在两种数据：公司追踪的参与者行为；向公司报告的参与者背景资料。将这些结合起来可以产生强大的信息集合。比如，可以得到某个市场上很多著名网站的数据（假设如此，但并不是所有服务都允许直接这样做），然后可以得到使用这些网站的用户的资料。

所有这些可提取的数据当中，最直接、最有趣的信息应该是竞争对手（或者同行业的企业）产品的用户人口构成、他们的技术能力和网络使用情况。您可以直接看到他们的用户年龄层、技术熟悉程度和富裕程度（在很多其他变量中）。当然，有些信息是您在创建自己的用户资料时需要考虑的，但是一组独立的数据可以证明您的假设或者引起您的怀疑。

像所有研究一样，需要仔细检查数据收集过程，因为这至少还在您的控制范围内。有时，数据收集方法会产生微妙的偏差，这些偏差也要纳入考虑范围。比如，Comscore 公司的 Media Metrix 要求参与者在自己的电脑上安装一款软件，该软件可以追踪他们浏览的网站和浏览的时间。尽管可以通过这种方式知道最具代表性的用户样本，但会忽略最关键的一组人群，即受限于公司软件安装规则而不能在工作电脑上成功安装软件的人。这就意味着该服务收集到的数据更多来自于家庭电脑和内部安全措施不严的电脑。在很多情况下，这种偏差对最终数据的应用没有太大影响。但是得到的数据不足以代表目标定位为财富百强公司的 B2B 销售网站。追踪 B2B 用户的工作行为非常重要，但是在管理信息系统（MIS）的管控之下，大多数目标用户的行为数据都是无法跟踪的。

市场调研

从上述描述中可以明显看出,市场调研工具也可以用于用户体验研究。公司市场部门关心的是人们基于何种动机而浏览您的网站和使用您的产品。这些都和用户体验直接相关。

市场调研通常可以帮助理解用户人群。询问用户资料或市场细分。这些由定量数据支持的结果可以帮助您深入理解用户,从而帮助您定义用户的兴趣点和关注点。

出版物和论坛

熟悉已有的并在所在领域有影响力的出版物,可能是进行所有用户研究的良好开端。在图书馆(或搜索引擎)所花的时间是不会被白白浪费的,而且通常能发现很多信息来源,不用花大量的工作再去重复。书籍和商业杂志是很明显的来源,博客、播客、尤其RSS 也都是很明显的信息来源。订阅少量行业新闻推送(newsfeed),就像以前的新闻简报服务一样,可以提供媒体监控,而且都是免费的。尽管行业相关的出版物比较贵,但通常都可以在图书馆里找到。

白皮书本质上是分析报告,但存在一定的偏见。它们通常代表某个特定企业的观点,解释他们的技术,但是这并不代表无用。在维护观点的同时,白皮书通常包括一些有价值的信息,但要注意信息源本身有没有偏见。

很多用户体验专家和顾问会发表博客和电子杂志,不但通过印刷品的形式,也通过播客和视频提供建议。

最后,可以订阅电子邮件和加入行业集中的论坛,比如领英(LinkedIn)、推特(Twitter)、Quora 和其他社交网络,追踪爆炸性新闻、话题和您感兴趣的一些行业的讨论。

更多目录、在线杂志、播客和有用的邮件列表,请访问本书配套网站:www.mkp.com/observing-the-user-experience。

聘请专家

有时由于资源有限而无法建立必要的企业内部专家系统。本书中描述的几乎每项任务，从招募用户参与竞争性研究到设置摄像机，都可以雇佣专业人士来帮助您。在某些情况下，比如进行全球性研究与跨文化研究（第13章）、自动收集数据分析（第16章）、甚至调控式焦点小组（第7章），可能发现没有必要浪费时间建立专家系统。全球性和跨文化研究由于专门的语言和文化的需求，可能需要当地的咨询顾问。给予一定的报酬，就可以请专家直接提供知识和经验。

但是和专业人士一起工作并不只是简单地签个支票，然后把任务抛之脑后。为了有效地使用专家经验，您需要在合适的时间雇佣他们，对他们提出适当的期待和要求，然后严格管理。

时间安排

用好专家的关键是在合适的时间召集他们。通常，专业顾问都是在这个游戏的最后才得到通知说要拿出一个完美的解决方案，当所有企业内部方法都失败之后，截止日期也不断逼近。这时候多半都希望能够出现奇迹。遗憾的是，尽管咨询公司是这么宣传自己的，但是专业顾问并不是"救世主"。

雇佣专家来做的工作和企业内部职员所做的工作并不是完全不同的，而且也需要像内部工作一样安排日程。事实上，前者需要的时间比后者更多，因为专家需要了解您的产品及其涉及的各种任务。

作为专业顾问，我们曾受邀做过很多次"在项目落成前几周稍微做一些用户测试"。作为回应，我们一定会告诉他们，不可能在启动火箭以后才抬头看月球的位置。测试成品只能对非常小的方向

我对专家的定义包含专业顾问、承包商和咨询代理。尽管大量咨询公司（埃森哲咨询公司/毕马威会计事务所（KPMG）/IBM全球服务模式）的工作方式与单一承包商完全不同，但他们和您的产品和公司之间的关系是类似的。他们都是来解决特定问题的，充当团队的助手，在需要的时候进行互动，但保持他们受雇来做的某个方面的开发责任。团队的工作可能根据需要而涉及整个产品，但专家很少脱离其专长去解决其他问题。

性调整有帮助，但是如果火箭已经飞错了方向，任何大量的测试和调整都是徒劳的。任何专业领域概莫能外。

此外，和其他专家不同，专业顾问特别需要在早期就召集。技术专家不会教您做事情，他们只是为您做。他们进来之前完全不了解您的业务，而且很有可能离开后也不了解。从另一个方面讲，好的专业顾问要足够了解您的业务才能给您建议，并且努力将他们的经验传授给您。好的专业顾问会教您一些东西，让您不用带着同样的问题再找他们。优秀的技术专家会又快又准地完成任务，但是如果要再做同样的工作，就可能必须再次邀请他们。

值得庆幸的是，很难让用户研究人员过早地介入，但是在合适的时间做合适的研究仍然很重要。在本书的第 I 部分就已经提到，好的迭代开发过程几乎总是在每轮迭代中引入用户输入。挑出需要做的研究既是项目开发人员的责任，也是研究员的责任。比如，如果一个产品的交互在特征设置定义前已经进行过使用性测试，很多信息可能都会被浪费，因为人们使用的方式会随着您给予他们的选择而发生改变。同样，测试一个没有进行前期用户需求调查的产品，会导致很多无用功，想一想，如果产品的用户对这个产品完全没有兴趣，肯定不会有动力理解产品的工作原理及其实际应用。

物色专家

对于需求相对简单的任务，比如一个单独的使用性测试，或者为了设定特征优先级的访谈，程序和找木工一样。

描述研究需求和目标。想进行哪种研究？为什么？怎样利用这些结果？这相当于准备您自己的研究，详见第 4 章。

列出要联系的专家。询问同事的意见或联系使用性专家组织，他们通常都有咨询顾问和承包商的名单。有以下这些知名机构：

- 使用性专家协会（Usability Professional's Association），网址为 *www.upassoc.org*
- 信息构架协会（Information Architecture Institute），网址

为 *iainstitute.org*

- 美国信息科学与技术协会（American Society for Information Science & Technology），网址为 *www.asis.org*，尤其是信息构架专门兴趣组
- 美国计算机学会人机交互特殊兴趣组（Association for Computing Machinery's Special Interest Group on Computer Human Interaction, ACM SIGCHI），网址为 *www.acm.org/sigchi/*
- 旧金山湾区交互设计特殊兴趣小组（San Francisco Bay Area's Chapter of SIGCHI），有很多不同地区的顾问名单，网址为 *www.baychi.org/general/consultants.html*
- 界面设计协会（The Interaction Design Association）收集雇佣用户体验专家的信息，网址为 *www.org/jobs/hiring*

检查资质。在雇佣之前检查他们的具体经验。没有人想要雇佣擅长建房子的木工做家具，或者做家具的木工盖房子。用户体验专家可能没有任何市场调研经验，即使他们使用的方法非常相似（反之亦然）。

获得报价并了解对理念和方法的解释。如果可能，要从所有纳入考虑范围内的咨询顾问那里得到结果文档样本。阅读他们在报告中对技术的解释，寻找产品和客户需求的敏感度。

索要近期几个客户的参考信息，并跟进这些信息。调查工作质量和时机，服务的质量。咨询顾问是否履行承诺？他们倾听客户的需求了吗？他们是否反应灵敏？

非正式方法：电子邮件和电话

很多用户体验研究和设计工作都不需要一个完全、正式的提案邀约说明书（RFP），而是一个很简单的邮件对需求和问题进行描述，然后通过一两个小时的电话会议探究细节。这种步骤可以节省双方的时间，迅速集中到最相关的元素，而不是提前进行预测。好的咨询顾问可以帮助客户直接理解和规划他们的需求。但是，当一个项目比较大时，可能有很多公司在竞争，此时最好有一个全面的

提案申请。

正式方法：提案邀约说明书

对很多复杂的任务来说（大型焦点小组、调查、多种不同技术的迭代），这个过程更像是从零开始建大楼。因为任务规模和任务之间的相互关系，物色合适的专家组的过程非常复杂。

撰写提案邀约说明书。提案邀约说明书（RFP）是对问题的描述，对解决方案的结构性说明。不仅有助于评估咨询顾问投标的设置参数，同时也是管理和组织项目的第一步。它用具体条件列出您认为当前存在哪些问题以及您想获得什么外部解决方案。

分发提案邀约说明书。将提案邀约说明书发给多个预先联系的咨询顾问或者发给更大的组群。不要滥发，但是一些邮件列表和广告牌允许发布这样的需求（联系版主，了解发布提案邀约说明书的相关政策）。

评估答复。咨询顾问会快速回复具体的解决方法而不是推销商品。留意他们提出的将主要工作承包给其他公司的建议。然后严格评估转包商，就像您评估主要的承包商一样。

以下是一个简单的提案邀约说明书模板，是用户体验咨询顾问詹妮丝·弗雷斯（Janice Fraser）为一个大型、长期的复合项目拟定的。小项目的提案邀约说明书不需要包括这么多部分和细节。

提案邀约

B2B Surplus Industrial Products 网站的用户体验研究

2013.01.12

答复截止时间：2013.2.12

第一部分：项目概况

我们是世界最大的原始剩余材料贸易网站之一，正在进行系统改版。我们委托使用最佳的 UCD（以用户为中心的设计）作为此次改版设计中的一部分以及后续版本的基础。通过这个提案申请，我们希望能够找到一个好的合作方，能够满足该项目需求的所有用户研究需求。

该邀约书将为您描绘我们对这个项目的想法（愿景）和我们选择的标准，表达我们对您回复的期待。

背景

我们公司是世界上最大的线上工业原材料贸易服务公司之一。在2012年度完成10亿美元的交易额，拥有3万个活动用户，我们是世界上最优秀的提供剩余材料贸易的服务公司之一。我们的用户依靠我们来做生意和委托我们来传递他们的完整信息。我们将不断努力改善我们的服务，为我们的用户和自身创造更大的利益。

项目描述

针对我们提供的服务，为了改善用户的体验，我们已经确定了一个重大的改版设计项目，打造自上而下的、时刻关于用户需求和用户输入的服务。该项目分为一系列阶段。每个阶段都包括对目前产品的再审查和下一次设计产品细化的愿景。用户体验研究是每个阶段的一个重要组成部分，而且每个阶段都包括一个和该阶段的目标相符合的重要研究项目。

该项目持续时间为2013年第2季度到第4季度。

第二部分：提案申请书要素

我们希望您的建议书能够以特定的格式呈现，包括下面涉及的要素。如果它们不足以表达您的核心胜任力，可以添加。

问题

我们想要了解您如何看待这个项目。请使用该申请书包含的信息来回答这些问题。

该项目取得成功的关键是实现此项研究中确定的用户需求。但是这些需求可能和服务的商业需求没有联系。您会采取什么方法来解决这些挑战呢？

一个成功产品的另一个关键因素是将用户研究工作人员的知识转化为开发人员的知识。从您的观点来看，在这个转化的过程中，您认为主要的障碍是什么？您怎样解决？

您认为这个项目最具挑战性的障碍在哪儿？我们应该做些什么工作来确保获得最佳的结果？

案例研究

请提供三个个案研究，展现贵公司在项目管理上的实力。提交最终的交付成果和合适的担保人。

核心竞争力

我们需要一个在以下几个领域中非常有成就的搭档。请给我们提供具体的事例，如果可能，请列举您在这些领域中的经验：

- 对复杂信息的调查和购买任务的分析
- 面向用户体验的焦点小组
- 网站的用户测试
- 商业网站用户的需求调查，大型工业和制造商的网站用户最佳
- 理解新用户或偶然用户以及固定的长期用户的需求

阶段性成果交付

请描述贵公司在完成该项目过程中所采取的过程。包括调查介绍、写说明书、产品、整合、问题和答案，以及在每个阶段达成一致的方

法和验收。

进度安排

整个项目的时间为 220 天。请提供该项目具体的时间节点。把成果交付过程划分为几个阶段，确定每个阶段的具体时间点。

客户的角色

请就这个项目描述您对我们公司的期望或者您需要我们公司提供的帮助。请描述在每个阶段您期望获得的资源，您希望会见我们公司的哪些人。

团队

请描述贵公司参与此项目的每个人的具体角色。您会派多少人做这个项目？如果可能，请提供参与该项目的每个人的背景信息和联系方式，描述他们的职责。请列出拥有该项目相关能力的每个人所参与过的重大项目。同时请写明他们安排了多少时间来做这个项目。

预算

请给我们提供一份详细的预算建议书。可以按照任何您熟悉的形式提供预算书，但是请列出每个阶段的花费、每个成员每小时的工资以及预期的开销。

请提供一份项目进行过程中的开支如何沟通，人工时效过度如何管理和呈现的描述。

相关参考

请提供让我们参考的三个近期相关项目的名称和联系信息，以便我们可以对您的服务进行评价。

设定期望

　　与专家建立良好的关系，尤其是咨询顾问或咨询公司，双方建立合适的期望值。

　　作为客户，**您比其他人更了解自己的业务**。如果他们知道您所知道的，就说明他们是您的竞争对手。即使您把自己知道的全部和盘托出，也仍然比他们更了解自己的业务。您有更多的经验，应该从专家的角度确定您对他们的期望。他们的作用不是替代您的工作，而且作为信息的来源和工具。

　　有些咨询顾问有资格为您发现问题和解决问题。从单一来源获得上述两方面的服务是很诱人（可能更有优势）的，但是需要有不同的能力，而且最好能够作为相互独立的咨询工作进行管理。把用户研究和设计作为不同的项目，每个部分都要一份独立的建议书。即使最后不能从头到尾都和一家公司合作，但仍然值得试试这种确定他们符合您预期的方法。记住，咨询顾问很乐意告诉您他们所知道的最佳方案，但毕竟对您的业务领域缺乏经验的人。是否采取建议，理解它对具体环境的意义，正确应用，仍然是您的职责。

　　专家基于经验来提供观点。因为有经验，所以他们知道一些通用的解决方案比其他方案更见效，而且他们可以制定一些方法来解决您的问题。他们告诉您的可能不符合您对这个领域的认知，但是要倾听，这很重要。在开发的过程中，您都是基于一些特点的假设得到结论。不管您和您的员工多么诚实和直接，最终多半都会从相同的角度基于相同的信息来看待问题。局外人带来完全不同的一组假设和信息，所以他们的结论可能完全不同于您们的。这并不意味着他们就是对的，而您是错的，或者反之亦然。但是他们的观点可以丰富您的观点。允许他们询问基本问题，重新向他们介绍您已经确定的主题。

对于咨询顾问，一种看法是他们可能知道您在未来两三个月才可能发现的东西（如果您不雇佣他们）。就是这样的。把他们看作是超前您几步的人，雇佣他们，可以节省开发周期表上几个月的时间。几个月的开发时间是非常昂贵的，雇佣专家通常可以抵销这个成本。但是您买的是时间，而不是奇迹。

专家管理指南

您对他们的期望可以分为一系列专家管理指南。

知道自己的想法。 如果对基本的思想和产业方法都非常熟悉，那么您可以是咨询服务最有见识的消费者。在和咨询顾问会面时，只请他们进行使用性测试和焦点小组不只是失礼，还会对整个研究的目的和整个项目造成困惑。一旦知道自己可以获得什么结果，您就知道自己想要解决哪些问题。根据公司和产品的业务需求提前确定研究目标，会使结果更加有意义，有用。

仔细安排日程。 在交付时，研究需要表达公司的需求。交付太早，等到需要时项目可能已经改变了。交付太晚，解决已有问题的时机可能已经过了。

提供富余时间。 对于任何主题，专家有更多准备时间，结果就会越好。招募合适的用户可能需要多轮迭代，以使筛选器正确。提出合适的问题，研究人员需要理解研究目的和您的产品。分析总是很耗时的，所以需要给予更多的时间，时间越多，分析结果越好。适当的前期准备时间对咨询顾问始终都是有益的。

对建议持开放态度。 专家可能不如您那么了解您的业务。但是如果他们的建议对您的市场或产品假设是个挑战，就要对它进行评估，而不是忽略。

对过程进行观察。尽管报告和演示是有价值的总结，但是所蕴含的信息量只是直接观察咨询顾问处理过程所获得信息的一小部分。如果可能，要请开发团队的成员观察研究现场。如果直接观察不可能（像在很多研究中，受制于时间、金钱或其他资源），就要来视频的拷贝和笔记进行研究。作为客户，您更熟悉产品和要解决的问题，所以您可能会发现咨询顾问没有发现的问题。

获得演示材料。跳过现场演示而获得咨询顾问的书面报告是很有吸引力的。毕竟，基于这样的考虑，演示时咨询顾问会读报告给我们听，这些我们都可以自己完成。但好的演示应该不止这些。它可以让咨询顾问为议题进行优先级排序，强调某些议题，详细解释某些要点，然后回答各种问题。

最初研究结束后，把咨询顾问当作资源。一旦完成研究，咨询顾问也就有了一定水平的经验，这不能忽视。他们结束工作后，如果还有问题，不要犹豫直接询问他们（但是不要忘记为他们的时间付费！）。有时在重大研究项目之间，每个月额外雇佣这些咨询顾问几个小时是非常有价值的，他们思维活跃，不可以对观察结果进行澄清。随着时间的推移，他们可能会失去一些客观性，但是他们对您的产品和客户理解得更加深刻和投入。

专家和客户之间的关系是非常珍贵的。关系好的时候，双方都可以受益并相互学习，从而使开发过程更有效率。但是如果关系不好，可能很容易破裂，但也不至于比之前更糟糕。从长远的角度看，重复使用知识和经验的最有价值的一面是，它使整个产业的运行更有效率，而且让每个人都有理由思考真正的关键。除非万不得已，否则不要重新发明轮子。

第15章

分析定性数据

　　研究过程中必然会产生大量的信息：不仅仅有笔记，还有很多音频文件、手稿、草图和视频。再加上从访谈中得到的拼图、地图和其他的手工制品，就形成了我们所谓的"数据墙"。

　　面对数据墙时，人们很容易惊慌。突然之间，海量的信息不再让人欢欣鼓舞，灵感迸发，它开始让人望而生畏。为了搞定它，仅仅依靠分析定量研究数据过程中帮助极大的研究工具是远远不够的。您真正感兴趣的是丰富的用户行为、基本原理、价值观和人格特质。这类信息并不特别适合进行统计分析。怎么才能让这些数据都变得有意义？从哪里开始着手呢？

　　本章将介绍一些可靠的技术帮助您从定性（即非数值型）数据中得到结论。这中间，我们将提出两种分析过程：一个"轻量级"，一个"重量级"。不过正如后文所述，定性研究数据分析显然是一门艺术，注重的是技巧。没有所谓的"正确方式"，而您的项目很有可能正好位于上述两种极端情况的中间。使用何种技术取决于好几个因素：具体要回答的问题；时间和预算的限制；自身的技能和偏好。

然而，目标是一样的：用这些数据找到并鉴别出模式，解释这些模式，然后产生能够启发后续行动的分析。

这不是在"钓鱼"

幸运的是，您不是在"钓鱼"，也不是盲目飞行。用户研究是应用型研究，即在开始分析之前，就已经对要解决的问题有清晰的陈述和认知，对要回答的问题有一个明确的列表。

要从这一过程中得到哪些结果，须有明确的指导方针，这是做好定性数据分析的前提。这些指导方针可以来自项目简报、工作陈述、与利益相关者的访谈或者与团队的讨论。当然，指导方针不是一成不变的。可以并且应该和其他利益相关者协商讨论，或者修改自己对已有信息的理解。然而，关键的一点是，在开始研究前，起码要预估一下最后提交什么类型的报告或文档，它们应该包含什么样的信息。

如果不清楚研究过程会产生什么结果，请在采取行动之前阅读第 17 章。

然后可以将不同的分析策略与预期结果进行对比。例如，如果您正在搭建情境或呈现一个应用程序的交互流程，可能就应该关注行为中的一系列任务及其相关的必要资源。如果正在为一项覆盖多个位置的服务建立触点地图，则可能需要做空间分析，分析特定交互的服务流程中特定交互所发生的位置及其使用的界面类型。

定性分析的理想过程

在本章的后面我们将呈现"轻量级"和"重量级"数据分析计划的样例。但现在，为了使事情简化，我们要比较具体地描述定性用户研究分析的基本组成要素。虽然不必完全遵守这些建议（事实上，您可能经常改变它们），但知道一个理想研究流程的概貌还是非常有用的。如果对如何搞定数据墙一筹莫展，可以先根据自己的安排和需求来调整这些组成要素，然后再开始。

代码与编码

本章从始至终都会提到"代码"。不管您想的是什么，"编码"都与程序软件没有关联。代码是描述数据的说明性文字或短语。它本质上是一个标签。代码可以表示一个评论的主题、一个评论（一个问题、一个功能要求等）的本质，它的语气（"生气"和"赞扬"等）、评论者或者其他任何对分析有意义的东西。每个代码可能描述多个事项，同一个事项可以有多个代码。编码的最终目的是将数据分配到各组代码中。最重要的几组代码有何含义，对此所做的解释足以形成我们分析的框架。

获取和讨论最初的见解

获得（哪怕只取得一丁点儿）信息，我们都会自觉地试着从中找出规律，由此开始进行数据分析。随着获得的数据更多，会发现自己最初对人和情景采用的方法其实是不对的。但是要注意，观察永远是第一位的！在搜集数据期间就应该着手分析（而不是在数据收集完成之后），自然而然地形成有计划的方法。

制定一套规程，比如一拿到数据就立即进行直觉式的观察。趁着数据在脑海中还比较清晰，尽早讨论假设，以便能有一个良好的开端，从而为后面节约大量时间。无论是独立工作还是和搭档一起，都应该在研究中尽早开始记录。这意味着在研究活动过程中做一些笔记，在休息的时候找一个安静的地方把所有想法写下来，或者安排适当的时间和其他研究人员进行讨论。

最后一个环节称为"汇报"，它对和小组成员进行讨论是有帮助的，即使是和当时并不在调研现场的组员一起讨论。前期讨论会促使您记录具体的细节，核对您的解释，质疑假定，暴露分歧。根据您对这类研究的熟悉程度，对该主题范围内的知识量及项目进度

在研究活动中做记录时，把所见所闻与诠释和分析分开。可以在页面的特别位置记录解释，用不同颜色的笔标注，或者在您匆匆记下时标注它们[像这样]。您肯定不愿意把自己真正看到听到的与您最初的假定混为一谈。

的不同，每个阶段在汇报上所花的时间可能少则 10 分钟，或者长达 1 小时。

这些粗略、快速的分析能够帮助指导后续的数据收集。如果一直等到"一切就绪"才开始记录任何想法或见解，可能已经忘记了许多最初的重要想法——而且还很可能意识不到第一印象是如何影响您的观点的。

准备数据

在处理这些数据之前要对原始数据进行加工。没人愿意阅读乱糟糟的手写笔记，或者通过数码相机那个小小的屏幕看照片，或者看一个小时的录像但其实只有十五分钟的内容是真正重要的。为了分享和讨论，把数据整理成易于处理的形式至关重要。

转录

分析通常是从转录开始的。传统的方法是雇佣转录服务。这项服务会提供一个包含每个人所说内容的文档。

在线转录服务一览表：www.mkp.com/observing-the-user-experience。

转录服务的费用和专业程度存在很大的差异。通常情况下，转录最少要一个星期的时间，除非加钱让他们加急。超过 2 人以上说话者的嘈杂音频、非常专业的术语和不易分辨的口音都会增加服务的费用，延长转录所需要的时间。

也可以自己转录——事实上，许多社会科学研究学者都认为这样做是有益的。但是，一个小时的录音，最少要预计花两个小时的转录时间。转录是庞大的工程，对于 2 个小时的焦点小组，整理出 100 页的转录文档一点儿也不稀奇。

转录的关键是捕捉说话者的意思，因此，尽管您应该致力于准确的转录，但也不要回避意译、忽略不必要的文字或者为了提供上下文语境而加入补充说明。不过，一定要弄清楚哪些语句是您自己的，哪些是参与者的。

即使没有正式的转录，如果对笔记有任何疑问，也都应该回顾音频和视频文件。仅仅记住一个情景会让您遗漏很多细微的行为。

词句会被错误引用。研究人员会陷入群体思维当中。当独自整理回忆或笔记时，看最初的原版记录能够厘清模棱两可的话，也能透视隐藏的意义。在回顾这些文件时，以假定有用程度的顺序进行。在观看过程中，补充笔记并修正已有的记录。即便没有逐词逐字的转录，也要记录下特别引人注目的单词和短语。

通常，这意味着以下三个工作。

- 从采集设备中把照片和录像导出来，建立专门的文件系统，并用重要信息作为标签标记。最初的元数据可能包括三大要素：拍摄的日期和时间；参与者姓名、化名或代码；可能还有研究人员的姓名。

- 将音频和视频转录为文本文件。凌乱的手写笔记也要编入。

- 把大量数据分成更小的单元，以便进行重新组合。例如，可以把采访中每个分开的陈述复制到电子表单中不同的行列，或者把引文和释义写在便签上。如果是远程访谈，可以直接在电子表单中输入笔记，以节约时间，但如果参与者可以看到您，就要尽量避免这种做法，因为这看起来不礼貌。

最终目标是把所有相关的数据（文本、图片、视频、图纸等）整理成团队可以共同处理的格式。通常，就像丹·萨佛（Dan Saffer）在《交互设计指南》（*Designing for Interaction*）中建议的一样，最好的方法是通过"让数据可视化和具体化"来实现。这意味着组织好数据后，团队成员可以同时处理不同的数据，每个人都可以轻松组合或分解数据组，而这些工作都可以分阶段保存下来。萨佛建议把所有有趣的引文和图片都打印在便签上，以便可以把所有材料尽收眼底，并轻松移动。对于文本分析项目来说，分享每行有一句引文的电子表格也很有成效。

记住，准备数据也属于分析的一部分。您永远不会有时间、经费或必要性去转录音频或视频中的言行举止，或者笔记中的每个字。这是一个过滤的过程。要选择强调一些信息，把其他信息留在

社会科学研究人员在从事长期项目时，通常使用专门的定性数据分析软件。这种软件复杂，而且通常很昂贵，但它确实有助于我们理解超大型数据集。对于大多数用户研究项目，纸质工具、文字处理软件或者简单的电子表单都是可以的。定性数据分析资源请访问 *www.mkp.com/observing-the-user-experience*。

也可以把照片和参与者关键特性的摘要贴到工作区附近的墙上，让自己时刻想着他们，这也是很有用的。

在确信自己能够把握项目方向之前，最好向团队成员提出关于数据选择的问题。那样能够集体决定项目重点，并能确保根据研究计划来检查所做出的选择。

笔记、视频或者音频文件中。而且，必须选择从哪儿以及怎样把文本拆分成更小的部分。

寻找模式与主题

数据一旦准备好，就可以寻找模式了。接下来，我们会更具体地描述多种工具和方法。不过，它们都遵循这一基本原则：用不同的方法分类数据，直到觉得全部回答完研究问题为止。

就像做饭时处理食材一样，处理研究数据可能也有些杂乱无章、难以预测。不过，遵循下面的步骤能够帮助您应付海量数据。

将数据分组并指定代码

对数据进行分组和归类是发现数据模式的第一步。通常包括演绎分组（deductive，自上而下的，在数据分组之前确定类别）和归纳分组（inductive，自下而上的，从数据中提取类别）。

无论是哪种分组方法，分组的目标都是给每组一个简短的、说明性的标签或代码来定义该组，描述不同组别的特征。单一事项或群组可以有多个代码。

要对数据进行编码，应该从仔细检查开始。

对于照片或者其他图像，首先识别人、地点和图片所传达的信息。哪些是紧密在一起的？哪些是分开的？哪些是公开可见并容易获取的？哪些是隐藏或者难以获得的？图 15.3 显示了一个数据分析报告的中间部分，是对外出工作情况的观察研究。

大部分要处理的数据都类似于文本。如果它是一段文本，请仔细阅读。除了参与者告诉您的，这些文本究竟意味着什么？您或许想看看如果用不同的词语重新陈述会是什么样。在关于人们如何在办公室外工作的研究中，可以像下面这样引用：

受试者叫基兰（Kiran），在被问及为什么他每周都有一天在他家附近的咖啡厅里办公时，他这样回答。

一个明显的类别是"外出办公的原因"。但是"紧迫的暴政"这个表达相当生动！它需要更多的分析。显然，基兰觉得在办公室里多少有些压抑。那么"紧迫的暴政"包括什么细节呢？在访谈早期他抱怨有很多"干扰"，他的同事经常到他的办公桌前询问一些问题。在访谈后期，他提到离开办公室对他来说并不是问题，因为他的公司只依据结果来考核绩效："如果您完不成工作，就得走人。"

因此，深挖一下，我们可以将这个抱怨看成办公室工作两个方面的提示：干扰和义务。基兰认为他有义务对同事的打扰做出反应，但是他也知道得完成自己的工作才能保住饭碗。因此他选择离开办公室来更好地管理自己的工作。通过这样的分析，该引语（和从其他访谈中得到的一些类似的引语）就形成了编码结构的一部分，将避免干扰和离开办公室关联在一起。

在编码的过程中，您要开始识别类别的多种特征和维度（Strauss and Corbin, 1998）。比如，代码"办公室"。是什么让办公室成为所谓的"办公室"呢？如同基兰所经历的一样，研究参与者所体会到的办公室的其中一个特征是干扰。反过来，您发现干扰在时间维度上也存在较大差异："频繁""偶尔"和"几乎没有"。对这种类型的编码，在研究中找到哪种工作场所产生的干扰频繁或很少并不重要，重要的是我们怎样找到可比较的模式。比如，干扰经常被引用作为在咖啡馆办公的理由吗？或者是否很多人喜欢这种干扰，并把干扰作为办公室工作的积极因素？图 15.1 展示了人们如何安排数据来呈现这些模式。

---

① 译者注：即 The tyranny of the urgent，此语出自查尔斯·韩默尔（Charles Hummel）的同名书籍，又译《急事的奴隶》，指着急的事情必须马上采取行动，这种争分夺秒的紧迫性一步步损耗我们的精力，让我们沦为急事的奴隶。而重要的事，有价值和意义的事却被搁置一旁，无人问津。

图 15.1 用户体验咨询公司 Adaptive Path 的设计团队在进行数据分析。每种颜色的便签代表不同的参与者。研究人员把便签分成大的组别,然后在每个主题内标明模式(红色记号笔标注标签)

很多项目开始时都有一组预先存在的代码。这些代码的依据是要追踪或您要回答的问题的主题。因此,在数据分析开始时,特别重要的是必须清楚自己想要得到什么。

例如,常见的研究目标是对使用产品或执行行为的多种类型的人群进行识别和定义。这个目标通常可以产生很多人物角色(参见第 17 章)。这里有一些类别可以帮助您理解不同人群之间的差异。

- **价值观**。人们的价值观系统包括喜欢、不喜欢、信念以及这些元素和物体、人、生活场景之间的连结。不仅仅在产品中,也在使用产品时,人们认为什么是有价值的?当他们采用什么标准来判断善恶?他们怎样评价相互关系?

- **心理模型**。心理模型,有点类似于隐喻,代表着我们怎样理解这个世界。拉可夫(George Lakoff)和约翰逊(Mark Johnson)在他们经典的书籍《我们赖以生存的隐喻》

（*Metaphors We Live By*）中提到"时间就是金钱"。一提到时间，说英语的人通常将它比喻成金钱，腾出时间、浪费时间、花时间等。对协同软件（collaborative software）的生产商来说知道这个比喻非常重要，因为这会让信息结构的产生和界面元素的命名变得更加容易。某些人会给软件一个人格特性，在某种程度上认为它是一个助手、朋友或密友。当然，心理模型也有限制。时间并不能像钱一样可以靠赚，除非在监狱里，因此对模型的理解不能太表面。心理模型是对系统和组织工作机制的更详细的理解。比如，人们可能没有意识到自己可以挑战保险索赔理算员的估价。他们的心理模型并不包括仲裁或补充性意见的概念。

尽量少用人口统计代码。它很容易假定那些导致对某一产品或服务产生不同反应的特性，像性别或年龄等特性。但这种假设并不是来自数据，而是得自不同类型的人意识偏好或旧习。有时，人口统计编码很有用，如果对家庭如何购买食品杂货有兴趣的话。对于这个问题，按年龄和子女人数对父母进行分类可能有帮助。但一般情况下，如果研究不具体涉及人口统计特征，请在编码过程中尽量避免它们。它们可能会浪费时间，甚至还可能影响到归纳总结。

- **目标**。人们想从产品或活动中获得什么？他们如何判断成败？

- **行为**。人们通常（不经常）表现哪些行为？他们在执行这些行动时设置的目标是什么？什么能引发一个行动？通常产生什么结果？行为是 UCD（以用户为中心的设计）的主要建构单元。不管您发现的是高兴的还是痛苦的瞬间，理解人们在做什么，在什么样的情景下做，都是设计开始的关键点。

- **角色**。他们在组织、社团或家庭中有什么作用？在工作地点研究中，您可能发现把数据按角色分类是非常简单的事情，所有的销售人员归为一类，所有的技术支持人员归为一类，等等。在家庭中，您可能要比较父母和孩子。但是，您可能发现有些相关的非官方或未明确说明的角色，比如厨师、和事佬或住宅维护专家。这些非正式的角色可能比官方角色更加重要。

- **技能水平**。他们怎样定义专业技能？这是否等同于您或顾客对专业技能的定义？他们是什么样的专家？

- **偏好或替代性工具**。他们使用什么工具来进行活动或解决问题？（这在竞争性分析中非常有用）
- **痛点**。他们在使用产品或进行活动时面临着哪些困难？
- **人口统计**。他们有没有共同的个人特征，比如性别、年龄或收入水平？

如果想要理解人们的优先选择，就需要不同的代码来表达偏好。

另外一个共同的目标是在一个活动中分解过程，产生过程图或任务分析（参见第 17 章）。在那种情况下，编码不太关注个人特征，而更加关注如何建立动作顺序。例如：

- **任务**。为了完成该活动，需要执行哪些具体的动作？

对于每一个任务：

- **资源**。完成这些任务需要什么？工具、信息或征得其他人的同意等？
- **错误/矫正**。这些错误如果存在，如何恢复？
- **决策点**。不同任务之间什么时候需要做决策？
- **结果**。任务可能产出什么？
- **频率**。该任务多长时间发生一次？
- **重要性**。该任务是必要的吗？
- **风险**。如果失败会怎样？
- **目标**。为什么采取该行动？它是怎样让任务锁定目标的？
- **线索**。怎么告诉用户该采取行动了？
- **选择**。在某一个点上还有哪些行动？怎样选择行动？

在所有的案例中，都可以从研究计划中的主题着手列举代码，然后在任务报告和其他会议中增加其他的主题。

如果想要隔离在具体情景下不同类型的个体体验，则可以为不同的情景或体验进行编码。这些情景或体验随着项目变化而改变。

比如，如果最初的目标是"在研究保险时理解人们使用的心理模型"和"收集现有保险如何让人们失望的案例"，如果观察到人们被保险公司吓怕了，第一组代码就应该包括以下内容：

> **不好的故事：** 选择保险的过程或者填写保险索赔申请的过程很困难或让人沮丧的片段。这个可以包括错误预期、失望甚至是承保人完全没有履行承诺。如果有积极的故事，可以将其编码为好的故事。
>
> **恐吓：** 参与者觉得曾经被自己的保险公司恐吓，被这个过程吓怕了，或者觉得自己对这个过程束手无策。

如果不知道该从哪儿开始，或者对一个位置或活动有很多问题，也可以用自下而上的方式进行工作。在这种情况下，可以将一些看似同类的事项归在一起，然后计算出它们背后的逻辑，分配更加具体的标签（图 15.2）。这个过程称作亲和聚类（affinity clustering）。

图 15.2　用便签将不同种类的信息分隔开，黄色为数据，蓝色的为代码，绿色的标示类别

分析定性数据　　**405**

但是，很少有分析真正从零开始，即使是在使用亲和聚类时。它更像是在您的头脑中有个组织系统在提示您的选择。如果不知道该从何处开始，尝试按照下面这个简单的系统组织数据，该系统由克里斯蒂娜·瓦森（Christina Wasson）和都布林（Doblin）集团的其他研究人员创建（详情参见第 9 章），包括：

- 活动（Activity）
- 环境（Environment）
- 交互（Interaction）
- 产品（或物品，Object）
- 用户（User）

遵循基本方案的结果，为实际访谈产生一个含有更多项目说明代码的集合。比如，您可能设计了一个政府服务来允许游商存在。通过分析访谈，您可能发现路边摊生意包括购买日常用品，找到合适的地点，得到当地政府的许可，做饭，管理财务等。这些都可以用于校准编码。

在任何一种情况下，在工作时都可能会想到新的代码。在分析时把它们纳入。如果最初选择的代码不能完全描述您的数据，就重新回顾一下。

如何从数据中得到最有用的信息，这里有几点建议。

- **关注人们使用的理由**，解释他们为什么这样做。他们真正的行为同样也比较重要，但是背后的原因更具有启发性。
- **注意人们使用的术语**。比较这些术语是否相同于您的顾客或利益相关者在描述同样情景时采用的语言？数据分析最有价值的结果是能够更好地理解如何用他们喜欢的语言和他们沟通。
- **注意矛盾**。人们说到自己的做法和需要时，可能并不反映其真正的行为或他们真正使用产品的过程。
- **观察人们改变想法的情景**。知道一个人改变了他的想法，就可以揭示出他究竟重视什么。
- **寻找有关成功或失败的故事**。哪些工具或资源造成了这样的差异？更重要的是，参与者用什么标准来界定并区分成败？

- **把"总是"和"从不"这样的词当作危险信号**。很有可能这些陈述是最终结论。但是可以通过找到让这些"铁律"更丰富的范例，对数据得出更详细的解释。这样极端的陈述会掩饰实践中更加灵活的选择、反应和变通。肯定没有人想根据并不准确的"确定"情况做决策。

- **不要忽略个人判断**。人们通常通过对其他人或东西价值的判断来表达信念。如果一个参与者提到他的同事不能按时回邮件，那么这位同事的身份并不重要，重要的是按时对此做出反应的重要性，以及研究者如何定义"按时"。

在对数据进行归类时，可能会发现一些照片、视频片段、引语或其他看似非常吸引人或重要的故事。请随时做记录。在准备报告时可能需要能够快速找到它们（参见第 18 章中有关报告的论述）。

您可能对不同组之间的关系和分组背后的逻辑有一定的认知。比如，保险索赔过程中的恫吓和一个人的驾驶历史是否有关？在某些时刻，不要太过于关注组别之间的关系，我们称之为"临时性的假设"（tentative hypotheses）。现在，您的工作是对数据进行分类。写下您的想法并在整个过程中随时记录。

编码的工具和技术

在开始准备数据之前，需要决定是在纸上归纳数据，还是以数字形式。两者都有优缺点。事实上，对任何项目，都需要在这两种形式之间循环往复，从而得到最佳的结果。

用纸编码

很多专业研究者将看起来最有用和最相关的数据信息写到便签上。然后将这些便签贴到墙上或白板上，这样就可以移动便签来进行分组（图 15.1、图 15.2 和图 15.11）。然后这些组由不同颜色或大小的注释进行标注，对数据和描述性标签进行明确的区分。

为了对便签进行编码，开始动手将单个引语、释义或研究中的见解写到便签上。在便签上写下每个引语的来源（可以使用首个字母，或者代码，如 U01、U02、U10）。可以使用不同颜色的便签来表示不同的参与者、角色或者位置，不过您很快会发现颜色不够用，因为类别太多。

召集一群人留在一个房间中，里面有一个大的开放式垂直空间，比如墙、白板或一扇窗户（图 15.1 和图 15.11）。增加相关的利益相关者到不同的相关联组中，比如项目开发者或产品经理。可以建立共同理解和一致意见。您可能需要他们为这个活动空出一天甚至更多的时间，因此而可能无法让所有相关人员持续参与。请确定可行的目标。特别是在很多参与者对用户体验研究不太熟悉的情况下，将参与活动的人数控制在 10 人以内，效果最好。

要求每个人对便签进行归类。（您可能需要自己开始这个过程，但人们一旦发现这个过程非常简单，也会加入。）当形成大类别后，贴上标签，用不同颜色、形状或大小的注释进行标记。告诉小组成员，不太确定的标注一定要拿出来一起讨论。

随着类别的不断增加，您可能看到了类别之间的亲和关系。将相近的类别放到一起，然后用另外一种尺寸/形状/颜色的注释进行标记，这将有助于规划标记策略。比如，在车险研究中，一个类别标记为"生气"，一个类别标记为"失望"，这两个类别可以归为一个大的组"对事故纠纷的负面反应"。此外，一个单一的大类别应该分为不同的小类别，每个类别用合适的注释进行标记。

当然，使用便签不是强制的。但它们确实比较方便。少量的粘合剂可以让研究者轻松地移动注释。面积小，所以写的人不得不提炼自己的思想和概念，将其总结成一句话或一个短语。如果没有便签，也可以把纸分成片然后黏上。

优势。三周的研究项目，10 人以上的研究者可以产生数百个数据碎片片段。把这些数据转录为单个的有形的物体，可以帮助小组成员处理这些信息和选择连接。如果将这些记录放在一个可写的表面上，比如白板，您也可以使用不同颜色的记号笔来标记这些联系，为分析增加相关的意义（图 15.1）。

正如丹·萨佛所述："让每个事情可视化和具体化，目的是能够从多种多样的数据碎片中找到联系，除非亲眼看到数据，否则很难实际进行处理。同时，他还写道："在有丰富的图片和引语支持下工作，我们可以得出意想不到的新的见解。"

将纸摊开粘在墙上可以让更多的人共同处理这个数据。小组成员可以同时处理不同的区域。这种方法同样也让小组之外的很多人可以参与您的工作，从路过的同事到外部的相关者，他们可能会提供更好的想法或更好的逻辑见解。

劣势。需要将数字化的数据记录在这些纸质便签上。可以使用文字处理模板来形成文本，打印出来张贴，但是大部分时候便签都是自己手写的，要求投入不少的时间和精力。纸质版的便签也不是那么容易分享，需要将最终的整理拍摄成高分辨率的照片来存档和在线共享。

重新整理这些注释同样也需要手动进行。不像电子表单，它没有剪切粘贴的捷径。一旦放好，大的便签组最好就不要再动了，直到它们最后被拿走，以留出更多的空间。分析便签时可以利用任何可用的垂直表面。

数字化编码

很多项目，尤其是只有一两个研究者或者仅仅基于文本的数据，可以运用数字工具加快进程。

最简单的数字化数据分类只需要一个文本编辑器。首先，新建一个包括所有代码的主文档。然后，阅读数字化的手稿/注释，剪切粘贴每个代码下可以最佳描述它的陈述。这种情况很像便签的数字版本，利用代码作为每组数据的标签。如果通过在线共享文件编辑器完成，比如 Google Docs，还可以和其他地方的同事一起管理这些注释。

演示软件（如 Keynote 或 PowerPoint），是拼图和组织图像的便捷方式（图 15.3）。每一个幻灯片或屏幕代表一个组。可以打印幻灯片或投影出来和小组成员共享。

移动材料 财务记录

未付账单：放
在旁边后面是
信封，桌子上

慈善捐助：
税务记录

堆在桌子上
的差旅票据

存在FEDEX信封中的（在邮寄
标签中有内容标注）老马尼拉
纸质文件夹，重用演示文件夹

发票和
包装数据

图 15.3 这张幻灯片展示了根据内容来归类分组的图。该组标为"财务记录"，图中绿色圆圈突出了它们的分组依据，都展示了研究中人们在办公室以外的地点工作时如何整理纸质版的财务记录

但是，您可能想要比文本处理器或演示软件更强大的功能来操作数据。比如在卡片分类中，您可能想要看同一个信息片段是否可以属于多个组，或者能够优先考虑最有意思的引用和观察。

这就是电子表单的功效（图 15.4），可以帮助您拆分和重组数据行。将数据片段放在表单的行上。数据会进入第一列，然后您就可以将不同的代码填入下面的列，需要多少填多少。然后，可以使用表单的功能通过代码分行或者手动移动行来分组。

优势：电子文档比纸质版便签操作更方便，分享也更迅速。它们不占据墙的空间，我们还可以快速地在编码主题上反复操作。

劣势：两个以上的组别会让数据分析变得更加困难。小屏幕不能平衡人的边缘视野，也没法同样进行视觉模式匹配。但是，有些小组已经成功解决了这些问题，他们将表单投射到墙上。每个小组成员可以编辑共享的文档，以便房间内每一个人都能看得见这些结果。

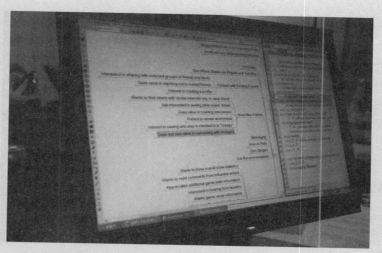

图 15.4　定性分析使用电子表单和绘图软件。电子表单包含从视频中提取出来的注释，思维导图软件将这些注释按家族排列分组。在上图这个案例中，视频中的一段文本被标注为"看不出与陌生人联络的价值"，推测出的家族标签为"结识新朋友"，图片来源于用户研究公司 User Insight

　　此外，目前所有程序都有自己的缺点。很难在电子表单上处理图片，在演示软件中又很难发现组与组之间的联系。

　　在写这本书时，有很多在线的"便签"应用程序，可以像便签一样进行合作活动。但是，很多设计研究工作并不倾向使用它们，而是更倾向于纸张的触觉和质感。尽管大的触屏有很多非常有前景的实验数字技术，但在手写时代，这些技术都无法应用于商业。

数字和纸质混合编码

　　很多项目都会结合使用纸质版工具和数字工具。为了留出墙壁空间，您可以将墙壁上的便签拍成高分辨率的图片，然后将它们输入电子表单。或者，可以用文字处理模板和现成的粘性纸，将引语打印在这些便签上，为团队工作提供更多的方便。

重新回顾代码和组别

　　进行到这一步的时候，您可能已经有了很多大的组。现在可以进一步挖掘，寻找内在的模式。

可能有好几个清晰的子类别；可能整组包括一系列基于时间的活动；可能现在就能识别出一些特征和维度。有些模式是预料之中的或是比较清晰的。另外一些模式可能是令人吃惊的、出乎意料的。有些情况下，您会希望找些材料来支持某个想法，但是请不要这么做。当您再仔细地审视这些组时，可能会有一些额外的条目不符合您的想法。

组可以被拆分或组合。在街道贩卖商的研究中，根据每个高水平代码的特征和维度创造几个子组是合适的。但是请不要太过热心。尽管一些社会学研究要编码数百个不同的事件和话语，但是您可能需要保持在 50 个以下。一些相关的组可以合并在一起，或者至少放在相邻的位置上，以体现其相关性。

分析可以是有争议性的。保持分析师同产品之间的距离是得到可信分析的关键。即使已经深深介入该产品中，也应该采取一个中立的立场。不要让您最初的期望、希望或任何结论影响参与者的言论和行为。

如果一些数据不再适合某个组，就要把它们移到更合适的地方。如果某个组看起来不再那么合适，就把组分开，将各部分重新分配到现有的或新的组中。一直持续这个过程，直到确信您的类别已经显示出可识别的模式，但是不要太执着于获得完美的结果。就像金·古德温在《数字化时代的设计》（*Designing for the Digital Age*）一书中提到的："目的并不是图表本身，而是见解。"

将不同分组形成大的框架

建立框架的最终目的是重新组织，用新的故事来讲述用户是如何解决问题的，或者用新的方式来看待这一问题，使整个团队想出新的解决方案。

——莎拉·L.贝克曼（Sara L. Beckman）和迈克尔·巴里（Michael Barry），

《学习过程中的创新：融入设计思维》

（*Innovation as a Learning Process: Embedding Design Thinking*）

使用这些数据分组来得出见解并不是分析的最后一步。就像贝克曼和巴里所说，分析的目的是观察这些见解如何创造改变机会——重塑我们如何看待世界以及我们所处的位置。

重组的第一步是使不同的组和元素相互关联——以其目前的方式理解世界。可以使用很多工具来处理分组后的数据，这取决于您提出的问题和这些数据给您的启示。实际上，可能您已经在编码过程中使用某些工具来理解各组代码的内部逻辑。下面是三种架构方式。

- **分类系统**（taxonomy）。分类系统是一种带有层级的组织形式。在这种类型的分析中，分类系统本质上将所有现有的类别和子类别放在一起。它尤其适用于将分析结果转化为界面与信息设计时所用的架构。卡片分类（参见第 8 章）是另外一种分类的方法。分类系统通常用树状图来表示，如图 15.5 所示。

- **地图**（map）。数据的空间表征有很多用途。设计移动的或基于位置的服务可能涉及活动的日常发生地点。比如，就数字化电器设计而言，可能要表示重要资源的位置，如电源插座。产品决策可能依赖于熟悉位置的情感关联。图 15.6 表示的是一个普通消费者在一个咖啡馆的消费路径，可以借此场景来了解一个咖啡馆各种电器设备的能耗。

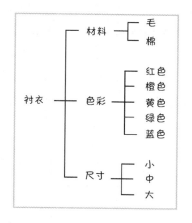

图 15.5　分类系统图示例

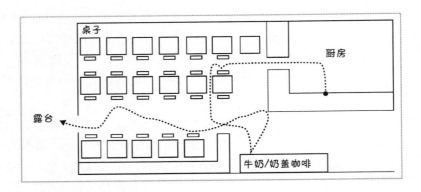

图 15.6　空间地图示例

- **时间线**（timeline）。时间顺序是很多研究结果的基础，比如日常生活情景、任务分析和流程图（详见第 17 章）。时间轴可以帮助追踪和表征一天、一个月甚至数十年的一系列活动顺序。如果对周期性活动感兴趣，如年度税务报告或一些变动不大的现象，比如消费者对循环再利用的态度等。

时间线通常可以直接向您显示一些有趣的模式，而这很难通过其他方式观察到。比如，日记研究（图 15.7）可以把"高级搜索选项被提到"（一种编码分类）的次数映射时间线上，观察人们是否在使用产品时提到高级搜索选项的次数更多。

- **流程图**。描绘一个序列事件的最佳方式可能并不是一个线性的、按时间顺序展开的过程。可能您已经注意到，一个过程可以在某个重要的决策点上选择多个方向。这时可以使用流程图（图 15.8），在工程学上广泛使用的分支行动路径的经典方法。流程图可以帮助应对系统或服务的设计必须考虑的不同情景和用例。

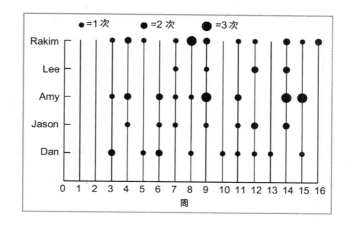

图 15.7　时间线示例

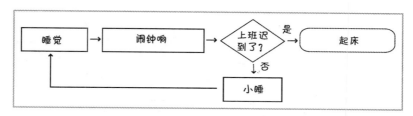

图 15.8　流程图示例

- **范围**（spectrum）。您可能会持有相反的态度、行为或价值观。比如，可能保险经纪人吓到了参与研究的某些人，而其他人可能把保险经纪人当作好助手。异议很少是二元对立的，这意味着人们很少位于两个极端。但两个极端产生了一个变化的范围。命名这个范围有利于识别重要的差异，即对经纪人的态度。如图 15.9 所示，这个范围通常呈水平分布，而且每个参与者都有一个特定的对应点。

- **2×2 矩阵**。一个 2×2 矩阵使用两个范围作为两个坐标形成一个栅格（图 15.10）。研究元素（人、物、活动和产品等）可以在两个轴上描绘。条目在 4 个象限上的分布可以传达出很多信息。其中一个象限满了吗？一个象限几乎是空的吗？条目处在不同轴上的不同位置，是不是表明存在某种关系呢？这些现象可以帮助比较不同的类别或者思考其中的因果关系。有时，实例可能填充矩阵的所有象限。或者，矩阵上一个空白的区域或一个不寻常的拥挤区域都会促使您思考两个轴的关系。

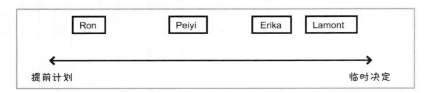

图 15.9　范围示例

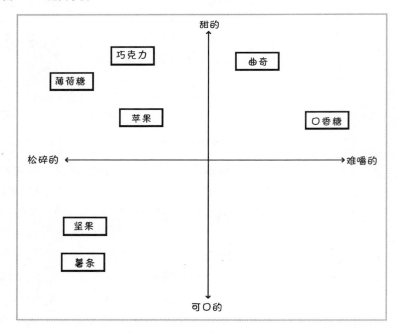

图 15.10　矩阵示例

故事的重要性

我们将在第 17 章详述研究成果。

在处理越来越多的代码时，您可能发现自己已经看不到推动您前行的人和故事了。制作框架难免是一个抽象的过程，但也不要丢掉故事！

实际上，成功的分析包括两个部分：框架或模型；支持性的人及其行为代表。没有这些故事和引用作为证据，框架将不可信，是不吸引人的。没有框架，故事和引用可能很吸引人，但是听众会发现很难得到可执行的建议。

故事是一个强大的理解人们错综复杂体验的方式。它们提供了关于假设的细节、做事情的顺序、解决问题的方式（面临的问题）和人们的观点。而且，它们可以在产品发展过程中一次性说明和澄清很多选项。

以 Jim 的故事为例，该故事仍然来自于外出办公的研究。

> 刚开始当自由作家时，我在家工作，我有一个台式机，但是我离不开。我为一家公司工作了四五个月，期间我都要待在桌子旁。他们会给我打电话，所以我必须待在家里。我变得有点怪。连续几个月白天和黑夜，我都要待在房间里。那种感觉非常孤独。

根据这个报告，这个故事可以总结为"Jim 之所以在咖啡馆工作，是因为他在家觉得孤独。"但这仅仅是对复杂情况的肤浅描述。通过阅读整个故事，您可以想象自己处在 Jim 的情况下，困在家中，等待电话。您会同情他的遭遇，您可能会开始想法帮助 Jim 摆脱孤独感。根据这个故事，您可能优先想到某些产品。这就是故事的作用，它们会促发知情后的同情心和新发明。

如果在整个分析过程中关注到这些吸引人的故事和引用，并且一直和您的代码联系在一起，就会有很多实例（视频、图片和引用）可以运用。

当您讲述一个吸引人的、相关的、基于证据的故事来支持结论和建议时,您会知道您的研究分析已经完成了。如果做不到这一点,就要回到数据中继续找。如果不能发现任何故事和引用来支持自己的建议,可能需要抛弃这个建议,因为它没有得到任何数据的支持。但更大的可能是一个好的故事被您忽略了。

典型分析计划

很多项目不需要严格的分析过程,也不能从中获得明显的好处。您的项目可能不需要我们前面提到的整个过程。根据时间和预算,对该领域的熟悉程度以及该项目成功的风险,您可以选择是特别深入还是不那么深入的分析。方法和时间表可以有很多不同的组合,但是基于本书的目的,我们描述了两个样例方案,为您提供一些建议。轻量级的过程,就像下面要描述的一样,对很多项目都有用。但是,有些项目,如长期的策略研究或医学设备的设计,可能需要重量级的分析方案。

轻量级数据分析

如果在日记研究中有短视频,可以安排时间观看并在收集期间做好摘要和笔记。

在轻量级的数据分析中,数据收集时(如在访谈中或紧跟访谈之后,或作为日记条目所记)所做的笔记是分析的主要来源。您可能要回看一些特别有趣的人的视频或验证、澄清从笔记中得到的观察,但是没有时间让您回顾所有的记录。

在这种情况下,一定要在访谈时做好笔记。如果有时间,就把您认为笔记中有趣的事情打印出来或手写在便签上。如果没有时间,就从笔记中直接进行分析。如果时间非常紧急,就跳过数据准备和编码阶段。要根据笔记、潦草的解释和团队的讨论来得出结论。

例如,您在帮助一个开发团队做一个小的但是高质量的打印机,它是为咖啡馆或其他公众场所工作的人而设计的。开发团队的时间非常紧,因为他们要从多个概念中选择一个形状参数,而且只有一周的时间。

首先，在一天内安排 3 个连续的焦点小组，用"朋友和家人"招募策略找一些至少在咖啡馆每周工作两天的人。在进行焦点小组时，在会议室里设置虚拟的咖啡桌和椅子来营造这种氛围。焦点小组首先讨论这些参与者来自哪里，如何工作，然后参与者用工业设计师提供的泡沫模型在咖啡桌上真实演示在哪里放打印机，怎样设置。最后，参与者填写"汇报表"，对这些模型和特征进行排序。您的助手对这个过程进行录像和拍照，并做很详细的笔记。在回家路上，您和助手就可以标记问题和小组得出的结论。

在接下来的一周，合并所有的评价，形成一个统一的对模型和特征的建议。重新阅读记录，并和其他小组成员讨论您得出的结论。最后，引用笔记和部分图片放在最终报告中来解释焦点小组的结果。可能要将视频剪辑成一个精彩片段，但更可能的是您时间有限，只能贴几张照片到演示文件中。

这是一个轻量级分析的极端案例。您可以非常迅速地完成一个报告，因为问题比较少，也比较直接，指导概念设计中的选择。

在轻量级的过程中，到开始处理数据的时候，应该已经对数据和交付成果的计划有了初步的安排。例如，如果自己知道需要呈现一些有吸引力的、关于用户痛点的故事，那么在开始时，就应该时刻关注能够支持结果的引语、照片和视频片段。

安排轻量级分析的一个经验法则是，两个人可以在两周内分析一个包括 8～10 个访谈的研究并撰写报告。

什么时候做？

面临下面这些情况时，比较适合轻量级数据分析过程：

- 大部分或全部参与者的访谈格式保持一致
- 结果高度结构化，比如有一个按顺序排列的特征列表
- 报告形式可预测，比如使用标准的使用性报告

表 15.1 展示了一个典型的轻量级数据分析的日程安排。图 15.11 为数据分析结果。

表 15.1　典型的轻量级数据分析日程安排

时间	活动
t－2 周	处理笔记和总结，开始数据分析
t－1 周	结束数据分析并撰写报告
t	分发报告

图 15.11　该图为数据分析结果。首先，两位研究员将访谈记录转录到便签上，一人使用粉红色便签，另一人使用黄色便签。然后，他们一起将便签分类成组，用蓝色便签纸作为标签。两位研究员用两周时间对 33 个访谈进行了分析。图片来源于鲁汶大学用户体验研究中心

重量级数据分析

重量级数据分析遵循相同的步骤，但是方式更加严密。研究人员会花更多的时间准备数据（包括转录）、合作编码以及在搭建框架之前重新回顾结论。

重量级数据分析的经验法则是，完成详细的分析和报告，例如对 12～16 名参与者的日记研究和实地走访的数据，需要 3 位研究人员花 4 周的时间。从我们的经验来说，很少有多于 3 个研究者同时处理数据分析的情况，因此在做预算和日程安排时要考虑到这些限制。

什么时候做

如果参与者人数比团队人数要多，那么根据经验您可能需要一个更加严格的过程。如果同时要分析 3 个以上的研究活动，应该考虑更加严密的重量级数据分析过程。比如，一个包含访谈、日记研究和后续家访的研究需要一个更有组织、更周密的方法。讨论宽泛的开放性问题、不熟悉的主题领域、跨区域、跨文化和纵向比较，所有这些都促使您在分析时投入更多的时间和精力。在最终交付报告仍未确定的情况下，如果还想尝试使用轻量级的数据分析过程，时间上就有一些紧张。如果最终的交付目标还有待确定，可能需要更多分析工作。

表 15.2 是一个典型的重量级数据分析的日程安排。

表 15.2　典型的重量级数据分析日程安排

时间	活动
t－4 周	尽量在研究过程中准备数据。任何记录都要进行转录。打印照片并张贴出所有地图/拼图。回顾视频，在便签上做笔记或进行数字化处理
t－3 周	开始认真地进行数据分析。开始编码、绘图并做笔记。开始写交付结果初步草案，开始思考如何将分析融入其中
t－1 周	完成结果分析。完成交付文档
t	演示并分发交付文档

结语

　　无论分析过程多么深入，只要不再持续产生新想法、新观点和新问题，就应该知道分析已经到此为止。这也是很多分析家所称的"饱和"。另外一个信号是已经能够讲出一个前后一致的、吸引人的故事。当然，在大部分项目中，即使是在项目安排已经强制要求提交最终报告的时候，您可能还想做更多的分析！

　　这并不是一件坏事。报告不仅应该能够准确反映您的见解，更应该为进一步研究和设计提供新的方向。抽象化的过程不可避免地渗透到设计和交付研究结果的过程中。在最后，您只是不想"私藏"自己的见解而已，要和其他人分享，并且提出一些新的问题来推动未来的研究。

第 16 章

自动收集信息：
使用数据和客户反馈

2012 年 1 月，《连线》杂志英国版对 Wooga 公司进行了报道。Wooga 是德国在线游戏开发商，取得了巨大的成功，但却从未问过或思考过它的游戏玩家的喜好。Wooga 所了解的所有用户信息几乎都来源于游戏内置的"跟踪点"。就像高速公路上的道路传感器一样，这些跟踪点能够准确无误地、综合全面地监测网站使用情况。《连线》杂志的汤姆·切希尔（Tom Cheshire）在报道中称，对于一款 Wooga 游戏来说，常见度量指标包括"在过去的 24 小时里活跃用户的数量；新用户的数量……来自 Facebook 请求或好友供给方面链接的特殊用户比例；售出多少批 15000 金币或 545 钻石币（游戏币）……有多少用户到达第二关的'配置加载'；有多少用户完成培训；没有离开的用户在哪里……玩家、分解出的新用户、保留一天和[销售]每天都活跃的用户的地理位置。"

报道中继续解释道，所有的功能和设计决策都基于 A/B 测试（也称"对比测试"）。在网页对比测试中，访问网页的一部分用户看到的是包含新功能的版本，其余用户浏览的则是现有设计。如果新网页的用户投入度指标比旧网页要高，就会将该功能推广给所有用户。"如果他们没有反应，"切希尔指出，"Wooga 就再尝试新功能，直到他们有反应为止。"几年来，通过无数次对比测试和设计迭代，Wooga 的活跃用户群扩充至数百万人。

Wooga 的故事是否说明您不需要进行定性用户研究呢？正如您所猜想的那样，我们并不这么认为。对比测试和其他自动化方法非常适用于确定待解决的问题（"用户在第一关就陆续放弃我们的游戏"）和评估拟定的解决方案（"我们是应该让游戏更简单一些还是增加更多的怪兽？"）。但是如果不真正与介于那两个步骤之间的用户交谈，就永远无法了解这个问题的根源。（或许他们只是感到很困惑，找不到游戏指南。）不了解这一点可能会使团队陷入开发困境，不得不对无数个不同的设计改变进行测试，最后却发现没有一个明显优于其他的。它还有一个后果是团队依次优化产品的细节，使总体用户体验变得不太连贯和清晰。当一家公司单纯依赖于其客户支持渠道了解用户时，也会发生同样的事。他们专门了解用户存在什么问题或他们喜欢什么功能，但从来不去了解潜在的原因。

很有可能，Wooga 可以通过单独使用度量指标来改进游戏，因为它的业务新颖而得以蓬勃发展：用户玩一款游戏，直到厌烦，然后开始玩其他的游戏。如此说来，Wooga 可以试验各种各样的独创设计，搞清楚哪种最能吸引玩家多玩一会儿。但如果想构建一种鼓励长期忠诚度并让用户不断深度投入的产品或服务，就需要收集用户使用数据和客户反馈，并且进行用户研究以了解客户**为什么**要做他们正在做的事情。

遗憾的是，这对很多公司来说都不容易。一般来讲，要由一个人或一个组织收集和分析网站使用指标，其他人支持客户并收集用户反馈，而剩余的人进行用户研究。作为一名用户研究员，您的工作是了解现有的指标和反馈，然后把这些信息整合到研究计划当中。本章中将阐释具体做法。

使用数据

就像凭直觉把手指向月亮。不要只看到手指，否则您无法感受到整个月亮的光辉。

——李小龙，《龙争虎斗》

第3章讨论迭代开发螺旋时提到，整个周期中，首先是审查：界定产品或服务存在的问题（或者世界上存在的、能够被新事物解决的问题）及其影响的人群。使用数据（也称"分析指标"），能够为这些问题提供详细的答案。不同于本书描述的其他形式的用户数据，网站指标需要观察所有用户的行为，而不只是代表样本。当然，这意味着大量的数据，并且每秒钟都有更多的用户涌入。为了避免不堪重负，应该先了解公司收集了哪些指标以及利益相关人最看重其中的哪些指标。（用商业术语来说，重要的指标被称作关键绩效指标或 KPI。）

制定使用数据分析计划

在研究策划阶段，与利益相关人沟通的时候，一定要记得提出一些与使用数据相关的问题。一些有待调查的重要事宜如下所述。

- **收集什么数据，属于用户体验的哪些部分**。最详细的数据可能用于网站，因为有很多便宜又好用的网页分析平台。截至目前，最知名的平台就是免费服务谷歌网站分析工具（Google Analytics）。通常也为移动应用程序收集数据，但通常不够全面。除了网站和应用程序，数据收集各不相同。一些零售商拥有其所有门店的全部采购数据，甚至可能知道顾客会去商店的哪些货架。一些媒体设备制造商，比如电视游戏机，在他们的设备中安装遥测装置，可以记录哪些用户玩了什么游戏以及什么时候玩的，并且把这些信息发送回公司。

> 如果产品或服务不是数字化的或者不是在线的，那么现行使用数据的最佳来源可能就是客户的提问和反馈。请参见本章后面的"客户反馈"，获得如何使用这些信息的相关提示。

- **哪些衡量指标对整个组织和特定的利益相关人至关重要。** 这将体现组织使命的含义。如果是零售商，可能最关心销售数据。如果是一家通过广告来赚钱的网站发行商，会关注网页浏览量和广告点击率。如果是新推出的服务，那么用户注册率就是一个典型的量化指标。各部门可能都有自己的指标。例如，网站发行商的产品管理团队可能会监测点击率，但它的销售部门可能会关注购买网站广告的前几位广告主的比例。客户支持部门通常通过已解决投诉的数量和解决每个投诉所花时间来衡量成功。如果您向利益相关人直接询问他们的关键绩效指标，记得向他们要他们发送的所有绩效追踪报告并查看其中的数据。

- **谁负责收集数据，您如何获得这些数据。** 无论收集什么数据，您并不一定能得到它们并进行分析。如果想在研究中使用，可能需要与管理这些数据的人成为朋友。即使拥有不受限制的访问权，也可能需要帮助，把数据从收集数据的系统中提取出来。

- **现有数据可以追溯到何时。** 在可能的情况下，至少应当查看一个营业周期的关键指标，一个季度、一年、一个学期、一个选举周期等任何有意义的时间周期。如果正在考虑改变产品设计，就需要清楚说明新设计会给衡量指标带来哪些变化以及哪些变化属于正常范围。

网站分析

所有网站和应用程序都把相关使用数据作为运营的一部分进行收集。一旦用户的浏览器或设备发出对新网页或任何数据的请求，网站服务器就会收集请求的来源地址、请求内容、请求时间、发出请求的浏览器类型或应用程序版本、该浏览器或应用程序运行的操作系统和设备、可以确定此电脑以前是否访问过该网站的cookie 以及连接的其他一些资料。所有这些数据都被记录在日志文件这样的文本文件里。如果您有权访问这些日志文件，就能够在之后通过软件应用程序运行它们，对文本进行分析并以便于阅读的形式呈现这些统计数据，比如图形、图表和表单（图 16.1）。

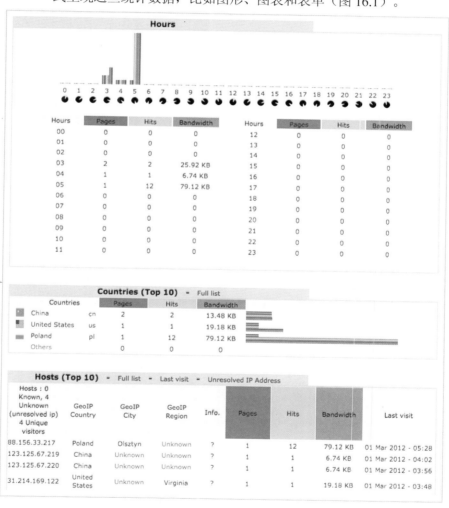

图 16.1　通过 AWStats 显示的图表。AWStats 是一个免费的开源日志分析应用，网址为 *http://www.awstats.org/*

除了或代替日志文件分析，许多网站和应用程序都通过网页标记和主机分析服务——比如谷歌网站分析工具（图 16.2）——来收集使用数据。注册其中一种服务之后，它就会提供独特的跟踪代码（所包含在网页代码或者应用程序代码中）。只要用户提出网页请求或者执行被这些代码之一跟踪的行动，就会有信息被发送给主机服务，由它记录这个行为并在服务器上保存相关信息。网页标记具有几大优势：它可以提供更精确的网页浏览量统计数据并且能够记录日志文件无法捕捉的一些用户活动，比如 Flash 影片的浏览量和部分表单的完成情况。如果您无权访问服务器及其日志文件（例如，网站托管在其他公司的服务器上），它也允许您轻松获得使用数据。

就像日志分析软件一样，网页标记服务可以为您的使用数据提供图形、图表以及其他的视觉表现形式，使其更易于理解和阐释。这些服务还能够让您更容易在网站上进行对比测试。

图 16.2　谷歌网站分析工具 Google Analytics 是一种免费的网络服务，运用网页标记技术衡量用户在网站上和移动应用程序上的活动。它的默认控制面板浏览量显示了各种各样日常观测到的全站指标

如果公司确实有分析平台，但您并不确定它能提供什么，就浏览一下软件包或服务提供的使用说明，看看它收集的数据及其呈现形式。

指标类型

首次查看网站分析面板时，如此方便的统计数据和用户活动的实时浏览会给您留下深刻的印象。数据固然有趣，但它们离开数据库几乎没什么用处。为了充分利用分析数据，有必要把当前的数据与先前发生的数据以及您想要发生的数据进行比对。

大多数网站和应用程序都是用来支持特定活动和体验的。一些活动可能相当简单，比如观看或评估视频。其他一些活动可能比较复杂，涉及好多个步骤，比如锁定目标、订购并为定制自行车付款，然后找到提车的商店。很有可能，您最感兴趣的指标能够告诉您有多少用户进行这些活动、多久进行一次以及您因此而获得了多少收入（或者关注，或者其他形式的收益）。

如果某个待解决的问题遇到瓶颈，其他衡量指标就很有用了。比如，销售出的定制自行车不如预期那么多。是因为网站无法广泛吸引众多访客？还是因为访客不喜欢在销的自行车？或者是因为他们完成购物流程并添加想要的所有选择时自行车的价格高于他们的心理价位？使用数据本身无法告诉您哪个是对的。为此，需要做访谈、使用性测试和观察，真正面对面地接触用户。但是通过显示不同用户在其体验的不同节点做什么，有助于锁定问题、为问题制定探究原因的定性研究并且说明是否可以解决问题。

网站分析包各不相同。它们可以提供什么样的完整调查超越了本书的讨论范围，但是能获得的数据和分析基本上可以分为四类：整个网站的衡量指标、基于会话的统计数据、基于用户的统计数据和点击流分析。

整个网站的度量指标

最容易回答的问题是覆盖信息最大窗口的问题。看一下最原始的网站流量指标，再综合页面浏览量，就可以创建一个用户如何使用网站的概要视图。具体包括以下记数。

- **在特定时期内浏览的网页总数**。"与 6 月份相比，12 月份的浏览量有多少？"这是对受欢迎程度的最简单的衡量，并且单凭这一点通常就足以了解事情的基本进展。然而，千万不要比较网站重新设计之前与之后的浏览量，因为就如同比较两个不同的网站无法说明任何问题。

- **特定用户的数量**。该指标衡量的是在特定的时间范围内有多少用户访问网站以及他们是访问了一次还是几次。

- **在特定时期内活跃用户的数量**，这里的"活跃"是指用户完成了您所感兴趣的活动，比如玩游戏或购物。

- **浏量随时间的变化**。网站一般都会有一些每日、每周和年度的流量图。例如，流量峰值可能出现在日常工作时间或当大多数人不工作的时候。在线零售商在假日期间或许会观察到流量增长。

- **浏览器和设备**。反映不同网页浏览器和网络接入设备在网站用户群中的受欢迎程度。在确定是否以及如何为屏幕尺寸各异、输入容量有限的移动用户定制体验时，这些信息非常有用。

- **推荐网站**。这些是站外的网页和网站，即在向给定的网页发送请求之前可以立即访问的网站。在大多数情况下，这些站点是链接到您的网站的。了解用户如何到达自己的网站，有助于了解他们使用网站的情境。

- **新用户/回头客**。在寻找准备数字时有疑问的统计数据（因为它依赖于人们可以轻松删除的 cookie，而人们通常都那样做），仍然有可能用于了解长期的用户行为。如果回头客与新用户的比例一直走低，就说明他们可能没有发现更多价值使其重返站点。
- **搜索引擎推荐和关键词**。了解哪些搜索引擎把流量导向网站以及把网站带到搜索结果网页上的关键词，可以对用户访问网站时寻找什么内容提供重要的见解。例如，本书作者之一迈克的个人网站获得了大量哈利·波特迷的流量，因为他曾经写过一篇博文来介绍如何用无线鼠标做魔杖。
- **特定内容的受欢迎程度**。这可以准确地描述访客访问了哪些内容，如果产品内容比较丰富，这可是关键的信息。它对应用程序没有那么有用。在分析内容较多的网站时，一个很好的技巧就是"内容聚类"。网站的页面按照主题（"银器""碟子""新产品"等）或功能（"导航""帮助""购物"等）划分为几大块。然后，把聚类放在网页上以获得内容分类的结果，而不是单独的网页。例如，在家居用品网站上查看所有银器的流量，可能比某个汤勺网页的统计数据更有用。

基于会话的统计数据

会话数据比简单的整个网站统计数据能够更揭示丰富的用户行为。它还具有以下几个更大的用处。

- **每个会话的网页平均数量**。在一个典型会话中的网页数量可以衡量用户探索网站的宽广度。例如，如果大多数会话只包含一两个网页浏览，那么导航设计就需要对这些短途导航因素进行优化。然而，如果用户平均浏览 5 个页面，那么导航就需要支持不同种类的用途。
- **会话的平均时长和每个网页的时间**。这些数据可以说明用

没有哪个网站分析技术是完全准确的。由于诸多技术原因，总有软件遗漏某些活动或过度计数的情形。对于拓展有关用户体验的见解，您不需要百分之百准确。更重要的是了解哪些指标以取消并在一段时期内以相同的方式连续收集具体指标，以便在特定时间前后进行横向比较。

户在哪里关注内容以及哪些网页是主要用来导航的。一些分析平台还允许衡量页面内的事件，比如播放或暂停视频，让您进一步了解时间的花费。

- **第一个页面和最后一个页面**。有时候也称"登录"和"退出"页面，可以表明用户是否按照您所预期的那样穿越网站。用户查看的第一个网页在很大程度上决定着他们与网站的关系。如果用户以您意想不到的方式登录网站，就思考一下如何以及在何处呈现信息。跳出率（bounce rate）是指用户进入网站的网页但没有访问其他任何内容就离开的访问次数百分比。

基于用户的统计数据

如果网站设置 cookie 来区分个人用户，您就可以知道用户的行为有多大差别。有下面几个关键的指标。

- **访问频率**。用户多久访问一次可以用来确定内容需要多久更新一次。如果内容每天更新 5 次，但大部分访客只是每周访问一次，就说明可能没有必要进行如此频繁的更新。
- **保持率**。在首次访问之后成为回头客的用户数量。这也可以在几周、几个月或几年的时间段内进行衡量，取决于网站目标和典型用途范围。

除了度量整个用户群的行为，可以把身份识别 cookie 与点击流分析结合起来并通过用户行为对他们进行分类。例如，一个人光顾厨具网站刀叉板块的频率高于其他板块，就可以给他贴上"刀叉迷"标签。然后，可以把刀叉迷的行为与"结婚礼物买家"和"淘便宜货的人"进行比较。反过来，这些也可以与开发流程之初界定的用户特征进行对比。这对了解行为和个性化非常有用，只不过通常需要有能够配置分析工具的分析专家来形成个性化报告。

点击流分析

除了前面提到的一般指标，还有一些触及用户体验的其他衡量指标，不只关注哪些网页被访问过，还关注网站内容的访问次序。这些综合技能中最有用的就是点击流分析。这是分析用户网站浏览路径的过程，可以揭示用户浏览网站的一般方式。点击流分析可以产生下面这些有趣的结果。

- **平均路径**。对网站浏览典型路径进行分析。诚然，什么才称得上典型，取决于用于确定典型的运算法则，但它提供了一种视角，即访客从一类内容流向另一类内容的方式。这有助于确定他们在每个时刻的预期并暗示产品是否满足了其预期。

- **"下一个"网页**。这个统计数据给出了特定网页后续网页的比例。例如，如果购物车网页的下一个网页通常是折扣代码网页，而不是结账页面或其他产品网页，就表明用户可能会为了找折扣而分心，而不是购买。

- **漏斗分析**。这个技巧与您想让用户在网站上完成的特定任务有关，叫"转化目标"。一般来说，这种分析可以确定用户开始任务并继续完成每个后续的步骤并最终进行购买、新建帐户或做其想要做的任何事情的百分比。这些步骤被称作"转化漏斗"（conversion funnel），之所以这么叫，是因为它通常指一群用户登录但只有很少几个用户能够走完整个流程。

网络广告衡量指标

广告是驱动互联网进而驱动移动世界的引擎。大多数用户体验设计和研究的终极目标是增加广告的有效性，因此研究人员必须了解应该如何评价它。用于确定广告业绩的四大主要手段有印象、点击、花费的时间和转化率。

- **印象**。这是指插入网页或应用程序界面的广告出现在用户面前的次数。因此，它衡量的是广告在理论上能够被看到几次。了解广告获得多少次印象，就如同了解有多少人路过高速公路旁树立的广告牌。当然，把广告放在网页上并不能够保证有人看，正如树立广告牌并不能保证每个路过的驾驶员能够好好看它一样。因此，印象次数是衡量广告有效性的一个较差的指标。

- **点击和花费的时间**。点击广告的用户人数是又一个衡量主动关注的关键指标。当一个人点击某个链接时，您就可以相当自信地认为他们查看了它。对于视频和其他多媒体广告，看广告所花的时间也是一样重要的衡量指标。当然，广告的目标不只是关注，因此这些指标仍然也不完美。

- **转化率**。衡量广告有效性最确定的指标（广告数据的黄金标准）是转化率。这衡量有多少用户按照广告提示采取特定的活动指标，比如在广告主的网站上注册、搜索当地的商店或者购买指定产品。然而，转化率并不容易衡量。举个例子，人们可能会在离开看到广告的网站很久之后才受到广告内容激发而采取行动。他们甚至可能还看了另外的广告，在这种情况下就很难说清是什么引起的转化。但如果真的想知道广告是否有效，就必须考虑一些归因和统计转化率的方式。

数据的使用：测量、研究、设计和测试

在收集数周到数月的使用数据后，应当知道对您和团队最重要的使用指标的正常底线范围。现在，就能够测量改变用户体验所带来的结果了。对于因特网产品和服务，标准的技术叫"对比测试"、"A/B 测试"或"现场实验"（live experiment）。

基本上是指用一种技术自动把每个访问网站的用户分配到 A 组或 B 组。A 组的人到达网站或网页或页面功能选项的现有版本，B 组的人查看变化后的版本。这种技术更为复杂的版本是"多变量测试"，通过创建几个小组并且让每个小组尝试不同的变化子集，一次测试多个变化。像谷歌网站优化器这样的分析工具，可以帮助您快速设置这些任务并且对结果进行分析。请记住，添加的变量越

由于对比测试是一种针对真实用户（他们不知道这是一个实验）进行的实时实验，一般不建议将用户名单一分为二。如果根本无法确定某种新功能是否有用，就最开始用尽可能少的用户子集进行测试，但同时获得足够的用户来验证结果。这是进度安排时重要考虑的一个因素，因为您需要保证试验持续进行，直到很多的访客都试验过。

多少用户才够呢？这取决于您选择的划分方式以及您获得的流量大小。查阅网站分析平台使用指南来获得帮助。如果初始测试小组似乎很喜欢这种新功能，就可以不断增加"B"组的流量份额，以获得进一步的确认。

多，分析结果和提供可靠的统计数据就会越难。

一旦试验开始实行，最后一步就是比较网站两个版本的关键绩效指标，看一看它们在新版本中是否有所提升，如果是，就推广到所有用户。这是像 Wooga，Zynga 和 Amazon 这些公司所遵循的标准程序：对所考虑的每一个设计改变进行对比测试，实施那些"移动指针"（正面影响指标）的改变，然后开始着手另一个设计改变。

从原则上来说，这听起来很不错，但这种技术必须谨慎使用，并且要与其他用户体验研究技术相一致。由于把精力集中在零星的改变上，每个改变都带来很小的改善，因此很容易会忘记用户如何体验您的网站，或者甚至是一项活动。界面会因为添加每个"移动指针"的功能而超负荷，从而失去整体上的一致性，因为没有统一的战略。这个问题单靠测量是无法解决的。

用户体验咨询公司 Users Know 总裁劳拉·克莱因（Laura Klein）曾与多个互联网新创公司合作并从中得到一个经验，即不要"试图测量您解决问题的方式"，正如她在 2011 年案例研究"用户体验、设计和 Food on the Table"中所写的那样。克莱因指出，新创公司和其他新企业尤其容易忘记其产品堆积如山的复杂性，因为它们的动作太快了，并且接连不断地添加功能。她曾经与一家菜单规划服务公司 Food on the Table 合作过，结果让人非常沮丧："他们会查看一个指标，锁定一个问题，想出一个解决办法，发布一个改变，然后进行测试。但是指标从来不动。"

在与用户进行几次快速的、广泛的谈话后，他们意识到新用户的激活过程变得过于复杂以至于用户"不由自主地迷失了"。克莱因与该公司抽时间一起观察了一些用户的激活过程，以确保涵盖进行对比测试的所有变量。（Food on the Table 是一个网站，也可以通过使用远程测试快速完成。请参见第 11 章进一步了解远程使用性测试。）

测试揭示了许多可以立即修正的技术性问题，比如页面加载太慢以及页面要求用户一遍又一遍地点击按钮而导致犯错。他们还发现了一些需要通过重新设计来解决的问题。在经过用户的线框和原型测试后，他们对比测试了重新设计的激活流和现有的流量。克莱因报告说："在经过近 6 周和几千人的测试后，我们得到了在统计意义上非常显著的答案，即成功激活的新用户数量增长了 77%。"完整的案例研究可以在 *www.startuplessonslearned.com/2011/01/case-study-ux-design-and-food-on-table.html* 找到。

收集更多有用的指标

在这里，我们要讨论使用指标的三个主要用途：定位可疑的问题、评价新设计以及跟踪追求更宽泛的业务或组织目标的进展。由于您在一定范围内用过这些使用数据，所以应该问问自己您所使用的分析工具是否提供了您真正需要的足够的数据。例如，您致力于增加用户在您的应用程序上观看视频的时间，但是您得不到他们何时和多久使用视频控制的数据，比如播放和暂停。或者假设您想要确定用户对您的网站允许用户在实体店自提取网购产品的新功能有多么满意，但是贵公司并不从实体店那里收集多久需要帮助顾客使用一次这项服务的数据。

虽然在一定程度上可以绕过这些遗漏的数据进行工作，但如果您能够确定为提升组织绩效提供有价值见解的信息，就应该投身到改善数据收集的项目中。这可能意味着与开发团队合作为网站添加更多的测量点，采用新的分析工具，自定义分析报告，甚至创建新的定量反馈机制。

收集正确的使用数据是成为 UCD 组织的一个关键部分。Bolt | Peters 咨询公司用户体验研究副总裁辛德·哈瑞尔发现："拥有良好分析方法的公司尤其能够根据定性反馈采取行动。"总而言之，能够更好地表达出好的分析工具的好处，您的定性研究和数据分析就会更有效。

使用数据道德规范

当您开始谈论跟踪他们的时候，人们会感到不安。这很自然。没有人喜欢被跟踪，更不愿意被销售人员或老板跟踪。当人们感觉自己被跟踪了，就会不再相信您，一旦失去他们的信任，您就失去了他们的生意。

因此，建立和遵循严格的用户隐私政策并且告知用户您正是这样做的非常关键。这里有一些指导原则。

- 保密。不要以一种对他们没有直接好处的方式连接把用户的身份信息与他们的行为联系在一起（并通过研究确定好处，而不只是假定他们对您的推销说词感兴趣）。

- 永远不要出卖或分享暴露个人身份的行为信息。

- 保护个人的身份识别信息。您的用户和研究参与者的个人信息是公司的最高机密，与公司的知识产权不分上下，它应该受到同样严密的保护。

- 隐去所有结果中的姓名资料。永远不要在报告中把用户身份与其行为挂钩。

- 遵循分析师的道德规范。公布规范。在授权他们获取数据前，让每个人都同意遵循规范。

- 向他们公布要收集的用户有关信息并且给予他们拒绝提供信息的权力。

- 加入用户隐私保护组织并遵守其指导原则，比如 TRUSTe 或 EFF 电子前沿基金会，Electronic Frontier Foundation。

还要请查看市场营销研究标准（Marketing Research Standards）的市场营销研究组织规范的网站 *http://mra.marketingresearch.org/resources2/view/profile/id/15/vid/1* 和 TRUSTe 的网站 *www.truste.com*。

客户反馈

客户反馈是一个开始收集用户体验信息的合乎逻辑的地方。用户通过在线反馈表留下的评论向您的客户服务代表反映的问题，甚至提及您公司的推文，都是研究用户（至少是公开表态的一部分用户）的想法、兴趣点、身份和问题的直接方法。

客户反馈过去一直与客户支持有关。它通常意味着一家公司直接听取个人用户的心声，即他们有产品使用方面的问题并希望得到帮助。然后，一些技术型公司开始举办用户论坛，供所有用户互相帮助解决问题，为通常比公司提供的帮助更有效。随着社会媒体的增长，这种模式基本上被打破了。如今，当客户觉得您的产品存在问题，他们不只会与您沟通，或者只与其他顾客沟通，他们通常会告诉每个人他们与您的互动。而且他们不只是交流技术性问题，还有他们的解决方案，他们喜欢的新功能，您的产品在同类产品中如何，他们对于您公司员工的个人看法。这种反馈有时候很有用，有时候至少可以说很令人尴尬，但是它几乎总是包含组织应该提起重视的一些信息。

- 它揭露了很多客户的预期以及那些预期中哪些已满足，哪些没有。
- 它突出了已知的痛点，有助于优先确定需要关注哪些功能。
- 它为研究计划提供特定的问题，并为未来的研究提供指导方向。
- 它甚至可能包含关于您的产品或服务的好创意，受到顾客体验的启发。
- 它还可以在重要的问题刚刚出现的时候就锁定它们，使之不至于发展成为重大的问题。

最大的挑战可能是从大量的反馈中发掘创意以及从大多数客

户的言语中得出合理的结论。

客户反馈的渠道

正如我们所建议的，客户反馈可以来源于诸多渠道，但是最详细和最有益的反馈可能来自于公司主办的各种论坛：讨论论坛、反馈网页、客户支持热线和信息系统，可能还有公司或产品的 Facebook 页面。不要小看不太正式的渠道，比如销售人员、客户经理或经常与客户直接接触的其他员工。

开始着手查明客户与组织进行沟通的流程如何影响他们留下的反馈类型，这很有启发意义。邀请函的语气如何？每个评论都有跟进吗？有自动回复机制吗？回复是如何创建的？收集或鼓励额外的信息吗？每个反馈的收集过程都影响着它所收集的评论类型。如果客户真的很难与您取得联系，那么这种渠道中的反馈只可能来源于最被逼无奈、最坚持不懈、最聪明以及（直到他们想出了如何留言的办法）最沮丧的用户，而这会影响他们的言论。

各类组织也开始日益使用社交网站上的活动来衡量客户的认知。例如，情感分析软件试图通过用户在 Twitter，Facebook，YouTube 或 Digg 的言论来衡量客户对于您的（或竞争对手的）品牌的意见。这种技术还不成熟，而这种分析很贵，也很耗时，其结果瞄准的是市场营销，而非用户体验。然而，也有一些情况其结果是针对用户体验的。例如，您可能要分析社交网络上对某个重要新功能或政策改变发布的反应，寻找关注高峰或者极端正面或负面的反应。或者您可能会更定性地看待社交网络上的帖子，把它们视为客户评论。总的来说，客户或潜在客户在社交网络上越活跃，您越应该锁定和监测发生这些活动的网络。

收集客户反馈

近些年来，客户反馈的相关工作变得容易多了，随着托管软件服务的出现，客户能够更轻松地提供反馈，公司也能更方便地组织和分析反馈。时下的客服软件系统，比如 Desk.com 或 Zendesk，能够用于跟踪特定客户的问题解决方案和查看哪些话题获得了大多数客户的评论。从审视历史性数据开始，了解一下愿意提供反馈的客户类型及其活跃程度。然后，聚焦于前几周或前几个月，或者收集您正在研究的某个特定问题或机会的相关评论。

如果没有自动系统，那么收集数据可能就更具挑战性了。您可以先从询问客户支持的员工如何回答问题以及收集他们对常见问题的惯用答案开始。这会对出现的问题类型提供绝妙的主意。

查看用户的真实评论很重要，而不只是进行评论或为评论投票的用户数量。审视各种各样的评论，而不只是那些已经认定必须回复的评论。如果内容太过千差万别，或者数量太过繁重，也许有必要收集更多的评论。如果可能的话，务必保留任何现有的额外信息，比如评论人上次使用的功能或网站时域，或者与该时域相关的导航路径。

用户联系客户支持人员或发表对于产品的意见，其原因有很多并且千差万别，但是他们都是相当消极的，因此不要指望从用户反馈那里获得产品使用体验的公正视点。评论确实能帮助您了解用户如何把产品作为一种工具并且学习他们使用的语言。这有助于您了解他们对任务和产品的心理模式。

看评论

定期留出时间来查看用户评论会很有收获。一定要标记或提取具有良好见解的个人评论或有关行为的清晰案例，并且关注全新的、热门的话题。

托尔·穆勒（Thor Muller）是客户社区平台 Get Satisfaction 的创始人，他曾指出客户反馈有三种类型：可行的建议、显著事件的陈述以及线索。据穆勒说，比起第一种类型您可能从第二种类型中获得更多。客户可能会有许多建议，但是"许多新颖的客户创意都没有用，因为它们的关注范围太过狭隘，或者与商业战略不兼容"。大多数（虽然不是全部）时候，您能够真正采纳的创意来源于公司员工，毕竟他们每天都在琢磨产品。最丰富的见解来源其实可能是线索：问题的描述可能不是您想要解决的那种，但更加广泛地暗示了客户的思维方式。正如穆勒所述："总的来说，广泛的客户参与成为模式匹配潜在问题和需求的基础。"

在阅读各个论坛的用户评论时，我们会牢记几件事情。

- 从用户的角度看。他们对于产品的了解没有开发者那么全面。他们不会使用相同的词汇。他们不会有同样的情感依恋。试着从写的角度阅读反馈。

- 关注事实。哪里出问题了？怎么出问题的？产品的哪个部分被提及了？一些评论是在愤怒或狂喜的挣扎中写的。当它们是愤怒的时候，不应该被打折，也不应当因为它们是赞美性的就给予额外的分量。然而，是什么令用户欢欣或生气，为他们的体验提供强有力的见解？

- 不要急于下结论。几条信息不一定能界定一种趋势，而有时一条信息就会包含一个有用的想法。仅仅因为几个人说他们喜欢或不喜欢什么东西，并不意味着他们可以代表大规模的人口。

- 不要把常见问题列表变成必须处理的事项清单。投诉是问题的提示，但不是问题的描述。用户找不到"刀叉"链接的投诉，并不意味着立即需要一个更大的"刀叉"链接。它可能意味着银器的分类方式与目标客户的预期不一致。在您刚刚了解到问题时，要抑制住立马解决问题的冲动。

- 有保留地看待评论。这就是术语"沉默的大多数"为什么存在的原因。有很多用户与发送评论者的感觉或行为方式不一样。不要轻视反馈，但也不要把它视为真理。

关于分析，我们会跟踪用户体验的若干层面，并试图发现其中的模式。

- 用户是谁。在解释一个问题或请求的时候，人们会提供很多关于自己的信息。不同群体的人们可能会拥有不同种类的评论。
- 他们试图做什么。他们有尝试达成的共同目标吗？中期目标有哪些（如用户所描述的那样，不是互动模式的一部分）？
- 他们如何处理问题。尽管存在不同的具体问题，也许会有共同的策略可以帮助人们理解如何使用系统。对于过程中相似位置的类似描述和问题，可以洞察用户的心理模型。
- 他们存在的问题。用户存在的问题类型有相似之处吗？存在明显的瓶颈吗？

定量分析评论

如果系统保存统计资料，就从那里开始您的探索吧。您可以由此设立最初的期望，对于用户觉得哪些地方值得评论，并且由此提供一些快速的见解。评论的数量和比例不宜看作是问题严重性的平实表述，但是它们能够告诉您一些用户的品味和考虑。

人们倾向于忽略谩骂（"什么玩意啊？！"）而额外关注赞美（"我的厨房，我爱您！"）。千万不要这样。我们应该揣测反馈者的个人特点，并用它来理解用户的立场，首先是作为事实，然后置身于相关的情境，最终只将它作为情感反应。

大多数现代客户支持系统可以通过主题和情感基调来对评论进行聚类，把接连不断的用户评论缩减至能够管理的范围。通过跟踪有关特定话题的大量评论，您可以比较不同的群体如何认知您的服务，或者随着时间的流逝认知如何变化。例如，如果对产品进行改变之后的一个月里投诉的数量是改变之前那个月的两倍，那么可能说明相当规模的用户体验发生了定性的改变。加倍并不一定意味着整个用户库中有两倍的人不满意，但是它预示着已经发生了改变，而且这种变化是向着坏的方向发展的。

与直面客户的利益相关人协作

一旦对支持评论进行分析再结合产品用户体验的其他观察和

趋势，这种分析就应当与收集用户反馈的一线人员进行分享，因为对用户特征和心理模式的见解有助于他们形成答案。一旦进行过一次分析，定期重访支持评论会使记录用户如何改变及其对于网站调整的反应就更容易。

但是用户对眼前问题的认知可能无法反映其体验中存在的真正核心的问题。了解他们的真实表现，并与您预期的表现进行比较，可以揭示事情真正出错的地方。为此，可以借助于使用数据。

充分利用客户反馈

从客户那里获得反馈是很不错的，但或许它无法让您了解到用户想让您知道的所有东西，如果他们可以的话。对于一些产品和服务（尤其是其客户热情或知识渊博的），比起用户告诉您的，您或许能够从他们彼此之间的交谈中学到更多。如果情况的确如此，那么您和贵公司就应当考虑建立**客户社区**。如同传统的客户支持一样，托管软件使社区功能的建立和运行、社区管理以及收集商业智慧变得更加容易。往好里说，这些社区可以帮助您跟踪客户谈论的问题和挑战，轻松地跟进用户群体之间分享的问题解决方案，准确地找到适合参与研究项目的用户，甚至可以与用户一起创新和协同设计。

证明这种关系之巨大能量的一个有趣案例来自 Timbuk2，它是一家主要以邮差包、公文包和背包而闻名的制造商。Timbuk2 使用 Get Satisfaction 来建立社区，在那里客户可以交谈并且询问有关 Timbuk2 定制邮差包的问题。据 Get Satisfaction 的共同创始人艾米·穆勒（Amy Muller）讲："他们在社区里发起话题，征集手提箱制作的创意。他们真的很喜欢一部分用户的投入。"在那个时候，Timbuk2 的旅行包并不出名，这代表着它的现有生产线发生了巨大的改变。这家公司联系了论坛中表达最为清晰的用户，并邀请他们讨论创意和提供他们对原型的意见，帮助 Timbuk2 设计新产品。"大家都说'好的，当然，我们愿意效劳。'"穆勒说。这个试验获得了成功，而且直到 2012 年，Timbuk2 仍然在销售这种与在线客户一起设计的旅行包。

探究数据，然后再好好观察

不管分析有多么复杂，也不可忽略用户的声音。客户反馈和使用数据是很强大的渠道，可以在产品生命周期中的绝大部分时间里使用，揭示有价值的、可以立即付诸行动的信息。它们用在一个完整的研究计划情境当中，不应忽视。

不过，请记住，这很容易进入一种模式，即数据流成为您了解客户的默认方式。在处理最关键的研究问题中，记得测试一切可测试的东西，而不只是最容易测试的东西。您可能会持续不断地获取新信息，并且逐步地做出改变，但绝对也有必要偶尔走出大楼看一看！

第Ⅲ部分　传达研究成果

第17章

研究转化为行动：呈现研究成果

前几章描述了各种各样的方法以帮助您更好地了解用户。但理解并不等同于采取行动。

如果发现的问题不解决或者它揭示的商机变成泡影，计划最周密的、最富有见解的用户研究对利益相关者来说也是一文不值的。什么原因造成用户研究的成功交接如此具有挑战性？请看下面这三大问题。

1. 关于研究的含义，研究人员与利益相关者的意见可能不一致。

2. 关于研究的含义，不同利益相关者之间的意见可能不一致。

3. 即使每个人都同意研究的含义，但组织仍然很难付诸行动，尤其是它还意味着要改变过去延续至今的做法时。

在一次又一次地遭遇这些问题之后（并相当受挫），一些优秀的用户研究从业者意识到提供有见解的研究、告诉公司发现了什么并希望公司今后可以据此采取行动还不够。研究必须以管理层和产品团队能够随时查阅的形式交付，供他们做产品或服务决策时参考：在策划会议上，在优化功能的时候，写项目计划书或把拟定的解决方案与问题进行比对时。此时，团队不可能从书架上拿出经过严谨研究并认真撰写的研究报告重新阅读并思考它现在对他们的意义。反之，信息应当是这样的，即方便关键的利益相关者记住研究中的关键点并将其投入使用。

为了满足这些需求，研究人员开发了不同类型的表现形式作为传统书面总结报告的补充，包括人物角色、情景、任务分析图表和体验模型。如今，大多数研究成果既包括一份描述技能和主要调查结果的书面总结报告，也包括一个或多个这样的表现形式。当然，您可能永远需要提交一份工作总结，并且有时一份书面报告本身就够了。这通常适用于有重点的研究，比如使用性研究或问卷调查。本章将帮助您确定哪些应用最广泛的表现形式更有利于将研究见解转化为行动，并且对利益相关者更有价值。

第18章描述如何组织这些类型的报告，如何呈现研究见解。有关所有这些技能的更多信息以及更多案例的链接，可以在本书配套网站上找到：www.mkp.com.observing-the-user-experience。

选择恰当的形式

正如我们在第 4 章所讨论的，制定研究计划时，要确定利益相关者需要回答的问题以及最能满足这些需求的研究活动。但指定研究形式也同等重要。研究发现其实就是讲故事，说说您的用户、他们的生活以及您的产品或服务如何满足他们的需求。故事的类型取决于的利益相关者最需要知道什么。它可以是以人物为主题的，诠释特定的用户是谁以及他们的动机。或者它可以人物描述极少但细节很丰富。目标是让团队记住故事，记住它揭示的问题或机会，并付诸行动加以解决。

表 17.1 总结了研究成果的主要类型及其最适用于有效解决哪些问题。

表 17.1　挑选恰当的形式

组织原则	关键问题	可交付成果
用户，使用（或可能使用）产品或服务的人	我们的用户是谁？ 不同群体的用户如何使用我们的服务？ 我们的客户与竞争对手的客户有何不同？ 哪些用户最能帮助我们增长业务？ 随着时间的流逝，我们如何与客户建立联系？	人物角色
情境，产品或服务使用的情形	用户使用我们产品最常见的理由？ 我们服务的哪些特征是用户认为最有价值的和最没有价值的？ 我们的产品在什么时候对用户最有用和最没用？	人物角色、情景
活动，用户涉及产品或服务的行动	用户发现我们的产品哪些地方最难用和最好用？ 他们最喜欢和最不喜欢哪些功能？ 新用户与经验丰富的用户在做某些事情时是否有所不同？ 用户想要用产品做什么但做不到？	情景、任务分析图表或流程图、使用性评估
流程或系统，包括产品或服务	除了使用我们的服务，用户还会额外做些什么来完成我们的服务帮助他们所做的事情？ 为了同一目的或在同一时间，用户如何将我们的产品与他们使用的其他产品进行融合？ 我们的产品或服务需要其他哪些产品或服务才能发挥作用？	情景、流程图、体验模型

用户画像：人物角色

丹·布朗的《Communicating Design 中文版》是展现和分享研究见解的非常宝贵的、简单实用的指南。虽然以网站开发为目标，但它适用于诸多设计领域。

　　关于用户，您的公司最需要知道什么？总的来说，从研究中学到的两个教训需要不断重复：（1）实际用户与您想象中的用户不同；（2）您的用户并不完全相同。正确开发并使用人物角色，可以作为教训。在开始开发任何东西（产品或服务、重新设计、新的功能组合、新的识别）之前，人物角色是最值得拥有的。它们也可以帮助您把现有的产品或服务推向新的市场。

　　交互设计师阿兰·库珀（Alan Cooper）在他 1998 年出版的软

件设计著作《软件创新之路——冲破高技术营造的牢笼》（*The Inmates are Running the Asylum*）里首度提出产品设计和开发的用户"人物角色"概念。正如设计师金·古德温（Kim Goodwin）在 2005 年所述："人物角色就是一个用户原型，可以用来帮助指导产品功能、导航、交互、甚至视觉设计方面的决策。"这种原型并不是真正的人，而是结合对真实用户的事实和观察而形成的一个令人记忆深刻的人物。通过创造这些人物并让他们经历一些情景，可以使您和您的利益相关者熟悉用户并与之共情。

如今很少有公司在开发产品的时候不锁定目标市场，而且许多公司还要进行市场细分。但仅仅因为您能锁定市场份额并不意味着您知道如何为这个市场中的用户进行设计。好的设计来源于对用户行为的理解。与市场细分不同，人物角色代表着目标和行为模式，而不是人口属性或工作职责。

人物角色可以帮助设计成为共同参考点。随着时间的流逝，它们甚至还可以充当有效的捷径。与其把功能描述为"大型公司中注重绩效的专家系统管理者"，不如说"这是专门为雷纳德做的"，市场营销、工程和设计相关人员都知道这些用户的特征并知道如何使用这种功能。"雷纳德"代表着对一类用户体验问题的共同理解，这对产品的成功十分重要。

关于人物角色的价值，在用户体验界有不同的看法。一些执业者和公司非常喜欢并将其作为开发流程的核心，其他的公司则更喜欢单纯地展示实际用户的故事。许多公司已经成功运用人物角色来统一多个部门用户体验工作。然而，人物角色的成功在很大程度上取决于其创造者能否很好地使其植根于数据并把他们融入组织文化当中。如果听到利益相关者在设计和战略讨论中提到他们，就说明这些人物角色是有效的。

如何做

为建立人物角色进行研究

内部访谈。首先对利益相关者和专家进行一对一的访谈，了解公司对现有用户和目标用户的理解程度，对他们有什么看法。如果产品拥有确定的客户基础，就与直接接触这些工作的人进行交谈，销售人员、客户支持人员、市场调研员、技术销售咨询师、培训师，等等。如果公司尝试着为产品拓展用户或者打入新市场，就与负责相关事宜的人交谈。就这些人对用户和客户的个人经验以及用户不同的方面进行访问。如果有，他们又观察到哪些不同类型的用户？他们观察到的各种用户类型对其工作和业务有什么影响？（请参见第 6 章，进一步了解访谈。）

对参与者进行研究。用来创建人物角色的大部分数据应当来自对个体用户或潜在用户的定性研究。围绕用户对产品或服务的整体体验来组织访谈或实地访问，而不是围绕特定的任务。在招募参与者时，应当体现目标用户库的整个范围。在访谈时，记下有用的引语、问题和轶事。（请参见第 9 章，进一步了解实地访问。）

回顾市场研究数据。销售和市场营销通常拥有详细的人口概况和市场研究，能够提供完整的用户分类。如果有市场细分，尤其是借助于使用数据或其他行为数据所得出的，就值得咨询。但不要只建立强化细分市场的人物角色。（请参见第 14 章，了解如何利用现有的用户信息渠道。）

回顾使用数据与用户反馈。用户常见的疑问和遇到的一些问题，应该咨询用户论坛或社区站点（包括公司以及其他公司主办的）以及支持系统，它们能够提供支持性数据，将这些信息变成人物角色的一部分。（请参见第 16 章，了解使用数据和用户反馈。）

临时人物角色

在有些情况下，比如新创企业，利益相关者希望先开始开发，然后再抽时间创建经过充分研究的人物角色。在这种情况下，可以考虑创建临时人物角色：意味着记录团队对用户临时假设的草拟版本。

建立临时人物角色属于集体活动。产品开发各个层面的关键成员都要参与，因为每个人都会为人物角色带来不同的信息和不同的视角。这种方法需要一名优秀的小组主持人，因为让每个人都有机会参与讨论很重要。一定要包括直接接触客户的人。邀请5至8个人。人数太多的话，会议可能很难控制；太少，产生的人物角色不一定对整个团队都有用。小组首先按照本章概述的流程提出一两个主要的人物角色，等他们看起来相对完整时再充实，使其有血有肉。增加构建于未使用属性之上的其他人物角色，直到每个人都觉得所有重要的用户群体都有相应的描述。

您可能会看到有冲突的人物角色：销售人员面对的用户群体，可能与联系客服人员的用户截然不同；市场研究部门构建的人物角色可能与业务开发部门所使用的人物角色不同。这种情况很常见，也没有什么问题。应该捕捉所有的人物角色，不要争辩哪个更恰当。这里的重点是使各个小组的假设清晰明确，方便您开始研究，进而确认或反驳他们。临时人物角色不能代替基于可靠数据的人物角色。

创建人物角色

对数据进行分析

首先从收集到的信息中提取出共同的主线。用户拥有哪些共同点？有频繁出现的问题吗？有共同的愿望吗？

然后列出用户的重要不同点。其中的一些可以用范围来表达，例如，从拒绝使用社会媒体服务的用户到积极成瘾的用户，他们的观点可能会有一个变动范围。其他属性最好定义为间断值。（请参见第15章，进一步了解分析定性数据和代表范围。）

例如，有许多种方式描述商业分析软件的不同用户群。人物角色"雷纳德"的创造者选择的是以下三种他们认为最能影响产品用户行为的不同属性范围：

- 使用频率
- 使用强度
- 业务规模

可以用一个图表来表示，如图 17.1 所示。

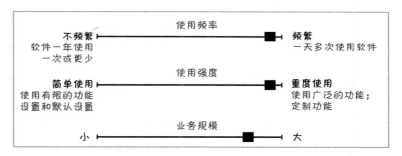

图 17.1 用范围来表达用户属性

从访谈和使用数据中寻找模型，并思考用户的哪些方面会驱动他们的目标和需求。首先，找到影响产品选择和使用的属性。然后，确定区分不同的用户子集的属性。这可能是一种复杂的分析，因为需要将如此多的因素铭记于心。它可以帮助进行头脑风暴，找出数据中变化的不同点，并把它们列在白板上，以便您同时看到所有东西。

在这个时候，可以看出不同属性和模型之间的关系，即不同研究参与者所例证的那样。

按优先级对属性和模式进行排序

从数据中可以看出许多可以转化为人物角色的模式。阿德林和普鲁特认为这些方便的元素有助于确定哪些属性对您最重要。

- **使用频率**。使用产品更多更频繁的用户通常优先于只是偶尔使用的用户。

塔玛拉·阿德林（Tamara Adlin）和约翰·普鲁特（John Pruitt）合著的《人物角色生命周期要素》（*The Essential Persona Lifecycle*）透彻、深入地介绍了如何创建和使用人物角色。

- **市场规模**。每种模式代表的用户群体有多大？
- **历史或潜在收入**。这些群体中每个群体对经济效益的重要程度如何？
- **战略重要性**。您试图征服谁？目前的客户？竞争对手的客户？高级用户？试图打入新市场或增加现有受众吗？
- **"魔法问题"**。如阿德林和普鲁特所问，为了产品取得所谓的成功，团队需要"重点取悦"谁？

如果有时间，可以与研究团队之外的利益相关者从专业角度讨论这些因素。如果没有时间，就用市场研究和使用数据报告来指导最初的筛选。

定义人物角色

一旦决定要包含哪些属性以及每个属性在用户群体中如何变化，就该借助于研究中观察到的个人细节和轶事从属性群组中合成现实的用户了。放心跟着直觉去创造人物角色，讲述他们的故事。之后，与组织中直接与客户打交道的人分享人物角色，并根据反馈加以改进。

在一些情况中，增加细节与创造一个界定属性范围内的具体事实一样简单。所以，举个例子：

> 40 岁左右
> 女性
> 已婚，有孩子
> 小企业的经理

可以变为如下描述：

> 多丽丝·华盛顿
> 45 岁
> 与史蒂芬结婚
> 有两个孩子：格雷格 17 岁和安德烈 13 岁
> 管理着三家便利店

不要编造古怪的癖好。特征过于强大可能会弱化重要的属性。所以，如果基础用户群是普通青少年，就不要把人物角色塑造成奥林匹克滑冰选手。如果所有的人物角色都拥有同等度量的属性，就不要在每个人物角色中都描述。您需要足够的细节创造真实的、令人记忆深刻的人物角色，但不要让他们承载不相干的信息。

使用从访谈中收集的资料，充实剩余的属性。在这个例子中，您或许会决定把爱丽丝塑造成您遇见过的某个人，她为别人工作、对所在领域的知识很自信并且对她的企业负有直接责任（虽然不是最重要的）。您或许想要对此写个小故事，合并从相似用户中提取出来的细节。

> 三家店都归萨米所有，她大约 30 岁时就一直为他工作。在过去的几年中，她从一名小职员成为萨米最信任的雇员，直到他们两人都认为她比萨米更懂得如何经营商店。

您或许想增加一些针对产品领域的具体信息。

> 她在其中一家店后面的办公室工作。每天晚上，她开车来到其他两家店，检查储藏室，然后收回当日的票据和收银条。把三家店的储蓄袋都存入科美利加（Comerica）银行（营业时间），然后她返回商店做账。通常，她会待到很晚，晚餐后还要做账做很久。

然后，这可以与她具体的技术细节相结合。

> 虽然她家里有一台稍新的个人电脑（多丽丝可以在安德烈不在线的时候用），但她已经使用同一台机器工作了至少 5 年。它没有做过升级，因为做账已经占据了她的全部时间，她不想冒险因配置新系统而耽误工作。

通过创建一个综合所有属性的故事来完成人物角色，突出多丽丝日常面临的问题和焦虑。想象她过着别人的生活，试着把所有元素都放在一起，使其有意义，从而讲述一个真人的真实生活故事。

需要多少个人物角色呢？这个问题没有固定的答案。一个较好的经验法则是每个主要的组织角色或客户类型都有一个人物角色。如果您的产品相对简单，可能总共就需要一个人物角色。如果相对复杂的产品，可能就需要 20 个人物角色或者更多。目标是要避免超负荷，只创造绝对必要的人物角色。如果有多个人物角色只代表一个价值范围中的单一位置（表 17.2 所示的克劳伦斯和多丽丝），可以考虑去掉一个。

在演示多个人物角色时，准备一份一页纸或一张幻灯片的解释，即人物角色如何代表不同的属性组合。它可以就是一个简单的表。重要的是要向客户诠释人物角色之间的关系，并解释自己的选择逻辑。

表 17.2　用表格展示人物角色之间的关系

人物角色	使用频率	使用强度	业务规模
雷纳德	一天多次	使用大多数功能组合并写插件	大
多丽丝、克劳伦斯	一天一次	使用有限的功能和默认设置	中
杰夫	一次	害怕尝试	小

完成之后，与利益相关者一起评价人物角色草案。他们真实可信吗？他们看上去像是可能使用服务的用户吗？

人物角色属性检核表

下面这个属性列表可以考虑包含在人物角色当中。它的目的是让您思考用户的定义。一个人物角色应当明确用户是谁（大城市的居民、小企业主和小孩子的妈妈），但是要更多刻画他或她的所作所为（乘坐地铁上下班、管理 5 人团队、参加她所有孩子的篮球比赛），而最重要的是，他或她想用您的产品或服务做什么，比如节省早晨的时间、让今年的业务增长 10% 以及成为仆人式父母。

人口统计特征

　　人口特征描述可能出现在市场营销研究报告和业务开发文件资料中。年龄、性别和文化背景这样的属性可能暗示用户的体验和期望。也就是说，不要花太多的时间在人口统计特征上。人物角色只要能够代表用户基数和目标用户即可。

- 年龄。用户有多大岁数？
- 性别。用户群性别比例如何？
- 收入和购买力。如果产品针对的是个人用户，那么用户的家庭收入是多少？作为个人以及家庭成员，他们面临什么样的经济可能性和局限？如果是用于商业用途，那么公司的购买力如何？他们产业内有哪些限制？
- 地理位置。用户住在城市、郊区，还是乡下？他们是来自于特定区域、特定国家，还是遍布全世界呢？
- 公司规模。如果产品或服务针对的企业用户，那么公司规模有多大呢？它的营业额有多少？它有哪些经营场所？

技术特征

　　不管产品或服务是网上的，还是只在实体店分销，特定设备、网络以及其他技术都有可能在用户体验中扮演一定的角色。对于每项重要的技术，请考虑以下因素。

- 硬件所有权及权限。仪器或设备归他们所有吗？它是属于个人的仪器还是共享的？归他们的雇主所有吗？他们对硬件有多大的控制权？
- 连接。他们与互联网或其他数据以及沟通设备有哪些连接？如何连接？多久连接一次？传输数据的成本有多高？
- 经验。他们用过相关的技术吗？他们是否能够轻松自如地运用？哪些体验可能形成用户对它们的态度？

环境因素

用户使用产品的环境可能影响他们对产品的认知。描述的复杂程度取决于产品的性质，但始终应该描述一下产品的使用环境。

- 使用地点。用户是在家里使用您的产品或服务吗？还是在工作中使用？在城市里四处走动时使用？在旅行或上下班时使用？

- 使用时间。用户是在上班期间还是下班后使用产品？是在早晨的第一件事就是使用它，还是刚从剧院回来之后，或者是在挤完当日的最后一次奶之后？

- 工具情境。用户使用您的产品时，同时还使用或做其他的吗？他们的工具有多重要？您的产品与这些工具的兼容性如何？在使用它的时候，多久被打断一次？谁与他们一起用？

- 竞争。什么产品或服务正在争取您的用户的关注？竞争的性质是什么？竞争产品又提供了哪些好处？

生活方式/心理特征

除了用户使用产品的方式，他们还有兴趣爱好、观点/看法和价值观。在创建人物角色时，要考虑用户在直接使用产品/服务范围以外的生活，并界定他们的身份，而不只停留于顾户或客户这样的身份。

- 文化。尤其是在全球性或跨文化研究（参见第13章）中，不能假定研究利益相关者与用户有相同的语言、宗教信仰、心理和生理健康的定义和家庭责任等。当文化习俗强烈影响产品使用时，这可能会成为一个重大的问题。如果觉得利益相关者拥有不同的价值观和习俗，就可以借助于人物角色把它们植入产品开发决策当中。

- 价值观和态度。作为个体，客户会看重什么？在他们的生活中，什么才是最重要的？节约？速度？有趣？舒适？他们对类似的服务有何体验？

- 媒体。他们如何了解新产品、新服务和新创意？他们阅读哪些杂志？他们观看哪些电视节目？他们逛得最多的网站有哪些？

- 活动。在日常生活中，用户还会做什么？他们最重要的责任是什么？他们最喜欢做哪些事情？

角色

人们在生活中扮演着不同的角色，并与扮演形形色色不同角色的其他人进行互动。人们所扮演的非正式角色通常比他们的官方头衔或明确的职责更重要。

- 头衔。即使用户没有官方头衔，但是他们对所做的事情也可能有一些特定的名号，比如"老师"、"家长"和"粉丝"。如果有，又是什么？他们怎么称呼自己？
- 职责。每个群体的工作职责是什么？什么能给他们带来报酬（包括正式的和非正式的）？如何获得报酬？
- 培训。他们是如何学会使用产品的？他们是自学还是参加培训？如果有的话，继续学习发生在哪里并且如何进行？
- 权力。他们对产品有哪些责任？是他们选择，还是有人分配给他们？是他们付费，还是别人签支票？如果出错，会有什么后果？
- 关系。在做选择时，他们会咨询谁？他们与谁一起工作？那些人又需要什么？

使用人物角色

创建人物角色的过程本身就很有用。它建立了一系列文献资料，表达了对用户、用户视角以及问题的共同理解。然而，为了充分发挥这一过程的全部效用，需要继续使用人物角色，在日常的产品开发中进行归档、分享、更新和使用。

确定优先次序

并不是所有的人物角色都同等重要，所以要确定优先次序。业务需求可能会影响优先排序，在这种情况下优先次序类似于目标市场次序。设计需求也可能影响排序。某个用户群体对产品的成功可能很重要，但某个用户群体的需求可能不如另一个群体的需求紧迫。通过聚焦于更具挑战性的群体的需求，您可以既满足他们的需求，又满足更大市场的需求。例如，保时捷的汽车设计理念是超出豪华性能车迷预期的。大多数购买保时捷的人都不是豪华性能车的车迷，如果我们购买了一辆保时捷，就确保了我们当中的大多数人都会感到很震撼和满意，车迷们也会不断推荐这款车，他们的意见又对维护保时捷的公共形象很重要。

对于银行业的例子，这就意味着像多丽丝这样经营着三家旺铺的人，她的需求可能包括克劳伦斯这样只有一家商店的人的需求。克劳伦斯可能会有其他的细分需求，但大多数迎合多丽丝的功能同样也能很好地满足他。克劳伦斯这类人有可能比多丽丝这类人多，因此克劳伦斯可能会是销售和营销的目标市场。但是对于设计意图来说，迎合多丽丝的需求就意味着同时满足两者。

从发展的角度看，优先次序排列也创造了一种选择竞争性解决方案的一贯做法。一个问题有两种解决方法时，总是选择支持主要人物角色的方法可以确保一致性。

创建文档

让整个团队掌握人物角色相关知识及其用法，是确保此项工作长期发挥效用的最佳方法。使用人物角色的并不都是人物角色开发小组的成员，即使是前成员也需要提醒。

创建人物角色会引发大规模的、涉及面广的人物研究，但最终的文档要简短、易读并且聚焦于项目的具体需求。人物角色是一种简洁的沟通工具，所以首先要为人物角色确定受众，恰当地呈现出来。不同的群体需求不同：标志设计与品牌有关，工程与技术局限有关，业务开发与合伙人和竞争对手有关，而交互设计与功能和组织特征有关。创建的文档必须能够反映受众的需求和关切。

基本的人物角色包含如下几个元素：

- 人物角色的姓名
- 人物角色对产品或服务的需求和期望
- 人物角色使用这种产品或服务的直接目标
- 他或她的能力和经验
- 他或她对任务和产品的看法

肖像是最后一个元素。代表真实人物的形象为人物角色添加了一种人情味儿，并让它看起来比文字描述更加鲜活。寻找恰当图片的过程可以让您做的许多决定具体化。此外，挑选图片也很有趣，是一种很好的结束长时间头脑风暴会议的方式。

首先找到图库（可以考虑 Gettyimages.com 这样的图库网站），总体浏览一遍，直到找到可以代表多丽丝的图片，然后将它作为多丽丝的头像。

分享

分享人物角色时最难的莫过于用一种简练且有益的方式来表达他们。

用一种方便使用的形式概括人物角色。设计公司 Hot Studio 为他们的人物角色创造了一种一页纸的快照版本，他们将其制成板，分发给开发团队中的每个人。通过这种方式，人物角色便一目了然。制成板状使其更易于保存，更容易在一沓文件中找到，并且不太可能被不小心扔掉。把这些快照转化成办公室里的大型海报也很容易。

介绍会议是不错的第二步。在介绍人物角色时，向整个团队描述创建过程。解释具体人物角色背后的论证，过一遍每个人物角色的关键特征，使其更加可信并且进一步强化作为有用的抽象概念的功能。然后，在会议之后留下纸质文件作为参考。

许多产品团队把用户的图片和关键属性做成海报，并把它们钉

图像可以引发强烈的情感，但也具有很强的争议性。在过度投入某个形象之前，要考虑一个形象是否会引发负面的反应。在创建人物角色时，绝不要使用熟人的图片或名字。或者，就这件事而论，绝不要把人物角色建立在您私交的某个人的基础之上。在修改人物角色时，这会让人很分心并且具有局限性。（"但我的朋友查理没有车啊！"）

到墙上。其他团队为人物角色提供单独的小房间，一切与人物角色相关（因而也与项目相关）的东西都在那里进行展示。这强化了每天都有真人的感觉。

建立人物角色保管员（persona keeper）的职位对信息的集中管理很有益。这个人要参加人物角色的创建过程，并负责更新。他或她也可以作为一种资源，向开发团队解释人物角色，比如"关于移动下载选项，杰夫会怎么想？"

用人物角色进行产品开发

例行公事完成人物角色，然后将其束之高阁，这样的事情屡见不鲜。为了让人物角色持续有用，应该积极使用。他们可以作为招募筛选器的基础（虽然他们相当具体而不能全部使用，但通常您希望多样化，而不是一屋子的"雷纳德"）。更重要的是，鼓励开发部门的员工在开会期间使用人物角色进行讨论，并且思考各个功能如何为各种各样的人物角色服务。

让人们从人物角色的角度进行思考，最简单的方法是在文档和说明书中使用人物角色的名字。例如，在描述一种新功能时，讨论一下它如何帮助杰夫或多丽丝，说说他们如何使用新功能。

使用人物角色来评价竞争对手。使用竞争对手的产品，并且试着确定它是针对哪些人物角色的。试着确定人物角色如何使用它。可以吸引谁？为什么？它们的成功之处在哪儿？它们的败笔在哪儿？

定期更新

人物角色应当定期进行心智检查与更新。

例如，最初多丽丝被设定为 45 岁、两个孩子的妈妈。但在调查后发现用户库里没有那么多 40 岁左右的女性符合人物角色多丽丝的其余条件。用户库主要是 50 岁左右、孩子已经成年或根本没有孩子的女性。既然多丽丝的年龄和孩子的数量对产品不重要，就可以修改她这个人物角色。现在她 55 岁并且孩子已成年。相反，如果您发现在银行的现有客户中没有她那样的业务，也可以逐步淘汰她这个人物角色，开发其他更具有代表性的人物角色。

在做其他研究的时候，比较一下与人物角色总体描述相匹配的人。如果发现许多人与您的想法不符，就调整人物角色以反映真实的用户基础。还需要考虑用户体验如何随着时间而改变。在多丽丝定期使用此项服务 6 个月后，她的生活发生了什么变化？

如果团队要开发一种新的产品或者决定打入新市场，一定要抑制住重用现有人物角色的冲动。比方说，在为购房者开发移动应用程序的时候，您创造了一套人物角色。现在您想要为卖房者打造一个相关的产品。您的目标卖房者可能与买房者在人口统计及价值观上极为相似。但他们的目标和从事的活动却全然不同，需要一个完整的、全新的人物角色。

一页摘要实例

这里是关于杰夫的一页摘要，他是在线商务管理软件的潜在小企业客户。

杰夫·门罗

建筑承包商，与基思·格里马尔迪都是 KJ 建筑公司的联合创办人。

图 17.2　杰夫·门罗

个人描述

43 岁

他成年后，大部分职业生涯都是木工，主要为像他现在经营的这种小型建筑公司工作。

他每周工作 50~70 小时，在密歇根州的安阿伯和德克斯特建造独栋住宅。

他和基思一起已经拥有 KJ 建筑公司 12 年。

技术特征

他下班以后在家里上网，给朋友发邮件，查看他最喜欢的冰球队红翼冰球俱乐部，查看 Facebook，购买工具，偶尔也查看一些木工和住宅建筑网站。杰夫在工作场所使用智能电话给潜在客户回复邮件，给基思发短信并且查看他们共同维护的分包商的日程表。

他购买了小型企业会计软件 Quickbooks Pro，并在几年前就已经安装使用，但从没有离开过桌子上的纸和计算器。

角色

KJ 公司雇了一个兼职会计师，而杰夫和基思分担财务责任，但杰夫负责大部分日常的记账工作。

今后，他和基思打算扩大 KJ 建筑公司，招聘几名全职员工，能够同时建造两栋房屋，一人监管一个现场。

任务

杰夫和 KJ 建筑公司都在大湖银行开立了账户，杰夫通过大湖银行的网站查看自己的私人账户并付账。

他的日常事务如下：

- 给承包商发工资
- 为材料付款

- 从客户那里收款，通常是分期付款
- 在纳税期，把所有的发票和支出收集起来交给会计师
- 记录可扣除款项
- 支付各种各样的小额业务费用（授权、债券等）
- 支付营业税（包括密歇根州的安阿伯和德克斯特）

他通常用信用卡来支付短期循环信贷。

当前的问题

KJ 公司的收入流忽大忽小，有时会有现金流问题，因为在 KJ 公司收到最终合同款之前必须先行支付给材料和钟点工分包商。

有时，杰夫不得不任由账单堆积如山，因为他的住宅建筑工作太忙，而这又进一步使支付过程复杂化。

在报税期，需要花大量时间来整理所有的文书材料。

一旦客户推迟付款，就无力支付信用卡和水电费账单了。

愿望

想轻松支付材料和分包商账单，跟踪未结清款项的合同。

想减少需要跟踪的文件（和数字）数量。

想更轻松地与基思分享财务信息。

想更好地预测眼前的现金缺口。

价值

比起大企业，他更愿意与自己这样的小型家族式企业合作。他很担心大型公司（尤其是 Facebook）会滥用个人信息。

人物角色是否受欢迎

虽然人物角色是一种流行的可交付研究成果，但仍然有争议。

一方：热衷者。对于热衷者来说，人物角色是必不可少的。他们帮助团队使用户群体的区别概念化，并为每个群体的功能优先级进行排序。他们支持共情驱动（empathy-driven）的设计。他们是对研究见解的生动诠释，否则，研究见解可能根本没人看，毫无价值。他们是使团队统一的简单方式。

　　另一方：怀疑者。对于怀疑者来说，人物角色是无济于事的。他们承诺带来细微差别，但实际上却把复杂的行为过度简化为陈词滥调。他们鼓励设计团队根据虚构人物的个人解读做决策，而不是直接询问真实的用户。通常，设计团队会在最初的一阵狂热之后彻底忘掉人物角色。

　　我们无意于支持哪一方。但我们认为人物角色很难掌握，并且许多人都无法驾驭人物角色。这里有一些建议可以帮助避免一般的陷阱并充分利用人物角色。

塑造人物性格，而非模式化的形象

　　虽然人物角色是虚构的人物，但他们应该讨人喜欢，团结团队人员一起进行设计。把人物角色与陈词滥调和老套形象联系在一起，会削弱这一功能。

　　举个例子，给人物角色起个上口的好名字似乎不错，比如"Jeff Toolbelt"或"Dutiful Doris"。的确，这类名字可以引起共情并且好记。但他们也会让人们联想到某些先前就有的短语和形象。您不懂读心术，自然无法预测他们会有这样的联想。就您所知，联想可能是负面的，会打乱您试图建立的所有共情。更糟糕的是，因为人们有不同的联想，所以吸引人的名字实际上还有可能引发分歧，而不是把大家团结在一起。

　　同样，试着找到普通人生活照那样的照片，而不是通用图片库里的模特儿。甚至使用插图也胜于使用伪造的照片。这就是为什么我们要用杰夫和多丽丝这样听起来像真人的名字，并给杰夫配了一张看似由朋友拍摄的快照相片。

把人物角色与行动结合起来

团队抛弃人物角色的一个原因是他们不一定能激发直接的设计回应。"杰夫任由账单堆积如山，这太糟糕了，"您的客户可能会说，"但我们应该做些什么呢？"

第一步很容易，就是围绕需求改写人物角色。不要把故事叙述为"杰夫付账晚了，"而是这样写："杰夫需要帮助才能按时付账。"

第二步是使用人物角色来引导团队的设计头脑风暴会。运用产品或服务，您能想出多少种办法来帮助杰夫付账？

最后，可以把设计情景与人物角色连接起来，开始整理并为头脑风暴所得到的功能排序。图 17.11 展示了人物角色、设计情景与任务分析组合如何把功能开发植根于有代表性的当前需求和行为。然而，千万不要把设计要求或提出的功能引入人物角色。人物角色的目的是激发各种各样的设计概念，而不是一两个。

不要孤立地使用人物角色

人物角色的困境之一是他们代表的是个体。如果个体肖像真的是理解使用情境的最佳方式，就会发挥重大的作用。但是设计项目通常比这个更复杂，尤其是在处理多个组织共用的长期流程或产品时（例如，医院的档案系统）。

项目需要多样化的视角，人物角色自身尚不足以传达一系列的设计见解。人物角色要与情景、体验模型、任务分析和传统的书面报告结合使用，而不是代替它们。

最后，人物角色是一种便利的、数据驱动的且需要在开发产品时考虑到的各种因素的复合体，而使一系列想法和价值观人格化又是一个用于传达各种复杂想法的古老技术。巧用人们讲故事的能力可以回溯到《伊索寓言》和篝火旁口口相传的传说。通过创造一系列人物并让他们参与一系列故事，不仅创造了一个可以传达受众看法的有效工具，还创造了一个工具帮助您理解。

描绘场景：情景故事

人类总是喜欢通过故事来进行思考和交流，并且把世界理解为故事中的人际关系。**情景**（scenario）描述的是一个人对一个活动或一种情形如何表现或思考的故事。它们解释了一个人根据他或她的动机、期望和态度正在做的事情，甚至还可以勾勒出一些时间和地点的细节。像所有的故事一样，情景有具体的场景和人物，有不同的开头、中间和结尾的情节。

与故事一样，情景传达的是产品使用方面的细微差别，帮助利益相关者把产品放入真实生活情境中。数据表统计或抽象的描述几乎同样无法揭示关系。

何时使用情景

不同类型的情景贯穿设计项目的整个过程，描述当前用户和未来用户、产品和服务之间的互动。描述现状的情景通常叫**情境**（context）**或问题**情景，因为它们试图展现如何改善现状。对改进方案进行预想的情景叫设计情景。

情境式情景（context scenario）主要用于设计的早期阶段。每个情境式情景都代表一类用户的观点。通过生动地阐释现有实践中的问题或空白，使团队开始设想可能的解决方案。之后，它们通常与设计情景配对使用，展示一个设计方案如何在现有基础上做出改进。

设计情景适用于整个设计和开发过程。在早期的头脑风暴中，设计情景能够激发对概念的讨论和反馈。有了早期的概念，设计情景可以帮助团队完成可能的成果。早期的设计情景也可以作为访谈提示，探出潜在用户的反馈。之后，当概念更加明朗后，设计情景有助于把团队统一起来。它们指导连贯性的功能实现，为项目方向

如果您从事软件开发，可能很熟悉"用例"（use case）。用例也是关于系统交互的故事。用例聚焦于系统功能对用户的行为进行回应。情景聚焦于用户如何体验那个功能。在实践中，二者可以混为一谈，尤其是在敏捷软件开发中。然而，研究人员的工作是关注人的体验，不关心怎么称呼这些产出。

提供共同的愿景来帮助解决分歧。

如何创建情景

情景是通过讲故事来创造的，或者用您创造的人物角色，或者直接提取自研究中所听到的故事。

决定讲什么故事

如果您的时间用不完，也可以把某个人如何使用产品的每个故事都转化为一个情景。但您时间有限，精力有限。为了使情景派上用场，必须把一大堆故事减少到只剩最相关的。

情景基于以目标和人们为实现目标而采取的行动。如果有现成的人物角色，就说明可能已经确立了目标和行动。这些将形成情景的基础。如果没有可用的人物角色，就返回研究分析报告，列出每个目标受众最紧迫的目标。走查研究显示人们正在通过哪些方式满足或正在尝试满足那些需求和目标。在推进过程中，对使用的故事记好笔记，以便日后用它们进行情景写作。

决定把哪些活动包含在情景当中时，我们用遵循阿兰·库珀在《软件创新之路——冲破高技术营造的牢笼》中的建议。针对研究参与者或人物角色的每个主要目标：

- 为了实现这一目标，这些活动中的哪些**最经常采用**？
- 为了实现这一目标，这些活动中的哪些（即使可能并不频繁）是**必需的**？
- 哪些频繁和/或必要的活动会作为**单一序列**的一部分发生？

在这之后，您可能会有一大堆频频发生的基础性活动，支持每个主要目标并使其共同发挥作用。这些活动集群形成了情景的基础。（这或许正是个好时机，可以运用第 15 章描述的一些分析技巧。）

例如，店面经理多丽丝的一个目标是"跟踪记录每个店的业绩。"这包含日常编制报告的活动，它本身需要以下几项活动：

- 登录网站
- 把当日总额复制到电子数据表里
- 合计每日和每周的业绩
- 把每个店的业绩与去年进行比较

手边有了这一系列活动，我们就能写出一个简短的情景，即"生成报告"。

写出情景故事

把一系列情景集削减为简短的列表之后，请返回研究方案并思考一下如何讲述人们使用产品或服务的故事。情景是以用户视角为基础的。用户无法认知的任何东西都不应该纳入情景的一部分，尤其是情境式情景。情景并不意味着罗列出每个可能的交互。为了支持设计工作，它们必须概要描述最重要的用户行为和系统反应。

有了确定的活动和目标列表之后，回到您所记得的遇到潜在用户时的情形。如果使用的是人物角色，就设想一下他们对此如何反应。多丽丝如何处理这种情形？她会做什么？她有何看法？建筑承包商杰夫如何应对这种情况？同时思考人们的目标、需求和欲望如何改变与产品或服务的交互。如果不使用人物角色，就注意观察不同参与者的反应。

一次引入一个限制，然后看故事如何变化。比如多丽丝无法将当日总账自动输入到网上。她会怎么做？如果她无法将它们导入电子数据表，会发生什么呢？她什么时候停止使用这种产品，因为它效率太低或过于复杂？用人物角色进行角色扮演，确定驱动多丽丝做出决策的价值观以及她最看重的是什么。

如果深度投入参与者的生活，应当能够设想替代性的局限、场景和工具。在讲述这些故事的时候，留意它们与研究所收集故事的重大出入。在某一时刻，走查根据用户而产生的问题情景，证实以前所做的所有假设。如此这般，便可以确定您所创建的所有故事描述了他们实际会做的所有事情。

典型的情境式情景通常给人一种"××的一天"（day in the life）的感觉，描述几个小时内或一天当中的一系列任务。情境式情景把活动放在鲜活的生活之中，解释人们如何使用与其相关的产品或服务。它不抽象和冰冷；反而让人觉得是由人们的价值观和体验系统驱动的。下面是为会计人员多丽丝写的"生成报告"精简版：

下午 5 点，多丽丝回到家。她做好晚餐，与史蒂夫和孩子们一起用餐，然后打开她的电脑。虽然她很在意自己的工作，但家庭是她的第一要务。像往常一样，她在晚上 8 点开始做账。她查看当天的在线登记总额，然后用电子数据表做当日总账，看一下每个店的情况。然后，计算出一周的业绩，并与去年同期对比。她选择"快速报告"选项并把结果发送给萨米。她知道他不看，但她也知道他希望每天早晨一打开邮箱就能够看到它。8:20，她完成报告，在睡觉之前她有足够的时间与史蒂夫一起观看她最喜欢的电视节目。

设计情景

设计情景试图设想一个技术解决方案，而不考虑具体细节。它们掩盖了许多细节，激发出技术改变世界的感觉。许多人竟然打算用他们的全数字厨房台面观看电视，正如他们在许多设计情景设想中所做的那样，虽然让人怀疑，但是这种印象激发了一种想法，即显示器可以放在任何地方，情景制造者正想这样做。如果您工作中正在使用一个设计情景，就试着为每个人物角色创造理想的产出。在一个完美的世界里，每一个东西是如何为他们工作的？在何种情况下，您的服务会预见到他们的愿望？它如何帮助他们做决定？除了人物角色，其他人在故事里扮演了什么角色？可能涉及其他哪些工具或服务？什么才是最好的结果？如果您被困住了，就假设没有技术或财务限制。正如阿兰·库珀所建议的那样："假设它是有魔力的。"

情景检核表

这里是一个有用的情景组成列表，摘自计算机科学家约翰·卡罗尔（John Carroll）的著作。如果在写情景时遇到麻烦，就用这些组成部分开始行动。如果已经写完一个情景，就参照这个列表，看看是否漏掉了什么东西。

角色（actor）。有谁参与？情景与人物角色通常是按照个人视角来写的。但角色却可以包含团体和组织。

场景（setting）。情境是什么？这通常是指物理环境。根据主题内容，它也可以包含当天的时间和日期。如果它们对情形很重要，还可以包含过去的事件。如果公司面临税务审计，多丽丝的情景可能全然不同。

行动（action）。可观察到哪些行为？它们如何影响周围的世界？

事件（event）。针对行动做出了什么反应？其他人、组织、产品和服务的反应如何？

评价（evaluation）。角色如何诠释这些事件？他们如何做决策？他们对自己的反应提供了什么依据？情景描述的是以目标为导向的活动，所以需要对角色的目标进行描述。但不应该忽略可能影响行动的其他因素，比如愿望、过去的经验以及价值观。在这种情况下，了解多丽丝想和她的家人共度夜晚就很重要，而不是做数据表。同样，人们不一定总是按逻辑行动。如果研究允许，情景还要考虑到不合理的甚至适得其反的决策。

情节（plot）。一系列行为和事件如何归并为具体的产出？角色是如何预期演出情形的？实现或没有实现目标，如何知道？多丽丝有一个幸福的结局，她及时完成了报告，可以与她的丈夫共度时光。我们可以假设一个不太完满的故事，她在电子数据表软件里挣扎，并且/或者没有足够的信息完成任务。因而，她没有实现自己的目标。她既没有完成报告，也没有多少时间与家人共度良宵。

情景尽量概括一些，不要详述界面元素或系统实现。诠释故事的整体结构比解释所有细节更重要。在问题情景中，这意味着要避免任务分析（参见下一章）中常见的具体性；在设计情景中，这意味着要避免模糊不清的技术细节。情景，尤其是情境式情景，应当激发想象，而不是结束讨论。

传达设计情景通常需要侧重于展示有问题的产品或服务，因为设计情景的作用就是为特定的设计决策提供证明。

传达情景故事

传达这样的情景，最简单、最快捷的方式就是写，正如我们为多丽丝写的情景一样。而大部分时候，文本配上几个重要人物（比如多丽丝）和重要地点（比如她的家庭办公室）的图片，就可以满足需要了，尤其是用于早期的问题情景。如果需要更具体，最简单的办法就是挑选几张最能代表情景中关键时刻的图片，然后用情景文本中的短语作为图注。

使用情景故事

与团队一起走查情景故事，发现现有客户体验中的痛点或者正在设计的新功能或新流程的潜在难点。如果在情景走查中提出一个方案建议，就写一个新情景，描述采用提议方案之后所发生的事情。

呈现活动与过程

设计工具通常意味着不仅要理解用户的目标，更要明确地理解他们要为此采取哪些步骤。一项任务对于完成目标有多重要？它多久进行一次？动作次序如何？涉及的工具有哪些？问题一般出现在哪里？整个过程中哪些地方可以变通？哪些决定必须要做，由谁来做？在整个过程中的各个节点，在信息或其他方面，人们需要和使用哪类资源？

回答这些问题的一个方法是进行任务分析。任务分析通过把单一的活动分解成一系列结构化的步骤来回答这些问题。在设计过程的早期，分析结果应当明确指出现有工具哪里不支持（或不能很好地支持）完成用户目标的重要步骤。之后，分析结果可以帮助开发产品支持流程的功能和内容，并进行优先级排序。任务分析会产生不同形式的成果。我们将讨论最常见的流程图。

任务分析是从单个用户的角度详述活动的细节。如果需要从组织的角度全面绘制活动图，怎么办？您不仅要遵循个人所采取的行动，而且要遵循情景中其他所有角色的行动，其中一些是用户不知道的。泳道图是最常见的，用于绘制涉及各种角色的流程图，我们将在下文描述泳道图的绘制。

任务分析

人物角色描绘人物，而情景则是讲故事。相比之下，任务分析详细描述了个体采取的**一系列**的行动。在概括如何调整定性研究方法（如访谈和实地访问）之后，我们将讨论另一种不同的传达方式：**图表**（diagram）、**网格**（grid）和**列线图**（alignment diagram）。

何时适用任务分析

传统任务分析最适用于已知要解决的问题但不知道人们目前所用的解决方案。它可以帮助诊断潜在的使用性痛点，建立系统依赖，或者确定新产品开发机会，即用户缺乏完成目标的工具。任务分析也非常适用于以目标为导向的、有明确边界的过程，比如购买家具。没有明确的成功标准和没有确定步骤的活动，不可能进行分解处理。例如，对恋爱进行任务分析，就得不到任何可用的数据（还根本不得要领）。

任务分析通常用于螺旋式开发流程的审查阶段或者瀑布式流程的需求收集阶段。它要求您知道任务并且大略知道目标受众。虽然任务分析可以在已经想到一定解决方案的情况下进行，但理想的状况是团队在投入大量的设计和开发精力之前完成任务分析。明确地知道如何完成一项任务可能会改变您对特征和功能的初始假设，取消以此为依据的决定会付出很大的代价。

因此，如果已经决定在网上销售家具，但还没有建立订购系统，那么现在正是进行任务分析的最佳时机，看看客户都如何挑选沙发。人物角色用于描绘不同类型的客户和公司的销售员，情景故事会剖析客户如何考虑并在哪里购买沙发，而任务分析可能只关注他们挑选沙发和结账时所采取的步骤。

如何进行任务分析

如同其他研究方式一样，任务分析通常依赖于定性研究方法，比如访谈和实地访问。然而，任务分析的有用性有赖于对研究活动和研究问题进行仔细甄选。

对于喜欢准确性的人来说，任务分析是很有诱惑力的。可以把任务无限分解，在此过程中花费掉您和客户的大量时间。运用利益相关者的访谈（如第 4 章所述），通过下一个重要产品开发周期来确定任务分析需要多么详细才可以支持设计和开发需求。事先创建一个模板或范例很有用，它可以帮助弄清楚何时表明已经有了足够的细节。

研究任务

任务分析通常涉及实地访谈与观察。单纯的访谈可能会将自己置身于回顾性的神话编织之中——参与者要告诉您任务**假定**如何做，他们认为任务**应该**如何做……除了他们**实际上**如何完成工作以外的任何事情。显然，关于员工如何完成工作而访谈管理人员也不可能准确指出需要的资源、碰到的麻烦以及决策背后的理由。那些信息是进行有效任务分析的基础。

然而，对参与者进行观察（参见第 9 章）和访谈可以洞察到人们实际是如何完成目标的，还有哪些不足之处。根据手头的工作状况，可以在活动期间使用学徒模式进行提问。此外，如果提问不适合在任务期间进行，也可以事后安排访谈时间。但是，出于上述提到的所有这些原因，回顾性访谈并不那么受欢迎了。

在这些访谈中，提问应该以理解参与者如何完成手头的任务为主。

- 在既定的节点，他们有哪些选项？
- 有哪些工具可用？需要什么工具，手边却没有？
- 他们如何选择其中的一个而不是另一个？

- 他们在什么地方改变了想法？
- 过程的可变性有多大？
- 他们在哪些地方犯错了？常见的错误是什么？
- 错误是由什么引起的？如何纠正？
- 过程的输入是什么？输出呢？
- 他们执行任务的频率如何？重要性如何？
- 失败的风险是什么？

下面的部分观察日记讲的是一名室内设计师挑选沙发（针对在线家具购买工具）的过程。

"我拿出产品目录。首先查看[制造商 A]，如果它不适合会客室，就查看[制造商 B]。我的一个大书架上全是产品目录。近来，我已经开始上网，但我在产品目录上能收到更好的结果。网上很难找到东西。每个网站都各不相同，要花很长时间才能找到方向。"

拿出四本产品目录：A，B，C，D。拿起产品目录[B]。查找"长沙发"的索引，然后翻到长沙发那个部分。

"如果有相似物品的话，我通常会找到几种选择，然后权衡成本、便利性和物流方式。从图片上分辨不出颜色，而且获得它们的布样也很慢。我给销售代表打电话，并试着尽可能了解得更全面。我们不常打交道的一些公司也会找上门来，尝试着卖其他东西给我。"

用小记号标注几款沙发，准备给制造商打电话，询问他们有哪些布料/颜色。

"我知道很快就能拿到这个，因为我之前拿到过几个，但我不确定他们是否能提供我们想要的布料。我会记着问。有时，即使官方不提供，他们也会用不同的布料现做，但这要看情况而定。"

"我把它加在一起。这是我们所需要的，这是它的成本和生产时间，假定他们有这种织物的库存。我会填写购买申请单，浏览一遍产品目录，从中选出我想要的。我会为客户制定一份描述文件。项目解释，购物清单，日程安排，如此等等。我可能没有时间给客户全部讲一遍，所以我得确保书面文字相当清晰明了。"

"不同的卖家提供不同的保修单。不过，我不是挑保修单，我是在挑搭配和生产时间。成本也很重要，但一旦客户确定预算，选择余地就不大了。"

准备打电话给卖家。

分析数据

一旦获得数据，下一步自然就是分析。理解任务的两种主要方式是**任务分解**（task decomposition）和**层级任务分析**（hierarchical task analysis，HTA），它们是互补的，因此可能需要结合使用两种。前者描述一项任务中行动的输入、输出和诱因，而后者把行动组织成连贯的流程。

任务分解

任务分解是指把任务分解为行动的过程。这说起来容易做起来难。如果有人用一大堆按钮和拨号盘来操作控制面板，那么他或她每次按一个钮或读一个拨号，就是一个行动。但如果是选购新车，分解就更难，因为采取的步骤（挑选、协议、比较）不是那么显而易见。在这种情况下，鼓励参与者把他或她的想法大声说出来，引导他或她对特定行动进行解释。

牢记最终目标。这可以帮助您挑选出与每个行动最相关的内容。如果您心里有具体的工具或解决方案，就可以在分解过程中突出一两个。有时，可以倒着做，从心里的解决方案反推到用户面临的问题，看看二者是否匹配。

描述每个行动（参见表 17.3）。行动描述方式很多，但下面这些更常见。

- **目的**。这个行动为什么会出现在这儿？它是如何把任务向目标推进的？
- **诱因**。什么可以表明人们应该采取这个行动？
- **资源**。行动对象是什么？需要什么资源（工具、信息以及人）？
- **方法**。什么行动？

- **选择**。在这个时候还有其他行动可做吗？这个行动是如何被选中的？

在描述行动的时候，做一些误差投射。如果行动没有进行或者出错了，会发生什么呢？如果有足够的行动伴随着有趣的错误状况，或者错误导致的后果尤为严重，甚至可以把错误归为用于描述每个行动的单独类别。

表 17.3　家具购买任务分解摘录

行动名称	目的	提示	物品	方法	选择
列出要求	说明选择种类		Word 模板：尺寸（高、宽、长），颜色，预算，样式	与客户交流	
获得产品目录	列出可选的选项		产品目录，需求列表	把产品目录中的选项与要求进行比较	
设置目录浏览顺序	从最知名/最有机会的制造商开始	了解卖家的选项	产品目录，需求列表	翻阅产品目录，把选项与要求比较	首先查看 A，如果不设计会客室，然后再看 B
在目录上标记事项	找到主要的候选人		产品目录，需求列表	目测，并与列表比较	
标注需要跟进的事项	分离事项，做进一步的调查	不清楚是否所有的选项都适用于具体的事项	产品目录，标注的事项	目测检查，并与列表比较	
调查标注事项	根据要求完成可用的选项列表	须做进一步调查的列表	产品目录，需要跟进的事项列表	如果必要，致电业务代表并等待答复	
总的选择	制定最终的客户列表	所有的跟进工作已完成	完整的选择模板、预算模板、要求列表	在预算模板上填写选项和成本	

对于每个行动，为这些尽可能多的分类提供答案。通常，描述行动过程会创造问题并激发新的解释，所以多进行几次分解很有用，可以确保它是连贯的、彻底的。

为分解做准备，应该事先确定可能有用的分类，然后创建电子数据表，一边观察一边填写，通过这种方式，可以知道每个活动都有什么信息以及还需要什么信息。然而，在每个任务中有很多行动或者步骤推进太快或过于激烈的情况下，任务分解可能会让人望而却步。在这样的情况下，可能更适合使用电子数据表格来确定哪些类别需要做笔记，然后再通过笔记来填写电子数据表格。

层级任务分析

层级任务分析听起来让人印象深刻，不是吗？事实上，它只是说"一件事导致了另一件事。层级任务分析通过对各个步骤进行分组来描绘它们之间的关系，然后说明各个步骤和群组如何联系在一起。最终的成果通常类似于流程图。它会详述目标的次序、做出的选择以及活动的后果。

快速进行这类分析是有可能的，可以作为研究活动之后任务报告会的一部分。站在白板前，开始谈论您所看到的用户在做的事情，用框图概述目标并用方向箭头概括它们之间的关系（图17.3）。

1. 从一个目标开始。这可以是个人的终极目标（"装修房子"），但抽象的最终目标通常需要复杂的分析，这对简单的任务分析来说有小题大做之嫌。您可能想从非常具体的事情说起（"获得满足需求的沙发列表"）并且从那儿继续进行。

2. 为该目标确定子目标。子目标是指在完成主目标之前必须发生的所有事情。例如，如果您的目标是获得适合需求的沙发列表，可能就需要从产品目录中摘选沙发列表以及不在（或得不到）家具公司业务代表列表之内的沙发列表。对于每个目标，它的子目标不宜超过三四个。如果超过，可能需要建立几个包括若干直接任务的直接目标。

资源或时间有限会使这种级别的任务分解变得不切实际。在这样的情况下，可以使用这种过程的非正式版本。与其一路找到原子级任务并写下所有细节，不如集中更大的想法并只使用自认为最重要的细节层面。在几轮访谈之后，或许能够列出基本任务并暂时把它们按顺序排列。随着访谈的人更多，再拿出文件填上新信息。这个过程也许不那么彻底，但可以快很多。

3. 确定这些行动必须如何安排,并为它们如何汇到一起创建一个计划。这包括确定哪些行动必须跟在哪些行动之后,哪些是可选的,哪些可以彼此交换,如此等等。当各个目标没有自然的流程时,选取一个看似可行的目标,如果它的结果是尴尬的,就事后进行调整。

4. 对每个目标和子目标反复进行分解,直到将其拆解为单独的行动。

进行更正式的层级任务分析时,程序差不多相同,不过需要直接以数据分析为依据,运用从下至上的关联聚类表格(参见第 15 章,了解更多内容)。

1. 首先为同一结果的相关行动进行排序和聚类分组。同步发生的行动是可选择的或者可互换的,并且应当这样标记。

2. 用结果标记聚类。这些是子目标。

3. 根据子目标实现的结果对它们进行排序和聚类。

4. 标记这些聚类。这些是目标。

5. 重复这些工作,直到所有的行动都归类并且所有的聚类都完成排序和标记。

6. 创建一个图表,把子目标聚类放在目标聚类下方,并且把这些用箭头连起来说明目标与其子目标的关系。

最终结果是用大家比较熟悉的方框和箭头所做的图表,其中单个目标变成一颗目标树,每个目标的组成部分都位于它的下方并且与它相联系,构成实现该目标的流程(图 17.3)。

这两种方法的使用次序取决于具体需要。如果最想知道一项任务的各个部分是如何联系的(例如,想知道一种工具能够从哪里优化一项任务的速度时),就从层级任务分析开始,再通过分解的方式来充实关键细节。如果您对创建一种符合现行做法的工具感兴趣,就从分解开始,作为了解输入和输出的方式,然后用层级表格描绘任务进程。

呈现任务

任务分析很耗时,但它能够高效地理顺复杂的交互关系,为设计开发路线图。它不仅揭示了故障、低效和多余的部分，还揭示了机会。对于单一的方法来说，它提供了大量的信息。下面的各个呈现方式凭自身都无法传达分析结果，为了支持设计和战略决策，您可能需要使用多种方式，全面获得各种不同的发现。

流程图

流程图形式的"方框和箭头"图表（图 17.3）也非常适用于概览有多个决策点和多个成果的复杂活动。从视觉上突出比较难的、导致失败的或者引起错误的步骤，可以帮助定位问题点的行动，同时描绘出问题根源及后果的来龙去脉。

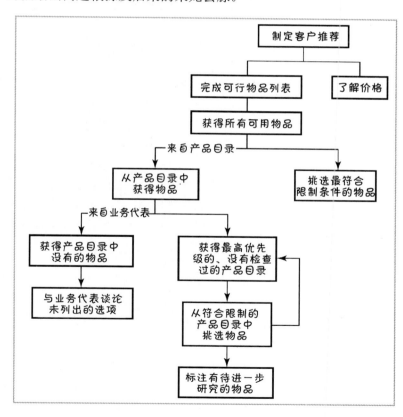

图 17.3　沙发购买分析图摘录（片段）。流程图突出了目标与活动之间的关系

检查逻辑关系

流程图形式的任务分析需要遵循严格的内在逻辑。如果一个步骤从逻辑上无法引出另一个，或者图表遗漏了关键的中间步骤，分析就会失败。有两种方式可以用来检查完整性。

当然，最简单的方式是多问！与几个了解任务的人一起走查流程图，确保它与他们的经验相符并且从他们的经验来看次序、任务和目标是否都是他们比较熟悉的。

第二种方式有点复杂，但不需要大费周折紧跟参与者。它需要您自行测试内在逻辑。针对图表中的每个方框，认真思考下面两个问题：

- 层级中某个特定方框上方紧连的方框应回答问题"我为什么做_____？"，而_____就是写在方框中的东西。以图 17.3 为例，当问"我为什么要与业务代表谈论未列出的选项？"图表答道："因为您需要知道还有哪些没有出现在产品目录中的物品是可用的，以便您能够完成所有可用物品的完整列表，从而完成用于客户推荐的选项列表。"
- 某个给定方框下方的方框应回答问题"我如何做_____？"问这个问题"我如何从产品目录中获得物品？"回答："找到最高优先级的、还没有检查的产品目录，并从中挑选物品，同时记下需要进一步研究的物品。"

这个过程还比较详细，但如果对每个方框都能回答上述两个问题，并且不用提出更多的方框，就有理由确信图表是完整的。

有关这一技术的更多信息，请查阅科万（B. Kirwan）和安斯沃斯（L. K. Ainsworth）的著作《任务分析指南》。

网格

流程图形式的图表很适合用于提供任务概览。但这种格式，除了它的名称和结果以外，很难涵盖每个独立步骤的说明。重要的方面都会缺失，比如任务的目的、提示和物品。

任务分析网格

最早是由设计师托德·扎基·沃菲尔（Todd Zaki Warfel）引入的。网格突出了任务的线性性质，在一条水平线上用方框代表每个步骤。然而，在每个步骤下方，有其目的、诱因和资源等一堆相关信息。图 17.4 展示了网格形式的沙发购买任务分析。

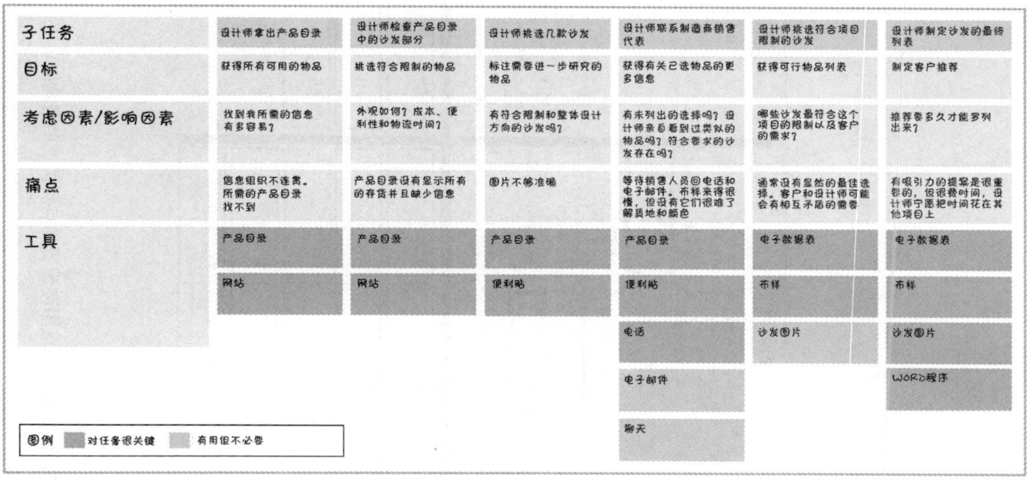

子任务	设计师拿出产品目录	设计师检查产品目录中的沙发部分	设计师挑选几款沙发	设计师联系制造商销售代表	设计师挑选符合项目限制的沙发	设计师制定沙发的最终列表
目标	获得所有可用的物品	挑选符合限制的物品	标注需要进一步研究的物品	获得有关已选物品的更多信息	获得可行物品列表	制定客户推荐
考虑因素/影响因素	找到我所需的信息有多容易？	外观如何？成本、便利性和物流时间？	有符合限制和整体设计方向的沙发吗？	有未列出的选择吗？设计师条有看到过类似的物品吗？符合要求的沙发存在吗？	哪些沙发符合这个项目的限制以及客户的需求？	推荐要多久才能罗列出来？
痛点	信息组织不连贯。所需的产品目录找不到	产品目录没有显示所有的存货并且缺少信息	图片不够准确	等待销售人员回电话和电子邮件。布料来得很慢，但没有它们很难了解质地和颜色	通常有显然的最佳选择，但设计师可能会有相互矛盾的需要	有吸引力的提醒是很重要的，但很费时间，设计师宁愿把时间花在其他项目上
工具	产品目录	产品目录	产品目录	产品目录	电子数据表	电子数据表
	网站	网站	便利贴	便利贴	布样	布样
				电话	沙发图片	沙发图片
				电子邮件		WORD程序
				聊天		

图例 ■ 对任务很关键 ■ 有用但不必要

图 17.4 简单的沙发购买任务网格分析突出的是工具与目标之间的关系

网格包含丰富的细节，因此最适用于大幅打印或投影，方便一大群人同时看到和讨论细节与全景。

塔图

塔图最早是由交互设计咨询师英迪·杨（Indi Young）提出的，看上去很像网格。然而，与网格不同的是，它们不必体现一个过程中的线性步骤。相反，塔图反映每个行动的不同**选项**以及用户对它们的**感觉**。它们就是用户体验设计师詹姆斯·卡尔巴卡（James Kalbachh）和保罗·可汗（Paul Kahn）所谓的"**列线图**"（alignment diagram），用于查看用户想要做什么和可用的资源之间的交叉点（图 17.5）。

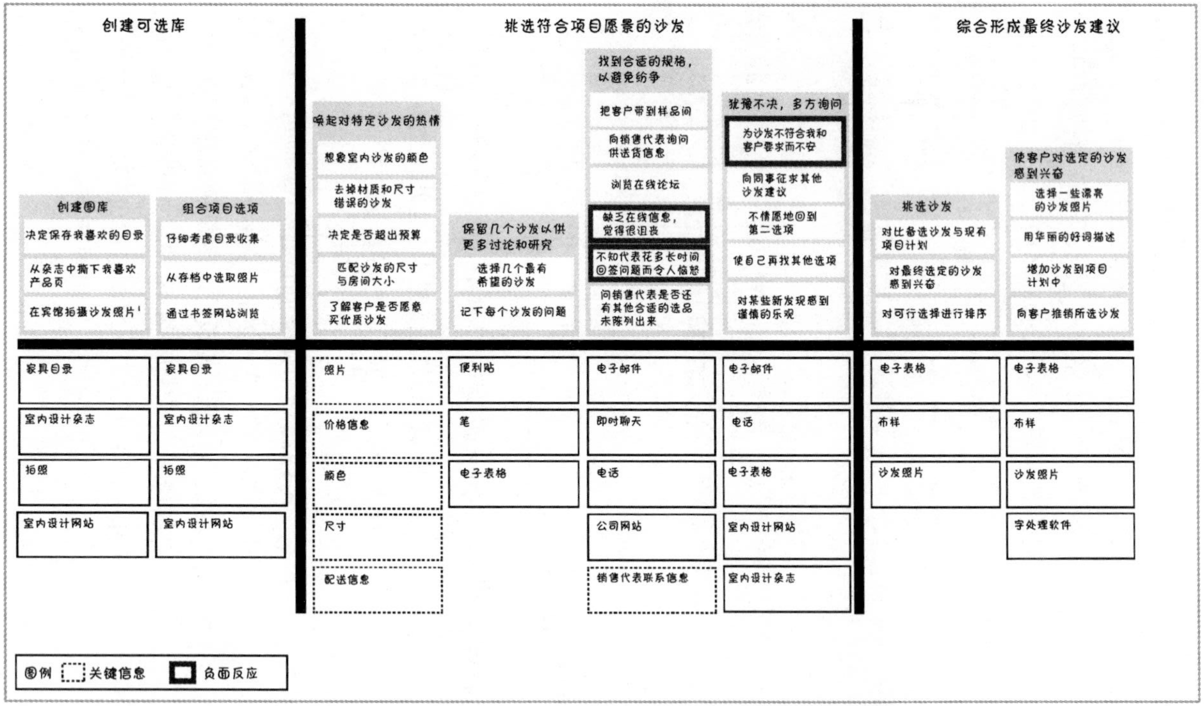

图 17.5　描述沙发购买分析任务的塔图突出了痛点和关键的网站内容

在塔图中，每个主要分区代表一个高级别的目标，从左到右按时间顺序排列。加粗的垂直线把目标分隔开。在那些主要分区的内部是方框塔，代表概念性的任务分组。在任务塔的下方有一条水平线，代表用户体验和工具、内容或支持它的功能之间的线。每个工具、内容或功能都有自己的方框。

塔图清楚地揭示了工具（关于工作流）、内容（关于网站）和功能（关于软件）的漏洞或负面体验。塔图可以包含许多不同的用户或群体对一项活动的态度。与情境不同，它们不必采用单一的视角。虽然新功能可以补充在有缺口的塔图下方，但英迪·杨建议第一步集中于目标：“不要考虑解决问题；要考虑在每个步骤体现**用户试图完成的事项**”。为了确保塔图代表用户的活动体验，英迪·杨建议使用参与者自己的词汇。“它不应该是不带感情的，”她说。

因为塔图列出的是同一任务的不同选项，因此它倾向于水平延伸。在呈现塔图时，可以打印出几页横向的页面，结合在一起形成一个很长的条幅。

塔图式的表现形式开始于英迪·杨的“心智模型”（mental model）。关于如何制作和使用这些图表获得更完整的描述，请查阅她关于这一主题的著作《心智模型》。

绘制过程地图

任务分析一般都遵循个人的意愿。如果要调查的活动涉及多个用户、系统或业务，最好选择过程地图绘制。

过程地图（process map）起源于把任务分析方法应用于整个企业或组织。它本质上是几个高级别任务分析的组合。与情景和任务分析不同，过程地图不仅包含用户的体验，而且还包含支持它的基础性系统活动和业务过程。过程地图绘制在支持活动类型的服务设计中占有主导地位，比如银行业，它们依赖于多个触点或使用机会。例如，在移动电话上查看一个人的银行存款余额，它依赖于多个部分：电话方式的互动、身份验证、与银行服务器的安全连接以及账户信息检索。从用户的角度看，这就是选择“查看账户余额”和几秒钟后看几个数字那么简单。从银行的角度看，检索几个数字甚至都是复杂的、环环相扣的过程的结果。

最广为人知的过程地图形式是泳道图。泳道图的作用和您想的一样，从视觉上按照不同角色的需要区分任务，把它们分到不同的泳道。在这种情况下，角色可以是一个人、一个组织、一个软件、一个设备，即负责图表中部分活动的任何事物。泳道图类似于任务分析流程图，它们从视觉上体现任务序列的决策点。然而，与任务分析流程图不同的是，它们强调不同的角色必须如何合作才能完成一个过程。如此说来，它们实际上代表过程和工具（比如库存查询管理软件），用户或客户是看不到的。对于说明业务过程如何对不良的用户体验负责，它很有用。例如，沙发购买分析泳道图（图17.6）展示了销售代表为何在回复问题时慢得出奇：他们可能需要家具产品线专家的信息，而专家可能很忙或者过很久才答复她。

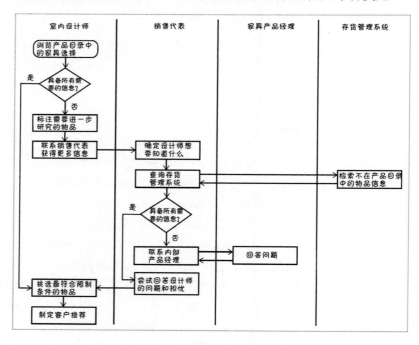

图 17.6 沙发购买分析泳道图突出了由不同角色完成的工作

描述系统：体验模型

有时候，研究所揭示的最重要的事情相当复杂，以至于无法在一个故事里清楚阐释，或者无法单独用词语进行解释。比如，您想要展现这几个方面的调查结果：几个大型组织如何一起做生意，一群朋友如何即时分享照片和视频，或者一名购物者在逛商店时发生了什么，比如看产品、与人和信息系统互动等。这时候，需要借助于信息设计技术（或者协作者）并创建体验模型。

体验模型，我们指的是呈现人、组织、产品属性、地点等元素之间关系的图表形式。与情景故事或人物角色不同，体验模型并不是叙事性的。它们是地图，或是现有的体验，或是改进建议。与人物角色、情景故事和任务分析不同，体验模型没有固定的模式。它们可以通过空间位置、时间顺序、因果关系、相似性或层级来组织关系。体验模型的界定就是着重对特定人群的世界观进行抽象化和简单化。

请记住这个原则：这里的地图不是领土版图。您的目标是简化描述，突出最关注的特征。思考一下自然资源地图，即全球化公司借以确定探索区域的地图。组织的"金子"（即设计机会）藏在哪里。然后，绘制一张清晰标注出相应地点的地图。

图 17.7～图 17.10 的空间客户之旅案例是由设计研究和用户体验设计公司 Lextant 创建的。它们展示了创建体验模型的好处：它们可以让您与广大的利益相关者一起组织和分享丰富的研究成果，包括那些从不阅读长篇报告或出席两小时演示会议的人。它们也为每个人都提供了一种直观而难忘的方式去理解用户的世界，使其能够把这种理解应用于日常的产品或服务决策中。

制作体验模型有许多可能的方法，完整的操作指南超出了本书的讨论范围。丹·布朗（Don Brown）的《Communicating Design 中文版》一书是这方面不错的入门书。

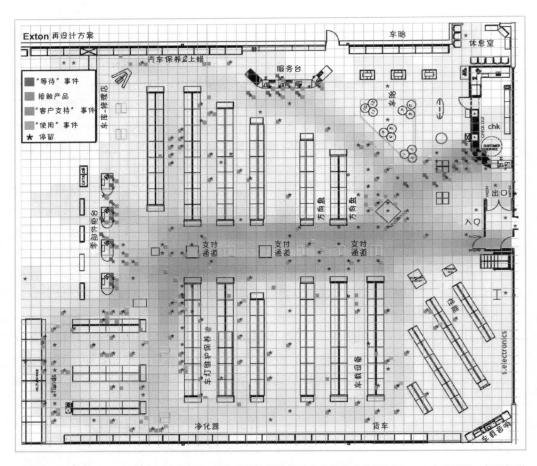

图 17.7　Lextant 为 Pep Boys Automotive 汽车连锁店创建的这个空间体验模型和图 17.8 中的模型，都以视觉方式呈现研究人员在有新地板计划的 Pep Boys 商店里观察到的客户购物发现。这张图绘制了一幅合成的客户之旅，展示了客户购物之旅中关键事件的发生地。调查结果显示，Pep Boys 新的商店设计和布局不支持特定的客户目标和需求

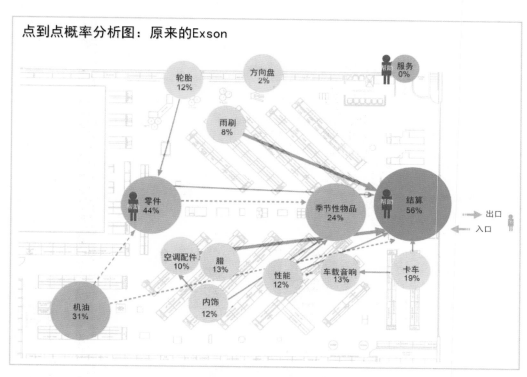

图 17.8　Lextant 为 Pep Boys Automotive 汽车连锁店创建的这个空间体验模型和图 17.7 中的模型，以视觉方式呈现研究人员在有新地板计划的 Pep Boys 商店里观察到的客户购物发现。这张图绘制出商店里最常见的路径，显示出客户停留在各个区域的次序和可能性

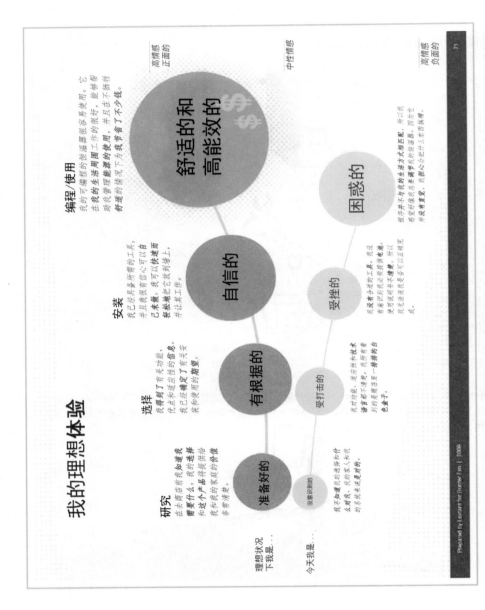

图 17.5 在这个为 Hunter Fans 创建的体验模型中，Lextant 的研究人员想要示用户挑选和安装家庭供暖系统的理想体验与他们近期拥有的经历的差异。这个图表突出了过程中的关键步骤；每一步都标注研究人员观察到的用户思维模式（下）和用户想要的感觉方式（上）的描述

我理想的**恒温器**体验是...

耐用的
不易损坏，能用很
长时间，容易清洁。

可访问的
让我按自己的意图自由地
调节我的恒温器。

时尚的
监控我的家里，
自动维护空气舒适度，
优化能源使用。

易于使用

舒适的和
高能效的
$

信息及时的
让我及时获得影响我舒
适度的有关物品信息，
并使我更多了解能量使
用情况。

可定制的
匹配我生活方式的
灵活编辑。

我喜欢的风格
看不见的，可以融入到
我的环境中。

注释：本图表中的主题以它们
出现的频率和对来专者的价值
为基础进行排序（百分比可以
在本附录的第一部分中找到）。

"易于使用"是最重要的主题，
所以，为了让消费者接受和获
得市场成功，它就像是过滤器，
所有功能和特征都必须通过它
才起作用。

后面的页面详细列出了想要的
产品属性，包括特征和功能，
以及色彩、材料、表面处理。
本研究中40%的参与者带紧将
有这些想包含在产品属性当中。

我是舒适的和高能效的

图 17.10　这个模型结合定性和定量数据来展示图 17.9 所示活动的理想结果，针对是同一群用户。这个圆环中的各个部分代表着用户表达的一个主题，而每部分的放置基于用户提及它的百分比和他们赋予它的重要程度。由于"易于使用"是最受欢迎的主题，所以它便被描绘为适用于所有温控器特征的过滤器

创建体验模型

要制作模型，就需要从研究中提取文本和图像，并且把它们合成一个图表。体验模型可以包含这么多不同类型的表现形式，没有什么严格的规定。

体验模型最劳神费力，因为它们需要相当高的视觉创造力。

创建体验模型所需的研究

一般来说，要建立强大的体验模型，需要能够捕捉用户体验多个方面的定性研究，比如实物的和数字的，短期的和长期的，或者不同用户对于组织的观点。这些信息可以通过实地访问（第9章）或针对各类参与者的深度访谈（第6章）来收集。在定量和定性分析（参见第12章和第15章）中，您或许已经发现了数据当中的一些关系，以此为起点开始绘图。

开始绘图

有谁不会被白纸吓倒？我们当然不会。这有助于把绘画作为一种实现想法的方式，而不只是一种记录已有想法的方式。不管您信不信，反正不会有人在绘图之前做完全部体验模型。绘图过程似乎是思考本身不可或缺的一部分。绘得越快，思考就越快。开始吧！

1. 拿出笔和纸。事后可以转到电脑上。但从纸上素描开始可以帮助您创造性地思考，而不是接受软件所提供的默认选项。

2. 列出模型中的主要元素。您可以一边绘制一边增加和删减元素。但可以很好地从初始的一系列标签中了解模型范围。此外，做一些简单的事情有助于缓解白纸带给您的恐惧心理。

3. 从列表中提取一个事项，并把它的名称写在纸上。丹·罗姆（Dan Roam）把这个步骤称作"画个圈，起个名"。

4. 列表中哪些其他事项与第一个事项有关？在纸上的某个地方写下另一个事项的名称。

5. 紧接着，画出第一个和第二个事项的关系。或许从这个到那个之间可以画一个箭头，说明因果关系。或许它们应该是交叠的圆圈，说明有共同的属性。或许它们是一个图谱中的两个点。第15章展示了可以借用的许多概念关系范例。重复这个过程，直到绘制出一张合情合理的图。如果希望，现在就可以把这张图放入自己选择的软件。

6. 接下来，从信任的人那里获得一些反馈。这张图是否有效传达了关于数据的故事？您是否遗漏了一些对项目很重要的东西？结合反馈意见再次分享。现在再做一次。再一次。绘制图表是一个重复的过程。

7. 获得自认为相对可靠的一些东西之后，开始试验！四处移动组成部分。调整位置是否会改变您对这些概念的看法？尝试不同的组织原则。如果一直在画圆圈，可以试一试象限系统（quadrant system）。您会发现不同的模式会突出不同数据层面的故事。

有关绘图与思考方面的更多有用提示，请参考丹·罗姆的《打开餐巾纸》。

8. 针对有效传达进行细化。就像编辑自己的共享文字一样编辑图表。俗话说，少就是多。限制不同颜色和字体的使用。删除对重点来说多余的或不必要的元素。与之矛盾的是，要增加更多的文字。不要认为您图表上的重点显而易见。Hunter Fan（图 17.9 和图 17.10）使用粗体的单个词标签，但用小号字体的注解来支持它们。正如丹·罗姆所提醒我们的那样："标记，标记，再标记。"

使用体验模型

像人物角色一样，体验模型最适用于广泛共享和普遍可见，并随着项目和目标的变化而更新或更换。但体验模型的共享比任务分析、人物角色和情景故事更复杂。不熟悉如何诠释的研究利益相关者可能会发现处理抽象的概念不如听人物角色和情景的故事那么吸引人。

如果亲自向客户介绍体验模型，每个部分都要过一遍，对设计工作造成影响。在会议中，

- 介绍如何制作模型并描述它呈现的研究成果。
- 针对模型中描述的问题、漏洞和机会主持一场团队讨论。
- 在团队工作区域内粘贴一张体验模型海报。考虑在模型中创建画中画或部分观点，引导关注体验设计讨论。

综合运用

不必把表现形式的不同类型分隔开。最有用的图表和模型类型要放在一起。

以网格为例。托德·扎基·沃菲尔（Todd Zaki Warfel）采用网格的模式把功能排序融入人物角色、情景故事和任务分析之中（图 17.11）。人物角色为整个网格形成锚点，证明它的相关性。任务分析中的每一步沿着网格的顶端形成一栏。在该栏下方的情景文字解释和诱导着每一步。有针对痛点和动机的不同栏目。每个系列的拟定功能（在下方，彩色显示优先级）都与研究见解相关联。沃菲尔向客户传达的不只是表现形式，而是相辅相成的研究见解，很有说服力，足以支撑设计建议。

Comcast

电话通话记录——汇总后的任务分析

之前的场景
詹妮在印第安纳波利斯郊区一个两居室连体别墅中的备用卧室（办公室）。

詹妮从周末度假地回到家，想看是否也有重要未接来电或语音留言。她看到语音信箱指示灯亮着，开始了她漫长的打电话和听语音留言的过程。

之后的场景
詹妮在印第安纳波利斯郊区有一个两居室连体别墅中备用卧室（办公室）。

詹妮从周末度假地回到家，想看是否也有重要未接来电或语音留言。她查看她的Concast（美国最大的有线系统公司——译者）信息中心面板，她迅速看到有5个新语音留言，通过Concast面板，她看到3个语音来自妈妈，她立刻回放了语音留言。

未来的场景
詹妮在印第安的波利斯郊区有一个两居室连体别墅中备用卧室（办公室），

詹妮从周末度假地回到家，想看是否也有重要未接来电或语音留言。她查看她的Concast信息中心面板，她迅速看到有5个新语音留言，通过Concast面板，她看到3个语音来自妈妈，她立刻回放了语音留言，通过Concast信息中心的提示，她看到妈妈现在不在家，但带了手机。詹妮给妈妈手机回电话。

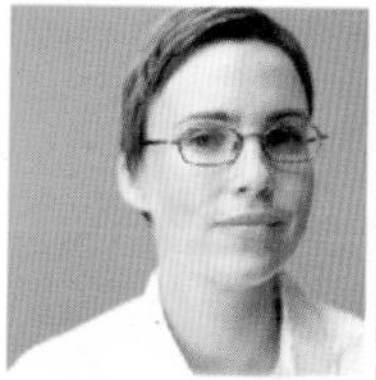

检查语音邮件乏味和耗时，我想要一个快速、方便和易用的一次性系统。

子任务	詹妮从周末度假地回家	詹妮检查离开时是否有电话	詹妮检查是否有语音留言	詹妮听语音留言	詹妮查看需要回的未接电话	詹妮把打电话人加入地址簿	詹妮回顾要回的电话列表	詹妮回她的未接电话
情景	詹妮从周末度假地回到家，进门，放下挎包，看了下四周，一切正常。	詹妮走进办公室，检查电话，看离开时谁打过电话。	詹妮查语音留言，看到数字6，她保持了留言，但不知是多少	詹妮看到4个新留言，第2个是妈妈打来的，想先听。	詹妮看到妈妈打过，但没留言，她一般不留言。	詹妮的一个朋友用手机打过，想把她的号码加入地址簿	詹妮有一个要回的电话列表，包括姓名、号码和简短记录	詹妮回顾电话顺序，能回的现在就回，其他的留待稍后回。
考虑因素/影响因素	我可以在离开时获知未接电话吗？快而容易？我需要特殊设备吗？多少钱？	离开时我可以快速获知重要电话吗？	我可以快速检查我是否有留言吗？	我可以听特定留言吗？快速的？听完可以存储和删除吗？	我能快速方便检查未接电话吗？可快速确定要回非留言电话？	能快速方便加新号码吗？如有，方便更新？地址簿与手机同步？	我现在有时间回所有电话吗？哪些该先回？	现在我是否有时间回这些电话？
痛点	查看未接电话和留言很费事，很不方便。	我必须到办公室查看，在路上更不方便和费劲。	多少留言是新的？哪个重要？可以挑个听吗？哪个留言要马上关注？	听留言耗时不方便，为什么不可以听特定的？我现在有时间听吗？	查未接电话耗时不方便，系统可以帮我确定哪些电话需要回？	很难保持我所有仪器同步圆。可以保持手机和邮件地址同步？	我如何知道每个电话是关于什么的？怎么知道回过，和标注“稍后回”。	我如何跟踪哪些回过？我必须用其他什么东西回电话吗？
功能		C2.1 看通话记录 (1)可以看是否有新未接电话状态。 C2.2 看新未接记录 (1)可以看未接通话记录 C2.3 看所有未接记录 (2)可以看所有通话记录，新旧未接电话。 C2.4 看所有打人记录 (3)可以看所有打入记录，已接、未接、转接。 C2.5 看类似或重复通话 (4)可以看是否有多于一次的重复通话。	C3.1 看语音信箱状态 (1) 可以看是否有新语音状态。 C3.2 看新语音列表 (1) 可以通过名字（号码）和时间查看。 C3.3 看所有语音记录 (2) 可以查看所有语音记录，新的、旧的。 C3.4 看类似或重复语音 (4) 可以看是否有人留有重复语音或类似邮件。	C4.1 访问语音系统 (1)可以访问语音系统，听语音回放。 C4.2 选择语音回放 (1)可回顾语音和相关信息列表选择。 C4.3 回放语音 (1)在选择基础上语音开始自动回放。 C4.4 语音笔记 (4)可靠语音信箱放笔记，回存电话有用。 C4.5 设语音优先级、提醒 (4)可为语音设置优先级、到期日、提醒，随时间系统学会自动设置。 C4.6 存储语音信息 (1)如顾客不删除，信息自动存储。 C4.7 删除语音信息 (1)顾客删除信息，回放期间随时删除。 C4.8 快进快退 (2)语音回放期间，顾客可以快进、快退。 C4.9 转发语音信息 (4)顾客可以把语音转发到另一号码或邮件地址。	C5.1 添加到地址簿 (1)可以在其中添加更新的名字和号码。 C5.2 看电话优先状态 (4)看电话重要性，确定是否要回。 C5.3 删除 (1)可以从未接记录中删除未接电话。	C6.1 添加到地址簿 (1)可以在其中添加更新的名字和号码。 C6.2 添加到地址簿 (4)可以在固话、手机、电邮间同步。	C7.1 回顾要回电列表 (1)可以以优先级和记录查看列表。	C8.1 回电话 (1)顾客可以从信息中心回电话。 C8.2 标记回过的电话 (2)一旦回过，就自动标注“回过”。

术语表

等级 (1) 高——尽快处理
(2) 中——在优先级1之后处理
(3) 低——在优先级2之后，并看是否在开发周期中有时间
(4) 未来——为产品的未来版本考虑

编辑过的任务分析 | x

图 17.11 以情景为基础的任务分析网格。图片来自沃菲尔。此图英文版见 *http://zakiwarfel.com/dl/TaskGrid Sample.pdf*

最后的忠告

在做研究规划时，最常见的错误是把研究图表或模型看作终点，而不是方法。人们可能会找到您，问您要人物角色或情景故事，却根本不知道自己打算怎么用。或者有可能您已经习惯于传达任务分析，因为"我们一直都是这样做的"。不要放弃！正如丹·布朗在《Communicating Web Design 中文版》一书中所告诫的："为项目选择活动时，要基于它们使您接近目标的能力，而不是因为您想要有某一特定类型的产出。"作为一名研究人员，您的工作不只是"按照承诺"交付成果。如果认为不同类型的研究成果可以更好地为商业目标服务时，就需要与利益相关者进行协商。

同样，研究人员的工作不只是提交完文件后直接回家。研究的最终目标是行动，而不是敬畏地沉思自己的见解才华。在下一章中，我们将探讨报告的技巧，为研究可交付成果转入设计过程助一臂之力。

第 18 章
报告、演示与工作坊

　　报告是研究的产物。像任何产品一样，成功的前提是满足用户的需求。一份好的关于研究发现的报告不仅包括一个产品问题列表，还应该能够使开发团队对产品进行改良，避免今后再出现类似的问题。构建研究结果的呈现方式（实际上是设计其提交方式）是保证研究有用性最重要的步骤之一，因为它如果被误解或者被忽视，再好的研究也没什么用。

　　受众的需求决定着我们呈现研究的最好方式。它可能是一个简单的电子邮件信息或一个精心制作的 100 页的报告。它可能是一个电话交谈或一个一整天的带有精彩视频的演示报告。它也可能是一个 bug 数据库。幸运的是，不管最终产品的复杂性如何，这个过程都是相同的。事实上，在这一章中的大部分建议并不是用户体验研究所独有的。任何商业性演示几乎都如此。无论是歌舞或一曲短歌，其步骤几乎完全相同。不同的是每个步骤需要花的时间。

　　在前面的章节中，我们谈到很多不同的图表和模型可以用来明确展示研究见解。这一章我们将讨论如何构建和呈现包含那些内容的研究报告。这里主要关注书面报告和现场演示，因为它们是最普遍的两种呈现结果的方法。然而，我们在这里所提到的大多数想法都可以应用于任何提交物。

非正式报告

通常情况下，不一定以正式报告的形式来提交成果。简单的项目，如游击式的使用性测试，其结果可以是一份以电子邮件形式给出的研究总结或在碰头会上的一个很快的站立式报告。在项目过程中，电子邮件和口头总结对于汇报项目进度（通常每周一次）非常有用。它们通常把报告的基本结构简化为以下几个要点：

- 如何生成结果
- 最重要的结果
- 即将进行的研究活动

在报告使用性研究结果的过程中，您会发现照片或截图能够比语言更快、更清晰地讲述关于研究结果的故事。用圆圈或箭头对照片和截图进行注释，能够表明具体问题或成功点。

这些非正式报告的主要目标是使研究成果更快地传递到决策人的手中。然而，一个比较重要的次要目标是使研究的客户委托方专注于整个研究过程，使其能够影响研究方向，更多地投入到结果上。

使客户委托方参与研究过程的另一种方式是维护数据和调研结果资料库，如微博或维基。与分发的电子邮件形式不同，它们保存在中心网站上。利益相关者可以直接评论每一个中间研究结果，并使讨论整齐归档，方便查找。

为了从中获取价值，团队必须投入精力维护和访问在线信息库。如果张贴在博客上的报告没有人阅读，如果内容很少更新，利益相关者很快会停止访问，从而使这些形式失去意义。为了使网上信息库有用，需要频繁上传内容并发送邮件提醒研究的利益相关者及时进行访问。

准备与演示正式报告

然而，用户研究报告又不同于年度报告或白皮书这样的信息报告。其主要目的是帮助利益相关者针对产品或服务做出决定：哪些需要修复，哪些需要添加，哪些产品或服务的开发应该放在首位。它要解决每一个驱动研究的关键问题，强调得到对最紧迫行动的发现。

用户研究报告往往可以归为以下三种类型。

- **使用性报告**（usability report）阐明现有产品界面的具体问题或成功之处。
- **纪实报告**（documentary）呈现人们如何使用产品或服务的总体情况。尽管承认体验的复杂性，但会把注意力集中在几个支持战略性思维的关键性观察上。
- **设计出发点报告**（design springboard）展示产品创新的机会。没有使用性报告那么紧凑，但比纪实报告中的行动更具体，设计出发点可以启发人们围绕着具体问题、具体用户或具体活动的方案进行探索。

要在这些类型中间进行选择，先问利益相关者如何使用这项研究所得到的结果。他们期望从中获得什么好处？

正式报告并不是研究影响组织、项目或服务的唯一方法。非正式报告、工作坊和其他社会化研究形式也很重要。但是很多组织机构坚持将报告作为**正式的**研究成果。对很多组织来说，这是研究成果在组织内传播和有持久影响力的最主要的方式。长篇的完美报告体现了严谨的工作方法和价值。一些研究人员**需要**长篇报告来体现结论的合理性，说明在研究方面花费的时间和财力是值得的。即使怀疑工作坊或其他协作活动能从利益相关者那里得到更多的个人参与，但正式报告仍然具有很大的分量。

准备

准备研究报告不同于对数据进行分析。在着手写报告之前，应该有完整的报告内容。这有助于提前考虑报告的形式，但是在投入太多精力思考呈现方式之前，需要有充分的内容。

了解用户

用户概要能够帮助创建内容及其呈现的方式。这不必是一个正式的概要分析过程，而是建立有关用户的一些事项，帮助您写有意义且有人想用的报告。这里需要问几个问题：

- **谁将得到报告？** 受众的构成将改变报告的重点。高管肯定需要一份更简短且更高水平的报告，与质量管理团队完全不同。如果有人有权决定成果的用途，则需要考虑他的需要。

- **他们的目标是什么？** 他们如何使用这些信息？有时他们只需要一个待解决问题清单。在其他情况下，报告的受众可能需要利用研究来帮助他们合理使用更多资源。在有些组织中，目标可能很快会变化，因而需要在准备报告时与利益相关者进行核实。

- **他们知道什么？** 技术复杂程度如何？这不仅适用于所考虑的任何技术，而且也适用于正在使用的方法。如果他们从不参与用户体验研究，您可能需要解释为什么要这样做。**记住，研究可能只是他们依赖的许多证据形式之一。**例如，您可能正在演示一个使用性测试的结果。如果您正在与产品经理讨论，您的机会取决于他们会花大量时间看使用数据。如果您呈现的结果与他们从使用数据中得出的结论相互矛盾，您就需要为自己的结果辩护，并解释它是有效的或有意义的。

- **他们需要知道什么？** 他们需要做什么决定，您的发现如何帮助他们？报告最主要的目的是回答研究的初始问题，但其他信息可能也重要。研究可能会转移项目的重点或揭示次级信息。如果这对项目很重要，您也需要传达这些信息。例如，在为儿童网络开发指南做情境调查时，会明显发现父母的技术水平并不比儿童高很多。这一见解超出了侧重于儿童的原始研究，但是很有价值。

- **他们有何期望？** 预测受众对报告中信息的反应能够帮助构建一份有效的演示。如果产品开发副总裁认为产品基本就绪并准备发布，他的期望就是一个快速修复清单。当用户测试揭示出系统问题时，支持报告的证据必须无懈可击，而且要措辞委婉。事实上，成功提出任何违背利益相关者已有信念的结论，都需要强有力的可信证据。然而，如果研究结果与团队目前的信念大同小异，那么报告中的任何不同也不需要太多的理由。

了解研究过程

如果您的受众有不同的需求、体验和期望，例如，您必须把信息提交给不懂技术的管理人员和核心编程人员，可以考虑做不同的报告并分别进行演示。这样，受众的各个部分都不会感到迷失或受到保护，演示者遇到的问题也会较少。

即使最广泛、最严谨的研究也有其局限性。在考虑如何演示调查结果时，请记住这一点。承认自身知识的局限性能够帮助报告的受众理解您的研究结果。相信他们，并按照他们的建议采取行动。

- **数据收集针对的是什么问题？** 阐明前面收集方法中的任何限制和可能的曲解（"我们只能与两个用户的其中之一交谈"），但是选择得合理（"我们只关注一个用户群，因为我相信，考虑到资源的限制，他们会给我们最好的反馈"）。如果认识到潜在的缺陷，就要在受众提出之前阐述出来。

- **什么是分析的局限性？** 分析给定的数据集有很多方法。分析只使用其中少数几个。承认选定分析方法的优势和不足。例如，尽管为问卷调查结果制表又快又容易，但是这种方法不会像交叉制表那样揭示变量的几个结果。但是，交叉制表更为棘手，需要更多的反应才有效。

- **哪里有偏见？** 招募的过程、参与者的观点、研究的条件、分析师的经验，每一方面都能轻微扭曲信息的收集过程。假装认为这些偏见的来源不重要对结论而言有害无益。识别和尽量减少偏见的来源会增加分析的可信度。

建立正式报告

在某些情况下，如一个简单的使用性研究，用户行为所导致的结果是非常明确的。在其他情况下，利益相关者需要在整个研究过程中一起讨论并产生不同的想法来解决识别出来的挑战。在前一种情况下，可以使用报告的结构作为演示的基础。在后一种情况中，在演示之后举办一场互动的工作坊是很有帮助的。在这种演示中，确定目标（也许在一个主要利益相关者帮助下）并用研究结果帮助产生潜在的反应。理想情况下，应该在项目开始的时候确定需要进行哪种类型的演示，但如果不可行，就要尽快沟通，商讨出正确的演示方式。

选择格式

在写报告前，应该与报告的受众一起讨论报告的格式。不同的组织机构和不同的产业对报告格式有不同的期望。一些组织需要书面报告，带有插图和漂亮的封面，有辅助的演示文件。其他组织期待综合性的幻灯片文件以支持现场演讲，或者除了自己演示之外，利益相关者稍后可能还要与组织中的其他人进行分享。现在越来越多视频文件作为附件插在幻灯片报告中，甚至可以作为独立的文件。

总体格式选定之后，就应该安排研究结果来适应报告受众。"最好知道"的信息只包含在完整版的报告中；"应该知道"的信息在总报告中，而"必须知道"的信息要在时间关键点发到项目主管的电子邮箱。要用引语或视频剪辑来支持或详细说明研究的结果。

基本研究报告的组织

以下结构适用于所有的用户研究报告模型。更详细的使用性报告实例请参见第 11 章。

执行摘要

执行摘要讲述整体故事框架。如图 18.1 所示，它首先简要描述最重要的观察发现，然后简要总结其他发现。如果读者只读了第一段，您认为他想要了解什么呢？

研究过程

报告的下一节总结主要的研究活动。在幻灯片演示中，这部分可以被压缩为一两张幻灯片，如图 18.2 和图 18.3 所示。长的文本

有些利益相关者，尤其是小公司和小团队，宁愿让报告简短，不做开发人员必须审查和参考的多个文档。在时间比较短的情况下，可以做个简易和有重点的研究，这时要考虑让团队快速浏览报告的演示形式。在执行摘要中包含支持材料的链接。也可以以幻灯片形式做报告，前面放"必须知道"的材料，完整的、详细的研究发现可以放在附录中。对于演示来说，用演示软件的"隐藏"功能隐藏详细说明性幻灯片，但它们在提出具体问题的时候是可用的。

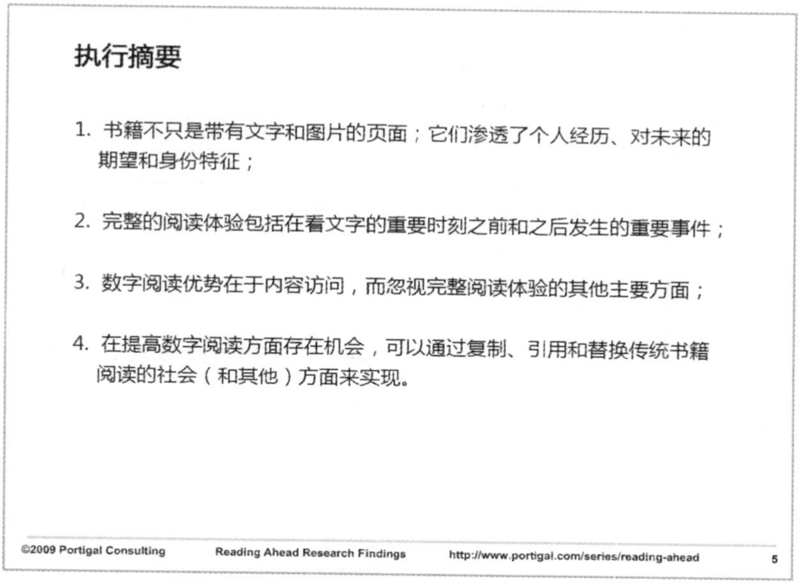

图 18.1　执行摘要幻灯片，来自 Reading Ahead，Portigal Consulting 所做的有关未来书籍与阅读的战略性研究项目。完整演示（英文版）可以参见网站 *www.portigal.com/series/reading-ahead/*

文件可能包括更详细的解释，如下面使用性报告中的例子所示。它可以在研究方法上提供完整的背景，描述团队如何招募参与者，如何收集和分析数据，这类研究在哪些方面有局限性。

- **招募**。如何定义参与者概要？怎样找到参与者？使用什么标准？

　　我们邀请了 6 个有电子贺卡使用经验的人来评价 Webcard 界面，并对礼币（Gift Buck）原型进行评论。这些人是据其最近使用本网站的情况（他们必须在上个月使用了网站）从 Webcard 的用户列表中选出来的，他们的网上购物活动（他们必须在之前的两个月内购买过礼品），而且可以在 1 月 20 和 21 日的工作时间内来到 Webcard 工作地点。

图 18.2　Reading Ahead 演示的研究过程幻灯片

- **数据收集**。使用的是什么研究技术？是在什么地方采用的？花了多长时间？涉及多少参与者？您问了什么类型的问题，或者让他们执行了什么任务？您是如何记录活动（录像、笔记等）？如果用了任何标准的度量标准，如错误率或任务完成的时间，就可以在这里做一个解释。

　　每一次 90 分钟的访谈都以一系列问题开始，这些问题主要针对评估者网络使用情况及他们的网购和在线贺卡服务体验。主持人向大家演示目前的 Webcard 网站，在大家浏览过后询问大家的直接印象。看了几分钟之后，主持人让大家为朋友找复活节贺卡。找一段时间后，主持人让大家返回主页仔细检查界面，讨论首页上的每一个元素、大部分目录和个性化的网页设计元素。下一个任务是找到一张带有旧金山图片的贺卡。在这个任务上花几分钟之后，他们展出附送礼币的贺卡个性化界面的原型，讨论在其中发现的新的界面元素。

> 主持人结束访谈，帮助评估者总结他们对产品的看法，并就附加功能进行头脑风暴。

- **分析**。您用什么工具或方法来分析数据？

> 所有访谈都进行了录像。针对参与者的行为、信仰以及陈述的趋势仔细审查录像。部分转录包含有趣的和/或说明性引语。然后将观察数据进行组织和分组。最后提供的资料组提炼出更一般的趋势。

- **局限性**。过程是否有什么重要的限定性条件？招募决策引起系统性偏差了吗？有数据不能回答的问题吗？不要隐藏任何问题，要解释它们为什么存在以及为了缓解问题而做的任何努力。在图 18.3 所示的 Reading Ahead 项目案例中，作者用插图解释研究中采用领先用户抽样的局限性以及他们为什么采用这种技术。

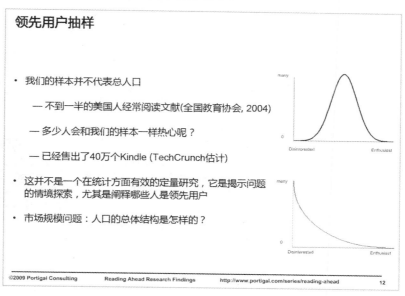

图 18.3　在 Reading Ahead 项目演示时阐述研究局限性的幻灯片

如果受众精通相关研究技术，可能只需要您简单描述几句话或描述要点。如果受众对用户研究或对您所使用的技术不熟悉，就需要提供更详细的描述。在任何情况下，文本段落更适合长达好多页的书面报告，在幻灯片中避免使用太多文本。

记住，和方法相比，受众对结果更感兴趣。使用性测试所用的照片、访谈的录像装置或贴满便利贴的墙面，比文本页面更能快捷、生动地传达方法。重要细节作为附录添加到报告后面，如讨论指南、深入招募策略对统计分析选项的解释。

参与者概要

针对没有参与观察的人，描述参与者的情况能够强化研究的真实性，并为解释这些陈述提供背景和情境。尽管每个人都知道参与研究的都是真实的人，但是细节可以清楚地说明参与者的观点，他们的不同点，最重要的是他们体验的是真实的。至少用一个表格来概述参与者如何符合招募概要条件，或者有一个带照片的更广泛的描述，如图 18.4 所示。

图 18.4　来自 Reading Ahead 项目演示的参与者概要

同样，在对观众能够认出来的人拍摄视频时更要谨慎。如果某人可能被认出，通常不应该展示，而是用一份文字说明来陈述他们的意见。

主题

建立情境之后，尽可能直接并简洁地演示观察所得（图 18.5）。无论是使用性测试、日记研究或家庭访问，其报告主题或观察都有以下 3 个主要组成部分：

1. 简要描述
2. 稍长一点儿的总结（如果需要）
3. 支持性证据（照片、视频、统计数字或引语）

书能使人心情舒畅

- 一些人把书作为避难所：远离电脑、屏幕和数字信息

- 与电脑常规用途的扫描和多任务相比，书籍能提供更慢、更专注的体验

- 艾莉卡："我有一段艰难的阅读时期……但我一直持续阅读，没有做其他事情。我意识到这是一个问题，并且努力克服。我该坐在沙发上，觉得自己需要查看电子邮件。"

艾莉卡的床头柜

©2009 Portigal Consulting　　Reading Ahead Research Findings　　http://www.portigal.com/series/reading-ahead　　54

图 18.5　Reading Ahead 项目演示中的主题发现幻灯片

研究成果

和使用性报告中一样，有针对性的建议可以放在特定研究发现之后。然而，从几个不同主题中引出的更广泛的建议也可以出现在

如果报告涵盖多个研究活动，就需要包括多个过程/概要。然而，是否将多个活动产生的结果合并为一组主题或按活动进行介绍由您自己决定。

每一部分的最后（图18.6）。这可以包括模型和图表，如人物角色、场景和体验模型。

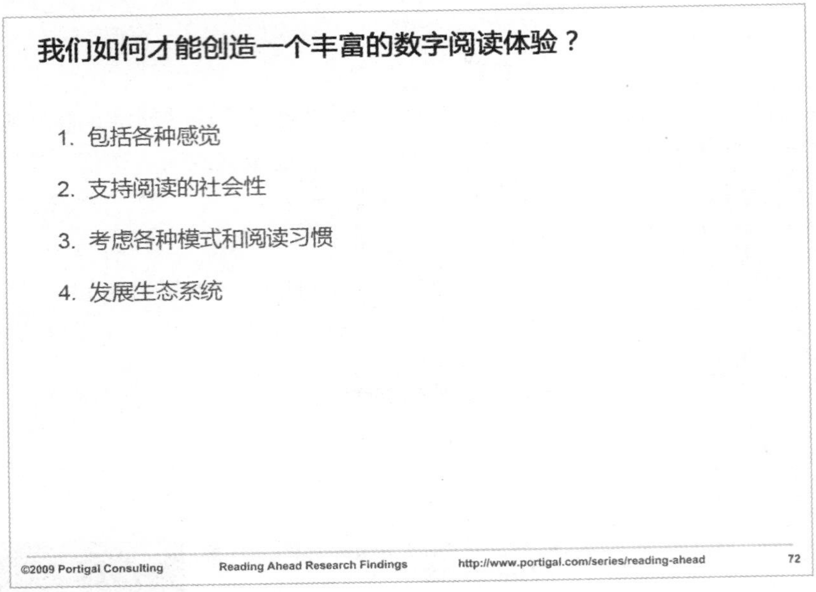

我们如何才能创造一个丰富的数字阅读体验？

1. 包括各种感觉

2. 支持阅读的社会性

3. 考虑各种模式和阅读习惯

4. 发展生态系统

图18.6　Reading Ahead 项目演示中的设计战略建议幻灯片

结论

如果有研究成果，可能不需要结论。然而，结论这个部分是一个好位置，可以用于讨论研究提出的更大的议题或未来的工作。它可以将受众从细节拉回到整体理解产品和研究过程中。在一个较长的书面报告中，它可以帮助受众从具体的修复或建议转移到战略意义上，如下面的例子所示。

结论

用户认为，Webcard 服务是有用的，而且总体上做得还不错。

虽然可以通过把小附件附加到指定贺卡上改善人们找不到特定贺卡的状况，但这不能消除搜索功能和信息架构方面的问题。正像人们在寻找旧金山主题贺卡任务中的表现所显示的，网站所有部分都无法访问，因为信息结构与人们的期望不相匹配。

我们建议使用卡片分类和观察法来研究用户的期望和自然的组织方式，并使用全文搜索界面和仔细选择的关键词来简化搜索过程。

附录

如果您有其他对利益相关者有价值的信息，但它们与报告的主题内容无关，则可以把它放在最后的附录里。在演示中包含收集到的每一条信息很诱人，只要它对受众有用，但是千万不要信息量过大，让受众湮灭在其中。

报纸风格

不论形式如何，所有的报告都应该有报纸故事一样的结构。新闻记者认为，一些人还勉强有一点时间读前面几段文字，一些人会读一页或两页，一些人会浏览整篇内容，还有一些人会细读每一个词。报告内容需要满足每一类受众的需求。

在经典的报纸风格中，第一句讲述最重要的事实（比如"尽管消费者信心不足，但是今天股市急剧上升"）。第一段讲述基本事实，接下来的几个段落阐述在第一段提到的几个关键要素，其余的故事提供背景，完成故事的历史梗概。

因此，写报告时绝不要"把最好的留到最后"，而是要把最不重要的放到最后。

对报告进行测试

就像任何产品一样，在报告发布前还需要对它进行测试。也许开发人员希望明确标注问题领域的画面。也许他们希望通过开发或通过用户市场来破解存在的问题。也许他们需要不同的重点来使报告完全有用。

可以向来自报告受众的几个人展示报告的测试版。在他们花一两天时间看过之后，与他们进行 10 到 15 分钟的交谈，揭示出许多报告是如何有效处理受众需求信息的。报告是否覆盖他们期望的所有主题？它对研究结果的优先级排序恰当吗？他们期望其他人员有关于报告的任何议题吗？

演示

在规划阶段收集研究问题时，记录下哪些东西对哪些人，这很重要。现在您有机会表现自己已经解决了每个人的问题。不要害怕对特定人群进行定制演示。在同一个组织机构内，不同职能和角色的人有不同的目标、关注点和用户研究需求。

一般而言，向专业化受众进行演示时，要导入全部"必须知道"的信息，但要把大部分时间花在针对这一小组的具体议题上。如果研究结果提示某些东西有问题，而这个小组觉得他们"拥有"这些东西（如工程师的系统性能或营销人员的相关信息），就在这一议题演示之后留时间直接讨论，他们会问您很多问题并开始分别列出这个议题。

然而，演示不仅限于阅读报告。结果展示方式和报告总结差不多一样重要，也许更为重要。产品用户体验的复杂性往往很难通过描述来理解，对功能细节的解释，演示比文字描述更容易。

在这本书中，我们确实不能正确评判创建和提交有效演示的艺术。在这个世界上，从高中演讲课到高管的励志演讲，这个世界上有很多关于演示的建议与忠告。据说，有几点特别适合用户研究。

● **使受众有准备**。在谈论细节之前，把受众带入能够帮助他们珍视您的贡献的思维模式。提醒他们研究的动机，即他们想提高的领域或者他们努力想要回答的问题。然后展示您的成果是**如何**解决这些问题的。如果演示针对的是非经常受众，或者他们对用户研究没有经验，您可能需要解释特定方法是如何工作以及为什么它们是可信的。

- **仔细挑选主题和支持性证据**。您有什么强大而令人信服的证据？什么是新的或者出乎意料的？想象让受众猜一猜研究，他们的猜测正确吗？有时，在用户研究演示时，研究结果变得如此接近于"常识"，以至于利益相关者都确信自己实际上没有了解到什么新的东西。合适的主题和真实案例的说明能够揭示新的东西，并持续吸引受众的注意。

- **使用真实的例子**。展示胜过讲述。最好让受众看到确切的行为或态度。画面中反复讲述相同的话和犯同样错误，从这一点看，视频比书面说明更有效果。如果这不可能，用真实的产品快速演示问题也有效。如果演示不可能，就用真实的参与者姓名和引语。例如，"吉姆在放弃之前花了3分钟的时间检查主页，然后说不可能有搜索界面。指给他看之后，他又花了1分钟的时间为自己如此愚蠢而道歉，尽管主持人说那并不是他的错。"然而，这样的描述或演示要控制在一两分钟以内。

- **强调用户的观点**。每当人们开始创建解决方案，甚至当他们试图了解问题的性质时，都会自然地从自己的视角开始。由于开发商几乎总是不同于最终用户，所以这可能导致错误或歪曲的结论。要使用引语和其他证据来显示用户的观点和团队观点的差异性，例如用户自己对产品目标的陈述，他们通常在哪儿和如何使用产品。

- **尽量不使用专业术语**。专业术语的使用仅限于已经对它进行定义之后。当人们听到很多他们不能理解的词汇时，会觉得云里雾里，根本搞不清楚状况。然而，有时受众了解有关技术概念的专业术语是有益的，因为这对理解报告很重要。一个定义信息架构的简单句及其"以一种对给定用户群有意义的方式对信息进行分类和组织的学科"会使其通俗易懂。另外，需要了解受众的术语及其定义与报告中定义的主要差异。例如，电台编辑组用"标题"一词来指重要新闻故事的主题，设计师则用它来指定文本的样式。在研究人员意识到术语差异之前，他们不明白为什么两组人觉得研究结果令人费解。

- **谨慎使用数字**。人们有一种倾向，总认为数字是客观的、绝对的，即使已经告诉他们事实并非如此。数字、柱状图和饼状图看起来很好，但要避免使用，除非有足够的数据支持。不要隐藏结果来自少数用户这个事实。例如，报告讲述"6 个用户中的 4 个用户"做了什么事情，而不是"大多数"。认真思考这个问题：是真正从统计角度澄清了观察，还是只是使它看起来更权威而已？如果是后者，就应该加以重新说明或略过不表。

- **留三分之一的时间提问**。如果演示提前结束并且没有人提问题，则不会有人抱怨。但是如果他们有问题却没有时间提，则会感到不安。应该事先预测受众要问什么问题，然后准备好现成的答案，这样可以省去麻烦。连同调查结果一起，准备回答研究设计和用户研究结果如何与客户体验的其他信息（例如使用数据、市场研究和行业报告）相关联的问题。

使用视频

视频剪辑对报告是有益的。在使用性研究中，视频片段可以详细描述人们具体是怎么使用产品的，证明问题的严重性。对于任务分析，视频片段能够说明重要任务过程中出乎意外的细节问题。对于实地访问，视频剪辑能够提供其他任何方式都很难表达的氛围。不能亲临报告演示现场的人可以很方便地在网上进行视频回顾和分享。

下面是制作人们想看和分享的视频剪辑的一些提示。

- **标注每一个片段**。用简短描述进行标注。例如，使用性报告可以包含标签"找出搜索框的问题"。不要假设视频证据是不言而喻的。如果有一些想要引起受众注意的重要词汇，也可以把它添加到视频中。

- **视频片段要简短**，选择性地使用视频。视频需要很多注意力，不能像文本那样进行扫描和浏览。您不想让人们从您辛苦制作的视频分心或分散注意力。把每一主要点的视频片段分解为单独的文件，人们只需看他们感兴趣的即可。除非绝对需要，否则视频片段的长度应该保持在 3 分钟以内。

- **讲述故事**。这是最重要的。甚至说明一个单一的问题或一类行为时，可以通过前后顺序和标题使剪辑有故事感。例如，假设一个参与者在使用性测试中为完成一个任务挣扎了 5 分钟。您想强调他的困难，但是 5 分钟的视频太长了。相反，您选择了 3 个重要的时刻：最初的乐观和第一个困难；2 分钟内的烦恼；然后在第 5 分钟时最终投降。您把这些部分串在一起，用时间标记每一个部分。最后的视频剪辑长度虽然不到 1 分钟，但是有效地传递了 5 分钟挫折感增长的状况。

大部分用户研究报告不需要复杂、高端的视频编辑软件。只需要一个可以进行剪辑、排序并在关键时点覆盖标题的轻量级应用程序。有许多这样的程序，可以免费或者花很少的钱来获得，通常捆绑在新款电脑上，如苹果 Mac 的 iMovie 和 Windows 的电影制作软件。

您需要一种方式和利益相关者分享视频剪辑。如果创建幻灯片，可以在其中嵌入视频链接（图 18.2）。网上分享视频剪辑更困难一些。有很多视频分享免费服务，但是您需要确保您的客户不介意在商业服务中存储其业务信息。您也需要确保能够在必要时对访问进行限制，但又能使研究的利益相关者很容易看到它们。

报告演示中的常见问题

研究人员在演示过程中经常面临很多相似的无效的或消极的反应。作为演示者，如果没有预料到这些反应，您会发现自己处于不舒服的结巴和尴尬状态。还好，事前稍微做一些准备可以减少现场的惊慌。

- **"这没有统计学意义！"** 演示焦点小组、使用性测试或访谈所得出的定性研究结果时，常常会听到这样的说法。真的，这些研究方法通常并不产生具有统计学意义的结果……但那本来就不是它们的目的。定性研究的目标是发现可能的问题或设计机会，了解它们的原因，合理解释它们。这不是最后建立精确频率范围的大规模人口问题。针对这一异议，另一种方式是展示不同类型的研究，比如使用性测试和日志文件分析，即针对相同的行为提供不同的视角。综合考虑这些研究技术比单用一种具有统计学意义的方法更有用。

- **"触发内部冲突。"** 有时，用户研究主要揭示的是公司而不是用户。例如，考虑一个汽车公司的网站。在线销售团队想要增加公司直销的工作，而经销商支持团队想要缓和汽车经销商对厂家直销参与竞争的恐惧。设计师通过区分直销和经销的界面来解决问题，但是分离的界面令使用性测试的参与者更加混乱。在这种情况下，甚至一提到混乱都可能挑起激烈的辩论。如果您不是该公司员工，还可以置身事外做到公平公正。如果您是该公司的员工，捍卫研究的公正性就特别重要，免得您被误认为是对方的党羽。捍卫自己的结果和澄清研究所符合的事实，但让两组人自主决定影响。

- **"这个用户很愚蠢。"** 这一念头有种种含义："这个用户很单纯""好了，这个人没有什么经历"等。当然，个别参与者掌握一个概念很可能非常慢，但是如果研究发现来自于精心分析，说明其依据是来自多个参与者的证据。如果招募工作做得到位，参与者就符合团队所说的目标用户概要。提醒受众在项目开始就要同意目标用户概要，指出所有参与者都符合目标用户概要。团队必须尊重参与者的反应，因为他们都是目标用户群的成员，需要明确地重新定义其目标用户。

- "参与者 X 不是我们的目标用户。"同样，如果在研究开始就严格定义目标用户并按照定义进行招募，那么参与者 X 就是我们目标用户的一员。如果感觉个别用户成员不是这样，就好好问一下具体原因。"参与者 X 就是不像我们的目标客户"这样陈述可以是一个很好的机会，可以好好探讨与目标用户相匹配的实际参与者与我们想象中的"目标用户有所不同"。

- "用户 X 做了 Y，因此每个人肯定都会做 Y。"（随后通常还紧跟着"我早就告诉过您！"的各种说法）。这样概括就有些过分了。正如 Snyder 咨询公司的卡洛琳·施耐德（Carolyn Snyder）所说的："您可以从一个数据点推断出任何一个方向。"一个用户行为（甚至是几个用户行为）可能很有趣，可能指出潜在的问题。**但是它不能代表大部分人群的体验**。单一的数据点不能解决特定现象是否普遍的内部纷争（但这可能是未来项目一个很好的起点）。

- "**他们所有人都讨厌绿色，所以我们要像亚马逊那样都做成白色。**"人，尤其是面向解决方案的人，往往倾向于认为一个简单的投诉处理可以解决根本问题。其实要解决的应该是疾病根源，而不仅仅是症状。为了探讨根本问题，应该使讨论远离早期草率提出的解决方案。

- 隐性问题。用户体验的有些不确定问题对用户和开发商来说都是不可见的，因为它们对产品而言非常基础。例如，一个营利网站想要简化向非营利性组织捐款的过程。研究参与者普遍不喜欢营利公司从他们的捐款中赚钱。即使参与者很少明确提及这一点，但每一个使用性评价中对此几乎都有所表现。然而，任何可读性和导航问题都无法与参与者不喜欢整个公司的经营模式相比。不质疑产品的基本性质，我们就很难发现和讨论这些问题。然而，假装隐性问题不存在是不负责任的。您需要弄清楚如何告诉开发团队必须加以关注。

工作坊

　　合作性的参与式工作坊适合于任何需要创造性反应或复杂决策的情形。然而，研究驱动的工作坊不同于其他类型的设计工作坊。有时也称**解释性会议**，这是研究驱动的工作坊和其他类型创意产生活动最主要的差异。解释性会议的主要目标是使用户研究成为未来行动规划的共同参考点。

　　研究驱动的工作坊通常有以下三种基本成果中的一个或多个。

- 确定研究见解对业务有哪些影响。
- 培养对用户群的共情。
- 共同解决问题或至少表明解决方案可以在哪里找到。

　　工作坊通常紧跟在研究演示之后。如果利益相关者参与研究工作并有一些能够理解研究结果的背景，您可以跳过正式的报告。理想情况下，参与者在参加工作坊之前已经读过研究报告。包括创意产生过程的研究驱动工作坊通常需要 3 个小时，其中 45 分钟演示研究成果，15 分钟提问时间，90 分钟的创意产生过程，然后 30 分钟分享和评议方案。

在工作坊的规划方面有丰富的信息。我们在这里只有足够介绍研究驱动工作坊的空间。有关工作坊规划，包括建议的供应品和其他活动的更多指南参见本书网站：www.mkp.com/observing-the-user-experience。

　　分享研究成果是重要的第一步，工作坊的目标是激活思维。一种广泛实施的倒推方法是"我们如何……？"但在参与者深入探讨研究时，鼓励他们描述他们所以为的理想状态，然后让他们实现。例如，为一个饮料公司所做的研究项目发现，消费者担心所有这些瓶子对环境的影响，工作坊参与者也许会提出这样的问题："我们如何帮助消费者再利用我们的瓶子？""如何使瓶子变得可降解？"或"如何向消费者表明我们正在减少垃圾？"

　　由于工作坊需要人们积极参与，所以您得花更多时间来获得支持，并明确提出自己的期望。虽然说来简单做来难，但是可以得到更好的解决方案，并加强利益相关者对研究价值的看法。因为他们可以亲自体验如何借助于用户研究来解决问题。

无论使用什么格式，以下基本原则都是适用的。

- **明确自己对工作坊的预期，然后据此做出计划和时间安排。** 如果有广泛而大量的研究，可能需要几天的时间。如果只是从最新测试中得出结论，可能只需要一个小时。

- **邀请不同的利益相关者并把他们打散混合。** 很多工作坊活动安排在小团体中进行。给人以新的思维模式，让他们与通常不会遇到的人一起工作。最有趣的结果往往来自于跨职能团队，例如，几个工程师、一个高管、一个设计师和一个技术文档撰写人。

- **演示和工作分不同阶段进行。** 把演示分成不同部分，然后提出问题和挑战，不断进行这样的练习，让人们保持新鲜感，总是有事情可以做。

- **讨论始终要以数据为基础。** 打理研究数据是需要引导的。主持人应该作为一名教练，指导人们在研究的基础上进行思考与产生创意。主持人的工作是友善地提醒人们回归到研究，不管什么形式，人物角色、概念模型等都可以。

- **构建一种能够缩小选择范围的方式。** 工作坊自然会产生很多不同的想法。如果它能够发展有价值追求的思想共识，将更有意义。为此，可以安排一个优先级排序练习。

- **将结果归档。** 如果公司决定开发在工作坊产生的概念，文件归档当然就有用了。即使不是这样，也可以让没有参与的人知道结果。不仅要对最后的结果（草图、白板上的图画、清单等）进行拍照，而且要对正在采取行动的人进行拍照。

解释性会议的常见活动

几乎所有研究驱动工作坊的基本结构都很简单：从研究结果演

工作坊常常采用头脑风暴这一概念生成技术。设计公司 IDEO 的以人为中心的设计工具箱对头脑风暴提出了很好的指导和建议。可以在 *www.ideo.com/work/human-centered-design-toolkit/* 找到。

至少有一些参与者有支持活动的特殊技能。如果您想产生概念草图，一些人应该知道如何绘图。如果想针对商业策略产生一些见解，则需要一些策划人员。如果工作坊能够解决产品的一些具体问题，至少需要一些深入了解产品的人。如果您把工作坊的参与者分成小组，每组应该至少有一位专家。不要让房间中每个人都觉得自己无法胜任活动。

示开始引导一个工作会议；在工作会议中，利益相关者提出想法来解决在研究中归档的问题，然后把这些想法画成草图或制成原型。接着，小组将这些想法分类或者进行优先级排序。可能有很多变化。想法决定了出席者的活动路径，从用户需求与问题，到概念和解决方案。这里有很多思路可以启发您对工作坊的思考。

演示的形式

以沉浸式方式与工作坊小组分享您的研究发现，而不是采用讲座式的演示。为此，您可以把招贴放到墙上，展示程序和发现，然后让小组逐步浏览这些研究。另外一种选择是讲述用户的交互和体验方面的故事，以此来说明您的研究发现。

更大胆的做法是用自己丰富的经验来传达研究发现。让出席者操作物品或聆听现场访问中记录的声音。可以设计与研究课题相关的游戏或好玩儿的活动，以诱导出与研究参与者感觉相似的喜悦感或挫败感。甚至可以放置家具模仿关键空间的配置（例如工作场所或卧室）来显示非常拥挤或非常宽敞的使用环境。

得到研究见解对业务的启示

演示完成之后，把人们分成小组。如果您有人物角色，每一组都分配一个。如果您正在依据按主题组织的报告进行工作，分配给每个组一个主题或一个机会。然后让他们尽量多列出他们能想象到的各种方法，这些方法可以支持人物角色需求或填补每一缺口或能利用每一个商机。一旦大家的思想开始活跃起来，就开始记录以供稍后与他人进行交流。此时的工作方法取决于业务环境、出席者及其对提交物的舒适度。可以通过列表、绘图的方式展示工作坊的成果，甚至可以把它们规划表演出来。每个小组都可以向工作坊的所有出席者演示自己的想法。

培养共感

有许多方法可以帮助工作坊的出席者识别客户或用户的体验。人物角色（参见第 17 章）是一个非常流行的方法，它可以产生研

激发创造力的一种方式是把会议变成一种游戏。把人们分成不同的小组。限定时间。给他们一种极端的情景让他们做出相应的反应。为提出最多想法和最疯狂想法的小组颁奖。

究共鸣。但是人物角色本身并不保证能产生这种共情。把工作坊的出席者分成小组，然后让小组以头脑风暴的方式支持每个人物角色的需求，这是一种使研究利益相关者关注客户需求的普遍方式。

您可以为研究利益相关者创造活动以更直接的方式引起他们的共感，让他们感觉与研究参与者体验过的感觉相似。当目标用户遇到开发团队没有遇到过的身体障碍时，这种方式特别有用。邀请团队使用他们自己的产品，以用户的工作和生活条件穿着衣服或使用工具（例如，甘蔗、高跟鞋、两年前的低端手机或一个装满书的大包）。甚至可以租用"孕妇肚"或者雇用专门人员来模拟部分失明或行动迟缓的人。**亲自感受**阅读或行走困难比上千条引语或照片更能有效建立共感。

协作解决问题的方式

为了把研究转为行动，大部分解释性会议都留有一部分环节来解决问题。问题是如何更有效地以见解为出发点展开更广泛的讨论。我们已经讨论了如何使用人物角色作为出发点，但是您肯定不需要人物角色来开始讨论方案。使用性评价本身对解决方案的评价最直接，您已经呈现了最重要的问题，甚至提出了一些初步的建议性解决方案。本书作者之一安德里亚帮助团队在短短一小时内取得了进步，15 分钟展示概要性的使用性发现，45 分钟讨论、绘图和对解决方案进行头脑风暴。不要指望工作坊能够产生决定性的解决方案或巨大的突破，也不要让出席者有这样的期望。相反，工作坊的主要目的是帮助人们对研究中的问题和机会产生新的想法。

扩展研究的影响范围

演示之后会发生什么呢？您离开房间后，研究的需求并没有消失。一些研究人员需要与产品团队长期一起工作，使他们有更多机会保持鲜活的见解。但是其他很多人却以研究顾问的形式工作，无论是作为组织内部的独立研究小组还是外部顾问。无论哪种情况，研究人员几乎没有机会支持策略制定。

有 3 种策略可以提供持续支持，甚至还用不着亲自参加。

- **积累提交成果**。将所有数据一股脑儿都填入报告中，会使受众云里雾里，搞不清楚状况。但留下一点儿额外的信息可以帮助回答晚些时候的问题。通常情况下，报告会在附录中包含文案的详细内容。您也可以移交项目文件：访谈的转录和所有来自于访谈、视频和照片的原始数据。当然须得经过参与者的许可！

- **鼓励研究归属**。帮助客户自然而然地将研究发现融入自己的工作中。让他们参与研究和分析活动整个过程，就可以做到这一点。如果他们不清楚研究发现如何引导行动，可以考虑安排一个工作坊来帮助他们开始。

- **跟进**。定期回头检查研究客户如何使用（或不使用）这些信息。消除他们的不安，逐步了解未来新项目的可行性，并了解研究对他们有哪些帮助或下次怎样改进。

结语

对于演示，理解受众的愿望和期望类似于理解产品受众的需要。虽然传达方式不同，但议题是相同的。一般来说，消除怀疑和回答问题的最佳策略是了解目标受众，预测他们的需要，与他们一起寻找解决方案。

有时，这可能以一种期望设定的形式，但是大多数情况下都要有充分的准备。了解受众的日程和问题远远胜于单纯的注解和表演技巧，关键是将研究发现从可选信息转为必不可少的素材。

第 19 章
打造以用户为中心的企业文化

　　经过本书的讨论，我们已经认识到一点：要想成功打造受欢迎的、吸引人的、有用的产品或服务，观察用户和接触用户是最基本的要素之一。但我们也要面对一个现实：形成组织的要素很多，以用户为中心只是其中之一。在当前，它对公司有多重要？试着如实回答这个问题。我们已经展示了如何尽力做好研究以及如何更有效地传达研究结果，但真正的挑战在于让公司专注于高品质的研究，并根据研究结果做出重大决定。这超越了您甚至团队的职权范围。但这些对企业文化非常重要。

　　以用户为中心的开发往往要求开发者改变视角，并花时间从用户的处境考虑问题。这种根本性的改变要花一定的时间，并且不同组织有不同的做法。国际标准化组织已经为组织的使用性成熟度（usability maturity）定义了一系列不同的级别：最低级别（公司可能还没意识到自身存在使用性问题）；最高级别（以用户为中心的设计已经被"嵌入开发策略以确保产品的使用性"）。当然，大多数公司都处在这两者之间。

　　有一些公司通过关注设计和用户取得了成功，很多组织声称他们重视以用户为中心的设计与用户研究。首席执行官也许通过企业的核心价值来表达以用户为中心的观点，或者指出需要模仿另一家公司，例如乐高集团和美捷步（Zappos）。但是许多公司仍然发现需要为产品发货安排日程，或者用户体验研究的花费以前都是用于广告和产品推广的，所以很难提高研究的优先级。与每个项目都要重新开始相比，我们建议集中精力改变开发流程，使用户研究与设计变成份内的工作，并为研究和设计人员在决策会议中明确留出位置。

遵循现有流程，按部就班

启动每一个研究项目时，要精心计划和定义，如第 4 章所述。可以在这个过程中了解产品或服务的使用情景。为什么要开发这个产品？这个产品能做什么？您可以与关心此产品的利益相关者和发起者会面，了解他们衡量这个产品是否成功的标准以及他们优先考虑的问题。

如果持续与一个组织进行多个项目的合作（无论是以顾问的形式还是在机构内部工作），就有机会了解该组织的看法。花时间做这些"内部探索"，之后就能够了解员工希望如何开发，**实际上**如何开发，应该如何帮助他们改进工作方式。

此外，还可以更好地识别出特定项目中的关键利益相关者：对产品感兴趣的人、会对产品感兴趣的人、反对此产品的人以及可能帮助产品获得成功的人。这些人也许在您的团队中，也可能在兄弟部门。他们也许是高级主管，也许是固执的工程师，或是必须向客户描绘产品的销售人员。

即使是位高权重的人，也不可能在一夜之间使整个公司做到以用户为中心。这些实践一次只能在一个项目与一个团队中稳定进行。同样，同时使用所有方法也没有用，因为组织内部存在不同的期望、资源与关系。相反，在公司中使用用户研究应该意味着一种尝试，观察其结果，思考下一次如何做得更好，然后再一次进行研究。

从小处着手并逐步扩大规模

从小处着手通常最有成效。如果失败，人们不会把小项目当成严重的挫折。如果成功，小项目就可以被推广为更大的项目。另外，这样还可以帮助大家理解用户体验研究与 UCD 方法、目标和预期等。

多小算小？最初的目标应该是短期的、可行的、直接的。理想的情况是项目需要修订或增加一个相关性不太高的功能，以便我们观察其短期内所发生的变化及影响。例如，如果您为一个网站工作，第一个项目最好是检查表现不佳的注册体验的使用性，或尝试确定哪些改变能增加注册人数或比例。如果没有现成的小项目，就选择一个可以尽早开始的项目，从一开始就将用户研究整合到公司其他部分不太可能影响得到的初始项目中，让自己有权限以不同的方式做事。最后，您可能从草根开始，使一个小团队按照以用户为中心的流程工作，并以这种方式为其他人树立榜样。

BigStep.com 的前任用户体验主管约翰·希普尔（John Shiple）建议，把用户体验研究加入网站首页的重新设计。定期进行首页和登录页面的重新设计，首页既可以作为广告牌，又可以作为用户进入公司的途径。首页是用户体验的重要组成部分，首页设计在宣传方面的作用大于功能，所以不成功的设计可以很容易地重新设计。这就给出了重新设计的范围和重点，而份量不如核心功能设计那么重。

做好失败的准备

当您开始在公司内部引入 UCD（以用户为中心的设计）相关技术时，就要做好犯错的准备。您也许会在错误的时间对错误的产品细节做出错误的研究。您也许会用错误的方式提出所有错误的问题。您也许会被要求做一些不适合的事情，不管您是否愿意。研究结果可能对开发人员没有用，或者他们也许会完全忽略您的研究结果。管理层也许会要求你提供几乎不可能得到的硬数据。

基于以上这些因素，最好选择从小项目入手。这也是冷静应对改变的机会。每个人都有可能进行糟糕的研究，但是无论有多少瑕疵，每项研究都能为我们提供洞见，即使只是供下次研究参考。意识到失败能够大大减少将来犯此类错误的机会。给可能收到研究结果的人和自己设定适当的期望，通过问题来制定下一步计划，从访谈对象获得反馈，检查研究进展，即便是在研究过程中。

请利益相关者参与

启发式评估或称"深思熟虑的批评"通常无法让人相信产品存在这样或那样的问题。但一个鲜活事件加上甜甜圈能使单向玻璃背后的伙伴相信这些问题。这虽然令人难过，却是一个不争的事实。

——华盛顿大学信息学院助理教授戴夫·亨德利（Dave Hendry）

让人们观察并参与研究是向他们推广用户研究价值和功效最有用的方式之一。观察用户使用产品失败的过程，能给观察者带来非常切身的体验，说明观察者的看法也许与用户思考的方式完全不同。

开发团队与关键的利益相关者需要以不同的方式参与用户研究。

利益相关者

产品决策者需要看到能够体现研究价值的第一手资料。为此，最好的方法是让他们直接观察研究。他们不需要主动参与其中，但如果利益相关者能与用户在同一间屋子里观察用户费劲地使用产品，并倾听这些挣扎对开发团队的启示，可能对开发团队努力解决这些问题有所帮助。

开发团队

直接参与的人需要看到研究的过程和结果。对于他们来说，参与研究应当直接参与指定研究目标，创建研究原型，分析研究结果。一旦开发人员参与其中，就会更欣赏这一过程，并将其整合到未来的计划中。

让每个人都参与每段研究非常困难，因而，开发人员需要直接做对他们最有意义的研究。例如，市场营销和业务人员可能对涉及产品战略的议题更感兴趣。这些通常主要从焦点小组和情境调查中体现出来，在使用性测试中体现得较少。负责写技术文档和培训的人受益于了解哪些概念人们需要进一步解释，了解通过任务分析或使用性测试访谈揭示的议题。工程和交互设计肯定需要使用性测试，但参与实地研究也许不会立刻见效（就是说，这两个团队应该尽量参与研究，因为他们所处的位置最适合应用自上而下的用户体验知识）。

交互设计师杰夫·维恩（Jeff Veen）描述了他从一个公司的员工那里得到的对用户研究概念的反馈。"对于工程师来说，使用性是一副无处不在的手铐；对于设计师来说，它就是市场营销。"他的解决办法是把研究转变成一个事件。他明确表示有些特别的事情正在公司和开发人员身上发生：管理人员正在倾听，并真的在仔细审查产品。他首先安排一个宽松的交付日程，给开发团队更多的调整空间，并减轻他们对这一过程将增加其额外工作量的恐惧。接下来，他邀请开发人员在一个舒适的房间里观看使用性研究，并提供所有的膳食。当他们在一起观看访谈时，他为他们分析测试，强调特定行为的重要性并把其他行为放入情境之中。他鼓励开发人员讨论产品。过了一会儿，开发人员就注意到他们对产品功能的讨论已经依据特定的用户及其陈述展开，而不再依据基本原则或意见。

尊重开发团队。就像开发人员倾向于放弃无法理解软件的"愚蠢"用户一样，用户体验研究中也倾向于放弃那些无法理解以用户为中心设计流程的"笨的"或"无能的"的开发人员。积极参与开发，向他们解释流程，并听取他们的建议。如果一个开发团队在一开始显得很笨拙，那您会惊讶于他们作为伙伴参与研究后所表现出的智慧。

打造以用户为中心的企业文化　　　525

把研究发现展示出来

不要等到结束时再分享您的研究发现。随着研究的进程进行汇报，必要时还可以要求利益相关者帮助传达。创建概念化的、形象的交付文档供大家分享，甚至还要考虑到没有参与研究和展示的人。当然，如果您邀请团队参加，并且分享短期内发生的变化，他们会更理解您的研究发现和过程。

一旦有了研究发现，就要向人们展示这些成果。例如，只要有十分钟的时间能和副总裁相处，就可以定期在每部分研究结束后留出相应的时间和副总裁聊聊，每个月向他展示并强调研究重点。也许他一开始对每个项目的细节并不感兴趣，但花絮也能说明研究过程和价值。安排午餐时间讨论 UCD（以用户为中心的设计），并邀请公司外部人员谈论成功案例。买些比萨，请团队外部人员谈论与团队一样的境遇，这样做是很有说服力的。

您也许在找机会和公司外部人员分享您的工作成果。展示自己的成功（当然要在公司允许的前提下）能增加公司在专业领域内的威望，吸引更多客户。

测测您的影响力

不要只是在研究中使用量化指标。记住整体量化研究项目的效力。在理想状态下，用户研究和 UCD 的效果非常明显，产品和流程都将得到显著的提高，以至于不需要说服公司内的每个人相信用户研究和 UCD 的重大价值，但在大多数情况下，您还是需要证明其有效性。即便所有人都注意到了提高，企业也需要方法来量化究竟发生了多少改变，以便制定未来目标。关于如何识别企业当前所关心的产品度量，请参见第 16 章，考虑在此基础上从企业运营的角度看待量化指标。

给使用性定价

使用量化指标来计算投资回报率（ROI，Return on Investment）是非常有说服力的，但也出了名的困难。有很多因素会同时影响产品在商业上的成功，所以通常无法把改进用户体验所带来的效力从其他改变累计的效果中分离出来。

这一小节的内容深受《使用性成本合理化》（*Cost Justifying Usability*）的影响，此书全面详细地描述如何为用户体验的改变进行定价。

也就是说，稳定收入是实行和继续 UCD 流程最有说服力的参数。在这方面，网站比消费电子类产品容易，例如，随着新版本的发布，会同时发生很多变化。电子商务网站尤其明显，其量化指标可以迅速转变成利润。

- **转换率**"从访问者转化为购买者"能直接测量有多少访问者最终购买了产品（"最终"可能代表的是从第一次访问之后 3 个月的时间，或者类似的时间窗口）。
- **"购物车大小"**是平均一次性购买的数量。
- **"放弃购物车"**能够测量有多少人开始购买而却没有完成这一行为。与"购物车大小"相结合，是量化损失的方法。

这些量化指标都能合理且直接体现对网站有利的改变。

其他类型的服务，例如，广告销售或宣传材料相关人员需要不同的量化指标。领薪金的职员需要回复客户支持电话和邮件，减少客户支持电话和邮件的数量就能减少员工数量，从而节省成本。然而，客户支持的开销相对少一些。减少客户支持的成本通常并不能显著增加利润。重要的是发现量化利润增长的方式，因为产品是以 UCD 的方式开发出来的。

例如，对新网站进行重新设计，使用户更容易找到自己需要的内容。平均点击量从 1.2 页变为 1.5 页，这表示人们对页面的浏览增加了 25%，这能够转化成相应的广告收入。这似乎相当的枯燥无味。使用性和营销团队都可以声称自己的努力是利润增长的原因。为了证明用户体验并将其与营销的作用区分开，就要估计使用性的作用并估算投资回报率。这能创建一种准则，激发使用性及市场营销相对效果的讨论，但讨论至少可以在（相对）平等的平台上进行。

下面是一个例子，讲的是如何讨论使用性相对于市场营销的投资回报率。

最近，我们的网站经历了一次重新设计，结果是增加了页面浏览量（PU）和广告收入。这正好和鼓励人们访问网站的营销活动同时发生。

通过对网站的分析可知，重新设计之前的 8 周内，会话的平均长度是 1.2 页。这表示人们首先浏览首页，只有 20% 的用户浏览了首页以外的 2 个或更多页面（很少有用户浏览了 4 个页面）。

使用性测试显示，用户在查找首页以外的内容时遇到问题。重新设计的目标之一就是使他们更容易找到自己需要的内容。

改版之后的 4 周，平均点击流为 1.5 页，每次会话的页面和页面浏览量都增加了 25%。营销活动当然对增长做出了贡献，但它的贡献与网站使用性的提高相比如何？如果我们假设 30% 的增长归功于用户更容易找到自己需要的内容，这就表明网站使用性的提高直接导致页面浏览增加了 7.5%。

参考去年每月页面浏览的平均数字（150 万）以及每次点击的标准收入为 0.02 美元，这意味着每月增加 1125 美元。如果营销活动的责任在于吸引用户访问网站，重新设计的责任就在于附加点击量，增加的点击量导致收入增加 3750 美元。

然而，对网站的深层使用与只访问首页不同，并且会增加额外的收入。各版块每次点击的收益为 0.016 美元。如果有 30% 的效力，就意味着每月增加 1800 美元的收入，每年增加 21 600 美元，或者说总收入增加 10%。

我们的开销包括 60 小时的人力时间成本，大约每小时 75 美元，或者说 4500 美元再外加 500 美元奖金与设备的费用。因此，公司总成本大约 5000 美元。与年回报相比，这意味着在第一年年底时的投资回报率是 270% 到 330%。

在某些例子中，投资回报率可能完全是内部的。如果说良好的用户研究能够通过减少修改而使开发过程合理化，那么用户研究就能够为公司省下一笔可观的费用，这笔费用无法直接用利润来衡量。与修订或延误开发周期的花费相比，UCD 方法无法产生有效的"内部投资回报率"测量。

建立长期价值

要顽强、坚定和机灵，但也要知道何时抽身而退，何时闯入高级副总裁的办公室。

——资深用户体验研究员乔西·威尔逊（Chauncey Wilson）

研究项目多了，就可以寻找方法来支持并证明长期研究的价值。作为研究知识体系和用户专家，您可以通过两种方法增加其价值：回答日常出现的问题；防止早先研究中识别出的问题再次被提出。有时，人们对研究不够热心，报告可能一直放在管理者的桌子上无人查看，或者被工程师发现不够科学严谨而被大打折扣。在这些情况下，继续开展研究非常重要，要表明结果是真实的、有价值的、始终如一的。

好是好，就是太难，怎么办

这些事情都不容易，但如果根深蒂固的企业文化阻碍您将用户研究整合到开发中，又该怎么办？应该做些什么呢？

首先，识别阻力的性质。阻力主要以两种形式出现：定势和敌意。

人们很容易陷入旧有的习惯中，UCD 需要花费时间、精力和奉献精神。以老办法做事似乎永远要简单一些，而且暂时看来也更为高效。"好吧，如果我们只用老办法做这件事，可以在 3 周内完成。您希望我们先用 1 个月做研究？会使我们进一步延误！"用短期效率为借口而拒绝进行长远考虑，这样做会导致未来的低效和落伍。通常情况下，以老派方式做出的本能决定最终只会徒增额外的工作，因为必须花工夫补救原本可以避免的错误。

要想消除定势，就要迎难而上。根据前面的描述，如果与内部营销活动一起缓慢引入用户体验研究方法，就能有效地记录对产品和公司的影响。高管承诺的修整整体开发流程也有效，只不过要比一些愿意投入的公司付出更多资源和精力。我们虽然无法在一夜之间做出重大改变，然而，时间和努力可以使公司逐步前进。

敌意的消除要困难得多。在某些情况下，开发人员会发现来的用户的威胁。他们把用户称为"失败者"，把打造好用产品这一过程描述为笨蛋证明（idiot proof），并抱着嘲弄的心态看待用户的需求和错误的理解。开发人员的这种态度暴露了他们对产品所持有的自大而不安的矛盾心态。不幸的是，当敌意特别荒谬且顽固时，除了在更理性的利益相关者身上下功夫之外，我们能做的非常有限。

但直接接触用户有助于说服心存疑问的人。起初，看到用户在某个事件中的失败能确认怀疑者最害怕的东西：人与人之间非常不同。这种经历虽然让人觉得很不舒服，但能够带来很多核心理念。广泛接触用户几乎总能证明用户不是笨蛋。他们只是与开发人员看待世界的方式不同，且他们的问题和担心可能比开发人员想象的更容易解决。在某些情况下，与暗渡陈仓、进展缓慢的项目相比，雄心勃勃地迎接挑战更能带来彻底、快速的思维模式改变。但有时，这种方式也不起作用。我们无法判断这种敌意是否可以解决，除非通过一个简单的小项目来进行检验。

以用户为中心的流程开始变得流行且开发团队已经参与其中时，就会出现通过用户研究战胜所有挑战的趋势。这只是一个令人美慕的理想状态，通常不切实际，而且可能导致开发停滞不前。

不要过分注重研究而忘记产品本身。不收集用户需求就做出决策也是可以的。只不过不要以这种方式来做所有决定。

跟随与领先

随着新产品开发变得越来越国际化，昔日的技术型先锋企业发现，在他们的创新产品或服务变为低价商品之前，确立市场形象的时间窗口更短了。于是他们逐步转而倚重于用户体验，并将其视为有效的市场差异化手段。每个领域都有一些公司已经成功运用用户体验研究与设计来打造有利润的产品（用其他方法是做不到的）。要想知道什么才是真正的"出色"，最好向用户学习。

　　谷歌的首要原则之一是"跟随用户，其他的一切自然会纷至沓来。"把研究驱动和 UCD 融入公司时，会发生一些意想不到的事情。您开始充分理解用户，有时甚至能预先感知到他们的需求。通过理解他们的行为，您开始思考如何帮他们解决问题，您能够预知他们的行为。一旦认识到可以依靠用户的反馈、帮助与合作，您就能尝试更大胆的想法，考虑解决方案时范围也更宽泛，承担风险时更有信心。一旦用户体验真正变为公司 DNA 的一部分，公司就有望成为行业的领跑者。

参 考 文 献

有多章内容引用的列于"一般参考"中，只有单章引文的则分别按章列举。

一般参考

Goodwin, K. (2009). *Designing for the Digital Age: How to Create Human-Centered Products and Services.* New York, NY: John Wiley and Sons.

Wasson, C. (2000). Ethnography in the field of design. *Human Organization*, 59(4), 377–388.

第1章　引言

British Design Council. (n.d). Eleven Lessons: Managing Design at LEGO. Retrieved from http://www.designcouncil.org.uk/Case-studies/LEGO/.

Greene, J. (2010). *Design Is How It Works: How the Smartest Companies Turn Products into Icons.* New York, NY: Portfolio Hardcover.

Janssen, H. (2009, Feb. 23). Social Media Helps Lego Connect with Users. *Ericsson Telecom Report.* Retrieved from Internet Archive website: http://web.archive. org/web/20101006225654/http://www.ericsson.com/ericsson/corpinfo/ publications/telecomreport/archive/2009/social-media/article1.shtml.

Koetzier, W. (2009). *Innovation: A Priority for Growth in the Aftermath of the Downturn.* Retrieved from Accenture website: http://www.accenture.com/us-en/Pages/ insight-innovation-priority-growth-aftermath-downturn-summary.aspx.

McKee, J. (2009). *Diving into LEGO's Strategy Behind Connecting Their Amazing Network of Fans.* [Video] Retrieved from http://vimeo.com/11937815.

Wieners, B. (2011, Dec. 14). Lego Is for Girls, *Businessweek.* Retrieved from. http:// www.businessweek.com/magazine/lego-is-for-girls-12142011.html.

第3章　迭代开发，平衡需求

Boehm, B. (1988). A spiral model of software development and enhancement. *Computer*, 21(5), 61–72. doi:10.1109/2.59.

Norman, D. (2002). *The Design of Everyday Things.* New York, NY: Basic Books.

Sinha, R. (2005, April 3). Open Source Usability: The Birth of a Movement. [Blog post] Retrieved from http://rashmisinha.com/2005/04/03/open-source- usability-the-birth-of-a-movement/.

第4章 制定研究计划

Ries, E., & Blank, S. (2009). The Lean Startup: Low Burn by Design Not Crisis. [Video] Retrieved from http://www.slideshare.net/startuplessonslearned/lean-startup-presentation-to-maples-investments-by-steve-blank-and-eric-ries-presentation.

第5章 竞争性研究

Goto, K., & Cotler, E. (2003). *Web ReDesign 2.0: Workflow That Works* (2nd ed.). Berkeley, CA: New Riders.

Hawley, M. (n.d.). A Visual Approach to Competitive Reviews. Retrieved from Mad*Pow website: http://madpow.com/Insights/WhitePapers/A-Visual-Approach-to-Competitive-Reviews.aspx.

第6章 通用工具：招募和访谈

Bottomore, T. B., & Rubel, M. (Eds.). (1956). *Karl Marx: Selected Writings in Sociology and Social Philosophy*. New York: McGraw-Hill.

第7章 焦点小组

Greenbaum, T. (1998). *The Handbook for Focus Group Research* (2nd ed.). Thousand Oaks, CA: Sage Publications.

Krueger, R. A. (1988). *Focus Groups: A Practical Guide for Applied Research* (3rd ed.). Thousand Oaks, CA: Sage Publications.

Morgan, D. L. (1996). *Focus Groups as Qualitative Research* (2nd ed.). Qualitative Research Methods Series 16, Thousand Oaks, CA: Sage Publications.

第8章 超越语言：基于对象的技术

Adams, P. (2007). Communication Mapping: Understanding Anyone's Social Network in 60 Minutes. In *Proceedings of the 2007 Conference on Designing for User eXperiences*. Chicago, Illinois, USA: DUX 2007. doi:10.1145/1389908.1389918.

Adams, P. (2010). *The Real Life Social Network v2*. [Presentation] Retrieved from http://www.slideshare.net/padday/the-real-life-social-network-v2.

Brewer, W. F., & Nakamura, G. V. (1984). *The Nature and Function of Schemas (Center for the Study of Reading Technical Report 325)*. Available at the University of Illinois website: http://www.ideals.illinois.edu/handle/2142/17542.

Hasbrouck, J. (2007, Feb.). Mapping the Digital Home: Making Cultural Sense of Domestic Space and Place. *Intel Technology Journal*. Retrieved from http://www.intel.com/technology/itj/2007/v11i1/s1-mapping/1-sidebar.htm.

Sanders, E. (2000). Generative Tools for Co Designing. In S. A. R. Scrivener, L. J. Ball, & A. Woodcock (Eds.), *Collaborative Design*. London, UK: Springer-Verlag. Retrieved from http://www.maketools.com/articles-papers/GenerativeToolsforCoDesiging_Sanders_00.pdf.

Sleeswijk Visser, F., Stappers, P. J., van der Lugt, R., & Sanders, E. B.N. (2005). Contextmapping: Experiences from practice. *CoDesign*, 1(2), 119–149. Retrieved from http://www.maketools.com/articles-papers/Contextmapping_SleeswijkVisseretal_05.pdf.

Spenser, D. (2010). *Card Sorting: Designing Usable Categories*. New York, NY: Rosenfeld Media.

Stappers, P. J., Sleeswijk Visser, F., & Keller, I. (2003). Mapping the Experiential Context of Product Use: Generative Techniques Beyond Questions and Observations. 6th Asian Design Conference, Tsukuba: Asian Society for Science of Design. doi: 10.1.1.111.195.

第9章 实地访问：从观察中学习

Agar, M. H. (1996). *The Professional Stranger: An Informal Introduction te Fthnography* (2nd ed.). New York, NY: Academic Press.

Bean, J. (2008). *Beyond Walking With Video: Co-Creating Representation*. In Ethnographic Praxis in Industry Conference Proceedings, 104–115. doi: 10.1111/j.1559-8918.2008.tb00099.x.

Beyer, H., & Holtzblatt, K. (1998). *Contextual Design: Defining Customer-Centered Systems*. Waltham, MA: Morgan Kaufmann.

ElBoghdady, D. (2002, Feb. 24). Naked Truth Meets Market Research. *The Washington Post*, H1, H4–H5.

Ikeya, N., Vinkhuyzen, E., Whalen, J., & Yamauchi, Y. (2007). Teaching organizational ethnography. In *Ethnographic Praxis in Industry Conference Proceedings*, 270–282. doi: 10.1111/j.1559-8918.2007.tb00082.x

Jordan, B., & Dalal, B. (2006). Persuasive encounters: Ethnography in the corporation. *Field Methods*, 18(4), 359–381.

Reichenbach, L., & Wesolkowska, M. (2008). All That Is Seen and Unseen: The Physical Environment as Informant. In *Ethnographic Praxis in Industry Conference Proceedings*, 160–174. doi: 10.1111/j.1559-8918.2008.tb00103.x

schraefel, m. c., et al. (2004). Making tea: Iterative design through analogy. In *Proceedings of Designing Interactive Systems: Processes, Practices, Methods, and Techniques*, 49–58. New York, NY, USA: ACM. doi: 10.1145/1013115.1013124.

第10章 日记研究

Arbitron. 2007). *The Arbitron Radio Listening Diary*. Retrieved from http://www.arbitron.com/diary/home.htm.

Bolger, N., Davis, A., & Rafaeli, E. (2003). Diary methods: Capturing life as it is lived. *Annual Review of Psychology*, 54(1), 579–616.

Carter, S., & Mankoff, J. (2005). When Participants Do the Capturing: The Role of Media in Diary Studies. In *Proceedings of the SIGCHI Conference on Human Factors in Computing Systems*, 899–908. New York, NY, USA: ACM. doi: 10.1145/1054972.1055098.

Gaver, B., Dunne, T., & Pacenti, E. (1999). Design: Cultural probes. *interactions*, 6(1), 21–29. doi: 10.1145/291224.291235.

Khalil, C. (2009). *The new digital ethnographer's toolkit: Capturing a participant's lifestream*. [Video] Retrieved from http://www.slideshare.net/chris_khalil/the-new-digital-ethnographers-toolkit-capturing-a-participants-lifestream.

Reiman, J. (1993). The Diary Study: A Workplace-Oriented Research Tool to Guide Laboratory Efforts. In *Proceedings of the INTERACT '93 and CHI '93 Conference on Human Factors in Computing Systems*, 321–326. New York, NY, USA: ACM. doi: 10.1145/169059.169255.

第11章 使用性测试

Nielsen, J. (1994). *Guerrilla HCI: Using Discount Usability Engineering to Penetrate the Intimidation Barrier.* Available from Jakob Nielsen's website: www.useit.com/papers/guerrilla_hci.html.

Nielsen, J. (1994). *Usability Engineering.* San Francisco, CA: Morgan Kaufmann.

Nielsen, J., & Pernice, K. (2009). Eyetracking Methodology: 65 Guidelines for How to Conduct and Evaluate Usability Studies Using Eyetracking. Available from Jakob Nielsen's website: http://www.useit.com/eyetracking/methodology/.

Lindgaard, G., & Chattratichart, J. (2007). Usability Testing: What Have We Overlooked? In *Proceedings of the SIGCHI Conference on Human Factors in Computing Systems*, 1415–1424. New York, NY, USA: ACM Press. doi: 10.1145/1240624.1240839.

Rubin, J. (1994). *Handbook of Usability Testing.* New York, NY: John Wiley & Sons.

第12章 问卷调查

Babbie, E. R. (1990). *Survey Research Methods* (2nd ed.). Belmont, CA: Wadsworth Publishing.

Dillman, D. A. (1999). *Mail and Internet Surveys* (2nd ed.). New York, NY: John Wiley & Sons.

Grossnickle, J., & Raskin, O. (2000). *The Handbook of Online Marketing Research.* New York, NY: McGraw-Hill.

Hargittai, E. (2005). Survey measures of web-oriented digital literacy. *Soc. Sci. Comput. Rev.*, 23(3), 371–379. doi: 10.1177/0894439305275911.

Kirk, R. E. (1998). *Statistics: An Introduction.* Belmont, CA: Wadsworth Publishing.

Moore, D. S. (2001). *Statistics: Concepts and Controversies* (5th ed.). New York, NY: W.H. Freeman.

Rosenthal, R., & Rosnow, R. L. (1991). *Essentials of Behavioral Research: Methods and Data Analysis* (2nd ed.). New York, NY: McGraw-Hill.

Tufte, E. (2001). *The Visual Display of Quantitative Information.* Cheshire, CT: Graphics Press.

第13章 全球性研究与跨文化研究

Chipchase, J. (2011, Dec. 18). Connections. Connectors. [Blog post] Retrieved from Future Perfect blog: http://janchipchase.com/2011/12/thenew-dawn/.

Chipchase, J. (2011, June 28). Field Research in the Age of Data Servitude. [Blog post] Retrieved from Future Perfect blog: http://janchipchase.com/2011/06/field-research-in-the-age-of-data-servitude/.

Churchill, E., Dray, S., Elliott, A., Larvie, P., & Siegel, D. (2010). Addressing Challenges in Doing International Field Research. In *Extended of the Proceedings of the SIGCHI Conference on Human Factors in Computing Systems*, 3127–3130. New York, NY, USA: ACM. doi: 10.1145/1753846.1753932.

Scheyvens, R., & Storey, D. (2003). *Development Fieldwork: A Practical Guide.* Thousand Oaks, CA: Sage Publications.

Tylor, E. (2010). (1871). *Primitive Culture.* (Vol. 1). Cambridge, UK: Cambridge University Press.

United States Census Bureau. (2012). *State and County Quickfacts: San Francisco County, California*. Retrieved from http://quickfacts.census.gov/qfd/states/06/06075.html.

Vattuone, M. (2011, Aug. 17). A Native Language Approach. [Blog post] Retrieved from Bolt Peters website: http://boltpeters.com/blog/a-native-language-approach/.

第15章 分析定性数据

Beckman, S. L., & Barry, M. (2007). Innovation as a learning process: Embedding design thinking. *California Management Review*, 50(1), 25–56.

Saffer, D. (2009). *Designing for Interaction: Creating Innovative Applications and Devices* (2nd ed.). Berkeley, CA: New Riders.

Sharp, H., Rogers, Y., & Preece, J. (2007). *Interaction Design: Beyond Human-Computer Interaction* (2nd ed.). New York, NY: John Wiley and Sons.

Strauss, A., & Corbin, J. M. (1998). *Basics of Qualitative Research: Techniques and Procedures for Developing Grounded Theory* (2nd ed.). Thousand Oaks, CA: Sage Publications.

Lakoff, G., & Johnson, M. (2003). *Metaphors We Live By* (2nd ed.). Chicago, IL: University of Chicago Press.

第16章 自动收集信息： 使用数据和客户反馈

Cheshire, T. (2012, Jan. 5). Test. Test. Test: How wooga Turned the Games Business into a Science. *Wired UK*. Retrieved from: http://www.wired.co.uk/magazine/archive/2012/01/features/test-test-test.

Elms, T. (1999). A Web Statistics Primer. Retrieved from the Internet Archive: http://web.archive.org/web/200012160545/http://builder.cnet.com/Servers/Statistics/.

Klein, L. Ries, E. (2011, Jan. 18). UX, Design and Food on the Table. [Blog post]. Retrieved from Startup Lessons Learned website: http://www.startuplessonslearned/2011/01/case-study-ux-design-and-food-on-table-html.

Muller, T. (2011, Feb. 17). Giant Steps Are What You Take, Walking in Your Customers' Shoes. [Blog post]. Retrieved from Get Satisfaction Social Studies website: http://blog.getsatisfaction.com/2011/02/17/giant-steps-are-what-you-take-walking-in-your-customers-shoes/.

第17章 研究转化为行动：呈现研究成果

Adlin, T., & Pruitt, J. (2010). *The Essential Persona Lifecycle: Your Guide to Building and Using Personas*. Waltham, MA: Morgan Kaufman.

Carroll, J. (2003). *Making Use: Scenario-Based Design of Human-Computer Interactions*. Cambridge, MA: The MIT Press.

Cooper, A. (1999). *The Inmates Are Running the Asylum*. Indianapolis, IN: SAMS.

Cooper, A., Reimann, R., & Cronin, D. (2007). *About Face 3: The Essentials of Interaction Design*. New York, NY: John Wiley.

Goodwin, K. (2005, Jan. 13). Perfecting Your Personas. Retrieved from User Interface Engineering website: http://www.uie.com/articles/perfecting_personas/.

Kalbach, J., & Kahn, P. (2011). Locating Value with Alignment Diagrams. *Parsons Journal for Information Mapping* 3(2). Available from http://piim.newschool.edu/journal/issues/2011/02/.

Kirwan, B., & Ainsworth, L. K. (1992). *A Guide to Task Analysis*. London, UK: Taylor and Françis.

Roam, D. (2009). *Unfolding the Napkin: Solving Complex Problems*. New York, NY: Portfolio.

Young, I. (2008). *Mental Models: Aligning Design Strategy with Human Behavior*. New York, NY: Rosenfeld Media.

第18章 报告、演示与工作坊

Bias, R. B., & Mayhew, D. (Eds.). (1994). *Cost Justifying Usability: An Update for the Internet Age* (2nd ed.). Waltham, MA: Morgan Kaufman.